主　编　马　雷

副主编　卜幼凡　江　涛

编　辑　程继新　张浩淼　李井伍

　　　　许宝喜　王　宁

人文社科精品

安徽省社会科学奖（社科类）获奖成果集锦

马　雷／主编

合肥工业大学出版社
HEFEI UNIVERSITY OF TECHNOLOGY PRESS

图书在版编目（CIP）数据

人文社科精品：安徽省社会科学奖（社科类）获奖成果集锦/马雷主编. —合肥：合肥工业大学出版社，2019.12

ISBN 978-7-5650-4760-2

Ⅰ. ①安… Ⅱ. ①马… Ⅲ. ①社会科学—研究成果—汇编—安徽 Ⅳ. ①C125.4

中国版本图书馆CIP数据核字（2019）第276135号

人文社科精品

安徽省社会科学奖（社科类）获奖成果集锦

马　雷　主编　　　　责任编辑　朱移山

出　版	合肥工业大学出版社	版　次	2019年12月第1版
地　址	合肥市屯溪路193号	印　次	2019年12月第1次印刷
邮　编	230009	开　本	889毫米×1194毫米　1/16
电　话	人文编辑部：0551-62903310	印　张	16
	市场营销部：0551-62903198	字　数	376千字
网　址	www.hfutpress.com.cn	印　刷	安徽联众印刷有限公司
E-mail	hfutpress@163.com	发　行	全国新华书店

ISBN　978-7-5650-4760-2　　　　定价：88.00元

前言

在省委、省政府领导关心和重视下，自2010年中断多年的安徽省社会科学奖于2018年恢复开评。

从2011年开始，为恢复社科奖，在省领导亲自推动下，通过几上几下的论证和申报，国评办同意安徽省社会科学奖作为省政府奖予以立项。2017年3月，省政府正式印发《安徽省社会科学奖奖励办法》，明确由省社科联暂承担奖励工作领导小组办公室职责，负责组织实施工作。为使社科评奖工作尽快启动，省社科联多方协调、积极推动，于当年审定了《安徽省社会科学奖评奖工作实施方案》。2018年4月，安徽省社会科学奖正式开评。

2018和2019年，在奖励工作领导小组领导下，省社科联作为省社会科学奖（社科类）成果的评审负责单位，先后组织并完成了2013—2018年6个年度，3届社科类成果的评审工作。共受理经申报单位初评后报送的1294项成果。经领导小组审定并报省政府批准，共217项成果获奖，其中一等奖24项，二等奖64项，三等奖129项。社科类成果评审工作严格遵循评奖程序和评审规则，坚持依法规范、质量第一、宁缺毋滥的原则。在评审方法上，采取委托第三方权威机构异地评审的方式进行，实现了评委与作者的全回避，最大程度地维护了评奖的公平和公正，社科界对这种评审方式高度认可，社会评价积极正面，评奖工作受到了省委、省政府负责同志的充分肯定。

通过开展3届评奖，集中展示了安徽省社会科学领域6年的研究成果，一批富有原创性、学术性、咨政性、普及性的优秀作品和一批具有远见卓识、造诣精深、勇于创新的专家学者、学科新人得以涌现，体现了安徽省社科成果质量稳中有升的良好发展态势，展现了安徽省社科事业不断繁荣发展的新气象。表现在：一是学科结构合理，涵盖学科广泛。获奖成果中，基础理论研究成果约占总数的50%。涌现了一批推进马克思主义中国化、时代化、大众化的研究成果，思想引领指向突出，表明社科理论工作者坚持正确导向的自觉性和主动性进一步提升。此外，一些篇幅厚重、资料珍贵，在解读历史典籍、发掘文化资源等方面做出贡献、有较高文献价值的古籍研究整理、资料书等也占有一定的比例，体现出社科工作者不仅注重原创性的学术研究，同时高度重视对历史文化遗产的保护和发掘。二是具有安徽历史和地域文化特色的研究成果丰硕，安徽特色彰显。获奖成果中，在开展地方特色和区域优势的基础理论研究上取得一定进展，部分精品成果在国内具有一席之地。这些成果通过大量的田野调查、实证研究总结提炼而来，表明安徽省基础学科研究实力雄厚，广大社科理论工作者学风严谨，创新意识增强。三是紧密联系实际，成果咨政性强，思想库、智囊团作用充分发挥。获奖成果中，选题为社会普遍关注的重大经济社会问题，或直接为安徽省经济建设和社会发展提供应用对策建议的成果占显著的位置。其中相当一部分已经或正在成为各级党委、政府决策的依据或参考，有的成果正在应用和实践中，并已产生积极效果，体现了广大社会科学工作者关注现实，为中心工作服务的价值取向。四是单位覆盖面大、优势集中、人才涌现。获奖成果作者来自30多家单位，但同时优势集中在普通高校，占80%以上，且重点高校优势突显，是安徽省社科研究的主力军，充分表明重点高校在社科研究中的优势地位。此外，在领军人物和拔尖人才充分展现研究实力的同时，一批70后、80后的中青年学者脱颖而出，这些中青年学者的研究成果贴近实际、视角新颖、视野开阔、方法多样，体现了年轻一代求真务实的理论研究作风。

本书收录了2013—2018年安徽省社会科学奖（社科类）获奖成果的内容概述和主要作者简介，旨在展示我省社科界阶段性成果精品和学界前沿的研究力量，以期更好地鼓励广大社科工作者不忘初心、牢记使命、再创佳绩。同时，本书兼具史料意义，方便查阅和借鉴。

目 录

2013—2016年度获奖成果

一等奖

二等奖

2013—2016年度

获奖成果

成果名称	马克思社会公正思想论
出 版 社	安徽师范大学出版社
字　　数	321千字
出版时间	2014年5月
获奖等次	一等奖

该成果基于解答新时代社会公平正义现象及其理论问题的现实需求，以历史唯物主义为指导，以马克思相关经典论述为依据，运用历史和逻辑相统一、理论和实践相结合等方法，对马克思社会公正思想的唯物史观基础、形成过程、本质规定及其与资本主义的批判、共产主义的理想、当代社会公正问题的解决等关系作了深刻的理论说明。通过对小资产阶级公正观的批判反思、对马克思与现代西方学者社会公正思想的比较分析，致力于发掘马克思社会公正思想的当代价值。

成果所达到的主要创新和理论价值体现在：

（1）深刻阐明马克思社会公正思想的核心内涵。马克思社会公正思想是关于以彻底消灭阶级为根本要求的、所有人平等权利与平等义务相统一并获得自由全面发展条件的学说，其在社会主义社会的体现是按劳分配和人权保障的统一。

（2）全面总结马克思有自己的社会公正思想。马克思社会公正思想是在实践总结和对资产阶级、小资产阶级以及空想社会主义的公正观的批判中形成的。不能因为马克思批判以往种种公正观的空幻性，而否认马克思有自己的公正思想；更不能因为马克思没有专门论述社会公正问题，而否认马克思社会公正思想内容的丰富性和深刻性。

（3）系统阐发马克思社会公正思想是马克思理论的一个根本内容。马克思社会公正思想以历史唯物论为理论基础，包含于马克思的资本主义观、社会主义观、共产主义观之中。在人类思想史上，马克思首次实现了社会公正思想理论范式的全新变革，科学揭示了生产力发展不足和社会不公的根本原因；劳动者是社会公正发展的主体动力，阶级斗争是社会公正发展的直接动力；随着生产力的极大发展以及由此所决定的剥削制度的消灭和阶级的消亡，资本主义不公将被社会主义公正所代替，而社会主义公正将发展到共产主义公正，并且，共产主义公正本身是不断发展、不断深化的过程。改造资本主义不公、建设社会主义公正、实现共产主义公正，是一脉相承、内在一致、最终达致人类彻底解放的伟大实践。

（4）深入论述马克思社会公正思想在当代具有重大价值。马克思社会公正思想直面现实生活，它不仅是解决当今中国社会公正问题的思想指南，而且也是解决当代全球性公正问题的一面旗帜。解决当今中国社会公正问题，需要坚持以社会主要矛盾的解决为基本动力，以生产力的发展为主要手段，以生产资料公有制的完善为重要基础，以人民利益的实现为最高标准，以劳动人民的共同富裕为最终目标，以社会制度的建设为根本保障。当代全球性公正问题解决，需要每个国家在理论上建构人类利益的理念、和谐世界的理念、共建共享的理念；在实践中贯彻发展平等原则、整体协调原则、竞争合作原则以及和睦互助原则。

姓　　名	汪盛玉
学　　历	博士研究生
工作单位	安徽师范大学
职　　称	教授
研究方向	马克思主义哲学

汪盛玉　1970年8月出生。主要从事马克思主义哲学、马克思主义基本原理、马克思主义人学理论与思想政治教育等研究。主持国家社科基金2项、教育部人文社会科学规划基金等10余项，发表学术论文50余篇，出版专著1部、合著3部。获安徽省社会科学奖一等奖1项，芜湖市首届哲学社会科学奖优秀奖1项。现为安徽师范大学马克思主义学院副院长，三级教授、博士生导师；中国人学学会常务理事、中国改革研究会常务理事、安徽省哲学学会常务理事。获“全国高校思想政治理论课教学能手”“全国高校优秀中青年思想政治理论课教师择优资助计划入选者”“安徽省高校思想政治理论课影响力人物”等荣誉称号；安徽省第七批学术和技术带头人。

成果名称	产业集聚与地区工资差距 ——基于我国269个城市的实证研究
发表刊物	管理世界
字　　数	27千字
发表时间	2013年第8期
获奖等次	一等奖

该成果从新经济地理学和空间集聚理论角度，构建一个产业集聚对地区工资水平影响的数理模型，以2003—2010年中国269个地级以上城市为样本，实证分析产业集聚与地区工资差距之间的内在联系。实证结果表明：

（1）制造业集聚对地区工资水平的影响为负的显著性，服务业聚集显著提高地区工资水平，且对地区工资水平影响力较大。

（2）制造业与服务业、制造业与生产性服务业、制造业与消费性服务业的共同集聚对地区工资水平影响具有显著性作用，而制造业与公共性服务业共同集聚对地区工资水平作用不明显。

（3）从制造业集聚外部性效应来看，Porter外部性对地区工资水平效应为负的显著性，MAR外部性对地区工资水平效应不显著，制造业与服务业、制造业与生产性服务业、制造业与消费性服务业共同集聚的Jacobs外部性对地区工资水平有显著正作用，但作用系数较小，而制造业与公共性服务业共同集聚的Jacobs外部性作用不显著。

研究结论的政策启示为：

（1）在我国目前制造业集聚发展中，除东部地区外，其他地区应考虑从外部性效应着手，采取适当措施降低制造业竞争程度，同时也应防止出现拥挤效应，鼓励制造业产业升级，以提高我国制造业的技术含量和产品附加值。

（2）在服务业集聚中，由于生产性服务业的特殊性以及对我国产业升级的重要作用，应采取各种政策促进我国服务业特别是生产性服务业集聚发展，以发挥服务业和生产性服务业集聚对地区工资水平的影响，尤其在东部地区，应采取

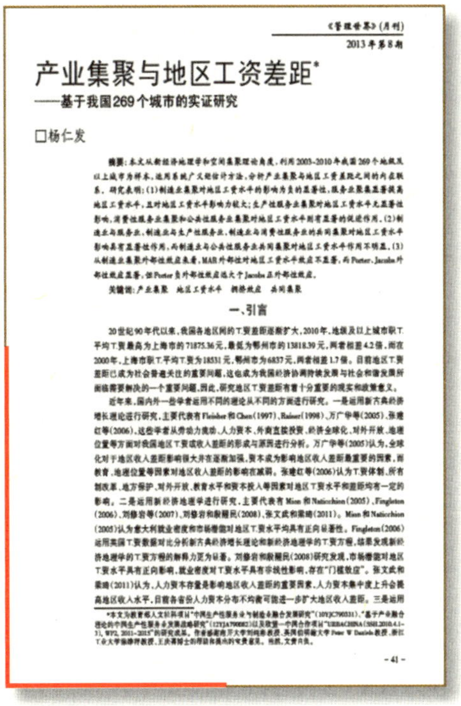
《管理世界》(月刊)
2013年第8期

产业集聚与地区工资差距*
——基于我国269个城市的实证研究

□杨仁发

摘要：本文从新经济地理学和空间集聚理论角度，利用2003-2010年我国269个地级及以上城市为样本，运用系统广义矩估计方法，分析产业集聚与地区工资差距之间的内在联系。研究表明：(1)制造业集聚对地区工资水平的影响为负的显著性，服务业聚集显著提高地区工资水平，且对地区工资水平影响力较大；生产性服务业集聚对地区工资水平无显著性影响，消费性服务业集聚和公共性服务业集聚对地区工资水平则有显著的促进作用。(2)制造业与服务业、制造业与生产性服务业、制造业与消费性服务业的共同集聚对地区工资水平影响具有显著性作用，而制造业与公共性服务业共同集聚对地区工资水平作用不明显。(3)从制造业集聚外部性效应来看，MAR外部性对地区工资水平效应不显著，而Porter、Jacobs外部性效应显著，但Porter负外部性效应远大于Jacobs正外部性效应。

关键词：产业集聚　地区工资水平　拥挤效应　共同集聚

一、引言

20世纪90年代以来，我国各地区间的工资差距逐渐扩大，2010年，地级及以上城市职工平均工资最高为上海市的71875.36元，最低为鄂州市的13818.39元，两者相差4.2倍，而在2000年，上海市职工平均工资为18531元，鄂州市为6837元，两者相差1.7倍。目前地区工资差距已成为社会普遍关注的重要问题，这也成为我国经济协调持续发展与社会和谐发展所面临需要解决的一个重要问题，因此，研究地区工资差距有着十分重要的现实和政策意义。

近年来，国内外一些学者运用不同的理论从不同的方面进行研究。一是运用新古典经济增长理论进行研究，主要代表有Fleisher和Chen(1997)、Raiser(1998)、万广华等(2005)、张建红等(2006)，这些学者从劳动力流动、人力资本、外商直接投资、经济全球化、对外开放、地理位置等方面对我国地区工资或收入差距的形成与原因进行分析。万广华等(2005)认为，全球化对于地区收入差距影响很大并在逐渐加强，资本成为影响地区收入差距最重要的因素，而教育、地理位置等因素对地区收入差距的影响在减弱。张建红等(2006)认为工资体制、所有制改革、地方保护、对外开放、教育水平和资本投入等因素对地区工资水平和差距均有一定的影响。二是运用新经济地理学进行研究，主要代表有Mion和Naticchioni(2005)、Fingleton(2006)、刘修岩等(2007)、刘修岩和殷醒民(2008)、张文武和梁琦(2011)。Mion和Naticchioni(2005)认为意大利就业密度和市场潜能对地区工资水平均具有正向显著性。Fingleton(2006)运用英国工资数据对比分析新古典经济增长理论和新经济地理学的工资方程，结果发现新经济地理学的工资方程的解释力更为显著。刘修岩和殷醒民(2008)研究发现，市场潜能对地区工资水平具有正向影响，就业密度对工资水平具有非线性影响，存在"门槛效应"。张文武和梁琦(2011)认为，人力资本存量是影响地区收入差距的重要因素，人力资本集中度上升会提高地区收入水平，目前各省份人力资本分布不均衡可能进一步扩大地区收入差距。三是运用

- 41 -

措施大力发展生产性服务业集聚。

（3）在产业共同集聚方面，尽管制造业与服务业共同集聚的Jacobs外部性效应比较小，但是对提高地区工资水平有显著作用。

该成果的创新主要体现在以下三个方面：

（1）以新经济地理学为理论基础，结合空间集聚理论，分析产业集聚对地区工资水平的影响，为地区间存在工资差距的原因提供一个新的理论解释。

（2）从不同行业产业集聚的角度，分析不同行业产业集聚对地区工资水平的影响，并进一步分析产业间共同集聚对地区工资差距的效应大小。

（3）进一步分析制造业集聚三种外部性对地区工资水平的效应，以解释为什么在没有产业拥挤效应情况下我国制造业集聚对地区工资水平呈显著负相关。

理论贡献：

（1）论文最先尝试从新经济地理与空间经济结合的角度构建产业集聚对地区工资水平影响的理论模型，该理论模型既属于经济地理学与产业空间集聚理论相融合的交叉性研究，也属于产业空间集聚基础理论的一种探索性研究。

（2）研究产业集聚对缩小地区工资差距的作用，这对产业空间集聚理论是一个丰富和完善，进一步推进相关交叉学科研究的深化，因此，具有重要的理论价值。

姓　　名	杨仁发
学　　历	博士研究生
工作单位	安徽大学
职　　称	教授
研究方向	产业经济学与区域经济学

杨仁发　1977年10月出生。长期从事产业经济学与区域经济学研究。在《管理世界》《国际贸易问题》《经济学家》等期刊发表论文近30篇；独著1部，参与著作9部；主持国家社会科学基金、教育部人文社科项目、安徽省软科学以及各级政府委托课题等项目近20项。现为安徽大学经济学院教授、博士生导师；中国工业经济学会常务理事、中国区域经济学会常务理事、中国区域经济学会长江经济带专委会副主任委员、中国经济地理研究会长江经济带专委会副主任委员、安徽省发展战略研究会常务理事等。

成果名称	税收主权与税收专约的解释依据
发表刊物	中国社会科学
字　　数	20千字
发表时间	2013年第6期
获奖等次	一等奖

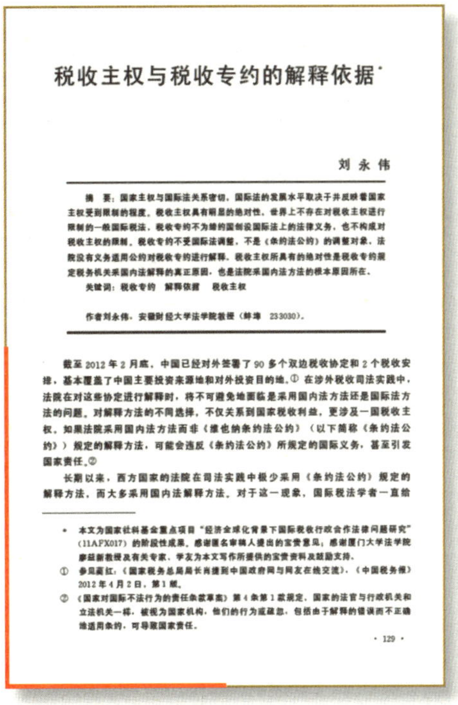

税收主权与税收专约的解释依据*

刘永伟

摘　要：国家主权与国际法关系密切，国际法的发展水平取决于并反映着国家主权受到限制的程度。税收主权具有明显的绝对性，世界上不存在对税收主权进行限制的一般国际税法。税收专约不为缔约国创设国际法上的法律义务，也不构成对税收主权的限制。税收专约不受国际法调整，不是《条约法公约》的调整对象，法院没有义务适用公约对税收专约进行解释。税收主权所具有的绝对性是税收专约限定税务机关采国内法解释的真正原因，也是法院采国内法方法的根本原因所在。

关键词：税收专约　解释依据　税收主权

作者刘永伟，安徽财经大学法学院教授（蚌埠　233030）。

截至2012年2月底，中国已经对外签署了90多个双边税收协定和2个税收安排，基本覆盖了中国主要投资来源地和对外投资目的地。① 在涉外税收司法实践中，法院在对这些协定进行解释时，将不可避免地面临是采用国内法方法还是国际法方法的问题。对解释方法的不同选择，不仅关系到国家税收利益，更涉及一国税收主权。如果法院采用国内法方法而非《维也纳条约法公约》（以下简称《条约法公约》）规定的解释方法，可能会违反《条约法公约》所规定的国际义务，甚至引发国家责任。②

长期以来，西方国家的法院在司法实践中极少采用《条约法公约》规定的解释方法，而大多采用国内法解释方法。对于这一现象，国际税法学者一直给

* 本文为国家社科基金重点项目“经济全球化背景下国际税收行政合作法律问题研究”（11AFX017）的阶段性成果。感谢匿名审稿人提出的宝贵意见；感谢厦门大学法学院廖益新教授及有关专家、学友为本文写作所提供的宝贵资料及鼓励支持。

① 参见蔺红：《国家税务总局局长肖捷到中国政府网与网友在线交流》，《中国税务报》2012年4月2日，第1版。

② 《国家对国际不法行为的责任条款草案》第4条第1款规定，国家的法官与行政机关和立法机关一样，被视为国家机构，他们的行为或疏忽，包括由于解释的错误而不正确地适用条约，可导致国家责任。

· 129 ·

长期以来，西方国家的法院在司法实践中关于税收专约的解释极少采用《条约法公约》规定的解释方法，大多采用国内法解释方法。对于法院采国内法方法解释税收专约的做法，西方学者并未提出违反国际义务的疑问，而是认为法院的做法符合“特殊——般规则”原则。我国法院在对泛美公司案的判决中也采用了国内法的解释方法，却引起了国内外学者的关注，甚至有国内学者也认为应当采《条约法公约》规定的解释方法，中国法院采国内法方法解释税收协定有违反国际义务之嫌。

针对“特殊——般规则”说和“违反国际义务”说，该成果提出了一个新的观点，认为法院解释税收协定采用国内法方法，既不违反国际义务，也不是“特殊——般规则”适用的结果，而是由国家税收主权所具有的绝对性所决定的。

税收主权是国家主权的核心内容之一。税收是国家生存的物质基础，没有税收，国家就无法生存；税收主权是国家的基本权力（利）。正像西方有的学者指出的，国际法对税收没有任何影响；税收管辖权“意味着‘国家固有的主权’，其无论在外部还是内部，原则上都是无限的”“不存在任何对一国税收管辖权产生限制的国际法规则”。所有这些都说明，税收主权具有绝对性。

税收专约不是《条约法公约》的调整对象，法院没有义务适用公约对税收专约进行解释。判断一项条约是否是《条约法公约》的调整对象，必须看该条约是否符合《条约法公约》关于“条约”的定义。一项条约只有符合该定义，才有可能属于公约所规定的“条约”，并成为公约的调整对象。《条约法公约》第2条规定：条约为“国家间所缔结而以国际法为准之国际书面协定”；但税收专约并不是以国际法为准

而缔结的，而“是一种以缔约国双方的国内有关税法为基础的法律文件”，其“与国内法是相同的”“在原则上与国内法并没有什么不同”，这就意味着税收专约不是以国际法为准的。

《条约法公约》第31至32条规定了条约解释的基本原则与方法，即依条约用语按其上下文并参照条约之目的及宗旨所具有之通常含义，善意解释之。但税收专约一般在第3条中规定：“缔约国一方在任何时候实施本专约时，对未经本专约明确定义的用语，除上下文另有要求的以外，应当具有该国在任何时候适用于本专约的税种的法律所具有的含义”，此即税收专约所规定的国内法解释方法。税收专约关于解释方法作出了不同于《条约法公约》的规定，直接原因即在于其不是《条约法公约》的调整对象，真正的深层次原因却是税收主权的绝对性。条约解释与主权存在密切关系，法院采国内法方法解释税收专约的原因不是“特殊——一般规则”适用的结果，更不违反《条约法公约》，其根本原因就在于税收主权所具有的绝对性。

姓　　名	刘永伟
学　　历	博士研究生
工作单位	安徽财经大学
职　　称	教授
研究方向	国际经济法学、财税法学

刘永伟　1964年6月出生。主要从事国际经济法学、财税法学等研究与教学。现为安徽财经大学教授；中国法学会财税法研究会常务理事、中国国际经济法学会常务理事、安徽省国际法学会会长、安徽财经大学学术委员会副主任等。

成果名称	古汉字发展论
出 版 社	中华书局
字　　数	600千字
出版时间	2014年4月
获奖等次	一等奖

该成果系国家社科基金重点规划项目“汉字理论与汉字发展史研究”的成果，全书共八章。

第一章讨论了汉字理论与汉字发展研究的新进展、汉字发展史的分期、新材料的利用、基础性的工作以及课题重要意义等问题。

第二至七章按照发展演进的历史阶段将古汉字划分为商代文字、西周文字、春秋文字、战国文字和秦文字五个类别，主要从以下几个方面对各期文字进行了描写和分析：①客观描述了每期汉字的形体特点，并分析了该期文字相较于前一阶段文字在形体上的发展变化。②归纳和揭示了该期文字的结构类型。③分析了该期文字的字用情况。④举例说明了该期文字的地域特征。

第八章在前述各章具体分析的基础上，对古文字阶段汉字体系发展的基本情况、形体发展的基本趋势、构形方式系统的发展情况以及使用和规范情况进行了概括和总结。

主要研究成果及研究特色包括：

（1）在汉字体系历史发展阶段划分方面提出了新的意见。

（2）确立了汉字发展研究的主要理论构架。

（3）对古汉字不同时期发展情况开展断代和专题研究。

（4）对古汉字不同时期发展情况开展断代和专题研究。

（5）运用汉字研究动态分析的理论和方法。

该成果研究表明，汉字发展具有延续性和渐变性特点。经历了形体线条化和笔画化、构形偏旁的调整和新字的繁衍派生，汉字体系由微观变化的积累而逐步形成宏观的整体变化。不同时期汉字的发展呈现出不同的特征。古汉字阶段各个时期使用的汉字既有上一个历史时期使用的传承字，也有当时出现的新增字，有些字则退出实用领域。不同时代产生的汉字的堆积，构成了一个时代汉字的总和。因此，汉字体系在吐故纳新的过程中形成层累性特点，使得它一方面数量繁多，另一方面又内涵复杂。

成果所取得的成果具有多方面的应用价值：

首先，促进了对古文字阶段不同时期汉字形体、结构和使用特点认识的深化，对出土文献的释读和古文字疑难字的考释具有启迪意义。

其次，运用汉字发展研究的成果，可以促进汉字教学水平的提高，以适应汉语汉字日益走向世界的需要。

再者，对汉字发展规律和特点的进一步揭示，启示我们汉字的改革调整总是遵循汉字自身的特点和发展规律的，可以为科学制定语文政策提供借鉴。

最后开展汉字发展研究是中华文明史研究的重要任务。汉字的形成是中华文明形成的标志之一，汉字在中华文明发展的历史进程中发挥着难以估量的重要作用。汉字发展研究的成果，有助于更好地认识中华文明史的形成和发展，对汉字发展史研究和中华文明史研究都会产生积极的影响。

成果问世后，在社会和学术界引起了较大反响，有多篇书评发表于《学术界》《光明日报》《高教社会科学》（加拿大）等国内外报刊上，荣获“国家哲学社会科学成果文库”（2013）、第三届全球华人国学成果奖等。

姓　　名	黄德宽
学　　历	博士研究生
工作单位	安徽大学/清华大学
职　　称	教授
研究方向	文字学与出土文献

黄德宽　1954年10月出生。主要从事文字学与出土文献研究。先后主持国家社会科学研究基金“九五”重点项目商周秦汉汉字发展谱系研究、国家社科基金重大项目汉字发展通史等多项科研项目。独著及主编《汉语文字学史》《汉字阐释与文化传统》《古文字学》《古文字谱系疏证》《安徽大学藏战国竹简》等学术专著。历任安徽大学校长、党委书记，汉语言文字学专业教授、博士研究生导师；第十二届全国政协委员，中共安徽省第七、八届委员会委员，安徽省文史研究馆馆长。现任清华大学出土文献研究与保护中心主任。

成果名称	明清徽州宗族与乡村社会控制
出 版 社	安徽大学出版社
字 数	596千字
出版时间	2013年9月
获奖等次	一等奖

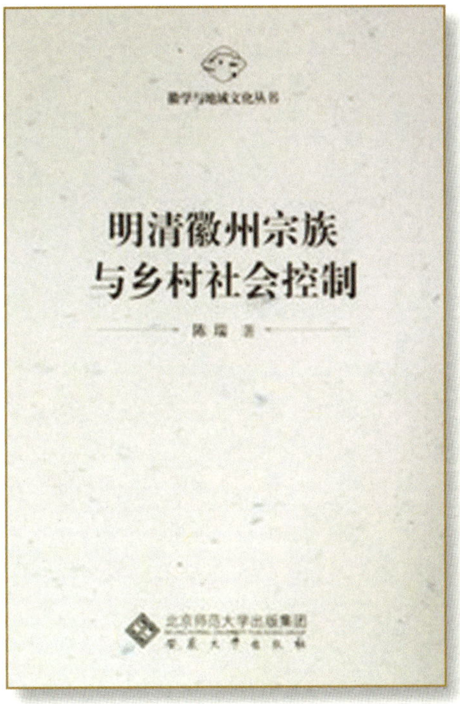

该成果系国家社会科学基金项目“明清徽州宗族与乡村社会控制研究”（07CZS009）的最终成果，分为上编“明清徽州宗族的内部控制”和下编“族权与政权互动视角下的明清徽州乡村社会控制：以保甲制推行为中心”两部分。上编集中讨论明清时期徽州宗族内部的控制结构、控制实施主体、控制设施、控制手段及其运用、内部控制的主要领域和内容；下编主要探讨明清时期徽州境内宗族与保甲的关系以及二者联手实施乡村社会控制的实态。

该书认为：随着明清徽州宗族社会控制功能的不断强化，在徽州宗族内部已经形成了一个个颇为成熟的控制系统，徽州宗族对族人的控制几乎无处不在。与封建政权通过保甲等方式统治地方相比，徽州族权统治具有更细致入微的特点。就社会控制而言，封建政权在控制徽州地方社会时往往借助族权的作用，封建政权与徽州族权二者联手，相互配合、相得益彰。徽州族权对封建政权的鼎力相助，在很大程度上弥补了封建政权对地方社会控制的某种不足，在某种程度上加固了封建政权统治的基础。

该书以唯物史观为指导，在大量使用徽州文书、族谱、文集、方志以及正史、政书、实录等资料的基础上，在坚持历史学学科本位前提下，综合利用多学科的理论和方法，对明清徽州乡村社会控制进行了深入研究。研究选题和视角新颖，所用理论方法多样，所用资料新且类型丰富，研究结论既继承前人又有所超越。该书是综合运用历史学、社会学、法学、人类学、管理学等多学科的理论和方法，特别是社会控制和社会管理理论，对徽州宗族进行跨学科研究的新尝试。该书开拓了明清徽州乡村社会史研究新的领域，围绕社会控制对徽州族权与封建政权关系所做的实证研究和理论分析富有新意。书中得出的相关结论，对于推动明清社会经济史特别是徽学研究有一定的帮助，对于深化当代中国的乡村社会治理实践探索也具有一定的历史启示价值。

该书出版后获得学界同仁认可和好评，来自复旦大学、厦门大学、安徽大学、安徽师范大学的4位学者分别在《汉学研究》（中国台湾）2014年第1期、《中国社会经济史研究》2014年第3期、《中国农史》2014年第1期、《中国史研究动态》2014年第6期发表书评予以推介。上述书评对本书的学术价值进行了肯定性评价。该书前期成果学术论文2篇被人大复印报刊资料《明清史》2007年第5、7期全文转载，多篇论文被国学网等网站转载；多篇论文观点被北京大学苏力、厦门大学王日根、南京大学夏维中、华中科技大学俞江、安徽大学刘伯山、上海师范大学唐力行、汤勤福等多位学者引用。本书出版后，复旦大学王振忠、安徽大学周晓光、安徽师范大学刘道胜等多位学者对书中观点予以引用。

姓名	陈瑞
学历	博士研究生
工作单位	安徽省社会科学院
职称	研究员
研究方向	明清社会经济史、徽学

陈瑞　1973年2月出生。长期从事明清社会经济史、徽学和安徽地方文化研究。发表徽学专题论文50余篇，计80余万字；独撰《明清徽州宗族与乡村社会控制》《徽商》著作两部，主编或参撰《安徽通史》《合肥通史》《皖江开发史》《淮河流域历史文化研究》《徽州古书院》《安徽历史名人词典》《安徽地区城镇历史变迁研究》等多部。现任安徽省社会科学院科研处处长、研究员；安徽大学历史系硕士生导师、安徽师范大学历史与社会学院硕士生导师、安徽大学徽学研究中心兼职研究员、安徽师范大学皖南历史文化研究中心兼职研究员；中国社会史学会理事、安徽省徽学学会副会长兼秘书长、安徽省历史学会副会长。

成果名称	中国“新大学”的崛起
出 版 社	教育科学出版社
字　　数	232千字
出版时间	2013年6月
获奖等次	一等奖

“新大学”特指1998年至今，在我国高等教育大众化过程中设置，以本科教育为主，面向区域经济社会，以学科为依托，以应用型专业教育为基础，以社会需求为导向，培养高层次应用型人才的新型大学。

中国“新大学”是该成果在国内首次针对高等教育大众化时代提出的概念。该成果采用了比较研究和实证研究的方法，围绕“新大学”的界定、“新大学”产生与崛起的原因、“应用型本科教育”内涵与特征、发展良好的“新大学”聚类分析等方面开展研究，对我国应用型本科教育的发展理论滞后于实践的窘迫现状做出了很好的探索；提出新建应用型本科教育可持续发展的宏观、中观、微观发展策略，具有很好的实践和指导价值。

该成果创造性地以中国“新大学”的概念来标识，既准确明晰高等教育走出“象牙塔”，告别精英教育历史，又照应和秉持国际高等教育研究历史，更重要的是能够唤起人们从高等教育多样化、质量多元化、人才培养个性化的角度来全面审视这类大学，进而推动建立高校分类体系，实行分类管理。提出了“新大学”是对高等教育大众化所要求的多样性的一种响应，“新大学”承载着我国高等教育大众化的主要责任，“新大学”是建设高等教育强国不可或缺的力量，“新大学”在后升格时期的集体诉求是明确办学类型定位，“新大学”必须适应市场与经济社会发展的需求。

该成果对中国“新大学”发展模式的研究和发展路径的探索，其系统性、创新性，包括运用的国际比较方法、实证分析方法、案例剖析法等在该领域的研究中不多见。作者研究比较了英国的新大学、美国的州立大学、20世纪80年代珠三角的高等教育改革以及大众化背景下产生的这些“新大学”，并对120所“新大学”展开实证调查研究，得到了许多宝贵的第一手资料。通过对文献、数据的分析研究，得出了中国新型大学需要在外延式发展的基础上，完成华丽转身，寻求内涵式的可持续发展。“新大学”发展的初级阶段，就是从精英背景下的学术教育为主向应用型本科教育的转轨阶段；高级阶段的变革就是内涵的提升阶段，高级阶段的完成标志着应用型本科建设已经步入成熟阶段。

与此同时，针对我国高等教育资源相对匮乏且使用效率低下的情况，从“新大学”资源共享、抱团发展的角度，依托行知联盟——安徽省“新大学”联盟平台，推动研究，促进探索，着力为“新大学”的共同成长寻找理论支撑和行动路径。该成果以新常态下时代车轮助推者的视野，从宏观层面的可持续发展战略，到中观层面的内涵式发展战略和生态学发展战略，以至微观层面的管理机制体制、办学理念、人才培养、学科专业、办学条件、师资队伍、社会支持等环节，为“新大学”的转型与崛起做出了一个实实在在的发展规划。

姓　　名	柳友荣
学　　历	博士研究生
工作单位	池州学院
职　　称	教授
研究方向	高等教育管理等

柳友荣　1966年6月出生。长期从事高等教育管理、应用型高等教育研究、高等教育教学等研究。现任池州学院院长，二级教授、博士生导师；安徽省学术和技术带头人、安徽省高校“教学名师”、安徽省模范教师。受聘为教育部《中国本科教育教学年度质量报告》编撰专家、教育部本科教学工作评估专家、教育部高等学校专业认证专家。

成果名称	皖南国际文化旅游示范区建设研究
采纳应用	安徽省发展改革委、安徽省社科院、安徽省文化和旅游厅、泾县人民政府等
字　　数	600千字
完成时间	2013年10月
获奖等次	一等奖

2009年7月，安徽省人民政府正式批准设立“皖南国际旅游文化示范区”。安徽师范大学等一批研究者着力进行皖南国际旅游文化示范区研究，相继获得了一批课题资助，撰写了若干研究成果，得到了相关部门高度认可。

（1）《皖南国际文化旅游示范区建设研究》主体报告共分为五部分：第一部分重点阐明建设皖南国际文化旅游示范区的重大意义，主要从建设的需求性和有利性两个方面展开；第二部分对皖南国际文化旅游示范区的综合优势进行分析，主要从示范区发展由来、发展现状及资源分析三个维度展开；第三部分对皖南国际文化旅游示范区存在的问题进行解剖；第四部分制定皖南国际文化旅游示范区建设目标和战略部署；第五部分设计了皖南国际文化旅游示范区具体建设方案。

（2）研究报告部分成果《皖南国际文化旅游示范区建设研究》《关于在皖南国际文化旅游示范区建设中宣纸产业园区的建议》《关于在皖南国际旅游文化示范区建设研究中加快打造“汪王文华”品牌的建议》获省领导批示3次。在《咨政》（专供省领导参阅）发表《推动皖南国际文化旅游示范区协同发展的对策建议》《当前安徽省旅游业发展的思路谋划》报告2篇；撰写《推动皖南国际文化旅游示范区协同发展研究》《黄山国家公园体制建设研究》《皖南国际文化旅游示范区全域旅游发展研究》《皖南健康产业发展思路研究》等专题报告8份。

（3）以服务示范区为平台，撰写了著作《旅行社联盟动机、伙伴选择与治理研究——以皖南国际文化旅游示范区为例》（经济科学出版社），在权威期刊发表了《旅行社为何更

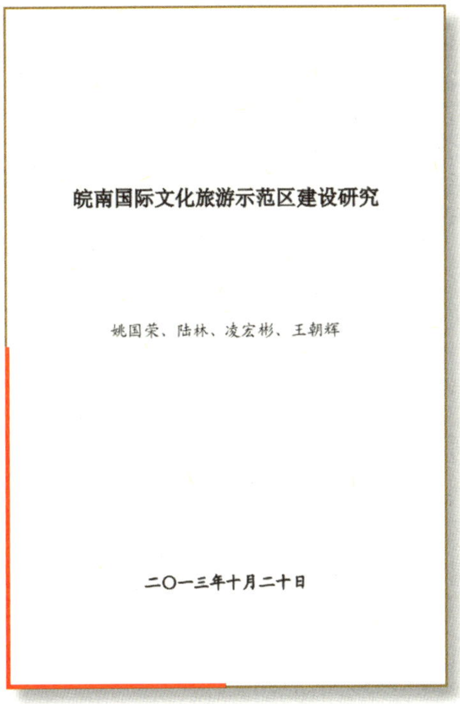

皖南国际文化旅游示范区建设研究

姚国荣、陆林、凌宏彬、王朝辉

二〇一三年十月二十日

需要联盟——基于SEM模型和皖南案例的研究》《皖南国际文化旅游示范区发展演变过程及驱动机制》《皖南国际文化旅游示范区转型升级效应及策略研究》等论文9篇，在《安徽日报》发表了《皖南示范区文化创意产业路径选择》《皖南国际文化旅游示范区产业融合思路》《打造皖南国际旅游文化示范区的基础》《示范区的愿景、目标与路径选择》《建设示范区的若干实施对策》等论文8篇。

（4）为撰写《皖南国际文化旅游示范区建设研究》，先后主持了国家文化与旅游部、省社科院、省发改委、省旅发委、省政府发展研究中心、省教育厅等13项课题。

该研究除撰写了主报告外，同时还进行了皖南国际文化旅游示范区协调发展、全域旅游、一体化、泾县宣纸产业园区等系列专题研究，形成了一批颇具价值的研究成果，积极响应党的十九大报告提出的“美丽中国”“乡村振兴”“生态文明”等发展战略。

姓　　名	姚国荣
学　　历	博士研究生
工作单位	安徽师范大学
职　　称	教授
研究方向	企业（旅游）管理、旅游规划与企业规划

姚国荣　1971年11月出生。长期从事企业（旅游）管理、旅游规划与企业规划等理论与实践工作。主持和参与了国家自然科学基金重点项目、国家自然科学基金一般和青年项目、国家旅游局项目、省社科规划项目、省软科学项目、省领导圈定课题，以及省市级政府和企业委托项目等30余项；在《管理世界》《经济管理》《经济地理》等刊物上发表论文70余篇，撰写著作和教材多部，研究报告数十份，多项研究成果获得省领导批示或参阅。现为安徽师范大学经济管理学院教授、博士生导师。

成果名称	“四个全面”与中国特色社会主义关系研究
发表刊物	新疆师范大学学报（哲学社会科学版）
字　　数	21.6千字
发表时间	2015年第5期
获奖等次	一等奖

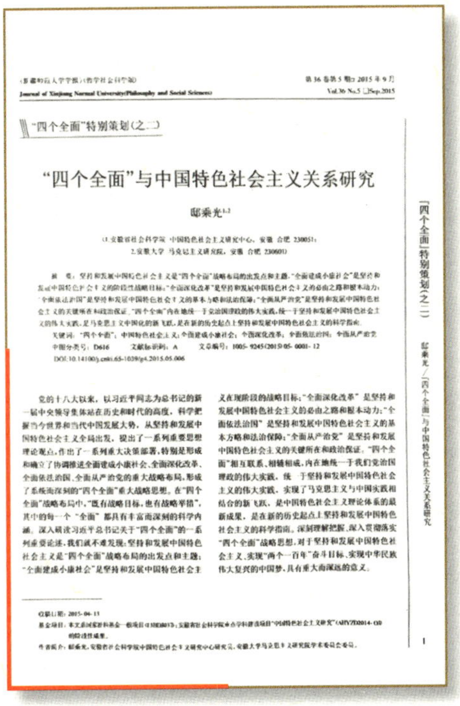
Journal of Xinjiang Normal University(Philosophy and Social Sciences)
Vol.36 No.5 Sep.2015

“四个全面”特别策划（之二）

“四个全面”与中国特色社会主义关系研究

邸乘光[1,2]

中图分类号：D616　文献标识码：A

DOI:10.14100/j.cnki.65-1039/g4.2015.05.006

该成果是较早深入研究和系统阐释“四个全面”的学术论文，指出中国特色社会主义是当代中国发展进步的主题，“四个全面”相互联系、相辅相成，内在地统一于党治国理政的伟大实践，统一于坚持和发展中国特色社会主义的伟大实践，开辟了马克思主义与中国实践相结合的新境界，是中国特色社会主义理论体系的重要成果，并从五个方面系统阐述了“四个全面”与坚持和发展中国特色社会主义的内在关系。

（1）坚持和发展中国特色社会主义是“四个全面”战略布局的出发点和主题。一方面，坚持和发展中国特色社会主义是提出“四个全面”战略布局的出发点。另一方面，坚持和发展中国特色社会主义是“四个全面”战略布局的鲜明主题。中国特色社会主义是我们党在改革开放以来全部理论和实践探索的主题。

（2）“全面建成小康社会”是坚持和发展中国特色社会主义的阶段性战略目标。“四个全面”不是一个空洞的抽象概念，而是一个具有特定主题内容和具体适用范围的战略布局。这个战略布局与已经开辟的道路及既定的主题和目标是不可分割地联系和融合在一起的。“全面建成小康社会”作为“四个全面”战略布局中的战略目标，就是坚持和发展中国特色社会主义在现阶段的奋斗目标。

（3）“全面深化改革”是坚持和发展中国特色社会主义的必由之路和根本动力。改革开放与中国特色社会主义是不可分割地联系在一起的。在“四个全面”中，“全面深化改革”作为实现“全面建成小康社会”战略目标的“三大战略举措”之一，将通过“完善和发展中国特色社会主义制度，推进国家治理体系和治理能力现代化”，为实现全面建成小康社会战略目标并进而实现中华民族伟大复兴的中国梦，即为在新的历史起点上坚持和发展中国特色社会主义，提供不竭的动力。

（4）“全面依法治国”是坚持和发展中国特色社会主义的基本方略和法治保障。社会主义与法治是不可分割地联系在一起的。在“四个全面”中，“全面依法治国”作为实现全面建成小康社会战略目标的“三大战略举措”之一，将通过“建设中国特色社会主义法治体系”“促进国家治理体系和治理能力现代化”，为实现全面建成小康社会的战略目标并进而实现中华民族伟大复兴的中国梦，即为在新的历史起点上坚持和发展中国特色社会主义，提供有力的法治保障。

（5）“全面从严治党”是坚持和发展中国特色社会主义的关键所在和政治保证。中国共产党是中国特色社会主义事业的领导核心。在“四个全面”中，“全面从严治党”作为实现全面建成小康社会战略目标的“三大战略举措”之一，将通过锻造坚强的领导核心、提高党的执政能力和执政水平，为实现全面建成小康社会的战略目标并进而实现中华民族伟大复兴的中国梦，即为在新的历史起点上坚持和发展中国特色社会主义，提供坚强的政治保证。

姓　　名	邱乘光
学　　历	大学本科
工作单位	安徽省社会科学院
职　　称	研究员
研究方向	党的建设、当代中国马克思主义、中国特色社会主义

邱乘光　1954年9月出生。长期从事党的建设、当代中国马克思主义、中国特色社会主义研究。历任安徽省社会科学院马克思主义研究所所长、研究员，第四、五、六届学术委员会委员，中国特色社会主义研究中心原主任；全国党的建设研究会特邀研究员、上海唯实文化研究所特聘专家、中国政治学会理事、中国科学社会主义学会常务理事、安徽省科学社会主义学会名誉会长。安徽省先进工作者、安徽省宣传文化系统“六个一批”拔尖人才、全国优秀社会科学普及专家。享受国务院政府特殊津贴。

成果名称 从“经学”走向“经典诠释学”

发表刊物 天津社会科学

字　　数 13.5千字

发表时间 2016年第3期

获奖等次 一等奖

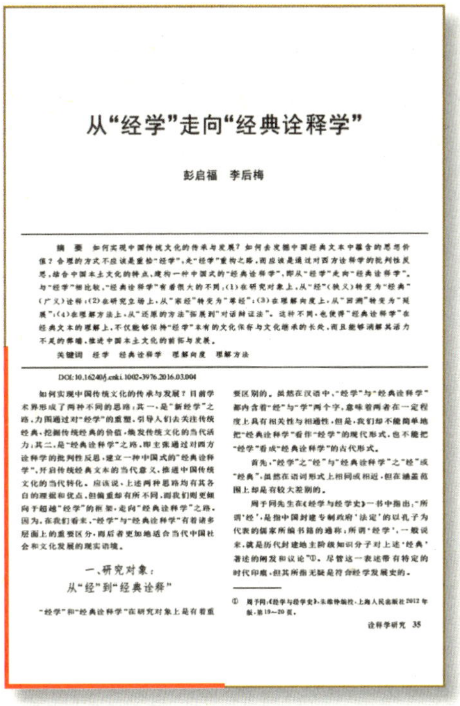

从“经学”走向“经典诠释学”

彭启福　李后梅

摘　要　如何实现中国传统文化的传承与发展？如何去发掘中国经典文本中蕴含的思想价值？合理的方式不应该是重拾“经学”，走“经学”重构之路，而应该是通过对西方诠释学的批判性反思，结合中国本土文化的特点，建构一种中国式的“经典诠释学”，即从“经学”走向“经典诠释学”。与“经学”相比较，“经典诠释学”有着很大的不同：(1)在研究对象上，从“经”(狭义)转变为“经典”(广义)诠释；(2)在研究立场上，从“宗经”转变为“尊经”；(3)在理解向度上，从“回溯”转变为“延展”；(4)在理解方法上，从“还原的方法”拓展到“对话辩证法”。这种不同，也使得“经典诠释学”在经典文本的理解上，不仅能够保持“经学”本有的文化保存与文化继承的长处，而且能够消解其活力不足的弊端，推进中国本土文化的创新与发展。

关键词　经学　经典诠释学　理解向度　理解方法

DOI:10.16240/j.cnki.1002-3976.2016.03.004

如何实现中国传统文化的传承与发展？目前学术界形成了两种不同的思路：其一，是“新经学”之路，力图通过对“经学”的重塑，引导人们去关注传统经典，挖掘传统经典的价值，焕发传统文化的当代活力；其二，是“经典诠释学”之路，即主张通过对西方诠释学的批判性反思，建立一种中国式的“经典诠释学”，开启传统经典文本的当代意义，推进中国传统文化的当代转化。应该说，上述两种思路均有其各自的理据和优点，但侧重却有所不同，而我们则更倾向于超越“经学”的框架，走向“经典诠释学”之路。因为，在我们看来，“经学”与“经典诠释学”有着诸多层面上的重要区分，而后者更加地适合当代中国社会和文化发展的现实语境。

一、研究对象：从“经”到“经典诠释”

“经学”和“经典诠释学”在研究对象上是有着重要区别的。虽然在汉语中，“经学”与“经典诠释学”都内含着“经”与“学”两个字，意味着两者在一定程度上具有相关性与相通性，但是，我们却不能简单地把“经典诠释学”看作“经学”的现代形式，也不能把“经学”看成“经典诠释学”的古代形式。

首先，“经学”之“经”与“经典诠释学”之“经”或“经典”，虽然在语词形式上相同或相近，但在涵盖范围上却是有较大差别的。

周予同先生在《经学与经学史》一书中指出：“所谓‘经’，是指中国封建专制政府‘法定’的以孔子为代表的儒家所编书籍的通称；所谓‘经学’，一般说来，就是历代封建地主阶级知识分子对上述‘经典’著述的阐发和议论”①。尽管这一表述带有特定的时代印痕，但其所指无疑是符合经学发展史的。

① 周予同：《经学与经学史》，朱维铮编校，上海人民出版社2012年版，第19—20页。

该成果认为，实现中国传统文化的传承与发展，发掘中国经典文本中蕴含的思想价值，合理的方式不应该是重拾“经学”，走“经学”重构之路，而应该是通过对西方诠释学的批判性反思，结合中国本土文化的特点，建构一种中国式的“经典诠释学”，即从“经学”走向“经典诠释学”。与“经学”相比较，“经典诠释学”有着很大的不同。

（1）在研究对象上，从“经”（狭义）转变为“经典（广义）诠释”。“经典诠释学”之“经”或“经典”是一种大文化概念，它不仅指向“经学”意义上的儒家经典，也指向中国传统文化中其他各种各样的“经典”，包括道家经典、佛家经典等。另外，“经学”所专注的是对“经”本身的诠释或再诠释（包括“传”“注”“疏”“解”等），而“经典诠释学”所专注的则是“对‘经典’的诠释”本身。

（2）在研究立场上，从“宗经”转变为“尊经”。传统经学基于“宗经”的立场，奋力打造出一条“经—传—注—疏”构成的“解释之链”，帮助封建统治者引领黎民百姓体察古圣先贤的微言大义，推行其政治道德理念，稳定封建社会秩序。而“经典诠释学”主张采取一种尊经主义的立场，即在尊重历史经典、努力发掘经典价值的同时，保持一种当代视域下的批判意识和创造精神，实现传统文化的当代转化，推动中华文化的新发展。

（3）在理解向度上，从“回溯”转变为“延展”。在“经学”中，由“经—传—注—疏”构成的“解释之链”，本质上是一条“回溯”的链条，它通过“传注疏解”等解释环节，帮助后人体悟古代经典中蕴含的圣贤原意。而“经典诠释学”则主张一种“延展”的理解向度，这种“延展”内在地蕴含着回溯但却不局限于回溯，它要以回溯的方式把握经典文本的含义和作者原意，并以之为基础进一步开启文本的时代意义。

（4）在理解方法上，从“还原的方法”拓展到“对话辩证法”。以“问—答”方式展开的“对话辩证法”，在理论重心上有了转移，即从理论哲学转向了实践哲学。实践哲学所内在蕴含的批评性维度，为经典诠释学从“宗经”向“尊经”立场的转变，从“回溯”向度向“延展”向度的开拓，提供了不可缺少的理据，也为理解过程中“对话辩证法”的展开留下了空间。总之，“经典诠释学”不仅能够保持“经学”本有的文化保存与文化继承的长处，而且能够消解其活力不足的弊端，推进中国本土文化的开拓与发展。

该成果首次对“经学”和“经典诠释学”从研究对象、研究立场、理解向度、理解方法等方面对“经学”和“经典诠释学”的异同做了细致的辨析；对我国诠释学研究和中国当代文化建构的学术理论提出了自己的见解，对我国诠释学研究的未来进展有所启示。

姓　　名	彭启福
学　　历	博士研究生
工作单位	安徽师范大学
职　　称	教授
研究方向	诠释学、中西哲学比较

彭启福　1963年2月出生。主要从事诠释学与中西哲学比较研究与教学。主持国家社科后期资助项目、教育部人文社科项目、安徽省社科规划项目、安徽省“振兴计划”、省学术带头人资助项目等多项；出版学术著作多部，发表学术论文近80篇，其中《新华文摘》全文转载4篇。现为安徽师范大学二级教授、博士生导师；安徽师范大学马克思主义学院教授委员会主任委员，安徽师范大学教授委员会委员暨科学研究分委员会副主任；安徽省学术和技术带头人；中国现代外国哲学学会理事，中国诠释学专业委员会常务理事，安徽省哲学学会常务理事。享受安徽省政府特殊津贴。

成果名称	产能利用、信贷扩张与投资行为 ——理论模型与经验分析
发表刊物	经济学
字　　数	18.5千字
发表时间	2016年第3期
获奖等次	一等奖

该成果探讨产能利用、信贷扩张和投资行为之间的关系，通过构建具有微观基础的理论模型刻画产能利用、信贷扩张对投资的作用机理，并利用中国1990—2011年省级面板数据予以计量检验和分析。研究发现：

（1）在总体上产能利用水平对投资行为没有显著的正向引导作用，信贷扩张对投资行为则具有显著的正向推动作用。这是造成我国长期存在着投资高涨与产能过剩、信贷扩张并存的重要原因。

（2）在不同地区和时期，产能利用和信贷扩张对投资行为的影响有所不同。

成果认为：

（1）强化产能利用率对投资行为的引导作用。应当进一步健全市场机制，畅通产能利用对投资的传导渠道；统计部门应测算并定期发布产能利用率指标，及时向投资主体传达产能利用状况的信息。

（2）改善信贷投向从资金源头优化投资结构。金融机构为投资项目提供信贷融资时应注重投资效益，从资金源头上优化投资结构，将信贷资金更多地引向中西部地区、民营企业和中小微企业。

（3）深化投融资体制改革，匡正扭曲性投资行为。减少地方政府对投资行为的干预，硬化预算约束，从制度上矫正长期存在的扭曲性投资行为，理顺产能利用、信贷扩张与投资行为之间的关系。

主要创新：

（1）由于产能利用率集中反映市场供求状况，与投资之间理应相互影响、相互反馈，该成果则将产能利用率视为市

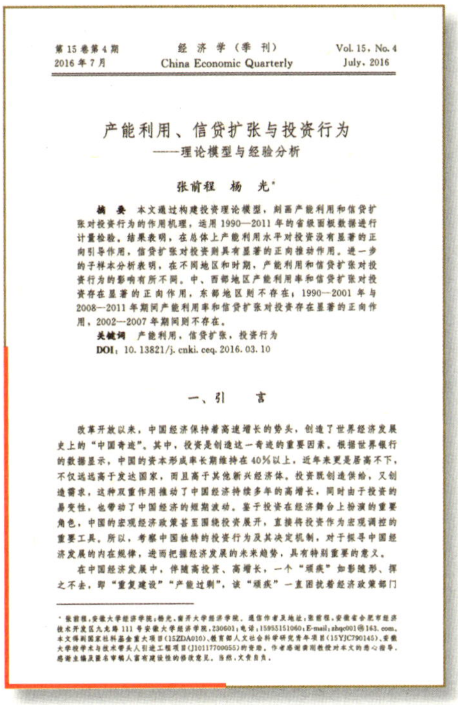

第15卷第4期　　经济学（季刊）　　Vol. 15, No. 4
2016年7月　　China Economic Quarterly　　July, 2016

产能利用、信贷扩张与投资行为
——理论模型与经验分析

张前程　杨　光*

摘　要　本文通过构建投资理论模型，刻画产能利用和信贷扩张对投资行为的作用机理，运用1990—2011年的省级面板数据进行计量检验。结果表明，在总体上产能利用水平对投资没有显著的正向引导作用，信贷扩张对投资则具有显著的正向推动作用。进一步的子样本分析表明，在不同地区和时期，产能利用和信贷扩张对投资行为的影响有所不同。中、西部地区产能利用率和信贷扩张对投资存在显著的正向作用，东部地区则不存在；1990—2001年与2008—2011年期间产能利用率和信贷扩张对投资存在显著的正向作用，2002—2007年期间则不存在。

关键词　产能利用，信贷扩张，投资行为

DOI：10.13821/j.cnki.ceq.2016.03.10

一、引　言

改革开放以来，中国经济保持着高速增长的势头，创造了世界经济发展史上的"中国奇迹"。其中，投资是创造这一奇迹的重要因素。根据世界银行的数据显示，中国的资本形成率长期维持在40%以上，近年来更是居高不下，不仅远远高于发达国家，而且高于其他新兴经济体。投资既创造供给，又创造需求，这种双重作用推动了中国经济持续多年的高增长，同时由于投资的易变性，也带动了中国经济的短期波动。鉴于投资在经济舞台上扮演的重要角色，中国的宏观经济政策甚至围绕投资展开，直接将投资作为宏观调控的重要工具。所以，考察中国独特的投资行为及其决定机制，对于探寻中国经济发展的内在规律，进而把握经济发展的未来趋势，具有特别重要的意义。

在中国经济发展中，伴随高投资、高增长，一个"顽疾"如影随形、挥之不去，即"重复建设""产能过剩"，该"顽疾"一直困扰着经济政策部门

* 张前程，安徽大学经济学院；杨光，南开大学经济学院。通信作者及地址：张前程，安徽省合肥市经济技术开发区九龙路111号安徽大学经济学院，230601；电话：15955151060；E-mail：zhqc001@163.com。本文得到国家社科基金重大项目（15ZDA010）、教育部人文社会科学研究青年项目（15YJC790145）、安徽大学校学术与技术带头人引进工程项目（J10117700055）的资助。作者感谢龚刚教授对本文的悉心指导，感谢主编及匿名审稿人富有建设性的修改意见。当然，文责自负。

场供求状况指示器，探究产能利用率能否有效引导投资行为。

（2）基于我国金融体系以间接融资为主的特征事实，现有文献定性讨论银行信贷与投资关系者多，定量刻画者少，该成果立足银行信贷这一最主要金融资源，对投资的融资约束理论进行“中国化”修正，定量研究信贷扩张因素对投资行为的影响效应。

（3）鉴于官方尚未公布权威的产能利用率数据，该成果将具有微观基础的数理模型和宏观统计数据相结合，通过参数校准估算出历年分省产能利用率水平。

学术价值：

（1）首次通过假定资本存在闲置成本，构建含有产能利用率的投资理论模型，是对新古典投资理论模型的完善和拓展。

（2）根据我国金融市场融资体系现实，将信贷扩张因素植入投资理论模型，是对金融市场不完善情境下投资的融资约束理论的具体化和深化。

（3）把产能利用、信贷扩张与投资行为放在同一框架，量化识别三者的关系及其在时空维度上的差异，为供给侧结构性改革下如何匡正投资行为、优化投资结构提供理论支撑。

社会影响：

（1）成果入选第八届中国政治经济学年会，发表后其观点被核心期刊中的论文引用，同时被中国社会科学院金融研究所等网站摘要转载。

（2）成果的研究对当前如何引导投资行为以及发挥投资对优化供给结构的关键性作用具有重要政策价值，采用的估算方法，可以用于测算地区、产业和企业层面的产能利用率。

姓　　名	张前程
学　　历	博士研究生
工作单位	安徽大学
职　　称	副教授
研究方向	金融理论与政策

张前程　1980年2月出生。主要从事金融理论与政策研究与教学。近年来在《经济学》《经济学家》《经济学动态》《南开经济研究》等期刊发表学术论文30余篇，参著3部；主持国家社会科学基金一般项目、教育部人文社会科学研究一般项目、安徽省哲学社会科学规划一般项目、安徽省高校优秀青年人才支持计划重点项目、安徽省社会科学创新发展研究项目等多项；现为安徽大学经济学院副教授、博士生导师；担任《经济学》《世界经济》《南开经济研究》等期刊匿名审稿人。

成果名称	基于互联网+的大规模智能定制研究 ——青岛红领服饰与佛山维尚家具案例
发表刊物	中国工业经济
字　　数	22千字
发表时间	2016年4月
获奖等次	一等奖

该成果从需求个性化与同质化对立统一属性的解析及其与大规模定制之间的对应、转换着手，通过理论建构和案例分析论证了基于互联网+的大规模智能定制实现机理，为解决个性化定制和大规模标准化生产之间的两难提供了新的思考与经验素材。研究认为：

（1）就大规模定制而言，主流研究聚焦于生产者中心，试图在技术、组织、标准化和非标准化组合、产品模块化等生产范畴下论证其实现机制。一个被普遍忽视的分析盲点是，消费需求个性化内涵被视为“黑箱”，并延伸为个性化需求和大规模生产对接的理论障碍，让生产者尽可能地低成本提供多样化产品，以提高“射击的命中率”。因此，内嵌于消费者隐性甚至是模糊意识之中的个性化需求信息永远和生产者处于两分状态，并表现为现实产品和消费需求之间概率意义上的试错，大规模生产和个性化定制之间的两难充其量只能在一定程度上得到缓解，而无法彻底解决。

（2）借助互联网+的虚拟市场效应和数据化技术效应，企业可以在规模意义上通过个性化需求的同质化解构、同质化需求的标准化生产、标准化部件的个性化加总，达到个性化定制和大规模标准化生产之间的无缝衔接。基于互联网+的大规模智能定制使得以全面成本领先与差异化为核心的经典定位框架让位于平台、利基的新二元战略定位；而面向消费终端完美体验的“跨界”服务能力培育、供给侧生产与网络治理能力投资，成为大规模智能定制的关键支撑。同时，就中国制造企业而言，基于互联网+的大规模智能定制蕴含着GVC扁平化、能力提升与平台包络三重跃迁空间。

（3）就推动企业从能够传统制造向大规模智能定制的转

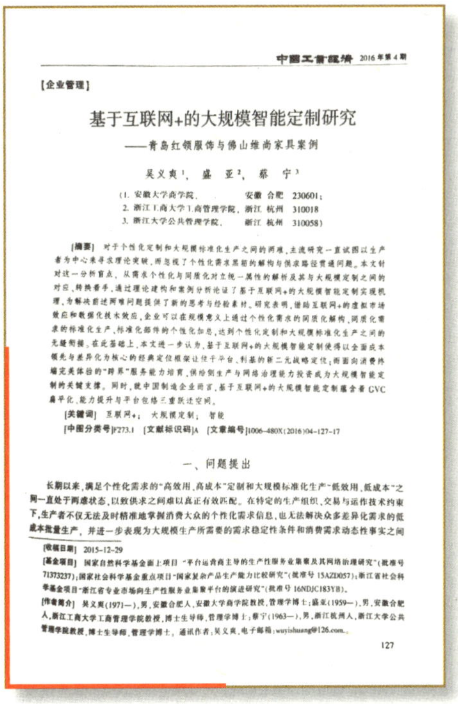
中国工业经济 2016年第4期

【企业管理】

基于互联网+的大规模智能定制研究

——青岛红领服饰与佛山维尚家具案例

吴义爽[1]，盛　亚[2]，蔡　宁[3]

（1. 安徽大学商学院，安徽 合肥 230601；
2. 浙江工商大学工商管理学院，浙江 杭州 310018
3. 浙江大学公共管理学院，浙江 杭州 310058）

[摘要] 对于个性化定制和大规模标准化生产之间的两难，主流研究一直试图以生产者为中心来寻求理论突破，而忽视了个性化需求黑箱的解构与供求路径贯通问题。本文针对这一分析盲点，从需求个性化与同质化对立统一属性的解析及其与大规模定制之间的对应、转换着手，通过理论建构和案例分析论证了基于互联网+的大规模智能定制实现机理，为解决前述两难问题提供了新的思考与经验素材。研究表明，借助互联网+的虚拟市场效应和数据化技术效应，企业可以在规模意义上通过个性化需求的同质化解构、同质化需求的标准化生产、标准化部件的个性化加总，达到个性化定制和大规模标准化生产之间的无缝衔接。在此基础上，本文进一步认为，基于互联网+的大规模智能定制使得以全面成本领先与差异化为核心的经典定位框架让位于平台、利基的新二元战略定位；而面向消费终端完美体验的“跨界”服务能力培育、供给侧生产与网络治理能力投资成为大规模智能定制的关键支撑。同时，就中国制造企业而言，基于互联网+的大规模智能定制蕴含着GVC扁平化、能力提升与平台包络三重跃迁空间。

[关键词] 互联网+；大规模定制；智能

[中图分类号]F273.1 [文献标识码]A [文章编号]1006-480X(2016)04-127-17

一、问题提出

长期以来，满足个性化需求的“高效用、高成本”定制和大规模标准化生产“低效用、低成本”之间一直处于两难状态，以致供求之间难以真正有效匹配。在特定的生产组织、交易与运作技术约束下，生产者不仅无法及时精准地掌握消费大众的个性化需求信息，也无法解决众多差异化需求的低成本批量生产，并进一步表现为大规模生产所需要的需求稳定性条件和消费需求动态性事实之间

[收稿日期] 2015-12-29
[基金项目] 国家自然科学基金面上项目“平台运营商主导的生产性服务业集聚及其网络治理研究”（批准号71373237）；国家社会科学基金重点项目“国家复杂产品生产能力比较研究”（批准号15AZD057）；浙江省社会科学基金项目“浙江省专业市场向生产性服务业集聚平台的演进研究”（批准号16NDJC183YB）。
[作者简介] 吴义爽（1971—），男，安徽合肥人，安徽大学商学院教授，管理学博士；盛亚（1959—），男，安徽合肥人，浙江工商大学工商管理学院教授，博士生导师，管理学博士；蔡宁（1963—），男，浙江杭州人，浙江大学公共管理学院教授，博士生导师，管理学博士。通讯作者：吴义爽，电子邮箱：wuyishuang@126.com。

127

型而言，当前导向型政策的思路应该着眼于群体转型短板、个体转型带动两个方面：

一是降低群体转型成本。基于互联网+的大规模智能定制在“工具”层面涉及机器间通信、传感器、3D打印、工业机器人、数字仿真、物联网、各类应用软件、大数据、云计算等设备与技术的广泛运用。这些产业目前在中国明显发育不足，并表现为企业转型的高成本约束。对此，政府有必要在《中国制造2025》的总体规划下制定具体推进与扶植政策，加快这些产业的本土化发展进程，以降低企业群体转型成本，催化产业层面智能制造的规模经济和范围经济效应。

二是选择若干龙头企业，促进“双平台”大规模智能定制产业生态系统的形成与发展。政府应该有针对性地选择龙头企业，结合大型企业技术改造项目加大专项财税政策杠杆，建立产业层面的大规模智能定制平台，形成网络体系，发挥标杆、示范、知识传导与氛围营造等带动功能。

姓　　名	吴义爽
学　　历	博士研究生
工作单位	安徽大学
职　　称	教授
研究方向	战略管理、产业组织

吴义爽　1971年10月出生。主要从事战略管理与产业组织研究与教学。现为安徽大学商学院教授、博士生导师；安徽省学术与技术带头人，安徽省皖江学者特聘教授；国家自然科学基金通讯评审专家，2016年入选安徽省“皖江学者”特聘教授，2019年入选安徽省学术与技术带头人。曾于2013年访学英国曼彻斯特大学。

成果名称	传销抑或创新：太平洋直购案的法律解析
发表刊物	法商研究
字　　数	13千字
发表时间	2015年第1期
获奖等次	一等奖

太平洋直购案是中华人民共和国成立以来涉案金额最大、人数最多、争议最大的“传销”案件。该案先后形成两份专家意见书，众多法学与电子商务学界著名学者参与论证，均得出了该案所涉电子商务模式不构成传销的结论。然而，经南昌中院和江西高院两审，都认定其构成传销，并做出有罪判决，其推出的未来返利型商品PV交易被叫停。上述学术与实务界观点的巨大分歧提出了一系列重要命题：如何解释与弥合本案专家意见书与法院判决书之间的分野？如何理解部分突破法律边界的电子商务模式的合法性问题？如何规制互联网领域内的金融创新行为，以充分兴利除弊？

上述问题环环相扣，不仅是太平洋直购个案的司法问题，还涉及我国对互联网电子商务领域各类创新，特别是金融创新模式的监管理念与技术问题。在包容创新与警惕创新的问题上，相关尺度拿捏与规范设计，是值得学界和实务界做深度研究和反思的前沿课题。

该成果以问题的提出、太平洋直购电子商务模式的传销性质认定、未来返利型商品的法律与经济分析、对互联网金融模式创新的应然态度等四个方面结构全文。其基本观点是：太平洋直购案从表面上看是与传销有关的刑事案件，其实并非如此简单。太平洋直购创造的新型电子商务模式及其设计的未来返利型商品PV，与普通商品、证券、期权和期货均同中有异，是一种全新的，带有浓重金融属性的特殊商品。这种未来返利型商品有利有弊，有利于刺激经济发展，促进就业，但可能造成较大的经济泡沫，从而损害投资者利益。太平洋直购收取的交易保证金涉嫌非法集资，但其与传销并非同一命题。对此类电子商务模式的创新，通过加强金融监管来应对始为最佳出路。

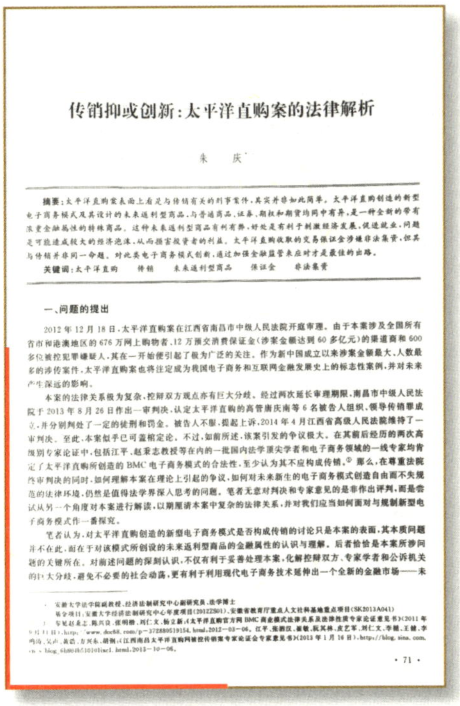

传销抑或创新：太平洋直购案的法律解析

朱　庆*

摘要：太平洋直购案表面上看是与传销有关的刑事案件，其实并非如此简单。太平洋直购创造的新型电子商务模式及其设计的未来返利型商品，与普通商品、证券、期权和期货均同中有异，是一种全新的带有浓重金融属性的特殊商品。这种未来返利型商品有利有弊，好处是有利于刺激经济发展，促进就业，问题是可能造成较大的经济泡沫，从而损害投资者的利益。太平洋直购收取的交易保证金涉嫌非法集资，但其与传销并非同一命题。对此类电子商务模式创新，通过加强金融监管来应对才是最佳的出路。

关键词：太平洋直购　传销　未来返利型商品　保证金　非法集资

一、问题的提出

2012年12月18日，太平洋直购案在江西省南昌市中级人民法院开庭审理。由于本案涉及全国所有省市和港澳地区的676万网上购物者、12万预交消费保证金（涉案金额达到60多亿元）的渠道商和600多位被控犯罪嫌疑人，其在一开始便引起了极为广泛的关注。作为新中国成立以来涉案金额最大、人数最多的涉传案件，太平洋直购案也将注定成为我国电子商务和互联网金融发展史上的标志性案例，并对未来产生深远的影响。

本案的法律关系极为复杂，控辩双方观点亦有巨大分歧。经过两次延长审理期限，南昌市中级人民法院于2013年8月26日作出一审判决，认定太平洋直购的高管唐庆南等6名被告人组织、领导传销罪成立，并分别判处了一定的徒刑和罚金。被告人不服，提起上诉，2014年4月江西省高级人民法院维持了一审判决。至此，本案似乎已可盖棺定论。不过，如前所述，该案引发的争议极大。在其前后经历的两次高级别专家论证中，包括江平、赵秉志教授等在内的一批国内法学顶尖学者和电子商务领域的一线专家均肯定了太平洋直购所创造的BMC电子商务模式的合法性，至少认为其不应构成传销。① 那么，在尊重法院终审判决的同时，如何理解本案在理论上引起的争议，如何对未来新生的电子商务模式创造自由而不失规范的法律环境，仍然是值得法学界深入思考的问题。笔者无意对判决和专家意见的是非作出评判，而是尝试从另一个角度对本案进行解读，以期厘清本案中复杂的法律关系，并对我们应当如何面对与规制新型电子商务模式作一番探究。

笔者认为，对太平洋直购创造的新型电子商务模式是否构成传销的讨论只是本案的表面，其本质问题并不在此，而在于对该模式所创设的未来返利型商品的金融属性的认识与理解。后者恰恰是本案所涉问题的关键所在。对前述问题的深刻认识，不仅有利于妥善处理本案，化解控辩双方、专家学者和公诉机关的巨大分歧，避免不必要的社会动荡，更有利于利用现代电子商务技术延伸出一个全新的金融市场——未

* 安徽大学法学院副教授、经济法制研究中心副研究员、法学博士
基金项目：安徽大学经济法制研究中心年度项目(2012ZS01)、安徽省教育厅重点人文社科基地重点项目(SK2013A041)
① 参见赵秉志、陈兴良、张明楷、刘仁文、杨立新：《太平洋直购官方网BMC商业模式法律关系及法律性质专家论证意见书》(2011年9月11日)，http://www.doc88.com/p-372880519154.html，2012-03-06。江平、张鹏汉、崔敏、阮其林、皮艺军、刘仁文、李键、王健、李鸣海、吴声、黄浩、方兴东、胡钢：《江西南昌太平洋直购网被控传销案专家论证会专家意见书》(2013年1月16日)，http://blog.sina.com.cn/s/blog_6b804b510101iacl.html，2013-10-06。

· 71 ·

成果主要创新和理论价值：

（1）在法学理论层面，有效解释并弥合了太平洋直购涉传案相关两份重量级法律意见书与两审判决书之间的巨大分歧。

（2）在制度建设层面，提出了我国对互联网商业模式创新“疏胜于堵”思想理念，并设计了“准入制度”“信息披露”以及“额度控制”三方面具体监管规制技术。

研究方法和学术规范：

（1）问题导向的跨学科研究方法。成果主题涉及多个学科，问题非常复杂，故作者采用了跨学科研究方法。

（2）深入调查访谈的实证研究方法。成果以一个具有重大影响的要案为研究对象做解剖麻雀式研究。作者深入了解案情，保证了所引用的全部案件事实与数据均有可靠的来源。

姓　　名	朱　庆
学　　历	博士研究生
工作单位	安徽大学
职　　称	教授
研究方向	民商法学

朱　庆　1977年3月出生。主要从事民商法学研究与教学。主持多项国家和省部级课题，研究成果多次获安徽省社科一等奖、中国法学会商法学研究会年会优秀论文一等奖等；2019年入选安徽省学术与技术带头人（后备人选）。现为安徽大学法学院副院长，教授、博士生导师；安徽省法治与社会安全研究中心执行主任、中国法学会商法学研究会常务理事、安徽省法学会民商法研究会理事兼副秘书长、安徽省委政法委法律顾问、安徽省政府立法咨询员，合肥市中级人民法院院长助理（挂职）等。

成果名称	宋人著作五种征引《史记正义》佚文考索
出 版 社	中华书局
字　　数	220千字
出版时间	2016年6月
获奖等次	一等奖

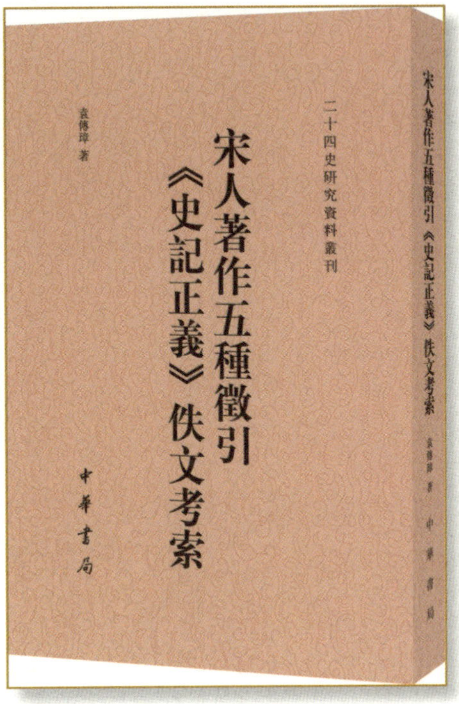

该成果系全国高等院校古籍整理研究工作委员会直接资助重点项目，其最终成果中华书局编入“二十四史研究资料丛刊”。

唐·张守节《史记正义》系学术价值极高的《史记》古注之一，宋人合刻《史记》三家注，以先行的《史记集解索隐》为本注，而以《正义》为增注附刻其中时删削独多。三家注本大行于世后，单本《正义》逐渐湮没，明人已无缘复睹《正义》全貌。清代学者曾做过《正义》佚文的某些探究与搜辑，但成绩并不理想。

日本泷川资言博士于1913年在东北帝国大学馆藏两种古活字印本《史记》栏外标注中发现被宋人合刻者删削的《正义》佚文“千二三百条”，手辑《史记正义佚存》两卷。1934年出版《史记会注考证》十册，将所辑《正义》佚文插入相应《史》文之下，自谓“略复张氏之旧”，为《史记》研究做出重大贡献。

反观大陆本土对《史记正义》佚文的搜辑与研究，则相对沉寂。自该成果作者开始《正义》研究后，这一落寞局面方有所改观。该成果鉴于泷川资言诸人对《正义》的辑佚，取材仅限于日本现存《史记》的版本与抄本，却未涉及《史记》三家注之外的宋人著作，遂对大量征引《史记正义》的宋人吕祖谦《大事记解题》、王应麟《玉海》《通鉴地理通释》《诗地理考》、胡三省《新注资治通鉴》进行全面深入的辑佚与研究，发现这五部著作共征引《正义》1097条，其中被三家注合刻者全文削除的有276条，部分删节的有118条，全佚与部分遗佚的《正义》佚文合计竟达394条之多。考出每条佚文原当系于《史记》何篇何句之下，因何被宋人三家注合刻者削除或删节，并对这批佚文的文献价值做出实事求是的评判。

该成果基本架构：卷首为安平秋《序》、著者《前记》；主体系为五部宋人著作征引《正义》佚文所撰五章专论；卷末为《附录：宋人著作五种征引〈史记正义〉佚文辑存》。其学术价值在于，不仅发掘出中外学界所未见的大批《正义》佚文，弥补了海内学者对张守节及其《正义》文献辑佚与研究的短板，更体现在此基础之上澄清《史记》研究史上诸多流传已久的学术误判，解决不少聚讼难决的学术疑案，大力推进司马迁与《史记》的研究。丰富了学界对《史记》三家注合刻本形成过程的认识；从总体上解决了《史记会注考证》所收佚文真伪问题的学术疑案；澄清四库馆臣以来认为《正义》疏通《索隐》的误解；成果从日藏元刻《玉海》中辑出的《正义》佚文，与同书所引《索隐》以及今本《史记》三家注录入的《索隐》所引《博物志》，皆作司马迁继任太史令时“年二十八”，从而为司马迁生于汉武帝建元六年（前135）提供了文献铁证；成果为文史研究界提供了一个如何从旧有文献发掘出新观点的样本。

姓　　名	袁传璋
学　　历	大学本科
工作单位	安徽师范大学
职　　称	教授
研究方向	先秦汉魏六朝文学

袁传璋　1940年出生。主要从事先秦汉魏六朝文学研究与教学。发表司马迁与《史记》研究专论30余篇；出版《太史公生平著作考论》《袁传璋史记研究论丛》等专著，校点泷川资言《唐张守节史记正义佚存》。“司马迁与《史记》研究系列”获安徽省高等学校“八·五”人文社科优秀成果二等奖，2011年获“中国史记研究会学术成就奖”。历任安徽师范大学教授、硕士生导师，中国古典文献学硕士点负责人；中国《史记》研究会常务理事、陕西省司马迁研究会特邀理事、中华书局点校本《史记》修订工程外审专家。

成果名称	凤阳花鼓全书
出 版 社	黄山书社
字　　数	5000千字
出版时间	2016年4月
获奖等次	一等奖

该成果由《凤阳花鼓全书》编纂委员会编纂，分《文献卷》《史论卷》（上下）、《文集卷》《词曲卷》《音像卷》五卷（六册），从民俗学、历史学、区域地理学的视角出发，结合戏曲、曲艺、音乐、舞蹈、文学、绘画等领域的理论和方法，对流传在国内外与凤阳花鼓相关的资料，进行了全面、系统的收集、整理和研究，是国家级非物质文化遗产艺术类集资料性、研究性为一体的专著。

《史论卷》对长达600年历史的凤阳花鼓的产生、形成、发展、流变、社会影响等进行了深入的研究，其研究方法可归纳如下几点。

（1）广收文献资料。

（2）严格采用论从史出、史由证来、证史一致、史论结合的学术研究基本方法。

（3）在使用史料时，对前人使用的史料真伪进行辨误。

（4）运用“多学科”“多重证据法”的手法，来研究凤阳花鼓，提出的许多崭新观点，令人耳目一新。

《文献卷》以影印的方式，呈现了明代万历以来有关凤阳花鼓的美术作品、舞台剧照、词曲唱本等文献资料，保存了其数百年来的历史印记，将地方性的非遗文献资料的收集与学术层面的文献整理与研究结合在一起，能够更为准确地展现凤阳花鼓的本体内涵，给其他非遗的文献整理提供了宝贵的经验。

《文集卷》收录了自清末民国以来有关凤阳花鼓的学术论文、专著等研究成果。

《词曲卷》则以曲牌（曲调）为纲，收集了民间花鼓艺人演唱的原生态“凤阳歌”及经过改编创作的不同艺术种类和载体的凤阳花鼓音乐。

《音像卷》采用电子出版物的方式配以纸质书的形式进行呈现。以移动硬盘为载体，将“原生态‘凤阳歌’（花鼓小锣）”“老唱片中的‘凤阳歌’”以及“附录：双条鼓”音频、视频汇集在一起，从视听的角度记载其艺术形态及演变形式。作为本套书最后一部出版物，《音像卷》既是《全书》的收官之作，也是凤阳花鼓研究的点睛之笔（也是整个凤阳花鼓民间艺术的柱石），从而与其他各卷构建起一个较为贴近非遗项目内在的知识体系和整理、出版的类型框架，使得非遗项目的整个地方性知识体系较为完整、准确地呈现出来，为了解、研究该区域文化的多样性、民众性格的特点等奠定了基础。

全书的出版在凤阳花鼓研究史乃至中国民间艺术研究史上都具有相当重要的意义，其在整理体例、题材、内容及组织形式等方面，为国内其他非物质文化遗产以及民间艺术的文献整理与研究工作，起到了积极的示范和推动作用，对传承中华文化具有十分重要的现实意义。

（主编：夏雨润）

《凤阳花鼓全书》编纂编委会　该编纂编委会组成人员，来自北京、上海、合肥、滁州和凤阳等地高校、文化单位。最初由主编夏玉润独立完成全部资料的收集任务，其撰写出各分卷的目录、凡例及初稿后与其他副主编分头撰写、编纂；待各分卷初稿完成后，分别与其他副主编商讨定稿；同时，召开了两次审稿会议，请北京相关专家提出修改意见。定稿后，主编夏玉润统稿、与出版社对接并参与各分卷的修改和校对工作，直至发排付梓。

成果名称	透镜中的宋代建筑
出 版 社	华中科技大学出版社
字　　数	239千字
出版时间	2015年9月
获奖等次	一等奖

该成果尝试透过宋代社会二元结构的阐释模式，探讨唐宋变革的大背景下建筑转型的深层原因，试图通过大量文献（图谱）、遗存等研究，弄清在唐宋变革大背景下宋代建筑演化的深层原因，这对于过去、现在或未来本土建筑演化与变迁的文化核心价值的建构，无疑具有举足轻重的史学意义。

没有哪个朝代像宋代那样纠结——既有“内敛晦守”的政治生态，又有“开放进取”的科技追求；既有“虚中求实”造物经济的实学理想，又有“实中求虚”以“艺术本位”为特征的美学追求；既有重商主义的“百器维新”，又有金石学勃兴的“复古尚古”思潮——造就了两宋在文学上婉约与豪放、绘画上的写实与写意、建筑上奢华与简约等“二元并峙”的局面，这正是该成果重点论述的问题。

宋代是我国历史上经济、文化与艺术发展的一个波峰期，与欧洲“文艺复兴”比较，可理解为东方“文艺复兴”先行与等值的时期。没有哪种东西能像建筑那样反映一个时代政治、经济与文化的特质——建筑史不仅是艺术史与科技史，更是政治史与经济史。宋代建筑各种新范式确立的根基表明，宋人在“破”与“立”关系上进入一个文化自觉时代。作为中国近代史的发端，封建社会的典型特征到宋代已发育成熟，清晰呈现了影响近代中国的种种新元素。因此，不清楚宋代建筑起、承、转、合，就无从知晓元、明、清、民国——甚至当代中国建筑演化的前因后果，来龙去脉。

研究表明，在多大程度上通过类似“制度设计”的层面来改善甚至左右历史的走向与进程，取决于人类文明进步与时代发展的水平。在一个变革时代“阶段突发式或完全重新建构整体”是可以依靠理性的力量来建构的，通过梳理本土历史的分类记忆来在盘点与提炼本就殷厚的文化基底，在精神层面上修补文化裂隙，这正是建筑史学研究的核心价值。

20世纪20年代，本土建筑事务所一度在上海等租界艰难打拼，争夺建筑设计的本土话语权。如今，这样的剧情改头换面仍在延续——在一系列国标及地标性建筑项目上，本土设计师一再被边缘化。重商主义冲动与权力专断，加之对本土建筑文脉的懵懂无知或视而不见，使业界难以从根本上掌握建筑文化的主导权。

与西方文明再创造的连续性相比，中国恰恰在人类近现代文明发展最关键时期发生了精神层面的文化认同危机。因此，真正意义的国家复兴，在于客观地正视自己的历史记忆，不断提炼、增值与积累本土的文化资本，树立健康与成熟的价值评判体系，重新确立在本土文脉的基础上建构面向未来的建筑文化的各类主题。

姓　　名	陈　军
学　　历	博士研究生
工作单位	安徽工程大学
职　　称	教授
研究方向	中国传统造物文化、数字媒体设计

陈　军　1968年9月出生。长期从事中国传统造物文化、数字媒体设计等研究与教学。在《装饰》《美术》《艺术设计研究》等核心期刊发表学术论文20余篇，其中被CSSCI、SCI、EI/JA收录多篇；主持或参与省部级科研与教研项目12项；出版专著、高校教材多部；创作多部作品入选省级以上美术设计展并获奖获。现为安徽工程大学艺术学院教授、硕士生导师，数字媒体艺术专业主任，数字媒体省级示范实验室负责人；美国University of Bridgeport大学访问学者，中国高校科学与艺术联盟理事，中国电子视像行业协会数字影像创意委员会专家。

成果名称	抗战时期党的理论工作者与毛泽东的理论互动
发表刊物	中共党史研究
字　　数	18.9千字
发表时间	2014年第4期
获奖等次	二等奖

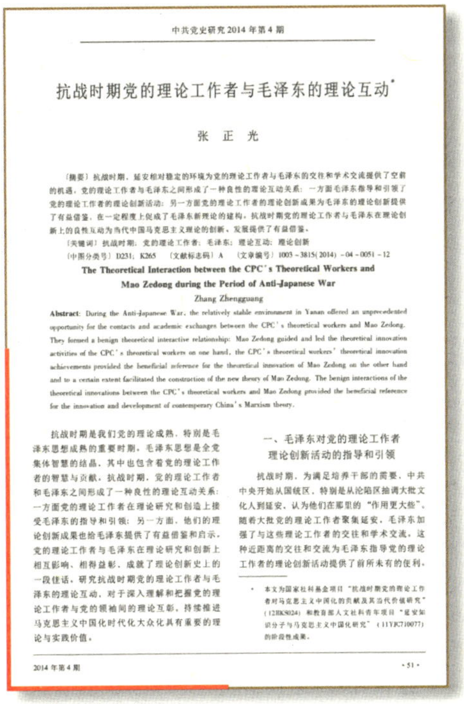

中共党史研究 2014 年第 4 期

抗战时期党的理论工作者与毛泽东的理论互动*

张　正　光

〔摘要〕抗战时期，延安相对稳定的环境为党的理论工作者与毛泽东的交往和学术交流提供了空前的机遇，党的理论工作者与毛泽东之间形成了一种良性的理论互动关系：一方面毛泽东指导和引领了党的理论工作者的理论创新活动；另一方面党的理论工作者的理论创新成果为毛泽东的理论创新提供了有益借鉴，在一定程度上促成了毛泽东新理论的建构。抗战时期党的理论工作者与毛泽东在理论创新上的良性互动为当代中国马克思主义理论的创新、发展提供了有益借鉴。

〔关键词〕抗战时期；党的理论工作者；毛泽东；理论互动；理论创新

〔中图分类号〕D231；K265　〔文献标志码〕A　〔文章编号〕1003－3815(2014)－04－0051－12

The Theoretical Interaction between the CPC's Theoretical Workers and Mao Zedong during the Period of Anti-Japanese War

Zhang Zhengguang

Abstract: During the Anti-Japanese War, the relatively stable environment in Yanan offered an unprecedented opportunity for the contacts and academic exchanges between the CPC's theoretical workers and Mao Zedong. They formed a benign theoretical interactive relationship: Mao Zedong guided and led the theoretical innovation activities of the CPC's theoretical workers on one hand, the CPC's theoretical workers' theoretical innovation achievements provided the beneficial reference for the theoretical innovation of Mao Zedong on the other hand and to a certain extent facilitated the construction of the new theory of Mao Zedong. The benign interactions of the theoretical innovations between the CPC's theoretical workers and Mao Zedong provided the beneficial reference for the innovation and development of contemporary China's Marxism theory.

抗战时期是我们党的理论成熟，特别是毛泽东思想成熟的重要时期，毛泽东思想是全党集体智慧的结晶，其中也包含着党的理论工作者的智慧与贡献。抗战时期，党的理论工作者和毛泽东之间形成了一种良性的理论互动关系：一方面党的理论工作者在理论研究和创造上接受毛泽东的指导和引领；另一方面，他们的理论创新成果也给毛泽东提供了有益借鉴和启示。党的理论工作者与毛泽东在理论研究和创新上相互影响、相得益彰，成就了理论创新史上的一段佳话。研究抗战时期党的理论工作者与毛泽东的理论互动，对于深入理解和把握党的理论工作者与党的领袖间的理论互彰，持续推进马克思主义中国化时代化大众化具有重要的理论与实践价值。

一、毛泽东对党的理论工作者理论创新活动的指导和引领

抗战时期，为满足培养干部的需要，中共中央开始从国统区，特别是从沦陷区抽调大批文化人到延安，认为他们在那里的"作用更大些"。随着大批党的理论工作者聚集延安，毛泽东加强了与这些理论工作者的交往和学术交流，这种近距离的交往和交流为毛泽东指导党的理论工作者的理论创新活动提供了前所未有的便利。

* 本文为国家社科基金项目"抗战时期党的理论工作者对马克思主义中国化的贡献及其当代价值研究"（12BKS024）和教育部人文社科青年项目"延安知识分子与马克思主义中国化研究"（11YJC710077）的阶段性成果。

2014 年第 4 期　·51·

该成果主要论述了抗战时期是我们党的理论成熟，特别是毛泽东思想成熟的重要时期。毛泽东思想是全党集体智慧的结晶，其中也包含着党的理论工作者的智慧与贡献。抗战时期，党的理论工作者和毛泽东之间形成了一种良性的理论互动关系：一方面党的理论工作者在理论研究和创造上接受毛泽东的指导和引领；另一方面，他们的理论创新成果也给毛泽东提供了有益借鉴和启示。党的理论工作者与毛泽东在理论研究和创新上相互影响、相得益彰，成就了理论创新史上的一段佳话。研究抗战时期党的理论工作者与毛泽东的理论互动，对于深入理解和把握党的理论工作者与党的领袖间的理论互彰，持续推进马克思主义中国化时代化大众化具有重要的理论与实践价值。

姓　　名	张正光
学　　历	博士研究生
工作单位	安徽师范大学
职　　称	教授
研究方向	中共党史党建、马克思主义中国化

张正光　1971年1月出生。主要从事中共党史党建、马克思主义中国化研究。在《马克思主义研究》《中共党史研究》等刊物上发表学术论文70余篇，出版专（合）著3部；主持国家社科基金和省部级项目10多项。现为安徽师范大学马克思主义学院教授、博士生导师；芜湖市社科联副主席，安徽省中国特色社会主义理论体系研究中心安师大研究基地副主任；安徽省大别山革命文化研究会副会长。安徽省学术和技术带头人后备人选，安徽省优秀教师，安徽省高校优秀思政课教师，安徽省师德先进个人。

成果名称	民主革命时期马克思主义中国化中的论争
出 版 社	安徽师范大学出版社
字　　数	352千字
出版时间	2013年9月
获奖等次	二等奖

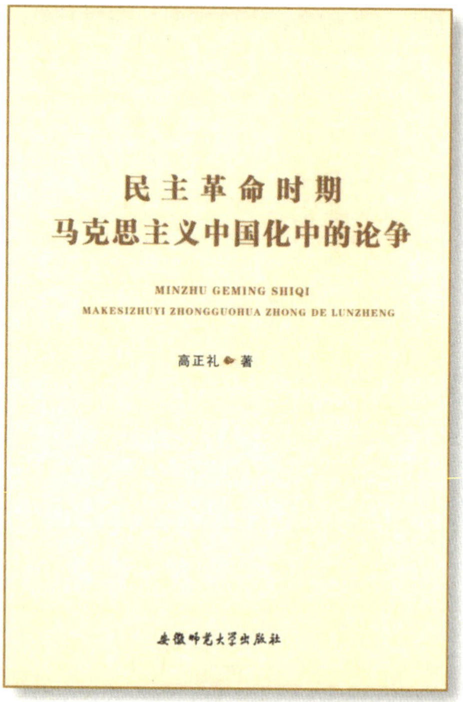

该成果以马克思主义中国化为主线，以马克思主义中国化中的论争为主题，将新民主主义革命时期划分为党的创立、国民革命、土地革命、抗日战争和解放战争五个历史阶段，既梳理了各个历史阶段马克思主义中国化中重大论争发生的背景、经过和结果等，又对每个历史阶段论争围绕的中心作出了概括，认为五个历史阶段论争的中心分别是“创建一个什么样的政党”“掀起一场什么样的革命”“选择一条什么样的道路”“争取一个什么样的命运”和“建立一个什么样的国家”。在此基础上，对每个历史阶段论争的经验、教训，尤其是论争对马克思主义中国化理论成果的形成和发展、对中国马克思主义政党的自身建设等影响和启示等作出了深入分析。最后，对整个新民主主义革命时期马克思主义中国化中论争的基本特征、经验教训等作出了理论概括，将其归结为“什么是中国革命，怎样革命”的论争。

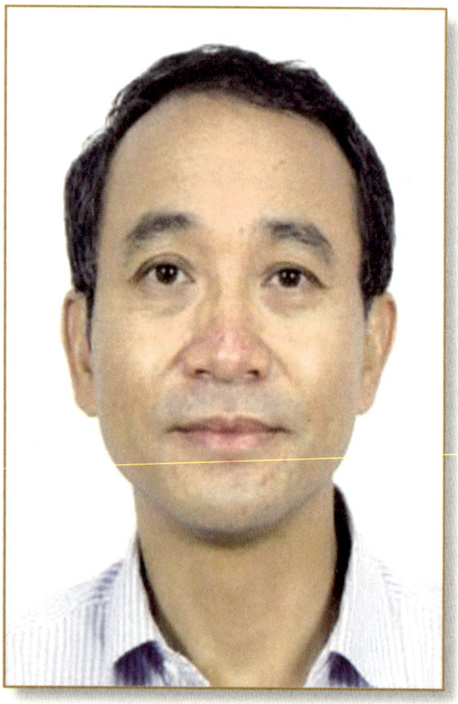

姓　　名	高正礼
学　　历	博士研究生
工作单位	安徽师范大学
职　　称	教授
研究方向	马克思主义中国化、中共党史

高正礼　1967年8月出生。主要从事马克思主义中国化研究和中共党史研究。在《光明日报》《马克思主义研究》《党的文献》《科学社会主义》等期刊发表论文60余篇，主持国家社科基金项目、国家社科重大招标项目子课题各1项，主持教育部人文社科研究项目和安徽省社科规划项目4项，多篇论文被中国人民大学复印报刊资料等转载或摘登。现为安徽师范大学马克思主义学院教授、博士生导师；教育部全国高校思政理论课教学指导委员会委员，“习近平新时代中国特色社会主义思想”全国高校黄大年式教师团队带头人，安徽省马克思主义学会副会长，安徽省委讲师团高端理论宣讲专家。

成果名称	泛悖论与科学理论创新机制研究
出 版 社	北京师范大学出版社
字　　数	285千字
出版时间	2013年4月
获奖等次	二等奖

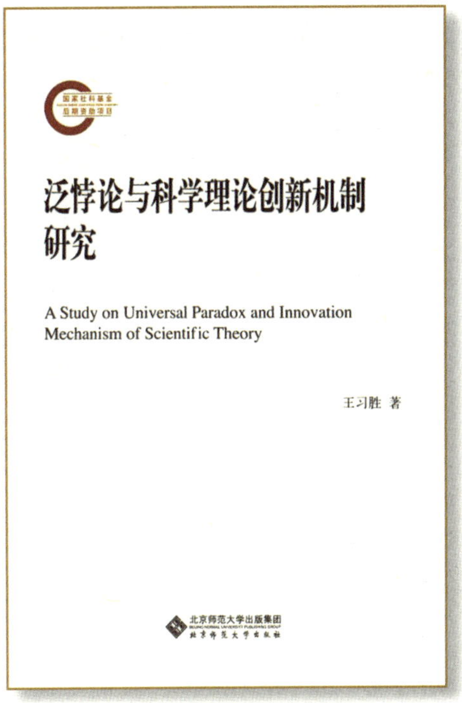

该成果主要论述“悖论”是一个涉及多学科的边缘性、交叉性研究领域，在20世纪末与21世纪初期，随着悖论的语用学性质的明确指认，逻辑矛盾、辩证矛盾与悖论等基本概念及其关系得到了澄清，逻辑语义学、逻辑语形学和逻辑语用学等不同层面的悖论研究成果得到了统一的把握和恰当的归置，悖论研究中存在的问题及其症结得到了充分揭示，悖论研究被明确区分为三个不同层面：特定领域某个或某组悖论具体解悖方案研究、各种悖论及解悖方案的哲学研究、一般意义的解悖方法论研究。该成果在第三个层面上对悖论研究的方法作了规律性把握和总结，试图在悖论研究的方法论平台上，将严格悖论研究的方法及其成果向具有一定悖论度的泛悖论领域拓展和应用，并以泛悖论中的科学理论悖论为对象，从科学逻辑和科学方法论的视角，探讨泛悖论研究在科学理论创新中的作用机理，建构科学理论创新的悖论模式。

姓　　名	王习胜
学　　历	博士研究生
工作单位	安徽师范大学
职　　称	教授
研究方向	哲学学科中的逻辑哲学等

王习胜　1965年8月出生。主要从事哲学学科中的逻辑哲学、马克思主义理论学科中的思想政治教育基础理论研究。主持国家社科基金项目等5项，教育部人文社科项目等3项，省级人文社科重点项目等9项，发表专题论文140余篇，出版著作20余部，获省部级以上科研成果奖多项。现为安徽师范大学马克思主义学院二级教授、博士生导师；安徽省宣传文化领域拔尖人才，安徽省高校人文社会科学重点研究基地安徽师范大学马克思主义研究中心常务副主任；安徽省哲学学会、安徽省马克思主义学会常务理事，中国逻辑学会理事等；国家哲学社会科学基金项目通讯评审专家。

成果名称	改革开放以来辩证法研究范式的批判性反思
发表刊物	学术研究
字　　数	15.8千字
发表时间	2014年第3期
获奖等次	二等奖

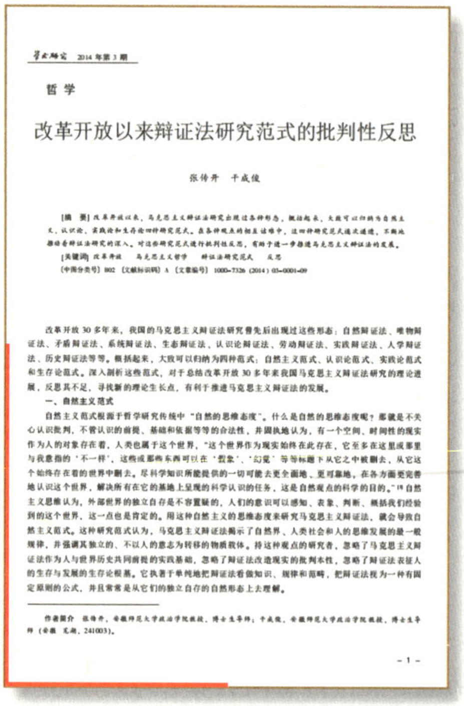
学术研究　2014年第3期

哲学

改革开放以来辩证法研究范式的批判性反思

张传开　干成俊

[摘　要] 改革开放以来，马克思主义辩证法研究出现过各种形态，概括起来，大致可以归纳为自然主义、认识论、实践论和生存论四种研究范式。在各种观点的相互诘难中，这四种研究范式递次递进，不断地推动着辩证法研究的深入。对这些研究范式进行批判性反思，有助于进一步推进马克思主义辩证法的发展。

[关键词] 改革开放　马克思主义哲学　辩证法研究范式　反思
[中图分类号] B02 [文献标识码] A [文章编号] 1000-7326 (2014) 03-0001-09

改革开放30多年来，我国的马克思主义辩证法研究曾先后出现过这些形态：自然辩证法、唯物辩证法、矛盾辩证法、系统辩证法、生态辩证法、认识论辩证法、劳动辩证法、实践辩证法、人学辩证法、历史辩证法等等。概括起来，大致可以归纳为四种范式：自然主义范式、认识论范式、实践论范式和生存论范式。深入剖析这些范式，对于总结改革开放30多年来我国马克思主义辩证法研究的理论进展，反思其不足，寻找新的理论生长点，有利于推进马克思主义辩证法的发展。

一、自然主义范式

自然主义范式根源于哲学研究传统中"自然的思维态度"。什么是自然的思维态度呢？那就是不关心认识批判，不管认识的前提、基础和依据等等的合法性，并固执地认为，有一个空间、时间性的现实作为人的对象存在着，人类也属于这个世界，"这个世界作为现实始终在此存在，它至多在这里或那里与我意指的'不一样'，这些或那些东西可以在'假象'、'幻觉'等等标题下从它之中被删去，从它这个始终存在着的世界中删去。尽科学知识所能提供的一切可能去更全面地、更可靠地，在各方面更完善地认识这个世界，解决所有在它的基地上呈现的科学认识的任务，这是自然观点的科学的目的。"[1] 自然主义思维认为，外部世界的独立自存是不容置疑的，人们的意识可以感知、表象、判断、概括我们经验到的这个世界，这一点也是肯定的。用这种自然主义的思维态度来研究马克思主义辩证法，就会导致自然主义范式。这种研究范式认为，马克思主义辩证法揭示了自然界、人类社会和人的思维发展的最一般规律，并强调其独立的、不以人的意志为转移的物质载体。持这种观点的研究者，忽略了马克思主义辩证法作为人与世界历史共同前提的实践基础，忽略了辩证法改造现实的批判本性，忽略了辩证法表征人的生存与发展的生存论根基。它执著于单纯地把辩证法看做知识、规律和范畴，把辩证法视为一种有固定原则的公式，并且常常是从它们的独立自存的自然形态上去理解。

作者简介　张传开，安徽师范大学政治学院教授、博士生导师；干成俊，安徽师范大学政治学院教授、博士生导师（安徽 芜湖，241003）。

- 1 -

该成果系统总结了改革开放以来马克思主义辩证法研究的自然主义范式、认识论范式、实践论范式和生存论范式。认为自然主义研究范式尽管划清了马克思主义辩证法与唯心主义辩证法、旧唯物主义形而上学之间的界限，但只是见物不见人的无根的辩证法；认识论研究范式在理论上陷入了建立在自在自然之上的自发辩证法和建立在主体精神之中的自为辩证法的二元境地，没有彰显辩证法的本真精神；实践论研究范式相对于前两种范式有巨大进步，但马克思主义辩证法的理论根基仍没有得到真正澄清，辩证法固有的革命性和批判性仍被遮蔽了；生存论研究范式克服了上述研究范式的缺陷，彰显了马克思主义辩证法的革命性和批判性，但其许多具体理论仍需深入研究。对辩证法研究范式的批判性反思，是从一个侧面对改革开放以来马克思主义哲学研究和发展的系统梳理，因而对推进马克思主义哲学的发展具有重大的理论意义。

姓　　名	张传开
学　　历	大学本科
工作单位	安徽师范大学
职　　称	教授
研究方向	马克思主义哲学

张传开　1951年7月出生。长期从事马克思主义哲学的教学与研究。出版《古希腊哲学范畴的逻辑发展》《马克思主义哲学范畴在当代的发展》等15部著作和教材；在《哲学研究》《求是》《马克思主义研究》等刊物发表论文80多篇，被《新华文摘》全文转载7篇；主持国家社科基金项目3项，其中重大项目1项，共获学术成果奖12项。现为安徽师范大学马克思主义学院二级教授、博士生导师；中国红色文化研究会常务理事，安徽省哲学学会副会长。享受国务院政府特殊津贴。

成果名称	学习型预期与中国扩展的新菲利普斯曲线研究
发表刊物	金融研究
字　　数	16千字
发表时间	2014年第9期
获奖等次	二等奖

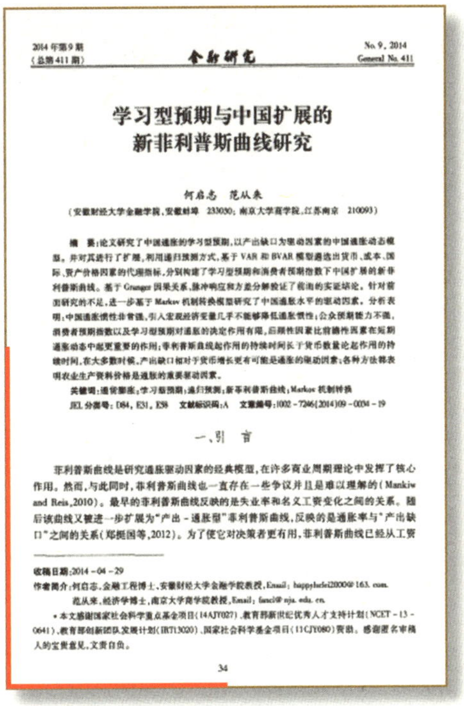

2014年第9期
（总第411期）
金融研究
No. 9，2014
General No. 411

学习型预期与中国扩展的新菲利普斯曲线研究

何启志　范从来
（安徽财经大学金融学院，安徽蚌埠　233030；南京大学商学院，江苏南京　210093）

摘　要：论文研究了中国通胀的学习型预期，以产出缺口为驱动因素的中国通胀动态模型，并对其进行了扩展，利用递归预测方式，基于VAR和BVAR模型遴选出货币、成本、国际、资产价格因素的代理指标，分别构建了学习型预期和消费者预期指数下中国扩展的新菲利普斯曲线。基于Granger因果关系、脉冲响应和方差分解验证了前面的实证结论。针对前面研究的不足，进一步基于Markov机制转换模型研究了中国通胀水平的驱动因素。分析表明：中国通胀惯性非常强，引入宏观经济变量几乎不能够降低通胀惯性；公众预期能力不强，消费者预期指数以及学习型预期对通胀的决定作用有限，后顾性因素比前瞻性因素在短期通胀动态中起更重要的作用；菲利普斯曲线起作用的持续时间长于货币数量论起作用的持续时间，在大多数时候，产出缺口相对于货币增长更有可能是通胀的驱动因素；各种方法都表明农业生产资料价格是通胀的重要驱动因素。

关键词：通货膨胀；学习型预期；递归预测；新菲利普斯曲线；Markov机制转换
JEL分类号：E4，E31，E58　文献标识码：A　文章编号：1002－7246(2014)09－0034－19

一、引　言

菲利普斯曲线是研究通胀驱动因素的经典模型，在许多商业周期理论中发挥了核心作用。然而，与此同时，菲利普斯曲线也一直存在一些争议并且是难以理解的（Mankiw and Reis，2010）。最早的菲利普斯曲线反映的是失业率和名义工资变化之间的关系。随后该曲线又被进一步扩展为"产出－通胀型"菲利普斯曲线，反映的是通胀率与"产出缺口"之间的关系（郑挺国等，2012）。为了使它对决策者更有用，菲利普斯曲线已经从工资

收稿日期：2014－04－29

作者简介：何启志，金融工程博士，安徽财经大学金融学院教授，Email：happyhefei2000@163.com.
范从来，经济学博士，南京大学商学院教授，Email：fancl@nju.edu.cn.

＊本文感谢国家社会科学重点基金项目（14AJY027）、教育部新世纪优秀人才支持计划（NCET－13－0641）、教育部创新团队发展计划（IRT13020）、国家社会科学基金项目（11CJY080）资助。感谢匿名审稿人的宝贵意见，文责自负。

34

该成果以产出缺口为驱动因素的中国通胀动态模型，根据VAR和BVAR模型遴选出货币、成本、国际、资产价格因素的代理指标，分别构建了学习型预期和消费者预期指数下中国扩展的新菲利普斯曲线，基于Granger因果关系、脉冲响应和方差分解验证了前面的实证结论。针对前面研究的不足，进一步基于Markov机制转换模型研究了中国通胀水平的驱动因素。分析表明：中国通胀惯性非常强，引入宏观经济变量几乎不能够降低通胀惯性；公众预期能力不强，消费者预期指数以及学习型预期对通胀的决定作用有限，后顾性因素比前瞻性因素在短期通胀动态中起更重要的作用；菲利普斯曲线起作用的持续时间长于货币数量论起作用的持续时间，在大多数时候，产出缺口相对于货币增长更有可能是通胀的驱动因素；各种方法都表明农业生产资料价格是通胀的重要驱动因素。

姓　　名	何启志
学　　历	博士研究生
工作单位	安徽财经大学
职　　称	教授
研究方向	货币经济学

何启志　1974年9出生。主要从事货币经济学研究与教学。在《经济研究》《管理世界》《金融研究》《光明日报》等报刊发表学术论文多篇，其中多篇论文被SSCI、SCI和CSSCI检索，被中国社会科学报、中国人民大学复印报刊资料转载；主持完成国家社科重点项目、教育部和博士后项目等多项。现为安徽财经大学教授；全国优秀教师，教育部新世纪优秀人才，省学术和技术带头人，皖江学者特聘教授；入选国家百千万人才工程，被授予"有突出贡献中青年专家"荣誉称号。享受国务院政府特殊津贴。

成果名称	政府R&D资助效果、影响因素与资助对象选择 ——基于促进企业R&D投入的视角
发表刊物	中国工业经济
字　　数	12千字
发表时间	2013年第11期
获奖等次	二等奖

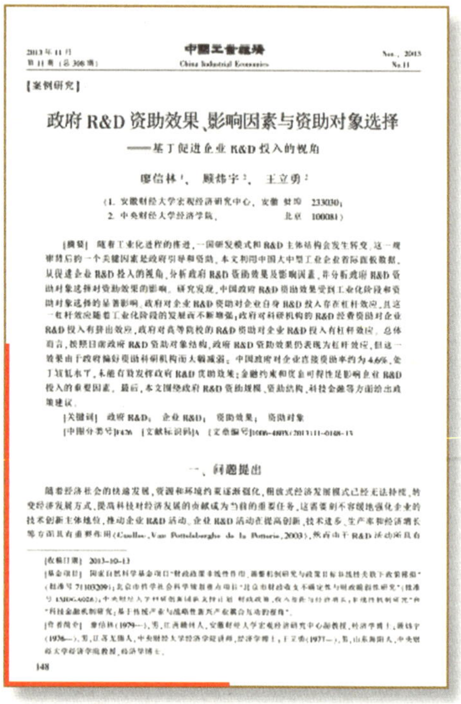
2013年11月
第11期（总308期）
中国工业经济
China Industrial Economics
Nov., 2013
No.11

【案例研究】

政府R&D资助效果、影响因素与资助对象选择
——基于促进企业R&D投入的视角

廖信林[1]， 顾炜宇[2]， 王立勇[2]

（1. 安徽财经大学宏观经济研究中心，安徽 蚌埠 233030；
2. 中央财经大学经济学院， 北京 100081）

［关键词］ 政府R&D； 企业R&D； 资助效果； 资助对象

一、问题提出

148

该成果利用中国大中型工业企业省际面板数据，从促进企业R&D投入的视角，分析政府R&D资助效果及影响因素，并分析政府R&D资助对象选择对资助效果的影响。研究发现，中国政府R&D资助效果受到工业化阶段和资助对象选择的显著影响。总体而言，按照目前政府R&D资助对象结构，政府R&D资助效果仍表现为杠杆效应，但这一效果由于政府偏好资助科研机构而大幅减弱；中国政府对企业直接资助率约为4.6%，处于较低水平，未能有效发挥政府R&D资助效果；金融约束和资金可得性是影响企业R&D投入的重要因素。

姓　　名	廖信林
学　　历	博士研究生
工作单位	安徽财经大学
职　　称	教授
研究方向	财政政策绩效评价、技术创新研究

廖信林　1979年6月出生。主要从事财政政策绩效评价与技术创新研究。在《中国工业经济》《财贸经济》《经济学动态》等刊物发表论文数20余篇；主持教育部青年基金项目等省部级科研项目7项，省级教学研究项目3项；出版学术专著1部。获省社科二等奖1项，厅级社科优秀成果4项。现为安徽财经大学经济学院副院长，教授、硕士生导师；中国数量经济学会理事，中国宏观经济教育管理学会常务理事，安徽省经济学会理事。

成果名称	医疗保险对农民工城市融入的影响分析
发表刊物	管理世界
字　　数	24千字
发表时间	2018年第10期
获奖等次	二等奖

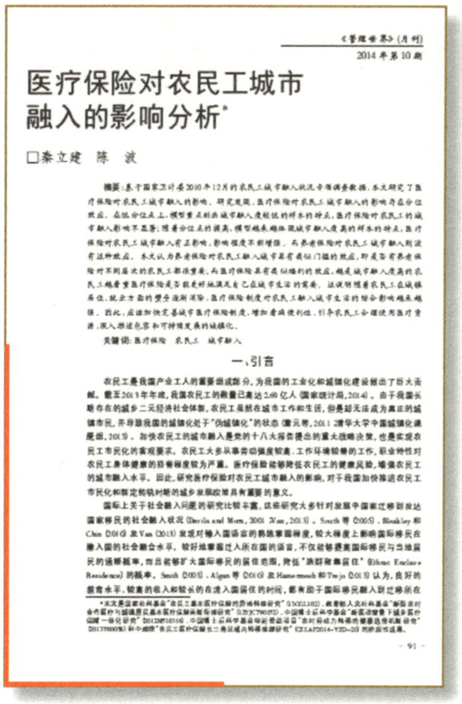
《管理世界》(月刊)
2014年第10期

医疗保险对农民工城市融入的影响分析*

□秦立建　陈　波

关键词：医疗保险　农民工　城市融入

一、引言

基于全国性大规模的农民工城市融入状况专项调查数据，该成果研究了医疗保险对农民工城市融入的影响。研究发现，医疗保险对农民工城市融入的影响存在分位效应。认为养老保险对农民工融入城市具有类似门槛的效应，即是否有养老保险对不同层次的农民工都很重要；而医疗保险具有类似福利的效应，越是城市融入度高的农民工越看重医疗保险是否能更好地满足自己在城市生活的需要。这说明随着农民工在城镇居住、就业方面的壁垒逐渐消除，医疗保险制度对农民工融入城市生活的综合影响越来越强。因此，应该加快完善城市医疗保险制度，增加看病便利性，引导农民工合理使用医疗资源，深入推进包容和可持续发展的城镇化。

姓　　名	秦立建
学　　历	博士研究生
工作单位	安徽财经大学
职　　称	教授
研究方向	城乡发展

秦立建　1976年5月出生。主要从事我国城乡发展领域的理论探索与实践研究。现为安徽财经大学财政与公共管理学院副院长，教授；中国城乡发展公共政策研究所所长、健康经济研究中心主任；中国软科学研究会常务理事，中国区域经济学会常务理事，中国人力资源开发研究会劳动关系分会常务理事；安徽省政治学会常务理事，中国太平洋保险有限公司战略咨询专家，安徽省人力资源与社会保障厅专家委员会专家。

成果名称	内部控制与关系专用性投资——基于契约视角的实证研究
出版社	经济管理出版社
字　　数	357千字
出版时间	2014年12月
获奖等次	二等奖

该成果从契约经济学角度，在理论分析制度契约与关系契约内在联系基础上，实证考察了内部控制对关系专用性投资“双刃剑”的作用机理、路径和效果。研究发现：内部控制既能降低企业财务杠杆水平、缓解代理冲突、促进关系专用性投资效率，也能抑制企业的非效率投资、盈余管理等机会主义，显示了内部控制的“相机治理”效应。不仅拓展了“关系契约”和“制度契约”如何相互影响企业行为的研究文献，而且从关系专用性投资的角度揭开了中国经济发展的一个特殊因素。成果把关系专用性投资作为研究交易活动和治理机制的核心经济变量，把企业内部控制制度的选择看成是关系专用性投资程度的函数，在国内首次提出内部控制构成关系专用性投资价值创造传导机制的崭新观点，为关系专用性投资的治理机制和内部控制优化提供导向，为政府监管机构制定政策提供更加坚实的微观基础和理论依据。

姓　　名	林钟高
学　　历	大学本科
工作单位	安徽工业大学
职　　称	教授
研究方向	公司治理、会计理论

林钟高　1960年9月出生。主要从事公司治理与会计理论研究。现为安徽工业大学二级教授，合肥工业大学博士生导师；中国会计学会内部控制专业委员会委员，中国管理科学与工程学会常务理事，中国商业会计学会常务理事，中国内部控制研究中心研究员等。

成果名称	基于随机产出与随机需求的农产品供应链风险共担合同
发表刊物	中国管理科学
字　　数	15千字
发表时间	2013第2期
获奖等次	二等奖

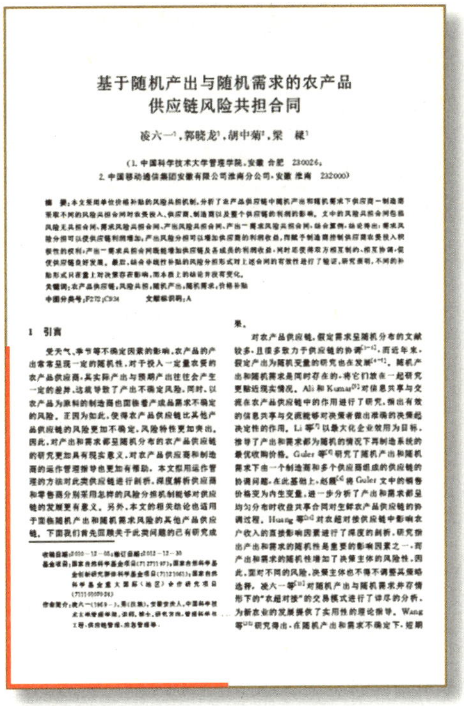

基于随机产出与随机需求的农产品供应链风险共担合同

凌六一[1]，郭晓龙[1]，胡中菊[2]，梁　樑[1]

(1. 中国科学技术大学管理学院，安徽 合肥 230026；
2. 中国移动通信集团安徽有限公司淮南分公司，安徽 淮南 232000)

关键词：农产品供应链；风险共担；随机产出；随机需求；价格补贴

1　引言

该成果采用单位价格补贴的风险共担机制，分析了农产品供应链中随机产出和随机需求下供应商和制造商采取不同的风险共担合同对农资投入、供应商、制造商以及整个供应链的利润的影响。认为需求风险分担可以使供应链利润增加；产出风险分担合同可以增加供应商的利润收益；产出—需求风险共担合同能增加供应链及各成员的利润收益。针对农产品供应链的风险问题，通过构建博弈模型分析农产品供应商和制造商之间的博弈均衡，提出了一整套解决方案。该成果填补了针对农产品面临产出和随机双重随机性的供应链风险问题的理论空白：研究了农产品供应链随机产出和随机需求下供应商—制造商的风险共担问题；讨论了风险无共担合同、需求风险共担合同、产出风险共担合同和产出—需求风险共担合同四种风险共担合同下供应商—制造商的最优农资投入和最优订购量；提出了双方对资金投入积极性的管理建议。

姓　　名	凌六一
学　　历	博士研究生
工作单位	中国科学技术大学
职　　称	副教授
研究方向	供应链管理

凌六一　1969年11月出生。一直从事供应链管理、旅游供应链管理、应急供应链管理等研究。主持四项国家自然科学基金面上项目，参与多项国家自然科学基金重点项目、重大国际（地区）合作研究项目、面上项目。现任中国科学技术大学管理科学系党支部书记、副教授；国家自然科学基金委同行评审专家，中国系统工程学会青年工作委员会委员；*International Journal of Hospitality Management*，*Annals of Operations Research*，*Engineering Optimization* 等学术期刊的同行评议人等。

成果名称	社会资本与艾滋病防治
出 版 社	人民卫生出版社
字　　数	362千字
出版时间	2014年5月
获奖等次	二等奖

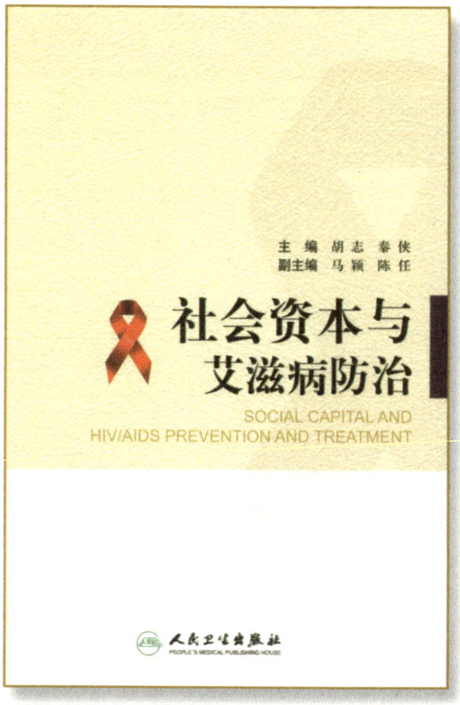

重大传染性疾病艾滋病的防治不仅是医学问题，更是社会问题，既与个人行为有关，又与教育、经济、社会政策和疾病防治体系的制度安排密切相关。课题组将社会资本理论引入我国艾滋病防治领域，得到了国家自然基金的支持，在近十年的研究基础上，完成本专著。该成果分析了我国艾滋病防治领域内个体、组织和国家三个层面的社会资本核心要素与艾滋病防治的关系，提出了艾滋病防治领域社会资本的开发和利用策略。理论上，该成果是国内首次介绍社会资本理论与艾滋病防治实践的著作，填补了我国社会资本与艾滋病防治研究的理论空白，奠定了重大疾病防治政策制定的理论依据。在实践中，有助于提高重大疾病防治工作者使用无形资源的意识和能力，社会资本核心要素的开发和利用策略有助于提高有形的艾滋病防治资源的整合利用、弥补有形资源的不足。

姓　　名	胡　志
学　　历	博士研究生
工作单位	安徽医科大学
职　　称	教授
研究方向	卫生政策与管理、疾病控制

胡　志　1957年11月出生。长期从事卫生政策与管理、疾病控制研究。现任安徽医科大学卫生事业管理研究所所长、艾滋病研究中心主任，二级教授；安徽省健康发展战略研究中心主任，中华预防医学会卫生事业管理分会主任委员，国家级艾滋病防治专家，艾滋病防治督导与评估专家。

成果名称	我国基层社会矛盾预防与化解机制创新研究
发表刊物	安徽大学学报（哲学社会科学版）
字　　数	18千字
发表时间	2014年第2期
获奖等次	二等奖

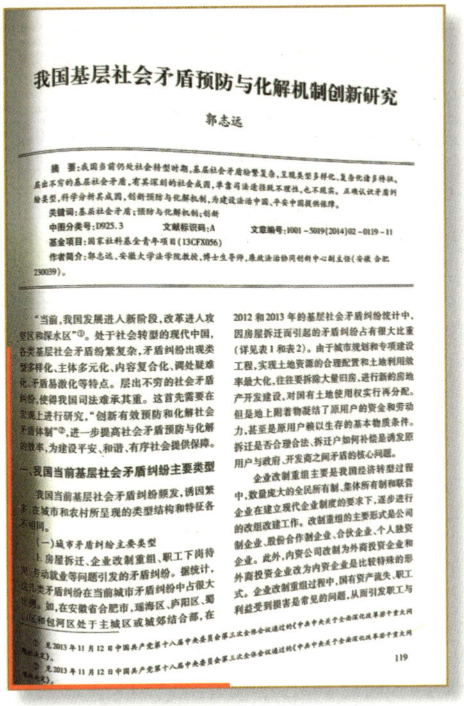

我国基层社会矛盾预防与化解机制创新研究

郭志远

摘　要：我国当前仍处社会转型时期，基层社会矛盾纷繁复杂，呈现类型多样化、复杂化诸多特征。层出不穷的基层社会矛盾，有其深刻的社会成因，单靠司法途径既不理性，也不现实。正确认识矛盾纠纷类型，科学分析其成因，创新预防与化解机制，为建设法治中国、平安中国提供保障。

关键词：基层社会矛盾；预防与化解机制；创新
中图分类号：D925.3　　文献标识码：A　　文章编号：1001－5019(2014)02－0119－11
基金项目：国家社科基金青年项目（13CFX056）
作者简介：郭志远，安徽大学法学院教授，博士生导师，廉政法治协同创新中心副主任（安徽 合肥 230039）。

"当前，我国发展进入新阶段，改革进入攻坚区和深水区"①。处于社会转型的现代中国，各类基层社会矛盾纷繁复杂，矛盾纠纷出现类型多样化、主体多元化、内容复合化、调处疑难化、矛盾易激化等特点。层出不穷的社会矛盾纠纷，使得我国司法难承其重。这首先需要在宏观上进行研究，"创新有效预防和化解社会矛盾体制"②，进一步提高社会矛盾预防与化解的效率，为建设平安、和谐、有序社会提供保障。

一、我国当前基层社会矛盾纠纷主要类型

我国当前基层社会矛盾纠纷频发，诱因繁多，在城市和农村所呈现的类型结构和特征各不相同。

（一）城市矛盾纠纷主要类型

1. 房屋拆迁、企业改制重组、职工下岗待岗、劳动就业等问题引发的矛盾纠纷。据统计，这几类矛盾纠纷在当前城市矛盾纠纷中占很大比例。如，在安徽省合肥市，瑶海区、庐阳区、蜀山区和包河区处于主城区或城郊结合部，在2012和2013年的基层社会矛盾纠纷统计中，因房屋拆迁而引起的矛盾纠纷占有很大比重（详见表1和表2）。由于城市规划和专项建设工程，实现土地资源的合理配置和土地利用效率最大化，往往要拆除大量旧房，进行新的房地产开发建设，对国有土地使用权实行再分配。但是地上附着物凝结了原用户的资金和劳动力，甚至是原用户赖以生存的基本物质条件。拆迁是否合理合法、拆迁户如何补偿是诱发原用户与政府、开发商之间矛盾的核心问题。

企业改制重组主要是我国经济转型过程中，数量庞大的全民所有制、集体所有制和联营企业在建立现代企业制度的要求下，逐步进行的改组改建工作。改制重组的主要形式是公司制企业、股份合作制企业、合伙企业、个人独资企业。此外，内资公司改制为外商投资企业和外商投资企业改为内资企业是比较特殊的形式。企业改制重组过程中，国有资产流失、职工利益受到损害是常见的问题，从而引发职工与

① 见2013年11月12日中国共产党第十八届中央委员会第三次全体会议通过的《中共中央关于全面深化改革若干重大问题的决定》。
② 见2013年11月12日中国共产党第十八届中央委员会第三次全体会议通过的《中共中央关于全面深化改革若干重大问题的决定》。

119

该成果通过对基层社会矛盾类型化的分析，将其产生的社会、体制等各方面原因进行归纳，再结合现有纠纷解决机制存在的问题，提出了应对策略。主要内容包括我国基层社会矛盾的类型、主要成因、现有基层矛盾化解机制主要问题以及我国纠纷化解机制的路径创新四部分。从我国基层社会矛盾应当结合城乡二元化结构来看，城市矛盾纠纷的主要类型集中在房屋拆迁、企业改制重组、职工下岗待岗、劳动就业、居民最低生活保障等方面；农村矛盾纠纷主要类型有文化传统因素引起的民事纠纷、经济因素引发的矛盾纠纷等。应当在坚持法治思维的基础上建构多元化的纠纷预防与化解机制，大力促进社会公平，完善社保体系和人民调解制度建设；此外还应加强价值观和基层普法教育，完善社会防控体系综合建设。

姓　　名	郭志远
学　　历	博士研究生
工作单位	安徽大学
职　　称	教授
研究方向	诉讼法学、证据法学、司法制度

郭志远　1974年10月出生。从事诉讼法学、证据法学和司法制度研究，近年来主要采用横跨法学、工学、理学和医学等多个学科的交叉研究方法，研究国家治理与社会管理法治化、人工智能与大数据法治化创新、证据科学链的存正与鉴真方法。主持"核心价值观融入法治建设的中西比较研究"国家社科基金重大科研项目等，多篇论文被《新华文摘》、人大报刊复印资料转载，多项科研成果获奖。现为安徽大学法学院院长，教授、博士生导师，研究生院常务副院长；安徽省法学会港澳台法律研究会会长，法学教育研究会会长，中国刑事诉讼法律研究会理事等。

成果名称	初次触法少年的耻感意识研究——基于自我的反身性思考
出 版 社	合肥工业大学出版社
字　　数	234千字
出版时间	2013年12月
获奖等次	二等奖

该成果结合与“耻”相关的概念和理论，运用深度访谈的研究方法，对安徽省某未成年人管教所的9名男性初次触法少年在司法程序内的耻感反应变化进行了研究。发现耻感在犯罪前、犯罪中、被捕后和服刑中有着不同的作用机制和效果。通过实证研究，较真实地把握青少年犯罪矫治工作的目前状况及存在问题。在研究结果的基础上，尝试得出较可行的犯罪青少年矫治工作模式和政策建议。全书视角新颖，内容丰富，结构合理，学术价值较高。

姓　　名	俞　宁
学　　历	博士研究生
工作单位	安徽农业大学
职　　称	教授
研究方向	青少年社会工作

俞　宁　1970年4月出生。主要从事农村“三留守”人员、儿童社会工作、青少年社会工作、矫正社会等领域的研究。近年来承担省级等各类项目10余项，发表学术论文十余篇，出版专著2部；起草制定安徽省地方标准《失独老人社会工作服务指南》《农村留守儿童社会工作服务指南》等。现为安徽农业大学人文社会科学学院教授、硕士生导师；安徽省社会工作协会常务副会长，安徽现代社会工作服务中心理事长；民政部全国社会工作者职业水平考试命题专家。

成果名称	上博楚简文字声系
出 版 社	安徽大学出版社
字　　数	3600千字
出版时间	2013年12月
获奖等次	二等奖

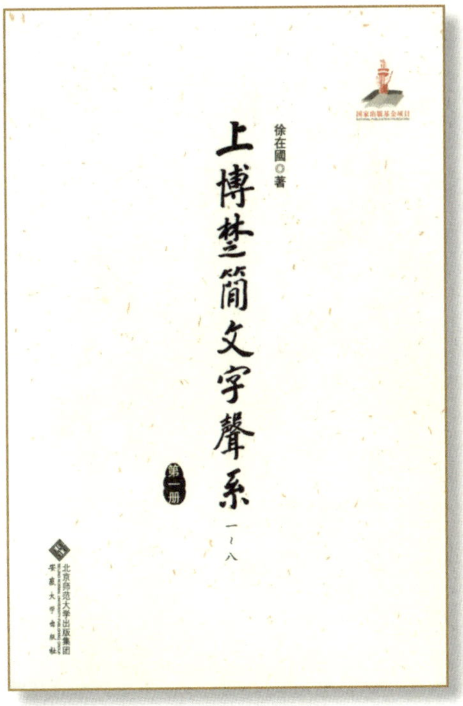

该成果系2012年国家出版基金资助项目，分“正编”“合文”“附录”三部分。正编依上古韵部繫字，凡三十部。每韵之下依上古声纽繫字，凡三十二纽。每声首所繫谐声字依形旁分类而排列，大致按“人”“物”顺序排列。“合文”前半部份依首字声韵排列，其体例与“正编”相同。“附录”未按照古韵部繫字，索引中亦不收。体例、编排大致按照《战国古文字典——战国文字声系》，即以韵部为经，以声纽为纬，以声首为纲，以谐声为目，排列上博简文字字形。每个字头下，首列字形，次列出处，最后是辞例。成果对许多字形的分析有自己的创见，并尽可能吸收各家最新的研究成果，遇有学术界争议较大的说法，并不盲断，而是择善而从。不能决断者，则诸说并列。程燕教授评价该成果为“上博楚简研究之集大成者”，认为体例科学合理，字形齐备清晰三，解释新颖独到。

姓　　名	徐在国
学　　历	博士研究生
工作单位	安徽大学
职　　称	教授
研究方向	古文字学

徐在国　1966年9月出生。主要从事战国文字和出土文献的整理研究。完成国家社科基金等项目5项，现主持教育部重大委托项目1项；出版专著8部，合著7部；发表本专业论文100余篇。获教育部一等奖1次，安徽省一等奖1次、二等奖2次、三等奖1次。现为安徽大学文学院教授、博士生指导教师；“皖江学者”特聘教授，安徽省首批学术和技术带头人，安徽省人文社科研究基地“汉字发展与应用研究中心”主任；中国文字学会常务理事、副秘书长，中国古文字研究会理事。

成果名称	清代翰林院与文学研究
出 版 社	人民出版社
字　　数	408千字
出版时间	2014年6月
获奖等次	二等奖

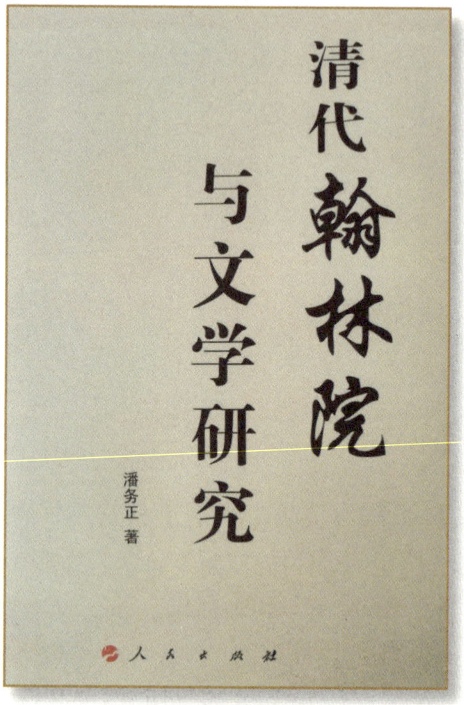

翰林院与清代文学关系极为密切，朱彝尊、王士禛、方苞、纪昀、沈曾植等著名文士都有翰苑经历。词臣职责、词垣风气对他们的文学创作产生明显影响，王士禛诗风由宋返唐，就是在清初翰林院宗唐黜宋的背景下形成的；方苞古文理论提倡文体的雅洁、纯洁，也是因康熙对翰苑文风的特殊要求所致。翰林院各种考试中最重律赋，因此促进此体的兴盛，嘉道时期馆阁之外赋创作也以翰苑风尚为宗法标准。翰林院风气对社会的导向作用在清代尤为明显，翰苑文风也被学政推广到地方，翁方纲督学广东导致岭南诗风由唐入宋最为典型；词垣中立韩愈为土地神，这一风俗被民间效法；乾嘉时期翰苑的汉学风尚也引领学术风气的转变。翰林院在清代文学及学术的发展中起了非常重要的作用。

姓　　名	潘务正
学　　历	博士研究生
工作单位	安徽师范大学
职　　称	教授
研究方向	清代诗文、桐城派、辞赋

潘务正　1974年3月出生。主要从事清代诗文研究、桐城派研究、辞赋等研究。在《文学评论》《文学遗产》等刊物上发表学术论文50余篇；主持国家级、省部级社科项目近10项；出版《清代翰林院与文学研究》《沈德潜诗文集》等数部。获得2011年度全国优秀古籍图书奖一等奖等。现为安徽师范大学文学院教授、博士生导师；教育部人文社科重点研究基地安徽师范大学中国诗学研究中心副主任，安徽师范大学辞赋艺术研究中心主任，安徽大学桐城派研究中心研究员；中国辞赋学会副会长、常务理事，中国骈文学会常务理事等。

成果名称	“诗家三李”论集
出 版 社	中华书局
字　　数	311千字
出版时间	2014年2月
获奖等次	二等奖

“三李”生活在诗歌盛世唐朝，阅读研究他们的作品，不仅可以看到他们诗歌天地的丰富多彩和各自在艺术上的巨大独创性，同时也可以感受到“三李”文脉的潜通，进而亦可能对中国诗歌演进有更为深刻的认识。该成果选取有关“三李”的论文21篇，首篇着重探讨“三李”何以被连在一起，获得并称；其余各篇，是有关“三李”诗歌渊源、影响和艺术特征的专论。这些专论，在深入研讨某一作家的同时，亦往往涉及“三李”内在的有联系的一些方面；唐代作家杜甫、韩愈、温庭筠，以及先唐作家屈原、宋玉、司马相如、阮籍等人，因与“三李”相牵连，亦有所论及。成果中发表于《文学评论》《文学遗产》等学术期刊的专论，在深入研讨某一作家诗歌创作的同时，也涉及“三李”诗歌艺术脉络的相互联系及其对唐代作家诗歌创作的影响，是研究“三李”诗歌创作艺术的重要参考资料。

姓　　名	余恕诚
学　　历	大学本科
工作单位	安徽师范大学
职　　称	教授
研究方向	中国古代文学、唐诗等

余恕诚　1939年1月出生。主要从事李商隐、唐诗风貌及其文化底蕴、唐诗与其他文体之关系及“诗家三李”等研究。历任安徽师范大学文学院教授、博士生导师；第八届全国政协委员、第六届安徽省政协委员、第八届安徽省政协常委，安徽省人民政府原参事；国务院突出贡献专家，安徽师范大学中国诗学研究中心主任、名誉主任。曾任中国唐代文学学会常务理事，中国李商隐研究会副会长，中国韵文学会诗学分会会长等学术职务。

成果名称	文学思潮二十五年
出 版 社	安徽文艺出版社
字　　数	280千字
出版时间	2013年6月
获奖等次	二等奖

该成果坚持历史唯物论和辩证法，运用历史文化学、社会学、统计学以及比较分析方法，坚持历史的和美学的批评原则，致力于理论创新。立足新时期文学的实际和中西交汇的世界文化背景，注重文本分析，把个案研究与宏观把握融为一体，从解读各类文学流派、作家作品的实际出发，然后上升到总体性审视，归纳出新时期文学思潮的实际评价，进而总结成就、经验及存在问题，最终提出新世纪文学值得借鉴的理性思考。该成果为国内首部以中国当代历史的伟大转折为背景，从历史事实出发，对整个新时期（1976—2000年）文学思潮的发生与流变的历史过程，作出全景式的叙述和描绘的学术著作。

姓　　名	吴家荣
学　　历	硕士研究生
工作单位	安徽大学
职　　称	教授
研究方向	文艺学、比较文学

吴家荣　1949年12月出生。长期从事文艺学、比较文学研究与教学。主持省级社科基金项目三项，国家社科基金项目一项；出版著作近20种，发表论文160余篇；主编的《比较文学新编》《大学美学》教材是省级“十一五”规划教材。历任安徽大学教授，安徽大学文学院文艺学、美学、比较文学硕士研究生导师；中国文艺理论学会理事，中国中外文艺理论学会理事，中国比较文学学会理事，安徽省比较文学学会名誉会长，中国作家协会会员。

成果名称	明清时期巢湖流域农业发展研究
出 版 社	黄山书社
字　　数	480千字
出版时间	2014年11月
获奖等次	二等奖

该成果以辩证唯物主义和历史唯物主义为指导，运用历史学的分析和综合、演绎和归纳之实证研究法，特别注重运用历史地理学的方法来考察农业变迁，从时间序列与空间差异方面对于研究所需资料进行详细的清理与考辨。以明清时期（1368—1911年）巢湖流域农业发展变迁为研究对象，探讨明清时期巢湖流域人口和农作物种植结构、亩产水平的变化，农田水利兴修和土地资源的开发利用与生态环境变迁之间的互动关系，土地占有形态、租佃关系的发展演变和农村社会分层的变动，农村商品经济发展的区域特点等，进而对明清时期巢湖流域农业发展进行总体评价。全书共七章，分别研究了明清时期巢湖流域农业发展的自然环境和社会条件、土地占有形态与租佃关系、土地资源的开发与利用、圩田建设、作物种植与亩产水平、农村商品经济和农业发展评价。

姓　　名	陈恩虎
学　　历	博士研究生
工作单位	巢湖学院
职　　称	教授
研究方向	农业史、区域历史文化与社会变迁

陈恩虎　1962年5月出生。主持教育部人文社科规划项目、安徽省哲学社科规划项目、合肥市哲学社科规划项目等项目多项。在《中国社会经济史研究》《中国农史》《安徽史学》《史学月刊》等学术刊物上发表学术论文40余篇，出版专著《明清时期巢湖流域农业发展研究》。曾荣获陈香梅教育奖、曾宪梓教育基金会三等奖、合肥市第九届社科一等奖、安徽省教学名师称号等。现为巢湖学院图书馆教授，安徽师范大学中国近现代史硕士生导师；安徽省历史学会副会长，安徽省炎黄文化研究会副会长，安徽省旅游学会常务理事等。

成果名称	徽州刻书史长编
出版社	安徽教育出版社
字数	5500千万
出版时间	2015年12月
获奖等次	二等奖

该成果从徽州刻书的源头开始，一直延续到清代及民国初年，分成“唐宋元时期徽州地区刻书业”“明清时期徽州府的刻书业”“明代徽州府诸姓刻书”“明代徽州府刻书代表人物”“清代徽州府诸姓刻书（上下）”“清代徽州府刻书代表人物（上下）”“徽州地区地方文献的编纂与出版”“徽州刻书总结”8编8卷，下分24章。全书以出版机构或刻主为主线，分朝代、按姓氏及族群，以最先行市的刻书大体时间为序胪列，先介绍刻主、机构，次介绍著作，再次介绍整理存世的古籍，重点介绍刻书及著作行市情况。对著作的作者、内容、版本、学术价值、收藏等做尽可能详细的介绍；对一些在出版史或学术史上地位重要的人物和机构，则另立章节专题介绍。此外，成果对徽州刻书在中国古代出版史上的贡献做了概括：形成了一支独特的刻工队伍，形成了徽派版画，发明和完善了彩色印刷术。

姓名	徐学林
学历	大学本科
工作单位	安徽省新闻出版局
职称	编审
研究方向	中国疆域史、文化史、徽学

徐学林　1945年2月出生。先后在巢县革委会、维尼纶厂、省建委、省新闻出版局工作，最终职称为编审。出版专著《中国历代行政区划》《安徽城市》《安徽建置沿革》《中国旅游大全》《徽州文化大全·徽州刻书》《徽州刻书史长编》《中国当代历史学学者辞典》《中国图书大辞典》《中国地域文化·安徽卷》等多部，发表各类文章100多篇，先后获全国及省级奖40多项。曾任省级有关学会副理事长、秘书长。享受省政府特殊津贴。

成果名称	论大学实践教学体系
发表刊物	高等教育研究
字　　数	8.8千字
发表时间	2013年第7期
获奖等次	二等奖

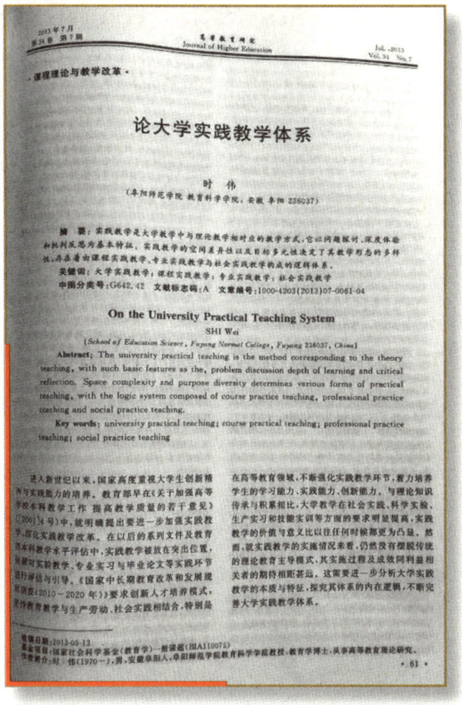
2013年7月 第34卷 第7期 高等教育研究 Journal of Higher Education Jul.,2013 Vol.34 No.7

·课程理论与教学改革·

论大学实践教学体系

时　伟
(阜阳师范学院 教育科学学院，安徽 阜阳 236037)

摘　要：实践教学是大学教学中与理论教学相对应的教学方式，它以问题探讨、深度体验和批判反思为基本特征。实践教学的空间差异性以及目标多元性决定了其教学形态的多样性，存在着由课程实践教学、专业实践教学与社会实践教学构成的逻辑体系。

关键词：大学实践教学；课程实践教学；专业实践教学；社会实践教学
中图分类号：G642.42　文献标志码：A　文章编号：1000-4203(2013)07-0061-04

On the University Practical Teaching System

SHI Wei
(School of Education Science, Fuyang Normal College, Fuyang 236037, China)

Abstract: The university practical teaching is the method corresponding to the theory teaching, with such basic features as the, problem discussion depth of learning and critical reflection. Space complexity and purpose diversity determines various forms of practical teaching, with the logic system composed of course practice teaching, professional practice teaching and social practice teaching.

Key words: university practical teaching; course practical teaching; professional practice teaching; social practice teaching

进入新世纪以来，国家高度重视大学生创新精神与实践能力的培养。教育部早在《关于加强高等学校本科教学工作 提高教学质量的若干意见》(2001〔4号)中，就明确提出要进一步加强实践教学，深化实践教学改革。在以后的系列文件及教育部本科教学水平评估中，实践教学被放在突出位置，依据对实验教学、专业实习与毕业论文等实践环节进行评估与引导。《国家中长期教育改革和发展规划纲要(2010－2020年)》要求创新人才培养模式，坚持教育教学与生产劳动、社会实践相结合，特别是在高等教育领域，不断强化实践教学环节，着力培养学生的学习能力、实践能力、创新能力。与理论知识传承与积累相比，大学教学在社会实践、科学实验、生产实习和技能实训等方面的要求明显提高，实践教学的价值与意义比以往任何时候都更为凸显。然而，就实践教学的实施情况来看，仍然没有摆脱传统的理论教育主导模式，其实施过程及成效同利益相关者的期待相距甚远。这需要进一步分析大学实践教学的本质与特征，探究其体系的内在逻辑，不断完善大学实践教学体系。

收稿日期：2013-05-13
基金项目：国家社会科学基金(教育学)一般课题(BIA110075)
作者简介：时　伟(1970—)，男，安徽阜阳人，阜阳师范学院教育科学学院教授，教育学博士，从事高等教育理论研究。

·61·

教育部《关于加强高等学校本科教学工作提高教学质量的若干意见》(〔2001〕4号)明确提出要进一步加强实践教学，深化实践教学改革。《国家中长期教育改革和发展规划纲要（2010—2020）》要求创新人才培养模式。实践教学的价值与意义比以往任何时候更为凸显。然而，就实践教学的实施情况来看，仍然没有摆脱传统的理论教育主导模式，其实施过程及成效同利益相关者的期待相距甚远。该成果认为，实践教学是大学教学中与理论教学相对应的教学方式，它以深度体验、问题探讨和批判反思为基本特征。基于实践教学的新认识，进而以中世纪大学为时间节点，划分了大学实践教学所经历的萌芽、形成、完善与丰富四个阶段，明确提出大学实践教学存在着由课程实践教学、专业实践教学与社会实践教学构成的逻辑体系。

姓　　名	时　伟
学　　历	博士研究生
工作单位	亳州学院
职　　称	教授
研究方向	大学教学管理、教师教育

时　伟　1970年12月出生。主要从事大学教学管理、教师教育研究与教学。近五年来，主持完成国家级社科基金1项、省部级课题3项，主持省级重大教改项目1项；共发表CSSCI来源期刊论文8篇；出版学术著作1部。2014年获国家教学成果二等奖1项。曾任阜阳师范学院教务处副处长、科研处处长、教务处处长；现为亳州学院二级教授。2013年遴选为安徽省学术与技术带头人，2016年被评为“安徽省教学名师”，2017年入选“皖江学者”特聘教授。享受省政府特殊津贴。

成果名称	均衡发展义务教育的理论内涵及实践意蕴
发表刊物	教育研究
字　　数	7.8千字
发表时间	2013年第6期
获奖等次	二等奖

2013年第6期
(总第401期)
教育研究
EDUCATIONAL RESEARCH
No. 6, 2013
General, No. 401

均衡发展义务教育的理论内涵及实践意蕴*

李宜江　朱家存

[摘　要]　均衡发展义务教育是对新中国成立以来，特别是改革开放以来义务教育普及化、均衡化发展实践的总结与提升。均衡发展义务教育不仅是价值引领式发展和学校优质特色化发展，也是学生全面个性化发展。均衡发展义务教育蕴含着丰富的实践价值：关注县域推进同时，更加突出省级统筹；在采取保护型、补偿型政策举措的基础上，更加突出发展型举措；兼顾义务教育发展外延式评价，更加注重内涵式评价；持续促进义务教育内部均衡，更加注重调适义务教育发展的外部环境。

[关键词]　均衡发展义务教育；教育质量；教育政策

[作者简介]　李宜江，安徽师范大学教育科学学院副教授，华东师范大学教育科学学院博士生；朱家存，安徽师范大学教育科学学院教授、博士生导师　（安徽芜湖　241000）

十八大报告围绕“努力办好人民满意的教育”这一教育发展目标，将十七大确立的“促进义务教育均衡发展”，进一步提升为“均衡发展九年义务教育”。“均衡发展义务教育”的提出有着深刻的时代意义和丰富的理论内涵，对于促进义务教育更加健康、协调、可持续发展具有重要的实践价值。

一、均衡发展义务教育提出的时代意义

（一）对义务教育发展实践的总结与提升

均衡发展义务教育是对新中国成立以来，特别是改革开放以来义务教育普及化、均衡化发展实践的总结与提升。2002年，《关于加强基础教育办学管理若干问题的通知》在基本普及九年义务教育的基础上，首次提出“积极推进义务教育阶段学校均衡发展”。经过十年攻坚，义务教育实现历史性跨越，到2011年底，全国31个省(自治区、直辖市)和新疆生产建设兵团全面普及了九年义务教育。[1]与此同时，义务教育均衡发展不断推进，基础性教育资源配置不断趋向均衡。以城乡教育经费投入为例，普通初中、小学生均预算内公用经费城镇与农村的差距已由2004年的1.61倍、1.65倍分别缩小到2009年的1.06倍、1.18倍。[2]以城乡义务教育学校办学条件为例，农村普通初中学校体育运动场(馆)面积、体育器械配备、音乐器械配备、美术器械配备、理科实验仪器、建立校园网等六项指标的达标率分别由2005年的65%、61%、51%、50%、68%和18%，提高到2010年的66%、62%、56%、55%、70%和36%，与同期城镇普通初中相应达标率的差距渐趋缩小。农村小学上述六项指标的达标率分别由2005

* 本文系“十二五”教育部人文社会科学重点研究基地重大项目“我国中部地区农村义务教育区域均衡发展研究”(项目编号：11JJD880037)的研究成果。

该成果在“均衡发展九年义务教育”的背景下，阐释了均衡发展义务教育的理论内涵，认为“均衡发展义务教育”是统筹协调区域之间、城乡之间、学校之间、群体之间教育发展差距，以教育资源均衡配置与合理使用为前提，以学校优质特色化、学生全面个性化发展为取向，全面提升义务教育办学水平和教育质量。均衡发展义务教育是对新中国成立以来，特别是改革开放以来义务教育普及化、均衡化发展实践的总结与提升。均衡发展义务教育不仅是价值引领式发展和学校优质特色化发展，也是学生全面个性化发展。均衡发展义务教育蕴含着丰富的实践价值：关注县域推进同时，更加突出省级统筹；在采取保护型、补偿型政策举措的基础上，更加突出发展型举措；兼顾义务教育发展外延式评价，更加注重内涵式评价；持续促进义务教育内部均衡，更加注重调适义务教育发展的外部环境。

姓　　名	李宜江
学　　历	博士研究生
工作单位	安徽师范大学
职　　称	教授
研究方向	教育政策法规、教师教育、学校管理

李宜江　1978年3月出生。主要从事教育政策法规、教师教育、学校管理等方面的研究与教学。发表学术论文40余篇，出版学术专著2部，主编教材4部；主持国家社科基金项目1项，教育部人文社科项目1项，主持安徽省社科项目等省、厅级课题9项，主持安徽省重大教学改革研究项目1项。现为安徽师范大学教育科学学院教授、博士生导师，校发展规划处副处长；安徽省学术和技术带头人后备人选，省级教育智库—安徽教育发展研究中心首席专家；全国教育基本理论学术委员会委员，安徽省教育学会教育学专业委员会副理事长，安徽省教育学会教育史研究会秘书长。

成果名称	知识型员工心理资本与开发研究
出版社	光明日报出版社
字数	237千字
出版时间	2013年5月
获奖等次	二等奖

该成果立足于“尊重人、依靠人、发展人、为了人”的人本理念，从多学科视角梳理心理资本的奠基理念，阐述普通心理向心理资本转化的基本条件，揭示心理资本的二维完形结构，在此基础上论证知识型员工心理资本与工作绩效的逻辑关系，构建知识型员工心理资本的开发体系，探讨可操作性的知识型员工创新激励策略。研究主题和内容站在社会科学研究理论前沿，论证观点具有显著的前瞻性；扎实的理论研究既夯实了心理资本研究的基础，又拓展了心理资本的研究视野；探究内在隐性积极心理要素对个体创新的影响方向和强度，为个体及组织创新研究补充了更加丰富的理论内容；研究构建的“三阶”梯度开发模式，创新性地将个体消极心理预防与积极心理发展有机统筹，为推动转型期社会主体积极心理的经济效益、精神境界和社会价值的实现提供了方法论指导。

姓名	魏荣
学历	博士研究生
工作单位	合肥工业大学
职称	教授
研究方向	思想政治教育理论与实践

魏 荣 1972年3月出生。主要从事思想政治教育理论与实践研究。现为合肥工业大学马克思主义学院副院长，教授、博士生导师；安徽省第七批省学术和技术带头人；安徽省马克思主义学会常务理事，安徽省社会心理学学会常务理事。

成果名称	“十三五”完善金融市场体系和风险防范研究
采纳应用	国家发展改革委
字　　数	74千字
完成时间	2014年9月
获奖等次	二等奖

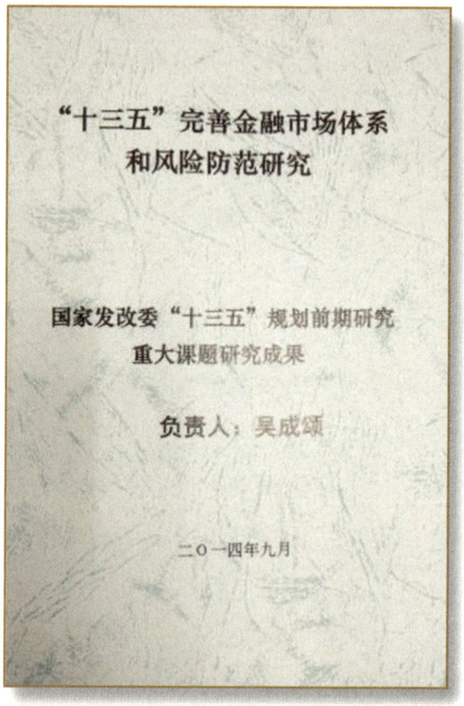

“十三五”完善金融市场体系
和风险防范研究

国家发改委“十三五”规划前期研究
重大课题研究成果

负责人：吴成颂

二○一四年九月

该成果在对我国面临的国际金融环境及发达国家金融改革经验进行分析的基础上，提出了“十三五”期间我国完善金融市场体系的思路，就如何建立更具竞争性和包容性的金融服务业、进一步加强多层次资本市场体系建设、稳步推进利率市场化改革，并就如何稳步推进汇率市场化改革和人民币资本项目可兑换、建立健全外债和资本流动管理体系、进一步完善金融风险防控机制以及“十三五”期间我国金融业开放与合作战略提出了具体的发展思路和建议。该成果主要为国家发改委在编制国家“十三五”规划《纲要》提供建设性思路和参考建议，既有前瞻性，又具有较强的可操作性，坚持创新与监管相协调的发展理念，旨在全面推动我国金融改革、开放和发展，加快建设完善种类齐全、结构合理、服务高效、安全稳健的现代金融市场体系。

姓　　名	吴成颂
学　　历	博士研究生
工作单位	安徽大学
职　　称	教授
研究方向	金融市场、投资管理

吴成颂　1968年11月出生。长期从事金融市场、投资管理研究。主持完成国家发改委“十三五完善金融市场体系和风险防范研究”研究报告。现任安徽大学国际商学院院长、教授、博士生导师，安徽省首批金融专家库入库专家；美国密苏里大学圣路易斯分校（UMSL）访问学者。

成果名称	1921—1978：中国共产党反腐政治体系构建的历史实践研究
出版社	上海三联书店
字数	320千字
出版时间	2015年3月
获奖等次	二等奖

该成果运用政治生态学的理论与方法对1921—1978年中国共产党反腐败实践的演进源由、经验教训、内在规律进行了分析和研究。强调中国共产党自成立后至十一届三中全会前，面临不同时期、阶段政治生态环境中诱发腐败的劣变生态因子，党着力从政治体系即政治文化、政治制度、政治关系、政治行为等方面来构建动态平衡的反腐败政治体系。1921—1978年的中国共产党反腐败实践，也积累了许多宝贵的经验教训，例如富于变化的政治生态环境决定了反腐政治体系的构建不是一劳永逸的；反腐政治体系调构正确与否关键取决于对特定时期政治生态环境内容的科学判断；后一个阶段的政治体系构建是对前一个阶段相关内容的积极性“扬弃”；每一个阶段反腐政治体系调构本身也是个处理诸多辩证关系的逐渐深入化过程。

姓名	朱庆跃
学历	博士研究生
工作单位	淮北师范大学
职称	教授
研究方向	马克思主义中国化、党史党建

朱庆跃　1977年出生。主要从事马克思主义中国化和党史党建研究。主持、参与省部级课题8项，在CSSCI来源期刊发表论文30余篇，其中多篇文章被《新华文摘》《中国社会科学文摘》《高等学校文科学术文摘》《马克思主义文摘》和中国人民大学复印报刊资料、人民论坛网、求是理论网、中国社会科学网、中央编译局网等转载或复印。现为淮北师范大学教授；上海师范大学知识与价值科学研究所特聘研究员；安徽省马克思主义学会理事。

成果名称	道德批判与经济批判之生成性统一：历史唯物主义批判范式的内生逻辑及其当代观照
发表刊物	伦理学研究
字　　数	10.5千字
发表时间	2016年第3期
获奖等次	二等奖

伦理学研究 STUDIES IN ETHICS　　2016年第3期（总第83期）

道德批判与经济批判之生成性统一：
历史唯物主义批判范式的内生逻辑及其当代观照

余京华

［摘　要］道德批判与经济批判之生成性统一是历史唯物主义批判范式的内生逻辑，其对于当下道德治理具有深远的现实观照意义。当下，以"道德失范"和"诚信缺失"为主要表征的道德领域突出问题治理，需要我们以历史唯物主义批判范式为指导，构建科学而有效的道德领域突出问题批判范式。首先，秉持"道德批判当先"的理念，是合理构建当下道德领域突出问题批判范式的逻辑前提。在此基础上，坚持道德批判与经济批判之自觉契合，是构建当下道德领域突出问题批判范式的现实诉求。
［关键词］道德批判；经济批判；生成性统一；历史唯物主义批判范式；内生逻辑；当代观照
［作者简介］余京华，巢湖学院副教授，安徽师范大学马克思主义研究中心研究员，博士。

DOI:10.15995/j.cnki.llxyj.2016.03.007

马克思对资本主义道德问题的批判理论和批判实践，历经了从基于"道德评价优先视角"的纯粹道德批判到道德批判与经济批判生成性统一的历史唯物主义批判范式的深刻嬗变。在此种嬗变中，历史唯物主义将抽象的道德批判置于科学的经济批判之现实根基之上，不仅赋予道德批判以深厚的现实根基和深邃的经济本性，亦在经济批判中追问资本主义道德困境和文明弊端得以产生的深刻经济根源，赋予经济批判以深厚的道德旨趣，从而确立起道德批判与经济批判之生成性统一的历史唯物主义批判范式，实现了道德领域批判范式之革命性变革。历史唯物主义批判范式是马克思反思并追问资本主义"道德正当性"的科学批判范式，其对于构建当下道德领域突出问题批判范式，提升道德治理实效性，具深远的现实观照意义。

一、道德批判与经济批判之生成性统一——历史唯物主义批判范式的内生逻辑

马克思从《莱茵报》时期到1844年着手研究政治经济学之前，对资本主义世界的哲学批判是以道德批判为切入点的，其批判理论和批判实践之价值旨趣主要在于批判资本主义道德问题及诸种反人道现象。正如迈斯纳所言："马克思最初反对资本主义的理论本质上是一种社会的伦理的批判，而非经济的批判"[1]。这一时期，由于看不到客观的经济关系在历史发展中的决定作用，没有认识到利己主义、拜金主义等资本主义道德问题滋生和蔓延的经济根源，马克思的道德批判呈现出鲜明的唯心主义色彩，道德批判与经济批判尚处于二元分立状态。不过，这一时期，马克思在与现实经济的接触中也逐渐意识到抽象的道德批判显得有些苍白无力，这促使其将两种批判逐步从二元分立推向自在契合，并最终于其创立的历史唯物主义批判范式中实现了生成性统一和自觉契合。

《1844年经济学哲学手稿》（以下简称《手稿》）是马克思的道德批判与经济批判从二元分立走向自在契合的重要探索性著作。《手稿》虽然总体上立足于费尔巴哈人本主义伦理学立场，表达出对资本

［基金项目］国家社会科学基金重点项目"当前道德领域突出问题及应对研究"（13AZX004）；国家社会科学基金青年项目"历史唯物主义的道德维度及其当代观照研究"（12CZX004）；2016年度安徽省高校优秀青年人才支持计划重点项目（gxyqZD2016330）

该成果运用道德研究与经济研究相统一、"问题意识"与"解决问题的意识"相契合的研究方法，以"历史唯物主义批判范式的内生逻辑"为研究的理论主旨，基于理论维度对其进行研究和论证。在此基础上，以"当代观照"为研究的价值旨归，将理论研究成果运用于现实问题之反思和观照。主要内容：道德批判与经济批判之生成性统一，论证历史唯物主义批判范式的内生逻辑；道德批判当先，构建当下道德领域突出问题批判范式的逻辑前提；道德批判与经济批判之自觉契合，揭示"道德批判"并非简单的"批判道德"，而是须与经济批判自觉契合，据此对如何构建当下道德领域突出问题批判范式作出思考。

姓　　名	余京华
学　　历	博士研究生
工作单位	巢湖学院
职　　称	教授
研究方向	马克思主义发展史

余京华　1978年2月出生。主要从事马克思主义发展史研究。先后主持国家社科基金青年项目、安徽省高校优秀青年人才支持计划重点项目、安徽省高校人文社科研究项目、安徽省高校思想政治理论课建设工程"马克思主义理论应用研究"等项目研究；参与国家社科基金重点项目、教育部人文社科规划项目和全国党校系统重点调研课题等项目研究。在《哲学动态》《马克思主义研究》《江淮论坛》和《伦理学研究》等期刊发表多篇论文，部分论文被人大报刊复印资料和《中国社会科学文摘》转载。

成果名称	地方保护、资源错配与环境福利绩效
发表刊物	经济研究
字　　数	18千字
发表时间	2016年第12期
获奖等次	二等奖

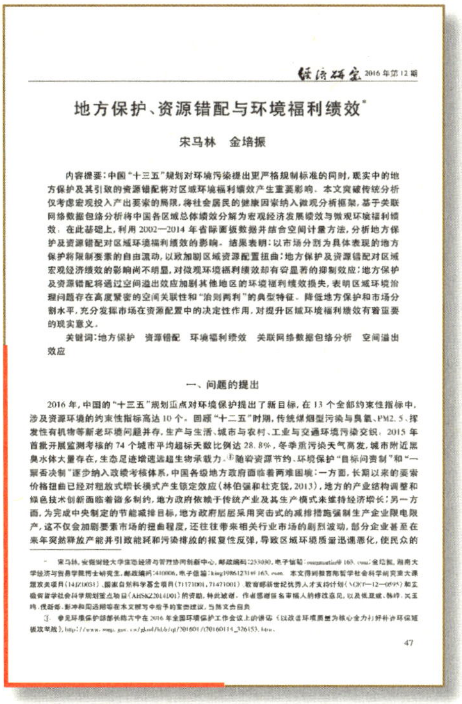
经济研究 2016年第12期

地方保护、资源错配与环境福利绩效*

宋马林　金培振

内容提要：中国"十三五"规划对环境污染提出更严格规制标准的同时，现实中的地方保护及其引致的资源错配将对区域环境福利绩效产生重要影响。本文突破传统分析仅考虑宏观投入产出要素的局限，将社会居民的健康因素纳入微观分析框架，基于关联网络数据包络分析将中国各区域总体绩效分解为宏观经济发展绩效与微观环境福利绩效。在此基础上，利用2002—2014年省际面板数据并结合空间计量方法，分析地方保护及资源错配对区域环境福利绩效的影响。结果表明：以市场分割为具体表现的地方保护将限制要素的自由流动，以致加剧区域资源配置扭曲；地方保护及资源错配对区域宏观经济绩效的影响尚不明显，对微观环境福利绩效却有容量著的抑制效应；地方保护及资源错配将通过空间溢出效应加剧其他地区的环境福利绩效损失，表明区域环境治理问题存在高度紧密的空间关联性和"治则两利"的典型特征。降低地方保护和市场分割水平，充分发挥市场在资源配置中的决定性作用，对提升区域环境福利绩效有着重要的现实意义。

关键词：地方保护　资源错配　环境福利绩效　关联网络数据包络分析　空间溢出效应

一、问题的提出

2016年，中国的"十三五"规划重点对环境保护提出了新目标，在13个全部约束性指标中，涉及资源环境的约束性指标高达10个。回顾"十二五"时期，传统煤烟型污染与臭氧、PM2.5、挥发性有机物等新老环境问题并存，生产与生活、城市与农村、工业与交通环境污染交织。2015年首批开展监测考核的74个城市平均超标天数比例达28.8%，冬季重污染天气高发，城市附近黑臭水体大量存在，生态足迹增速远超生物承载力。①随着资源节约、环境保护"目标问责制"和"一票否决制"逐步纳入政绩考核体系，中国各级地方政府面临着两难困境：一方面，长期以来的要素价格扭曲已经对粗放式增长模式产生锁定效应（林伯强和杜克锐，2013），地方的产业结构调整和绿色技术创新面临着诸多制约，地方政府依赖于传统产业及其生产模式来维持经济增长；另一方面，为完成中央制定的节能减排目标，地方政府屡屡采用突击式的减排措施强制生产企业限电限产，这不仅会加剧要素市场的扭曲程度，还往往带来相关行业市场的剧烈波动，部分企业甚至在来年突然释放产能并引致能耗和污染排放的报复性反弹，导致区域环境质量迅速恶化，使民众的

* 宋马林，安徽财经大学生态经济与管理协同创新中心，邮政编码：233030，电子信箱：[illegible]；金培振，湖南大学经济与贸易学院博士研究生，邮政编码：410006，电子信箱：king19861231@163.com。本文得到教育部哲学社会科学研究重大课题攻关项目（14JZD031）、国家自然科学基金项目（71171001，71471001）、教育部新世纪优秀人才支持计划（NCET—12—0595）和安徽省哲学社会科学规划重点项目（AHSKZ2014D01）的资助，特此致谢。作者感谢匿名审稿人的修改意见，以及[illegible]等在本文撰写中给予的宝贵建议，当然文责自负。

① 参见环境保护部部长陈吉宁在2016年全国环境保护工作会议上的讲话《以改善环境质量为核心全力打好补齐环保短板攻坚战》，http://www.mep.gov.cn/gkml/hbb/qt/201601/t20160114_326153.htm。

47

本研究重点探讨中国区域间的市场分割行为及其引发的资源错配和环境福利恶化等现实后果，突破传统环境经济学侧重于宏观经济层面分析的局限，采用前沿网络DEA模型将中国区域总体绩效分解为经济发展绩效与环境福利绩效，结合空间计量模型实证探讨地方保护及资源错配对环境福利绩效的影响，旨在强调市场经济体制改革与生态文明建设的有机结合，一方面呼吁破除地方保护壁垒，增强区域经济发展协同性，推动区域要素市场一体化，尽快健全区域污染防控信息共享机制；另一方面建议行政部门摒弃以经济增长为核心指标的政绩考核标准，科学谨慎地运用经济调控手段，协调兼顾区域经济发展与环境保护的关系。

姓　　名	宋马林
学　　历	博士研究生
工作单位	安徽财经大学
职　　称	教授
研究方向	数据包络分析、环境经济统计

宋马林　1974年10月出生。主要从事数据包络分析、环境经济统计方面的研究与教学。在国际SSCI/SCI检索期刊发表论文超过100篇，在国内《经济研究》等CSSCI期刊发表论文20篇。现为安徽财经大学研究生院院长，教授；教育部高等学校统计学类专业教学指导委员会委员，安徽省教学名师；入选教育部"新世纪优秀人才支持计划"项目，省学术和技术带头人，皖江学者特聘教授，入选国家百千万人才工程，被授予"有突出贡献中青年专家"荣誉称号。享受国务院政府特殊津贴。

成果名称	跨境河流污染的“边界效应”与减排政策效果研究——基于重点断面水质监测周数据的检验
发表刊物	中国工业经济
字　　数	25千字
发表时间	2015年第3期
获奖等次	二等奖

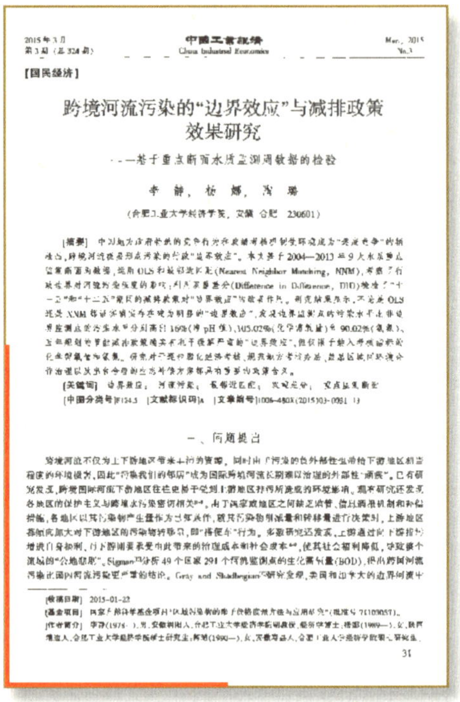

2015年3月
第3期（总324期）

中國工業經濟
China Industrial Economics

Mar., 2015
No.3

【国民经济】

跨境河流污染的“边界效应”与减排政策效果研究

——基于重点断面水质监测周数据的检验

李　静，杨　娜，陶　璐

（合肥工业大学经济学院，安徽 合肥 230601）

一、问题提出

[收稿日期] 2015-01-22

31

该成果基于2004—2013年9大水系重点监测断面周数据，首先运用OLS和最邻近匹配方法，考察了行政边界对河流污染程度的影响；然后利用双重差分法检验了“十一五”和“十二五”期间的减排政策对“边界效应”的改善作用。结果显示，不论是OLS还是NNM法都证实确实存在较为明显的“边界效应”，边界监测点的污染水平比非边界监测点的污染水平分别高出16%（NpH）、105.35%（COD）、91.64%（NH_3^-N）。五年规划的节能减排政策确实有利于缓解严重的“边界效应”，但仅限于考核指标COD和NH_3^-N。成果对于逐步弱化经济考核，规范地方官员晋升办法，鼓励区域间环境合作治理及出台合理的生态补偿方案具有重要的政策含义。

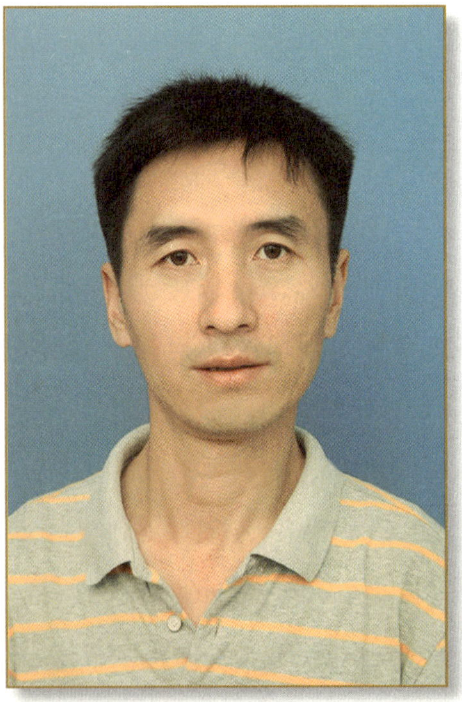

姓　　名	李　静
学　　历	博士研究生
工作单位	合肥工业大学
职　　称	教授
研究方向	资源、环境与经济发展

李　静　1978年出生。主要从事资源、环境与经济发展方面的教学与研究。主持国家自然科学基金项目3项，教育部人文社会科学项目、安徽省自然科学基金及安徽省重点人文社科基地项目各1项，参与两项国家哲学社会科学重大招投标项目等。发表论文40余篇，出版学术专著2部。现为合肥工业大学经济学院教授；中国技术经济学会环境技术经济研究会副理事长，中国“双法”研究会能源经济与管理研究分会理事，教育部学位委员会学位论文匿名评审人等。

成果名称	棉花产业链外部冲击跟踪调查及其纵向传导研究
出 版 社	中国科学技术大学出版社
字　　数	192千字
出版时间	2016年8月
获奖等次	二等奖

该成果解决了棉花产业链各环节外部冲击纵向传导量化计算难题，首次将Muth的三要素均衡移动模型加以嫁接，形成可用于多环节模拟的“中国棉花产业嫁接均衡移动模型”，完善了产业外部冲击纵向传导的理论方法。成果内容可为政府宏观政策制定与企业微观管理决策提供定量信息，促进中国棉花产业更健康发展。棉花产业在我国具有重要的经济、政治意义，它不仅关系到亿万棉农与棉纺产业人员的经济利益，还关系到边疆的稳定发展。但我国棉花产业整体发展不尽人意，具体到棉花种植的发展更是一波三折，其根本原因在于国家的政策变动导致了棉农或其他环节利益波动幅度过大。要解决此类问题，政府需要了解政策或任何一个外部冲击对棉花产业各环节利益影响的定量结果。本研究通过对棉花产业各环节外部冲击下的利益变动量化分析，为政府管理部门与企业找到棉花产业链各环节利益均衡奠定了实践基础。

姓　　名	肖双喜
学　　历	博士研究生
工作单位	安徽农业大学
职　　称	副教授
研究方向	生态农场管理、生态农产品营销、生态农业理论与政策

肖双喜　1974年1月出生。主要从事生态农场管理、生态农产品营销、生态农业理论与政策等研究。主持国家社科青年基金一项，省级课题多项；在SSCI、CSSCI等期刊发表论文十余篇，出版专著一部。现为安徽农业大学经济管理学院农业经济系系主任、副教授，为本科生、硕士研究生、博士研究生分别讲授“生态农场管理”“合作经济学”“营销管理”“可持续农业”等专业课程。安徽省发展战略研究会理事。

成果名称	女性高管、会计行为与投资决策
出 版 社	经济科学出版社
字　　数	250千字
出版时间	2016年3月
获奖等次	二等奖

该成果借鉴女性学、心理学和社会学等交叉学科知识，以中国上市公司为对象，采用经验研究方法系统地检验女性高管对会计行为及投资决策的影响，主要包括会计稳健性、盈余管理、财务舞弊、社会责任信息披露、经营多元化、慈善捐赠、现金持有、R&D投入、经营业绩、企业价值和代理成本等众多方面，进而基于女性学视角丰富和拓展了经验会计与财务问题研究的边界。成果理论贡献：①将女性高管作为重要外部影响因素系统地导入会计与财务问题实证研究中；②从“关键高管”“财务总监”“董事会”和“全部高管”等视角明确区分不同职位高管进行考察；③将性别纳入会计行为和投资决策研究的分析框架，拓展了女性经济学研究范畴和领域。成果研究结论可为女性高管如何发挥其独特优势、优化企业决策质量提供理论依据。

姓　　名	周泽将
学　　历	博士研究生
工作单位	安徽大学
职　　称	教授
研究方向	资本市场会计与财务

周泽将　1983年11月出生。主要从事资本市场会计与财务问题等研究。在《会计研究》《审计研究》《中国工业经济》《金融研究》等核心期刊发表学术论文40余篇，中国人民大学复印报刊资料全文转载10余篇，合作出版专著2部；主持国家自然科学基金项目2项，其他省部级课题4项。现任安徽大学商学院教授、博士生导师；会计学科学术带头人，入选全国会计领军后备人才、省学术与技术带头人；国家自然科学基金通讯评审专家，国家哲学社会科学基金通讯评审专家，安徽省哲学社会科学项目评审专家，安徽省高级会计师评委。

成果名称	技术差距视角下我国不同性质企业创新效率研究
发表刊物	数量经济技术经济研究
字　　数	20千字
发表时间	2015年第10期
获奖等次	二等奖

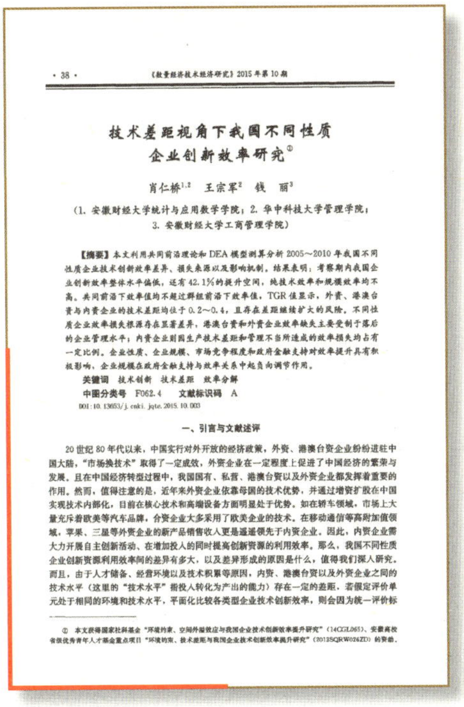

· 38 · 《数量经济技术经济研究》2015年第10期

技术差距视角下我国不同性质企业创新效率研究①

肖仁桥[1,2]　王宗军[2]　钱　丽[3]
（1. 安徽财经大学统计与应用数学学院；2. 华中科技大学管理学院；3. 安徽财经大学工商管理学院）

【摘要】本文利用共同前沿理论和DEA模型测算分析2005～2010年我国不同性质企业技术创新效率差异、损失来源以及影响机制。结果表明：考察期内我国企业创新效率整体水平偏低，还有42.1%的提升空间，纯技术效率和规模效率均不高。共同前沿下效率值均不超过群组前沿下效率值，TGR值显示，外资、港澳台资与内资企业的技术差距均位于0.2～0.4，且存在差距继续扩大的风险。不同性质企业效率损失根源存在显著差异，港澳台资和外资企业效率缺失主要受制于落后的企业管理水平；内资企业则因生产技术差距和管理不当所造成的效率损失均占有一定比例。企业性质、企业规模、市场竞争程度和政府金融支持对效率提升具有积极影响，企业规模在政府金融支持与效率关系中起负向调节作用。

关键词　技术创新　技术差距　效率分解
中图分类号　F062.4　　文献标识码　A
DOI:10.13653/j.cnki.jqte.2015.10.003

一、引言与文献述评

20世纪80年代以来，中国实行对外开放的经济政策，外资、港澳台资企业纷纷进驻中国大陆，“市场换技术”取得了一定成效，外资企业在一定程度上促进了中国经济的繁荣与发展。且在中国经济转型过程中，我国国有、私营、港澳台资以及外资企业都发挥着重要的作用。然而，值得注意的是，近年来外资企业依靠母国的技术优势，并通过增资扩股在中国实现技术内部化，目前在核心技术和高端设备方面明显处于优势。如在轿车领域，市场上大量充斥着欧美等汽车品牌，合资企业大多采用了欧美企业的技术。在移动通信等高附加值领域，苹果、三星等外资企业的新产品销售收入更是遥遥领先于内资企业。因此，内资企业需大力开展自主创新活动、在增加投入的同时提高创新资源的利用效率。那么，我国不同性质企业创新资源利用效率间的差异有多大，以及差异形成的原因是什么，值得我们深入研究。而且，由于人才储备、经营环境以及技术积累等原因，内资、港澳台资以及外资企业之间的技术水平（这里的“技术水平”指投入转化为产出的能力）存在一定的差距，若假定评价单元处于相同的环境和技术水平，平面化比较各类型企业技术创新效率，则会因为统一评价标

① 本文获得国家社科基金“环境约束、空间外溢效应与我国企业技术创新效率提升研究”（14CGL065）、安徽高校省级优秀青年人才基金重点项目“环境约束、技术差距与我国企业技术创新效率提升研究”（2013SQRW026ZD）的资助。

本研究利用共同前沿理论和DEA模型测算分析2005—2010年我国不同性质企业技术创新效率差异、损失来源及影响机制，并对企业无效率值进行分解，最后实证检验创新效率的影响因素。结果表明：①考察期内我国企业创新效率整体水平偏低，还有42.1%的提升空间，纯技术效率和规模效率均不高。②共同前沿下企业技术创新效率值均不超过群组前沿下企业效率值。③不同性质企业效率损失根源存在显著差异，中国港澳台资和外资企业效率缺失主要受制于落后的企业管理水平；内资企业因技术差距和管理不当所造成的效率损失均占有一定比例。④企业性质、企业规模、市场竞争程度和政府金融支持对效率提升具有积极影响，企业规模在政府金融支持与效率关系中起负向调节作用。

姓　　名	肖仁桥
学　　历	博士研究生
工作单位	安徽财经大学
职　　称	副教授
研究方向	创新与创业管理、技术经济及管理

肖仁桥　1982年1月出生。主要从事创新与创业管理、技术经济及管理研究与教学。现为安徽财经大学工商管理学院副教授、硕士生导师；第十二批省学术和技术带头人后备人选，中国技术经济学会高级会员，中国企业管理研究会管理哲学专委会核心成员，华中科技大学管理学院企业评价研究所兼职研究员；*Applied Economics*、《数量经济技术经济研究》、《管理工程学报》、《中国人口·资源与环境》、《经济理论与经济管理》、《财贸研究》等期刊的匿名审稿人，教育部学位论文中心匿名评审专家。

成果名称	基于员工援助计划模式的高校图书馆人力资源管理研究
出 版 社	合肥工业大学出版社
字　　数	382千字
出版时间	2016年6月
获奖等次	二等奖

该成果为2012年度国家社科基金项目（12BTQ005）的结项成果，通过对员工援助计划的系统深入研究，将其融入现代人力资源管理，应用于高校图书馆。以理论指导实践，再由实践验证理论的方式，基于心理学实验和实证研究，促进心理学与人力资源管理的融合。运用心理学理论，以问卷和访谈等形式，采集了翔实的数据，分析了馆员工作压力现状及其影响因素，阐明了馆员职业倦怠的测量方法和诊断依据，提出了平衡工作与生活的措施，构建了图书馆员工援助计划（L–EAP）的实用模本。以心理关怀的视角，从EAP层面有效地整合图书馆内外多方面的资源，适度调节高校图书馆员的工作压力、职业倦怠，协助其进行合理的职业生涯规划及再规划，提高其工作积极性、开发与培养图书馆员的心理资本、提升高校图书馆运行效率，促进图书馆和图书馆员的和谐发展。

姓　　名	刘贵勤
学　　历	大学本科
工作单位	中共安徽省委党校（安徽行政学院）
职　　称	研究馆员
研究方向	图书馆知识管理和人力资源管理

刘贵勤　1962年10月出生。主要从事图书馆知识管理和人力资源管理研究，近年来侧重心理学理论和方法在人力资源管理中的运用。出版专著《基于员工援助计划模式的高校图书馆人力资源管理研究》，发表《提升高校图书馆员工作与生活满意度L–EAP模式》等论文。曾受邀为安徽省高校“图书馆员职业卫生与安全”专题论坛暨学术研讨会作《加强图书馆健康型组织建设，促进馆员心理健康》的主旨报告。现为中共安徽省委党校（安徽行政学院）图书与文化馆研究馆员。

成果名称	农村土地抵押法律问题研究
出 版 社	法律出版社
字　　数	268千字
出版时间	2016年5月
获奖等次	二等奖

该成果综合运用历史、比较、价值和实证的研究方法，系统梳理我国当下调整农村土地抵押的各类规范性文本。选取安徽省16个地级市为样本展开“农村土地权利及其抵押状况”实地调研，并撷取国内试点地区的实践范例，为法律制度的建构提供参考。就研究对象主要涉及的土地承包经营权、宅基地使用权和集体建设用地使用权三种抵押形式各自的共性与差异性予以一体规范设计，系统性地解决农村土地抵押法律问题。所拟定的《农村土地抵押条例（草案）法条建议稿》，以明确“农民集体”成员资格、规定权利类型及其取得、建立有偿使用和期限制度、规范抵押形式，且从抵押主体、抵押用途、抵押方式、经济能力、部分抵押、土地规划与用途管制等方面予以合理限制，设立专门的政策性金融机构“土地银行”等诸多的制度构造。

姓　　名	胡　建
学　　历	博士研究生
工作单位	安徽财经大学
职　　称	副教授
研究方向	民法学

胡　建　1980年1月出生。主要从事民法学研究与教学。主持国家社科基金青年研究项目、教育部后期研究项目、中国法学会一般研究项目、民政部委托研究项目和安徽省高校优秀青年人才支持计划重点研究项目等6项；在国内核心期刊发表学术论文30余篇，出版学术著作2部。荣获第十一届中国法学家论坛优秀论文三等奖。现为安徽财经大学法学院副教授、硕士生导师；安徽省律师协会民事法律委员会理事，安徽省省级教坛新秀，安徽财经大学学术带头人后备人选，蚌埠市人民政府法律顾问，安徽国梦律师事务所副主任。

成果名称	中古汉译佛经与汉语“父亲”称谓的来源
发表刊物	中国语文
字　　数	10千字
发表时间	2016年10月
获奖等次	二等奖

中国语文 2016 年第5期（总第374期）

中古汉译佛经与汉语“父亲”称谓的来源*

储泰松

提要　中古文献尤其是佛典文献中记载了不少关于“父亲”的称谓词，论文在前人已有研究的基础上，主要考察了“爹多爹爷爷郎”等舌音类“父亲”称谓词，通过爬梳文献，勾勒出其字形、字音的渊源流变；并将其与突厥语族、藏缅语族语言中有关“父亲”称谓词进行比较，认为“爹”类称谓词是汉语固有词，源自外来民族语言的可能性不大。

关键词　父亲称谓词　佛经词汇　突厥语族　爹　爷

汉语里关于“父亲”的称谓，学界已经做过很多研究，涉及面既深且广，其中以胡士云（1994）、郭熙（2006）的研究最具代表性。胡文探讨了“爷”“爹”两个亲属称谓词的共时分布及历时演变，给出了两个词在现代方言中的音义类型，认为“爷”“爹”可能同源，并且两个词均非汉语固有词，可能来自少数民族语言。郭文另辟蹊径，从社会语言学角度讨论了“父亲”称谓词，将其归纳为“父爸爷爹大伯”等六大类，并一一梳理其流变，认为“父”是汉语中对父亲的最早也是一直得以延续的称谓。“父”以外的称谓则经历了“（爸）-爷-爹-爸”的过程，指出“爸”直到明清才进入书面语言，而“大”从没有进入过书面语言；“爷”在唐代获得书面语的地位，但到南宋以后被“爹”取代。“爷”“爹”“爸”可能都是外来词。

大致而言，上述研究深入讨论了汉文文献中的父亲称谓词，从字形、字义、语用、源流等方面对父亲称谓词做了全景式的勾勒描写，但美中不足的是：第一，没有关注佛典中父亲称谓词的使用情况；第二，如果“爷”等称谓词是外来的，其传入的路径是什么，缺乏必要的论证。

1. 中古父亲称谓词及其时空变迁

《广雅·释亲》：“翁公叟爸爹爷，父也。”这六个称谓词，可能不全是通语词汇。“翁公叟”见于《方言》卷六：“东齐鲁卫之间，凡尊老谓之傁，或谓之艾。周晋秦陇谓之公，或谓之翁。南楚谓之父，或谓之父老。”既是“尊老”之称，则非仅仅表示“父亲”称谓。不过，“翁公叟”三词在早期文献中出现的频率很高，均可表尊老之称，但只有“翁公”可表“父亲”，“叟”无此义。①

“爹爸爷”不见于《方言》，唯原本《玉篇》（据《篆隶万象名义》卷九父部）收“爸（蒲可反，

* 本文系教育部人文社科规划基金项目“梵汉对音相关理论问题研究”（13YJA740007）成果之一。初稿曾在第四届《中国语文》青年学者沙龙（2016年4月）上宣读，得到多位与会专家的教正。《中国语文》编辑部及匿名评审专家提出了建设性的修改意见，统致谢忱。文责自负。

① “翁公叟”学界没有分歧，除非特别需要，下文不再讨论。

汉语里关于“父亲”的称谓，学界之前的研究深入讨论了汉文文献中的父亲称谓词，从字形、字义、语用、源流等作了全景式的勾勒描写，美中不足的是，没有关注佛典中“父亲”称谓词的使用情况，并且如果“爷”等称谓词是外来的，其传入的路径是什么，缺乏必要的论证。该成果分五个方面考察了“爹多爹爷爷郎”等舌音类“父亲”称谓词，勾勒出其字形、字音的渊源流变；并将其与突厥语族、藏缅语族语言中有关“父亲”称谓词进行比较，发现舌音系“父亲”称谓词“多（爹爹）”“耶（爷）”“爷”“郎”出现的时间有先有后，其语源是“爹”，后写作“多多”“爹爹”；随着时间的推移，语音产生变化，遂分化成“耶”“爷”“郎”三组。成果认为“爹”类称谓词是汉语固有词，源自外来民族语言的可能性不大；它们在中外文献中的使用情形互有参差，有同有异；分布的区域有南有北，体现出时间与空间差异。

姓　　名	储泰松
学　　历	博士研究生
工作单位	安徽师范大学
职　　称	教授
研究方向	汉语史、历史语言学

储泰松　1966年3月出生。主要从事汉语史以及历史语言学研究。出版《唐五代关中方音研究》《佛典语言研究论集》等专著；在《中国语文》《古汉语研究》《语言文字应用》《语言研究》等期刊上发表论文50余篇；主持承担国家社科基金一般项目、“冷门绝学”重大研究专项各1项，担任国家社科基金重大项目子课题2项。现为安徽师范大学文学院教授、博士生导师；中国语言学会理事，全国汉语方言学会理事，安徽省语言学会副会长，中国历史语言学研究会副秘书长。

成果名称	从"山海经"到"幻灯片"：鲁迅图像观的发生学考察——兼及"左翼图像学"的创构
发表刊物	文艺理论研究
字　　数	24.5千字
发表时间	2016年3月
获奖等次	二等奖

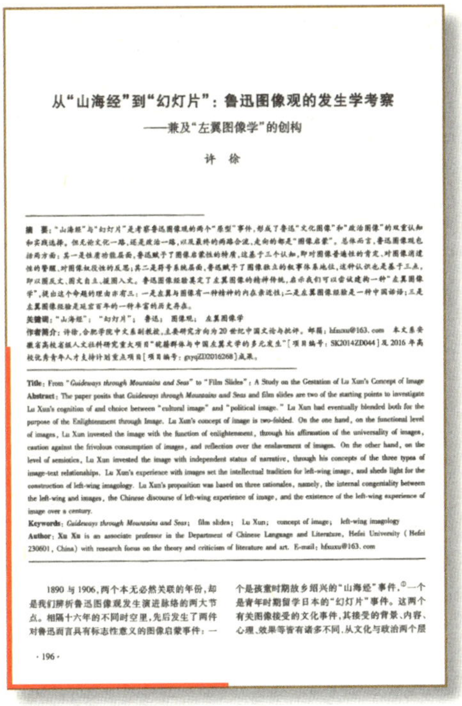

从"山海经"到"幻灯片"：鲁迅图像观的发生学考察
——兼及"左翼图像学"的创构
许　徐

摘　要："山海经"与"幻灯片"是考察鲁迅图像观的两个"原型"事件，形成了鲁迅"文化图像"和"政治图像"的双重认知和实践选择。但无论文化一路，还是政治一路，以及最终的两路合流，走向的都是"图像启蒙"。总体而言，鲁迅图像观包括两方面：其一是性质功能层面，鲁迅赋予了图像启蒙性的特质，这基于三个认知，即对图像普遍性的肯定、对图像消遣性的警醒、对图像奴役性的反思；其二是符号系统层面，鲁迅赋予了图像独立的叙事体系地位，这种认识也是基于三点，即以图反文、图文自立、援图入文。鲁迅图像经验奠定了左翼图像的精神传统，启示我们可以尝试建构一种"左翼图像学"，提出这个命题的理由亦有三：一是左翼与图像有一种精神的内在亲近性；二是左翼图像经验是一种中国话语；三是左翼图像经验是延宕百年的一种丰富的历史存在。
关键词："山海经"；"幻灯片"；鲁迅；图像观；左翼图像学
作者简介：许徐，合肥学院中文系副教授，主要研究方向为20世纪中国文论与批评。邮箱：hfxuxu@163.com　本文系安徽省高校省级人文社科研究重大项目"皖籍群体与中国左翼文学的多元发生"[项目编号：SK2014ZD044]及2016年高校优秀青年人才支持计划重点项目[项目编号：gxyqZD2016268]成果。

Title: From "*Guideways through Mountains and Seas*" to "Film Slides": A Study on the Gestation of Lu Xun's Concept of Image
Abstract: The paper posits that *Guideways through Mountains and Seas* and film slides are two of the starting points to investigate Lu Xun's cognition of and choice between "cultural image" and "political image." Lu Xun had eventually blended both for the purpose of the Enlightenment through Image. Lu Xun's concept of image is two-folded. On the one hand, on the functional level of images, Lu Xun invested the image with the function of enlightenment, through his affirmation of the universality of images, caution against the frivolous consumption of images, and reflection over the enslavement of images. On the other hand, on the level of semiotics, Lu Xun invested the image with independent status of narrative, through his concepts of the three typea of image-text relationships. Lu Xun's experience with images set the intellectual tradition for left-wing image, and sheds light for the construction of left-wing imagology. Lu Xun's proposition was based on three rationales, namely, the internal congeniality between the left-wing and images, the Chinese discourse of left-wing experience of image, and the existence of the left-wing experience of image over a century.
Keywords: *Guideways through Mountains and Seas*; film slides; Lu Xun; concept of image; left-wing imagology
Author: Xu Xu is an associate professor in the Department of Chinese Language and Literature, Hefei University (Hefei 230601, China) with research focus on the theory and criticism of literature and art. E-mail: hfxuxu@163.com

1890与1906，两个本无必然关联的年份，却是我们辨析鲁迅图像观发生演进脉络的两大节点。相隔十六年的不同时空里，先后发生了两件对鲁迅而言具有标志性意义的图像启蒙事件：一个是孩童时期故乡绍兴的"山海经"事件，[①]一个是青年时期留学日本的"幻灯片"事件。这两个有关图像接受的文化事件，其接受的背景、内容、心理、效果等皆有诸多不同，从文化与政治两个层

·196·

"山海经"与"幻灯片"是考察鲁迅图像观两个"原型"事件，形成鲁迅"文化图像"和"政治图像"的双重认知和实践，最终走向"图像启蒙"。总体看，鲁迅图像观有两方面：其一性质功能层面，赋予图像启蒙性特质，即对图像普遍性的肯定、对图像消遣性的警醒、对图像奴役性的反思；其二符号系统层面，赋予图像独立的叙事体系地位，即以图反文、图文自立、援图入文。鲁迅图像经验，启示我们可以建构一种"左翼图像学"。其特点："两个转向""一个还原"。将图像视作开放系统，确认其担负核心价值视觉活化、中华文化视觉创新、人民抒写视觉表达和国家形象视觉传播的责任，参与人的思想与国家建构。

姓　　名	许　徐
学　　历	硕士研究生
工作单位	合肥学院
职　　称	教授
研究方向	文艺理论与文艺批评

许　徐　1979年12月生。致力于现代文论史案研究，其中皖籍文论家群体和"左翼图像学"研究产生一定学术影响。现为合肥学院中文系教授；国家社科基金同行评议专家；安徽省宣传文化领域青年英才，安徽省人文社科重点研究基地研究员，学科带头人；入选"高校学科（专业）拔尖人才学术资助计划"。

成果名称	元代诗学与盛唐气象
发表刊物	北京大学学报
字　　数	17千字
发表时间	2015年第5期
获奖等次	二等奖

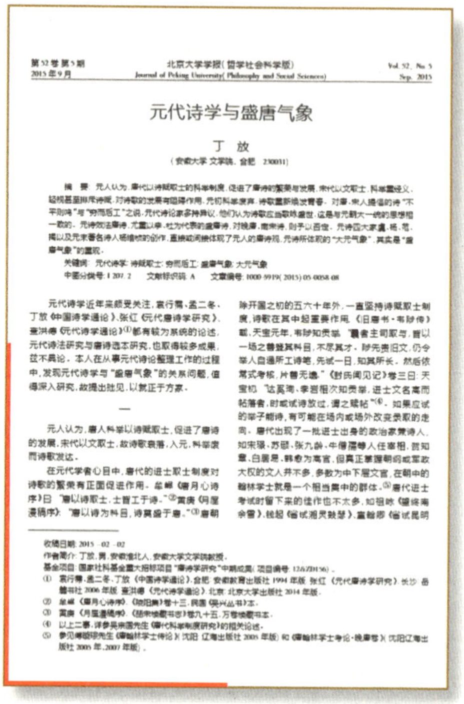
第52卷第5期　北京大学学报（哲学社会科学版）　Vol. 52, No. 5
2015年9月　Journal of Peking University (Philosophy and Social Sciences)　Sep. 2015

元代诗学与盛唐气象

丁　放

（安徽大学 文学院，合肥 230031）

摘　要：元人认为，唐代以诗赋取士的科举制度，促进了唐诗的繁荣与发展，宋代以文取士，科举重经义，轻视甚至排斥诗赋，对诗歌的发展有阻碍作用，元初科举废弃，诗歌重新焕发青春。对唐、宋人提倡的诗"不平则鸣"与"穷而后工"之说，元代诗论家多持异议，他们认为诗歌应当歌咏盛世，这是与元朝大一统的思想相一致的。元诗效法唐诗，尤重以李、杜为代表的盛唐诗，对晚唐、南宋诗，则予以否定。元诗四大家虞、杨、范、揭以及元末著名诗人杨维桢的创作，直接或间接体现了元人的唐诗观，元诗所体现的"大元气象"，其实是"盛唐气象"的重现。

关键词：元代诗学；诗赋取士；穷而后工；盛唐气象；大元气象

中图分类号：I 207.2　文献标识码：A　文章编号：1000-5919(2015)05-0058-08

元代诗学近年来颇受关注，袁行霈、孟二冬、丁放《中国诗学通论》、张红《元代唐诗学研究》、查洪德《元代诗学通论》①都有较为系统的论述，元代诗法研究与唐诗选本研究，也取得较多成果，兹不具论。本人在从事元代诗论整理工作的过程中，发现元代诗学与"盛唐气象"的关系问题，值得深入研究，故提出拙见，以就正于方家。

一

元人认为，唐人科举以诗赋取士，促进了唐诗的发展，宋代以文取士，故诗歌衰落，入元，科举废而诗歌发达。

在元代学者心目中，唐代的进士取士制度对诗歌的繁荣有正面促进作用。牟巘《唐月心诗序》曰："唐以诗取士，士皆工于诗。"②黄庚《月屋漫稿序》："唐以诗为科目，诗莫盛于唐。"③唐朝除开国之初的五六十年外，一直坚持诗赋取士制度，诗歌在其中起重要作用。《旧唐书·韦陟传》载，天宝元年，韦陟知贡举，"曩者主司取与，皆以一场之善登其科目，不尽其才。陟先责旧文，仍令举人自通所工诗笔，先试一日，知其所长，然后依常式考核，片善无遗。"《封氏闻见记》卷三曰：天宝初，"达奚珣、李岩相次知贡举，进士文名高而帖落者，时或试诗放过，谓之赎帖"④。如果应试的举子能诗，有可能在场内或场外改变录取的走向。唐代出现了一批进士出身的政治家兼诗人，如宋璟、苏颋、张九龄、牛僧孺等人任宰相，贺知章、白居易、韩愈为高官，但真正掌握朝纲或军政大权的文人并不多，多数为中下层文官，在朝中的翰林学士就是一个相当集中的群体。⑤唐代进士考试时留下来的佳作也不太多，如祖咏《望终南余雪》、钱起《省试湘灵鼓瑟》、富嘉谟《省试昆明

收稿日期：2015-02-02
作者简介：丁放，男，安徽淮北人，安徽大学文学院教授。
基金项目：国家社科基金重大招标项目"唐诗学研究"中期成果（项目编号：12&ZD156）。
① 袁行霈、孟二冬、丁放《中国诗学通论》，合肥：安徽教育出版社1994年版；张红《元代唐诗学研究》，长沙：岳麓书社2006年版；查洪德《元代诗学通论》，北京：北京大学出版社2014年版。
② 牟巘《唐月心诗序》，《陵阳集》卷十三，民国《吴兴丛书》本。
③ 黄庚《月屋漫稿序》，《皕宋楼藏书志》卷九十五，万卷楼藏书本。
④ 以上二事，详参吴宗国先生《唐代科举制度研究》的相关论述。
⑤ 参见傅璇琮先生《唐翰林学士传论》（沈阳：辽海出版社2005年版）和《唐翰林学士传论·晚唐卷》（沈阳：辽海出版社2005年、2007年版）。

元人认为，唐代以诗赋取士的科举制度，促进了唐诗的繁荣与发展，宋代以文取士，科举重经义，轻视甚至排斥诗赋，对诗歌的发展有阻碍作用，元初科举废弃，诗歌重新焕发青春。对唐、宋人提倡的诗“不平则鸣”与“穷而后工”之说，元代诗论家多持异议，他们认为诗歌应当歌咏盛世，这是与元朝大一统的思想相一致的。元诗效法唐诗，尤重以李、杜为代表的盛唐诗，对晚唐、南宋诗，则予以否定。元诗四大家虞、杨、范、揭以及元末著名诗人杨维桢的创作，直接或间接体现了元人的唐诗观，元诗所体现的“大元气象”，其实是“盛唐气象”的重现。

姓　　名	丁　放
学　　历	博士研究生
工作单位	安徽大学
职　　称	教授
研究方向	中国古代文学、中国诗学

丁　放　1957年出生。主持国家社科基金重大招标项目“唐诗学研究”，主持完成国家社科基金项目2项，在《中国社会科学》《文学评论》《北京大学学报》《学术月刊》《复旦学报》等刊物发表论文数十篇，出版《中国诗学通论》《金元词学研究》《唐宋词概说》《盛唐诗坛研究》《宋元明词选研究》《中国诗学论集》等著作。现为安徽大学文学院二级教授、博士生导师；安徽省学术与技术带头人，安徽省皖江学者特聘教授；中国古代文学理论学会副会长，中国李白研究会副会长；国家社科基金会评专家。

成果名称	《五经正义》美学思想研究
出 版 社	人民出版社
字　　数	500千字
出版时间	2016年11月
获奖等次	二等奖

该成果首次系统着力于传统经学与美学交融互渗的复杂样态，从被美学界所忽视的传统经学文献中梳理、提炼出有效的美学资源，初步呈现中国传统文化中经学美学这一独特的审美文化形态，从而为中国古典美学研究提供了一个新的观照视角和理论平台。尤其是对中国经学史上最有影响力的经典文本《五经正义》的美学思想作了全面而融通的考量，发掘其所蕴含的各种美学新解和理论潜质，勾勒出由本体论、情性论、易象论、言意论到诗论、诗乐关系论、礼乐教化论、律历融通论再到审美诠释论的完整美学思想体系，这在一定程度上弥补了中国美学史研究的一个薄弱环节。该成果试将《五经正义》美学思想置于由先秦汉魏到唐宋的整体历史文化语境中作综合性考察，既展示其涵纳古今的集大成气质，又揭示其承传汉宋的过渡性特征，彰显了中国儒家美学史上长期被“汉学”“宋学”等显学所掩盖的“唐学”应有的历史地位。

姓　　名	乔东义
学　　历	博士研究生
工作单位	安徽师范大学
职　　称	教授
研究方向	美学、文艺学

乔东义　1973年4月出生。主要从事美学和文艺学研究与教学。主持国家社科基金项目和省部级项目多项；在《哲学研究》《哲学动态》《学术月刊》《国学研究》《哲学与文化》等刊物发表论文数十篇；出版《〈五经正义〉美学思想研究》等著作。现为安徽师范大学文学院教授、博士生导师；安徽省美学学会副会长等。

成果名称	群舒文化研究
出 版 社	上海古籍出版社
字　　数	357千字
出版时间	2018年3月
获奖等次	二等奖

该成果正文分为八章，分别为：系统回顾了群舒文化的学术史、建立了皖南沿长江地区周代铜器的年代序列和文化构成、对群舒文化的两种关键器形进行了专门讨论、对以舒城为中心的周代铜器资料进行了系统整理、探讨了江淮周代考古学文化的年代和分期、对江淮南部地区以矿冶为中心的青铜文化进行了个案研究、展开与汶泗沂沭流域青铜文化的比较研究、对钟离国遗存及其与群舒文化的关系进行了探讨。学术创新之处：一是明确界定了以牺首鼎、曲柄盉、折肩鬲等器形组合为群舒文化的核心内涵；二是论证了群舒文化的主体年代为西周中期至春秋中期；三是论证了群舒文化地域已到达皖南沿长江地区；四是通过对区域矿冶、聚落的兴替与青铜文明关系的阐述，探讨了群舒文化发展的政治、经济和文化背景。

姓　　名	张爱冰
学　　历	博士研究生
工作单位	安徽大学
职　　称	教授
研究方向	先秦考古、考古学理论

张爱冰　1961年7月出生。长期从事考古学教学与研究工作。先后主持教育部、国家社科基金一般、重点和重大项目，在《中国社会科学》《考古学报》《考古》《文物》等期刊发表等论文数十篇；主编《枞阳商周青铜器》等研究报告，专著《群舒文化研究》入选2017年国家哲学社会科学成果文库。曾获得全国田野考古三等奖、安徽省教学成果一等奖、特等奖等。现为安徽大学历史系教授、博士生导师，考古专业负责人；中国考古学会理事。

成果名称	中国近现代文官制度
出 版 社	商务印书馆
字　　数	1000千字
出版时间	2016年1月
获奖等次	二等奖

该成果为国家社科基金项目“中国近现代文官制度研究”的成果，主要采用历史学的方法，同时采用“互联网+”等研究方法，对中国近现代文官进行多层次、多角度的分析透视，科学地再现了我国近现代文官制度的发展演变、基本特点及其历史经验。成果使用了大量的档案材料、政府公报等原始史料以及亲历者的回忆等，通过严谨的考证、校勘，纠正了近百条史料或数据的错误。成果从制度的设计和实践的层面，揭示了中国近现代文官制度这一系统工程的全貌，运用定量分析和定性分析相结合的方法，实事求是地评价其利弊得失，揭示其运作的规律，弥补了以往对文官考试、任用、考绩、奖惩、服务、培训、薪俸、保障制度综合互动研究的不足。揭示了近现代文官制度与治乱兴衰的关系，分析了文官制度的利弊得失，对于建立科学的现代人事制度具有重要的借鉴意义。

姓　　名	房列曙
学　　历	大学本科
工作单位	安徽师范大学
职　　称	教授
研究方向	中国人才选拔制度、抗日战争史、新四军与安徽地方史

房列曙　1951年8月出生。长期从事中国人才选拔制度、抗日战争史、新四军与安徽地方史研究。独著、合著、主编专著和教材23部，发表学术论文百余篇。现为安徽师范大学历史与社会学院二级教授；中国现代史学会理事、安徽省历史学会副会长；曾任安徽师范大学历史系、社会学系主任，社会学院院长等。2008年和2011年连续两届遴选为中国杰出人文社会科学家、历史学家；2010年获“安徽省杰出专业技术人才”荣誉称号。享受国务院政府特殊津贴。

成果名称	徽州文化史
出 版 社	安徽人民出版社
字　　数	1000千字
出版时间	2015年1月
获奖等次	二等奖

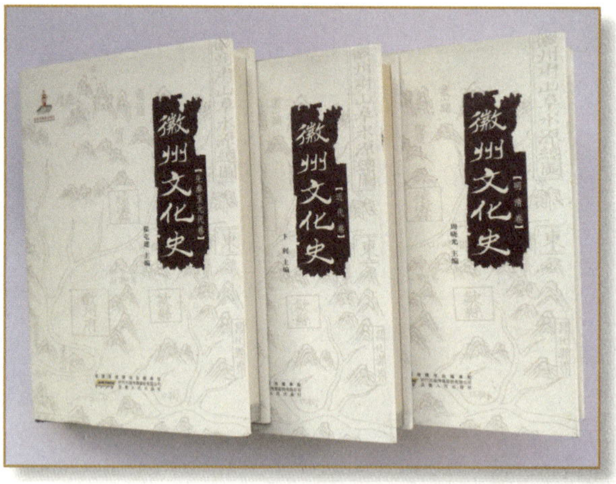

该成果系国家出版基金项目、安徽省哲学社会科学规划项目、安徽省“十二五”重点出版物规划项目、安徽大学徽学研究中心重点项目，是第一部研究徽州文化发生、发展以及演变历程的学术专著。全书分为“先秦至元代”“明清”“近代”三卷，分别由翟屯建、周晓光、卞利主编。成果旨在厘清徽州文化的发展脉络，全面考察独具特色的徽州文化自先秦到近代的演进历史，揭示其从开始萌芽到逐步走向繁荣直至达到鼎盛的各个发展阶段的不同特点。以自成体系的分章分类方式，展现了徽文化千年变迁的全景。突破了分门别类研究徽州文化的局限，在徽文化研究中作了有益的尝试，填补了学术研究领域的空白。该书还将对徽州文化史的研究，纳入中国文化史研究的整体框架，探究其发展规律，并由此观照中国文化尤其是唐宋以后中国文化的发展演变状况将徽州文化史的研究推向一个新的高度。

姓　　名	翟屯建
学　　历	大学专科
工作单位	黄山市博物馆
职　　称	馆长
研究方向	方志学、文献学、徽学

翟屯建　1954年11月出生。1980年毕业于徽州师范专科学校中文系，1984年复旦大学历史系方志专修科结业。曾任黄山市博物馆馆长、黄山市地方志办公室副主任、调研员；安徽省地方志学会理事、学术委员会委员，安徽省徽学会理事，安徽大学徽学研究中心兼职研究员，黄山学院徽州文化研究中心兼职研究员，黄山市程朱理学研究会会长。发表论文百余篇，多篇被中国人民大学复印报刊资料全文转载，其中4篇分别被翻译成日、韩、英、法四种文字在国外发表。主编《黄山市志》，出版专著《徽派篆刻》。

成果名称	职前教师情绪复杂性对情绪面孔加工的影响 ——来自行为、ERP和眼动的证据
发表刊物	心理学报
字　　数	42.6千字
发表时间	2015年第1期
获奖等次	二等奖

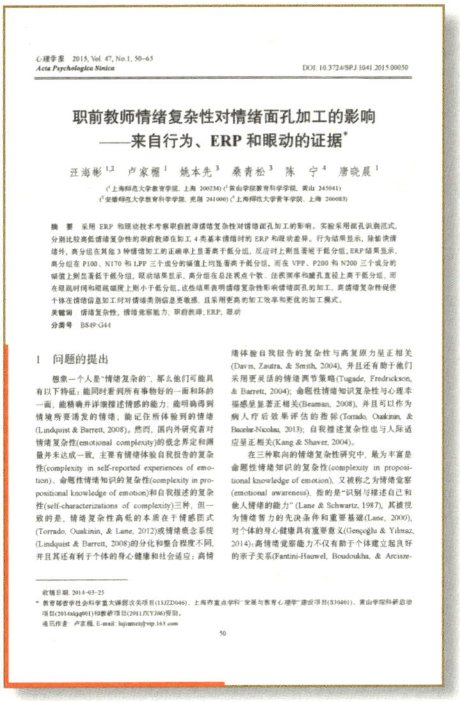

心理学报 2015, Vol. 47, No.1, 50–65
Acta Psychologica Sinica DOI: 10.3724/SP.J.1041.2015.00050

职前教师情绪复杂性对情绪面孔加工的影响
——来自行为、ERP和眼动的证据*

汪海彬[1,2] 卢家楣[1] 姚本先[3] 桑青松[3] 陈 宁[4] 唐晓晨[1]
([1]上海师范大学教育学院, 上海 200234) ([2]黄山学院教育科学学院, 黄山 245041)
([3]安徽师范大学教育科学学院, 芜湖 241000) ([4]上海师范大学青年学院, 上海 200083)

摘 要 采用ERP和眼动技术考察职前教师情绪复杂性对情绪面孔加工的影响。实验采用面孔识别范式，分别比较高低情绪复杂性的职前教师在加工4类基本情绪时的ERP和眼动差异。行为结果显示，除愉快情绪外，高分组在其他3种情绪加工的正确率上显著高于低分组，反应时上则显著短于低分组；ERP结果显示，高分组在P100、N170和LPP三个成分的幅值上均显著高于低分组，而在VPP、P200和N200三个成分的幅值上则显著低于低分组；眼动结果显示，高分组在总注视点个数、注视频率和瞳孔直径上高于低分组，而在眼跳时间和眼跳幅度上则小于低分组。这些结果表明情绪复杂性影响情绪面孔的加工，高情绪复杂性促使个体在情绪信息加工时对情绪类别信息更敏感，且采用更高的加工效率和更优的加工模式。

关键词 情绪复杂性；情绪觉察能力；职前教师；ERP；眼动
分类号 B849:G44

1 问题的提出

想象一个人是"情绪复杂的"，那么他们可能具有以下特征：能同时看到所有事物好的一面和坏的一面；能精确并详细描述情感的能力；能明确得到情境所要诱发的情绪；能记住所体验到的情绪(Lindquist & Barrett, 2008)。然而，国内外研究者对情绪复杂性(emotional complexity)的概念界定和测量并未达成一致，主要有情绪体验自我报告的复杂性(complexity in self-reported experiences of emotion)、命题性情绪知识的复杂性(complexity in propositional knowledge of emotion)和自我描述的复杂性(self-characterizations of complexity)三种，但一致的是，情绪复杂性高低的本质在于情感图式(Torrado, Ouakinin, & Lane, 2012)或情绪概念系统(Lindquist & Barrett, 2008)的分化和整合程度不同，并且其还有利于个体的身心健康和社会适应：高情绪体验自我报告的复杂性与高复原力呈正相关(Davis, Zautra, & Smith, 2004)，并且还有助于他们采用更灵活的情绪调节策略(Tugade, Fredrickson, & Barrett, 2004)；命题性情绪知识复杂性与心理幸福感呈显著正相关(Beaman, 2008)，并且可以作为病人疗后效果评估的指标(Torrado, Ouakinin, & Bacelar-Nicolau, 2013)；自我描述复杂性也与人际适应呈正相关(Kang & Shaver, 2004)。

在三种取向的情绪复杂性研究中，最为丰富是命题性情绪知识的复杂性(complexity in propositional knowledge of emotion)，又被称之为情绪觉察(emotional awareness)，指的是"识别与描述自己和他人情绪的能力"(Lane & Schwartz, 1987)，其被视为情绪智力的先决条件和重要基础(Lane, 2000)，对个体的身心健康具有重要意义(Gençoğlu & Yılmaz, 2014)；高情绪觉察能力不仅有助于个体建立起良好的亲子关系(Fantini-Hauwel, Boudoukha, & Arcisze-

收稿日期：2014-03-25
* 教育部哲学社会科学重大课题攻关项目(13JZD046)、上海市重点学科"发展与教育心理学"建设项目(S30401)、黄山学院科研启动项目(2014xkjq001)和教研项目(2011JXYJ06)资助。
通讯作者：卢家楣，E-mail: lujiamei@vip.163.com

50

该成果以职前教师为研究对象，以情绪智力的基础——情绪觉察能力（emotional awareness）为作为教师情性素质研究切入口，开展以教育应用为导向的基础研究：即采用时间分辨率较高的ERP技术和眼动技术，探索不同情绪觉察能力职前教师在情绪加工过程中的时空特点和眼动特点，结果发现高情绪觉察能力职前教师在情绪加工过程中更趋于专家化水平，表现为识别情绪面孔的正确率更高而反应时间更短，这是由于高情绪觉察能力职前教师从情绪信息加工的无意识阶段、注意阶段到决策阶段都对情绪类别信息更敏感，且具有更高的加工效率和更优的加工模式。提示今后职前教师情商的培养中不仅需要让他们体验多样化的情绪，还需要训练其情绪认知技能。

姓　　名	汪海彬
学　　历	博士研究生
工作单位	黄山学院
职　　称	副教授
研究方向	学校心理健康教育、情绪情感心理

汪海彬　1984年10月出生。主要从事学校心理健康教育和情绪情感心理研究。现为黄山学院副教授，心理学实验室主任，黄山学院校学术委员会委员；中国心理学会员代表，安徽社会心理学会，安徽心理学会应用技术分会和安徽省心理危机干预学会理事等。

成果名称	青少年道德学习
出 版 社	中国人民大学出版社
字　　数	268千字
出版时间	2015年12月
获奖等次	二等奖

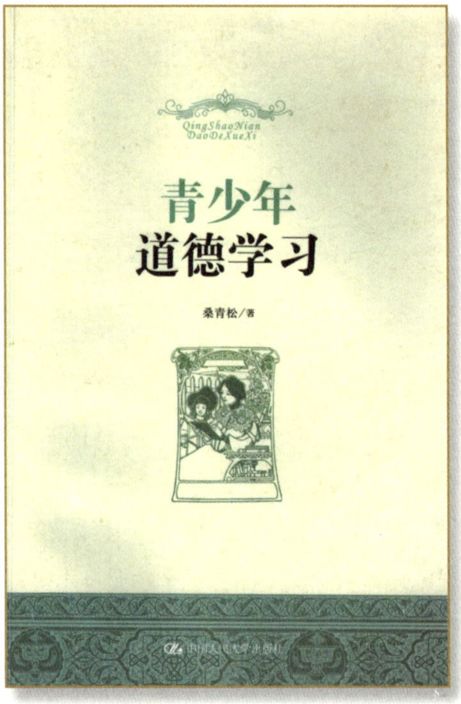

该成果基于新时代立德树人的根本要求，聚焦道德教育研究的理论创新研究，研究视角由“教育”向“学习”转向，提出了中国特色青少年道德学习研究的理论和方法，建构了新时代体系完整的青少年道德学习理论框架和内容体系，彰显了新时代中国特色社会主义建设“以人为本”的精神内涵。成果强化实践导向，结合新时代德育工作实效性，关照生命本体价值，回归青少年道德生活世界，构建全方位、多样化和过程化的青少年道德学习实践模式，创新道德学习新模式。丰富和拓展了德育研究新领域，提供了德育研究新理念、新模式，为青少年践行社会主义核心价值观提供了实践遵循。主要内容：道德学习的本质属性和价值旨归、青少年道德学习的逻辑与依据、道德学习的内化机制与表征形态、道德学习的原则与方法、道德学习能力发展和道德人格塑造等。

姓　　名	桑青松
学　　历	博士研究生
工作单位	安徽师范大学
职　　称	教授
研究方向	学习心理、青少年心理、道德学习与品德发展

桑青松　1972年10月出生。主要从事学习心理、青少年心理、道德学习与品德发展等研究。主持国家社科基金项目、国家科技基础工作专项子课题等10余项，发表论文130余篇。获国家教学成果奖二等奖1项，安徽省社会科学奖二等奖3项，安徽省教学成果奖特等奖、一等奖、二等奖多项，全国教育专业学位教学成果二等奖1项。现为安徽师范大学教育科学学院院长，二级教授、博士生导师；安徽省皖江学者特聘教授，安徽省第五批安徽省学术和技术带头人；中国心理学会发展心理学分会理事，中国心理学会心理学普及工作委员会委员，安徽省心理学会副理事长，安徽省第五届少工委副主任。

成果名称	新常态下安徽产业转型升级研究
出 版 社	安徽人民出版社
字　　数	200千字
出版时间	2015年11月
获奖等次	二等奖

该成果紧紧围绕“产业转型升级”这一核心问题展开论述，共九章。第一章系统阐述了产业转型升级的相关概念及理论，为后面的研究奠定了良好理论基础，并对相关领域的研究现状进行了分析和评述。第二章分析了安徽产业结构的历史演进及现状，指出了安徽产业结构优化升级的方向和途径。第三至第五章分别探讨了安徽农业、工业和服务业的转型升级问题。第六章针对金融支持安徽产业转型升级方面存在的问题，建议建立健全转型升级导向的金融体系，降低金融机构支持产业转型升级的风险损失。第七章结合城镇化与产业转型升级的互动关系及互动机制，提出了实现安徽新型城镇化与产业转型升级互动发展的思路与对策。第八章和第九章分别论述了安徽战略性新兴产业转型升级、高技术服务业发展问题。该成果的突出特点和创新之处主要有：一是兼具理论性和实用性，二是系统性强，三是方法科学可行，四是观点新颖。

姓　　名	程惠英
学　　历	硕士研究生
工作单位	安徽省社会科学院
职　　称	副研究员
研究方向	产业经济学

程惠英　1964年11月出生。主要从事产业经济学研究。主持和参与完成国家级、省级课题32项，其中主持国家级课题1项，省级课题7项；发表论文、调查报告60多篇，合作出版著作多部。主持的国家社科一般项目“我国制造业服务化转型的立体路径构建与机制创新研究”、省社科规划课题“安徽中小企业合作创新研究”、省科技厅软科学课题“安徽高技术服务业发展路径研究”等获得一致好评。《安徽文化创意产业与制造业融合发展研究》等调研报告获省领导批示。现任安徽省社会科学院经济研究所副所长。

成果名称	中国新媒体心理行为特征、影响及对策——基于2006—2015重大网络舆情危机事件的研究
采纳应用	中央网信办
字　　数	10千字
完成时间	2016年12月
获奖等次	二等奖

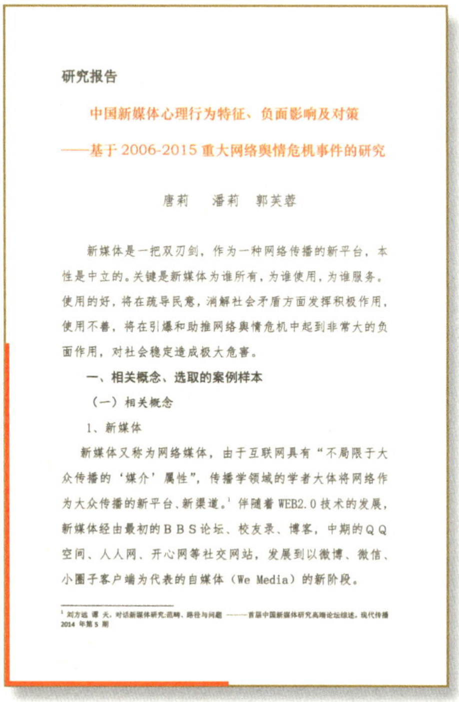
研究报告

中国新媒体心理行为特征、负面影响及对策

——基于2006-2015重大网络舆情危机事件的研究

唐莉　潘莉　郭芙蓉

新媒体是一把双刃剑，作为一种网络传播的新平台，本性是中立的。关键是新媒体为谁所有，为谁使用，为谁服务。使用的好，将在疏导民意，消解社会矛盾方面发挥积极作用，使用不善，将在引爆和助推网络舆情危机中起到非常大的负面作用，对社会稳定造成极大危害。

一、相关概念、选取的案例样本

（一）相关概念

1、新媒体

新媒体又称为网络媒体，由于互联网具有“不局限于大众传播的‘媒介’属性”，传播学领域的学者大体将网络作为大众传播的新平台、新渠道。[1] 伴随着WEB2.0技术的发展，新媒体经由最初的BBS论坛、校友录、博客，中期的QQ空间、人人网、开心网等社交网站，发展到以微博、微信、小圈子客户端为代表的自媒体（We Media）的新阶段。

[1] 刘方远 谭天. 对话新媒体研究:范畴、路径与问题 ——首届中国新媒体研究高端论坛综述. 现代传播 2014 年第5期

该成果选取2006—2015年10年间32个重大网络舆情事件，运用爬虫等技术进行数据分析，对中国新媒体使用现状进行客观的总体判断。分析了网络舆情危机中新媒体的5大行为特征、负面影响和原因：自媒体是网络舆情事件的集中发布平台，职业媒体人的虚假报料引爆舆情，主流媒体作用发挥不足，非主流媒体主导了传播过程等。指出由于新媒体的使用不当造成的三个方面负面影响：网络谣言污染网络舆论环境；质疑和抹黑政府，造成政府公信力下降；放大群际对立、激化社会矛盾。根本原因是外资对于中国新媒体的控制，次要原因是国内监管体制不健全。对策建议：国家出资建立中国的网络传播体系，尽快出台《新闻法》弥补传媒立法空白，建立自媒体从业者的培训机制，加强对重点媒体人群和非主流媒体组织的言行约束和监督机制，全面推动普及新媒体素养教育等。

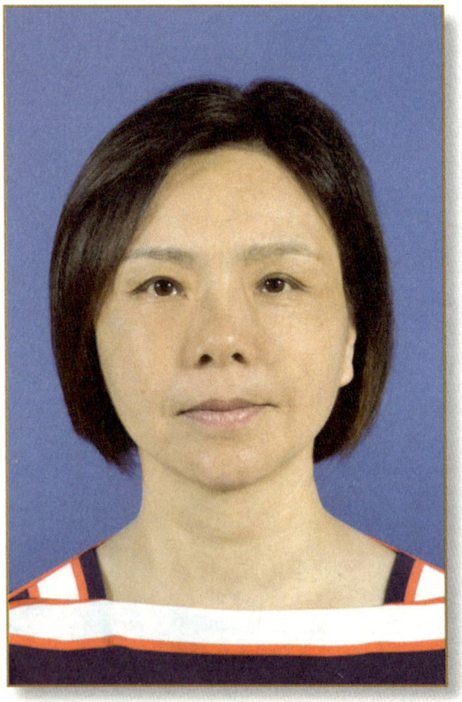

姓　　名	唐　莉
学　　历	博士研究生
工作单位	合肥工业大学
职　　称	教授
研究方向	马克思主义中国化

唐　莉　1964年5月出生。以马克思主义中国化为主要研究方向，主要研究中国特色社会主义价值论、社会主义核心价值观，社会思潮等。现为合肥工业大学校党委委员，马克思主义学院党委书记，教授、博士研究生导师；中国高等教育学会马克思主义研究会副理事长，安徽省马克思主义学院副会长。

成果名称	安徽促进科技成果转化政策研究
采纳应用	安徽省科技厅、政协第十一届安徽委员会第五次会议民进安徽省委的集体提案
字　　数	93千字
完成时间	2016年9月
获奖等次	二等奖

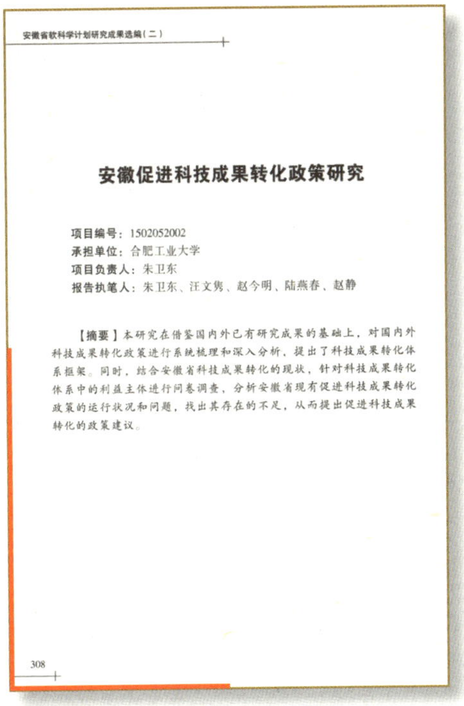
安徽省软科学计划研究成果选编（二）

安徽促进科技成果转化政策研究

项目编号：1502052002
承担单位：合肥工业大学
项目负责人：朱卫东
报告执笔人：朱卫东、汪文隽、赵今明、陆燕春、赵静

【摘要】本研究在借鉴国内外已有研究成果的基础上，对国内外科技成果转化政策进行系统梳理和深入分析，提出了科技成果转化体系框架。同时，结合安徽省科技成果转化的现状，针对科技成果转化体系中的利益主体进行问卷调查，分析安徽省现有促进科技成果转化政策的运行状况和问题，找出其存在的不足，从而提出促进科技成果转化的政策建议。

308

该研究报告为2015年安徽省软科学重大项目《安徽促进科技成果转化政策研究》的研究成果，对科技成果转化的过程和机制，以及科技成果转化中政策的作用机理进行了理论分析，为科技成果转化政策分析建立了理论框架。在此基础上，对国内外重点区域的科技成果转化政策进行了梳理，并对安徽省科技成果转化的状况进行了分析和评价。在文献研究和问卷调研的基础上，进一步对安徽省科技成果转化政策的运行现状和问题进行了分析，对安徽省科技成果转化政策进行了定量评估，最后结合安徽省科技成果转化的实际情况和政策运行的现状，提出了安徽促进科技成果转化政策设计的目的、原则、框架和保障体系，对于改善安徽科技成果转化的政策环境、促进科技成果转化、提升科技对经济的贡献率、促进安徽省经济发展具有积极的现实意义。

姓　　名	朱卫东
学　　历	博士研究生
工作单位	合肥工业大学
职　　称	教授
研究方向	科技创新管理、智能决策理论与方法、决策与控制会计

朱卫东　1962年1月出生。主要从事科技创新管理、智能决策理论与方法、决策与控制会计研究。现为合肥工业大学经济学院教授、博士生导师；中国投资协会理事、中国投资协会投资学科建设专委会常务理事，中国会计学会理事、中国会计学会会计信息化专业委员会副主任，国家自然科学基金的函评专家，《财会通讯》和《商业会计》期刊的编委会委员等。曾任教育部高等学校经济学类教学指导委员会委员，中国会计学会高等工科院校分会会长。

成果名称	完善党内民主决策机制问题研究——当前地方党委完善民主决策机制问题调查与思考
发表刊物	当代世界与社会主义
字　　数	12.9千字
发表时间	2013年第1期
获奖等次	三等奖

《当代世界与社会主义》(双月刊)2013年第1期

完善党内民主决策机制问题研究

——当前地方党委完善民主决策机制问题调查与思考*

杨根乔

[内容提要]完善党内民主决策机制，是提高党的执政能力和领导水平的重要环节。当前地方党委在完善党内民主决策机制方面取得了明显成效，但在民主决策制度、决策规则、决策程序与决策机构等方面也存在一些亟待解决的突出问题。解决这些问题，必须分析与研究这些问题形成的深层原因，并从加强教育引导、健全决策制度、规范决策规则、完善决策程序、优化决策机构、配置党内权力、改善决策环境等方面完善地方党委民主决策机制。

[关键词]党内民主决策机制　地方党委　对策

[分类号]D5　[文献标识码]A　[文章编号]1005-6505(2013)01-0135-06

正确决策是党的各项工作取得成功的重要前提，也是提高党的领导水平和执政能力的保证和基础。为深入了解和把握近年来安徽地方各级党委在改革完善党内民主决策机制方面的情况，分析和研究存在的问题及原因，提出完善党内民主决策机制的有效对策，笔者通过问卷调查和访谈，并参阅相关文献资料，针对地方党委党内民主决策机制问题进行了专题研究和深入思考。

一、当前地方党委完善党内民主决策机制存在的主要问题

地方党委民主决策机制主要是指用于规范党委领导班子决策行为，通过预定的程序、规则和方式，确保决策能广泛吸取各方意见、集中各方智慧，符合本地实际、反映事物发展规律的制度设计和程序安排。它主要是由制度设计、程序设定、规则设立、机构设置有机构成的一个完整体系。近年来，安徽各级党委在决策过程中深入贯彻落实科学发展观，抓住党委重大决策的关键环节，在促进决策的民主化、科学化、法制化方面取得了积极成效，产生了良好社会反响，这对于贯彻落实党的十八大提出的完善党内民主决策机制新要求，推进决策的科学化民主化，将发挥极其重要的作用。但是，我们也看到，各地探索和实践党内民主决策机制主要侧重在决策制度、决策方法等方面，从党内民主决策机制各个部分或环节之间需要相互作用的内在要求看，仍然存在着一些不健全和不完善的地方，一些问题需要进行深入研究和逐步解决。

1. 一些地方党委党内民主决策制度系统性不够、操作性不强。一是群众、专家参与决策缺乏必要的制度保障。问卷调查表明，64.13%的受访者认为存在这一问题，排在所列七个选项的首位。主要是群众、专家参与决策的随意性较大，一些有关经济社会发展的重大事项因任务重和时间要求紧，存在少数领导干部说了算的现象。二是“一把手”在决策中的责权没有明确的制度规定。45.51%的受访者认为存在这一问题，这突出表现在《干部任用条例》虽然作了一些原则规定，但对“一把手”的一些隐性权力没有加以规范，对其在用人上应承担的责任没有加以明确，从而导致权力不明、责任不清。三是一些制度系统性不够、操作性不强。66.20%的受访者认为存在这一问题，排在所列七个选项的第一位。当前仍缺乏规范党委、人大、政府这些决策主体之间职能关系的制度。四是党委领导班子成员之间没有形成互相交心通气的制度。33.10%的受访者认为，由于缺乏相关制度保证，目前一些地方党委领导班子成员对自己分管的工作情况涉及到其他班子成员分管的工作，仍缺少沟通和互通。五是监督体系不完善、监督不力。当前，对各级党委决策进行监督的有党委自身、同级纪委、同级党代会、上级党委和上级纪委五个主体，它们不同程度地存在着认识不足、体制不顺、配合不够、监督不力等问题。六是决策责任追究制度不健全。68.96%的受访者认为存在这一问题，排在所列四个选项的第二位。实际情况是，或缺乏相关的论证、评估和领导责任制度，或已有责任制度不健全。

*本文系2012年度安徽省领导圈定课题“安徽完善党内民主决策机制问题研究”（项目编号：SLDQDKT12—08）的最终成果。

— 135 —

该成果认为，完善党内民主决策机制，是提高党的执政能力和领导水平的重要环节。当前地方党委在完善党内民主决策机制方面取得了明显成效，但仍存在着一些亟待解决的突出问题。解决这些问题，必须建立健全科学规范的决策制度体系，进一步完善党内民主决策机制；科学配置党内权力，健全党内分权制约机制；优化党内决策机构，充分发挥党代会、全委会、常委会在决策中的作用；完善决策程序，确保决策的整个过程相互衔接与环环相扣；改善民主决策环境，确保民主决策机制的有效运行；加强教育引导，提高决策主体的民主意识、参与意识和民主决策能力；规范决策规则，建立科学的党委议事决策机制。

姓　　名	杨根乔
学　　历	大学本科
工作单位	安徽省社会科学院
职　　称	研究员
研究方向	当代中国马克思主义、党的建设

杨根乔　1962年12月出生。长期从事当代中国马克思主义、党的建设等研究。合著出版学术著作10多部，公开发表论文240多篇，成果获奖41项。主持和参与完成各级各类课题59项。现为安徽省社会科学院马克思主义研究所所长、研究员；国家和省社科基金项目通讯评审、成果鉴定专家；中国国际共运史学会常务理事，中国科学社会主义学会常务理事，安徽省科学社会主义学会会长等；安徽省学术和技术带头人，安徽省宣传文化系统“六个一批”（社科理论类）拔尖人才。享受国务院政府特殊津贴。

成果名称	当代中国网络政治文化发展态势与构建策略
发表刊物	甘肃社会科学
字　　数	8.5千字
发表时间	2013年第2期
获奖等次	三等奖

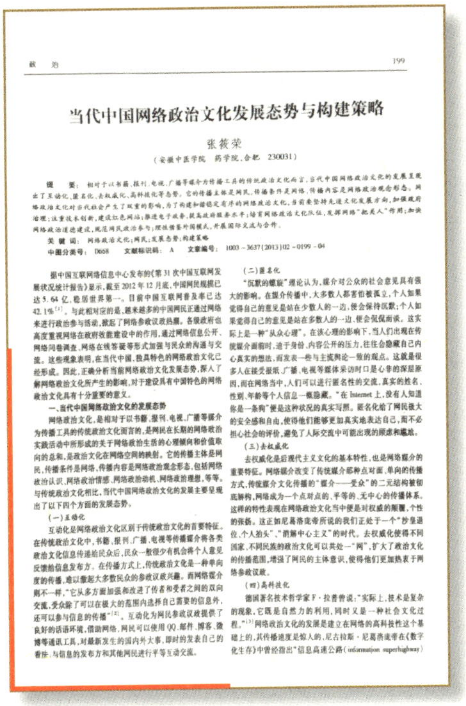

当代中国网络政治文化发展态势与构建策略

张筱荣
（安徽中医学院　药学院，合肥　230031）

提　要：相对于以书籍、报刊、电视、广播等媒介为传播工具的传统政治文化而言，当代中国网络政治文化的发展呈现出了互动化、匿名化、去权威化、高科技化等态势。它的传播主体是网民，传播条件是网络，传播内容是网络政治观念形态。网络政治文化对当代社会产生了双重的影响，为了构建和谐稳定有序的网络政治文化，当前要坚持先进文化发展方向，加强政府治理；注重技术创新，建设红色网站；推进电子政务，提高政府服务水平；培育网络政治文化队伍，发挥网络"把关人"作用；加快网络政治道德建设，规范网民政治参与；理性借鉴外国模式，开展国际交流与合作。

关键词：网络政治文化；网民；发展态势；构建策略
中图分类号：D668　文献标识码：A　文章编号：1003－3637（2013）02－0199－04

据中国互联网络信息中心发布的《第31次中国互联网发展状况统计报告》显示，截至2012年12月底，中国网民规模已达5.64亿，稳居世界第一。目前中国互联网普及率已达42.1%[1]。与此相对应的是，越来越多的中国网民正通过网络来进行政治参与活动，掀起了网络参政议政热潮。各级政府也高度重视网络在政府效能建设中的作用，通过网络信息公开、网络问卷调查、网络在线答疑等形式加强与民众的沟通与交流。这些现象表明，在当代中国，独具特色的网络政治文化已经形成。因此，正确分析当前网络政治文化发展态势，深入了解网络政治文化所产生的影响，对于建设具有中国特色的网络政治文化具有十分重要的意义。

一、当代中国网络政治文化的发展态势

网络政治文化，是相对于以书籍、报刊、电视、广播等媒介为传播工具的传统政治文化而言的，是网民在长期的网络政治实践活动中所形成的关于网络政治生活的心理倾向和价值取向的总和，是政治文化在网络空间的映射。它的传播主体是网民，传播条件是网络，传播内容是网络政治观念形态，包括网络政治认识、网络政治情感、网络政治动机、网络政治理想，等等。与传统政治文化相比，当代中国网络政治文化的发展主要呈现出了以下四个方面的发展态势。

（一）互动化

互动化是网络政治文化区别于传统政治文化的首要特征。在传统政治文化中，书籍、报刊、广播、电视等传播媒介将各类政治文化信息传递给民众后，民众一般很少有机会将个人意见反馈给信息发布方。在传播方式上，传统政治文化是一种单向度的传播，难以激起大多数民众的参政议政兴趣。而网络媒介则不一样，"它从多方面加强和改进了传者和受者之间的双向交流，受众除了可以在极大的范围内选择自己需要的信息外，还可以参与信息的传播"[2]。互动化为网民参政议政提供了良好的话语环境，借助网络，网民可以使用QQ、邮件、博客、微博等通讯工具，对最新发生的国内外大事，即时的发表自己的看法，与信息的发布方和其他网民进行平等互动交流。

（二）匿名化

"沉默的螺旋"理论认为，媒介对公众的社会意见具有强大的影响。在媒介传播中，大多数人都害怕被孤立，个人如果觉得自己的意见是站在少数人的一边，便会保持沉默；个人如果觉得自己的意见是站在多数人的一边，便会侃侃而谈。这实际上是一种"从众心理"。在该心理的影响下，当人们出现在传统媒介面前时，迫于身份、内容公开的压力，往往会隐藏自己内心真实的想法，而发表一些与主流舆论一致的观点。这就是很多人在接受报纸、广播、电视等媒体采访时口是心非的深层原因，而在网络当中，人们可以进行匿名性的交流，真实的姓名、性别、年龄等个人信息一概隐藏。"在Internet上，没有人知道你是一条狗"便是这种状况的真实写照。匿名化给了网民极大的安全感和自由，使得他们能够更加真实地表达自己，而不必担心社会的评价，避免了人际交流中可能出现的顾虑和尴尬。

（三）去权威化

去权威化是后现代主义文化的基本特性，也是网络媒介的重要特征。网络媒介改变了传统媒介那种点对面、单向的传播方式，传统媒介文化传播的"媒介——受众"的二元结构被彻底解构，网络成为一个点对点的、平等的、无中心的传播体系。这样的特性表现在网络政治文化当中便是对权威的颠覆，个性的张扬。这正如尼葛洛庞帝所说的我们正处于一个"沙皇退位、个人抬头"、"消解中心主义"的时代。去权威化使得不同国家、不同民族的政治文化可以共处一"网"，扩大了政治文化的传播范围，增强了网民的主体意识，使得他们更加热衷于网络参政议政。

（四）高科技化

德国著名技术哲学家F·拉普曾说："实际上，技术是复杂的现象，它既是自然力的利用，同时又是一种社会文化过程。"[3]网络政治文化的发展是建立在网络的高科技性这个基础上的，其传播速度是惊人的，尼古拉斯·尼葛洛庞帝在《数字化生存》中曾经指出"信息高速公路（information superhighway）

该成果认为，当代中国网络政治文化的发展呈现出了互动化、匿名化、去权威化、高科技化等态势，它的传播主体是网民，传播条件是网络，传播内容是网络政治观念形态。网络政治文化对当代社会产生了双重的影响，为了构建和谐稳定有序的网络政治文化，当前要坚持先进文化发展方向，加强政府治理；注重技术创新，建设红色网站；推进电子政务，提高政府服务水平；培育网络政治文化队伍，发挥网络"把关人"作用；加快网络政治道德建设，规范网民政治参与；理性借鉴外国模式，开展国际交流与合作。成果创新之处主要是：从网络政治文化视角出发，综合运用马克思主义、传播学、网络政治学等相关学科知识与原理，推进网络政治文化理论研究的纵深发展。研究过程中综合运用比较研究法、跨学科研究法、案例分析法等研究方法，彰显了网络政治文化的独有特质。

姓　　名	张筱荣
学　　历	博士研究生
工作单位	安徽中医药大学
职　　称	副教授
研究方向	网络思想政治教育与意识形态

张筱荣　1980年6月出生。主要从事网络思想政治教育与意识形态研究。现为安徽中医药大学马克思主义学院形势与政策教研室主任，副教授、硕士生导师；安徽省中国特色社会主义理论体系研究中心安徽中医药大学研究基地特约研究员，安徽中医药大学大学生青年马克思主义者学习研究会指导教师。

成果名称	说理教育法研究
出 版 社	光明日报出版社
字　　数	145千字
出版时间	2013年6月
获奖等次	三等奖

该成果以开阔的思维，遵循从历史到现实，从静态到动态，从理论到实践的基本线索，以马克思主义为指导，对说理教育法这一思想政治教育的基本实施方法进行系统的专门研究。一方面梳理、总结和提炼中国共产党在长期的思想政治教育实践中积累的丰富经验和实践智慧，深入探究说理教育法的基本内涵、历史发展、组成要素与结构特征、价值功能与作用机制等，丰富思想政治教育方法理论体系；另一方面着眼于构建以指导现实说理教育的科学操作体系，细致论述说理教育法的实施过程、实施策略、操作技术等，用以提升思想政治教育者的说理实践能力。成果较好地实现了传统方法与现代拓展、理论逻辑与实践需求、思想政治教育学科特色与多学科视角的汇聚，改变原有研究较零散和表面化的状态，并通过对说理教育法作用机制的深入探讨，论证说明说理教育法作为思想政治教育基本方法的合理性和必然性。

姓　　名	潘　莉
学　　历	博士研究生
工作单位	合肥工业大学
职　　称	教授
研究方向	思想政治教育理论与方法、社会心理疏导

潘　莉　1974年6月出生。主要从事思想政治教育理论与方法、社会心理疏导研究与教学。在《教育研究》等核心期刊发表论文50余篇，其中多篇被《新华文摘》和中国人民大学复印报刊资料转载；出版《说理教育法研究》专著，编著《高校思想政治理论课叙事教学法研究》、合著《思想政治教育发展报告》等著作10余部；主持国家社科基金等省部级以上项目10余项。现为合肥工业大学马克思主义学院教授、博士生导师；安徽省第十二批学术和技术带头人后备人选，教育部高等学校优秀中青年思想政治理论课教师择优资助计划入选者，2016年度全国高校思想政治理论课影响力提名人物。

成果名称	当代中国日常生活维度的意识形态研究
出 版 社	人民出版社
字　　数	411千字
出版时间	2014年12月
获奖等次	三等奖

该成果从日常生活维度探讨作为观念的意识形态对人们日常生活的影响，意识形态又如何从日常生活中产生。成果上篇以日常生活领域意识形态的历史发展为线索，分析了马克思主义意识形态理论向日常生活回归的历史；下篇从话语、文化、传播、执政能力等视角剖析了日常生活中的意识形态。突出特色：①从意识形态日常生活化的角度梳理马克思主义发展史；②以不同时期的流行语为切入点，以对国家方针政策的敏感度、影视收视率、媒体文化熟知度等现象为测量器，以利益诉求、婚恋家庭演变和社会心理变化为表征形式，透视日常生活的意识形态。③将解释学方法成功运用于意识形态和象征形式的分析和批判。主要贡献：①构建了意识形态在日常生活中起作用的矩阵图。②提出意识形态日常生活化的路径。

姓　　名	吴学琴
学　　历	博士研究生
工作单位	安徽大学
职　　称	教授
研究方向	马克思主义理论

吴学琴　1965年出生。长期从事马克思主义理论教学科研工作。出版专著3部，发表论文70余篇，主持了国家社科基金4项，教育部基金4项；获吴玉章社科奖1项，安徽省政府奖2项，省教学二等奖2项、三等奖3项。现为安徽大学马克思主义学院教授、博士生导师；全国马克思主义理论类教指委委员，安徽省教育学会中学政治课理事会副会长等。曾获“全国优秀教师和全国思政课优秀教师”称号。

成果名称	道家与当代人生
发表刊物	中国哲学史
字　　数	12千字
发表时间	2014年第1期
获奖等次	三等奖

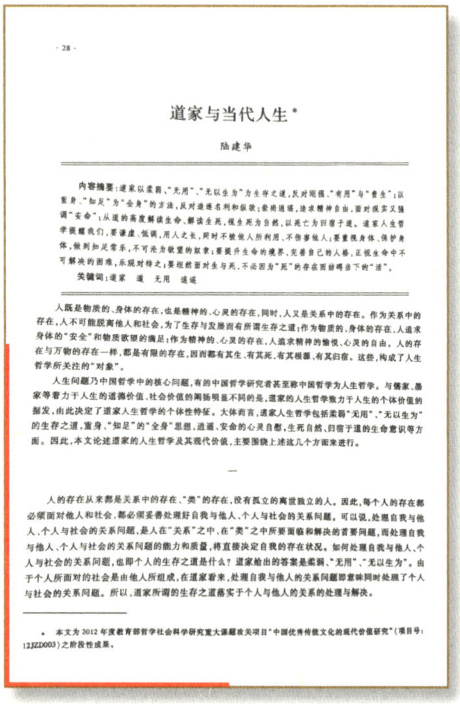
· 28 ·

道家与当代人生*

陆建华

内容摘要：道家以柔弱、"无用"、"无以生为"为生存之道，反对刚强、"有用"与"贵生"；以重身、"知足"为"全身"的方法，反对追逐名利和纵欲；崇尚逍遥，追求精神自由，面对现实又强调"安命"；从道的高度解读生命、解读生死，视生死为自然，以死亡为归宿于道。道家人生哲学提醒我们，要谦虚、低调，用人之长，同时不被他人所利用、不伤害他人；要重视身体、保护身体，做到知足常乐，不可沦为欲望的奴隶；要提升生命的境界，完善自己的人格，正视生命中不可解决的困难，乐观对待之；要坦然面对生与死，不必因为"死"的存在而妨碍当下的"活"。

关键词：道家　道　无用　逍遥

人既是物质的、身体的存在，也是精神的、心灵的存在，同时，人又是关系中的存在。作为关系中的存在，人不可能脱离他人和社会，为了生存与发展而有所谓生存之道；作为物质的、身体的存在，人追求身体的"安全"和物质欲望的满足；作为精神的、心灵的存在，人追求精神的愉悦、心灵的自由。人的存在与万物的存在一样，都是有限的存在，因而都有其生、有其死，有其根源、有其归宿。这些，构成了人生哲学所关注的"对象"。

人生问题乃中国哲学中的核心问题，有的中国哲学研究者甚至称中国哲学为人生哲学。与儒家、墨家等着力于人生的道德价值、社会价值的阐扬明显不同的是，道家的人生哲学致力于人生的个体价值的掘发，由此决定了道家人生哲学的个体性特征。大体而言，道家人生哲学包括柔弱"无用"、"无以生为"的生存之道，重身、"知足"的"全身"思想，逍遥、安命的心灵自慰，生死自然、归宿于道的生命意识等方面。因此，本文论述道家的人生哲学及其现代价值，主要围绕上述这几个方面来进行。

一

人的存在从来都是关系中的存在、"类"的存在，没有孤立的离世独立的人。因此，每个人的存在都必须面对他人和社会，都必须妥善处理好自我与他人、个人与社会的关系问题。可以说，处理自我与他人、个人与社会的关系问题，是人在"关系"之中、在"类"之中所要面临和解决的首要问题，而处理自我与他人、个人与社会的关系问题的能力和质量，将直接决定自我的存在状况。如何处理自我与他人、个人与社会的关系问题，也即个人的生存之道是什么？道家给出的答案是柔弱、"无用"、"无以生为"。由于个人所面对的社会是由他人所组成，在道家看来，处理自我与他人的关系问题即意味同时处理了个人与社会的关系问题。所以，道家所谓的生存之道落实于个人与他人的关系的处理与解决。

* 本文为2012年度教育部哲学社会科学研究重大课题攻关项目"中国优秀传统文化的现代价值研究"（项目号：12JZD003）之阶段性成果。

该成果将道家人生哲学研究与其当代价值研究相结合，在论述道家人生哲学的特征、内容的基础上，着重讨论道家人生哲学的独特理论价值与现实意义。认为道家人生哲学致力于人生的个体价值的掘发，显现出强烈的个体性特征。道家以柔弱、“无用”“无以生为”为生存之道，反对刚强、“有用”与“贵生”；以重身、“知足”为“全身”的方法，反对追逐名利和纵欲；崇尚逍遥自得，追求精神自由，面对现实困境又强调“安命”；从道的高度解读生命、解读生死，视生死为自然，以死亡为归宿于道。道家人生哲学提醒我们，要谦虚、低调，用人之长，同时不被他人所利用，不伤害他人；要重视身体、保护身体，做到知足常乐，不可沦为欲望的奴隶；要提升生命的境界，完善自己的人格，正视生命中不可解决的困难，乐观对待之；要坦然面对生与死，不必因为“死”的存在而妨碍当下的“活”。

姓　　名	陆建华
学　　历	博士研究生
工作单位	安徽大学
职　　称	教授
研究方向	道家哲学

陆建华　1965年10月出生。主要从事道家哲学研究。独著《建立新道家之尝试——从老子出发》《新道家与当代中国新哲学——以老庄为核心的阐释》《新道家的自然世界——从庄子的角度看》《先秦诸子〈老子〉注研究——兼及先秦老学思想研究》《荀子礼学研究》《先秦诸子礼学研究》等著作。现为安徽大学哲学系教授；中国哲学专业博士点、中国哲学学科负责人；中国哲学史学会理事，安徽省学术和技术带头人，安徽省宣传文化领域拔尖人才。享受国务院政府特殊津贴。

成果名称	禅宗北宗研究
出 版 社	宗教文化出版社
字　　数	400千字
出版时间	2013年10月
获奖等次	三等奖

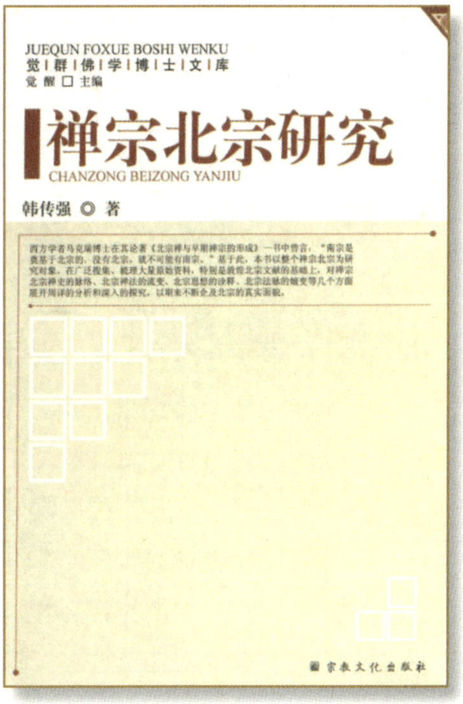

全书以北宗禅为研究对象，在广泛搜集、系统梳理大量原始资料，特别是敦煌禅宗文献的基础上，对北宗禅史的发展脉络、北宗禅法的演变转化、北宗禅思的诠释分析、北宗法脉的承继嬗变等几个方面展开了细致分析和深入探究。同时，该书还对禅宗南北两派之间的关系以及北宗禅与天台宗、华严宗、净土宗、密宗等诸宗派之间的相互关涉进行了剖析和研究。学界曾以“菩提本无树，明镜亦非台；本来无一物，何处惹尘埃”与“身是菩提树，心如明镜台；时时勤拂拭，勿使惹尘埃”这两首偈语来标识南宗禅与北宗禅，甚至据此来分判禅宗南北两派禅法的高下。《禅宗北宗研究》在对北宗禅文献进行系统梳理和深入研究的基础上指出，禅宗南北两派之间有着诸多关涉：从师承方面来说，两派同出“东山法门”；就修行禅法而言，都不废“顿悟”与“渐修”。

姓　　名	韩传强
学　　历	博士研究生
工作单位	滁州学院
职　　称	副教授
研究方向	中国哲学、宗教文献

韩传强　1980年3月出生。近十年来，主要从事中国哲学、宗教文献整理与研究。出版专著《禅宗北宗研究》《禅宗北宗敦煌文献录校与研究》，在《江海学刊》《敦煌研究》《孔子研究》等期刊发表学术论文20余篇，主持省部级以上教科研项目10余项。现为滁州学院副教授；安徽省哲学学会理事，中华书局古籍整理出版资源平台数字编辑。先后获得安徽省高校思想政治理论课教师2017年度“影响力提名人物”、“全国优秀教师（2019年）”等荣誉称号。

成果名称	从理论理性到实践理性 ——康德自由论
出 版 社	安徽大学出版社
字　　数	278千字
出版时间	2014年4月
获奖等次	三等奖

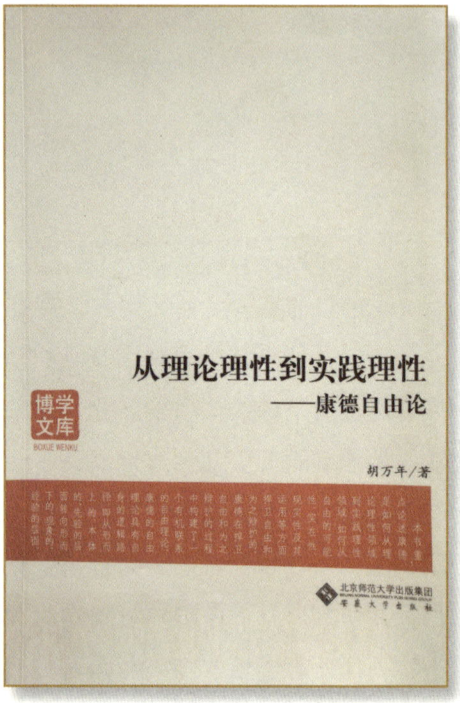

自由是康德批判哲学体系的“拱顶石”，该成果将康德的自由概念放在其整个哲学体系中，从理论理性到实践理性、从自由可能性、实在性、现实性及其运用四个维度来构建一个有机联系的康德自由理论。该成果研究的重点和难点，就是从自由如何可能到如何实现的逻辑理路，来揭示康德自由理论的存在论意蕴，即人的自由的本质的根本问题。没有拘泥于传统的研究领域和话语方式，而是借助于海德格尔的基础存在论视角，致力于揭示康德自由概念的本质内涵，即康德捍卫并为之辩护的自由不是认识论或心理学的自由，而是存在论或生存论的自由。这种存在论或生存论的自由不是理论理性所标示的主体性原则，而是实践理性所呈现的人的本真存在，即人的尊严、价值、责任和权利。

姓　　名	胡万年
学　　历	博士研究生
工作单位	巢湖学院
职　　称	教授
研究方向	马克思主义哲学、外国哲学、中国哲学

胡万年　1968年12月出生。长期从事马克思主义哲学、外国哲学、中国哲学和认知科学等研究。主持国家社科后期资助项目、教育部人文社科一般项目等课题；先后在《自然辩证法研究》《现代哲学》《江苏社会科学》《社会科学家》等期刊发表学术论文30余篇；出版《从理论理性到实践理性：康德自由论》哲学专著1部，参编《西方心理学史》教材1部。现为巢湖学院马克思主义学院教授，马克思主义理论重点学科负责人，哲学研究所所长。

成果名称	农民专业合作社可持续发展研究——基于后SCP范式
出 版 社	中国农业出版社
字　　数	225千字
出版时间	2014年12月
获奖等次	三等奖

该书系国家社会科学基金项目研究成果。全书以农民专业合作社“四个均衡”的本质特征作为研究的逻辑起点，基于后SCP范式（制度—行为—绩效），分别从农民专业合作社制度建设、行为选择和绩效影响因素三个方面，深入分析了农民专业合作社可持续发展问题，构建了农民专业合作社可持续发展能力评价指标体系，并基于366个合作社调研数据，对影响农民专业合作社可持续发展能力的关键性因素进行了计量分析，得出了相关结论。该书针对当时农民合作社发展日益凸显的数量与质量之间的矛盾，在国内较早提出并开展了农民专业合作社可持续发展问题的研究，构建了完整的农民专业合作社可持续发展研究的理论框架，填补了国内这一领域研究的空白。基于后SCP范式展开研究，研究方法新颖。基于366个合作社调研数据进行实证分析，所得结论具有一定的可信度。

姓　　名	孟枫平
学　　历	硕士研究生
工作单位	安徽农业大学
职　　称	教授
研究方向	会计学、农业经济管理

孟枫平　1969年11月出生。长期从事会计学、农业经济管理研究与教学。出版专著1部，发表论文80多篇；主持国家社科基金项目1项，省部级课题11项。获得安徽省社会科学奖三等奖1项、安徽省教学成果二等奖1项、安徽省教学成果三等奖2项；课题研究成果多次获得省有关领导批示。现任安徽农业大学经济管理学院三级教授、硕士生导师，会计学系主任、会计学硕士点负责人，安徽农业大学学术委员会委员；安徽省学术和技术带头人后备人选，安徽省教学名师；中国会计学会财务成本分会理事，安徽省农业经济学会理事，安徽省乡镇企业会计学会副会长。

成果名称	中国农村公共品供给经济思想研究
出 版 社	经济科学出版社
字　　数	350千字
出版时间	2014年6月
获奖等次	三等奖

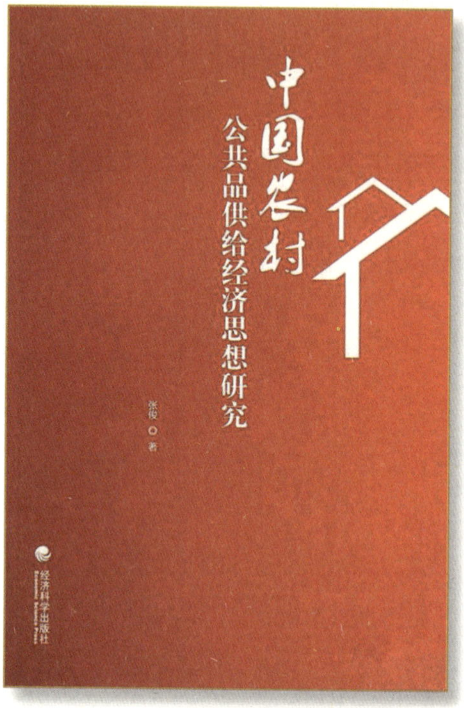

该成果从经济思想史的角度分析了农村公共品供给的理论基础、农村公共品供给均衡观、农村公共品供给结构、农村公共品供给模式、农村公共品供给主体和供给责任、农村公共品供给体制改革等方面的思想变迁。新中国成立后的农村公共品供给与计划经济相伴随，理论探索相对停滞。改革开放以来，农村公共政策供给、农村公共品供给机制以及农村保障型公共品供给实现了学理突破。农村税费改革后，农村公共品供给模式和农村公共品供给体制改革与国家三农政策相结合，体现了农村公共品供给经济思想走向多元化、现代化和国际化。伴随中国经济社会迈入新时代，实现农村公共品有效供给必须尊重农民选择，发挥农民主体性，提升农村公共品供给经济思想的理论品质。

姓　　名	张　俊
学　　历	博士研究生
工作单位	安徽财经大学
职　　称	教授
研究方向	农村经济、生态经济学、经济思想史

张　俊　1969年9月出生。主要从事农村经济和生态经济学、经济思想史研究。主持完成国家社科基金和安徽省社科基金3项、教育厅重点项目1项；出版专著1部；发表相关学术论文40余篇，其中中国人民大学复印报刊资料全文转载4篇。获上海市优秀博士论文成果奖1次，安徽省社科奖三等奖1次，市级奖项1次。现为安徽财经大学经济学院教授、硕士生导师；中国宏观经济管理教育学会、中国经济思想史学会理事。

成果名称	纳入能源环境因素的中国全要素生产率再估算
发表刊物	统计研究
字　　数	12千字
发表时间	2013年7月
获奖等次	三等奖

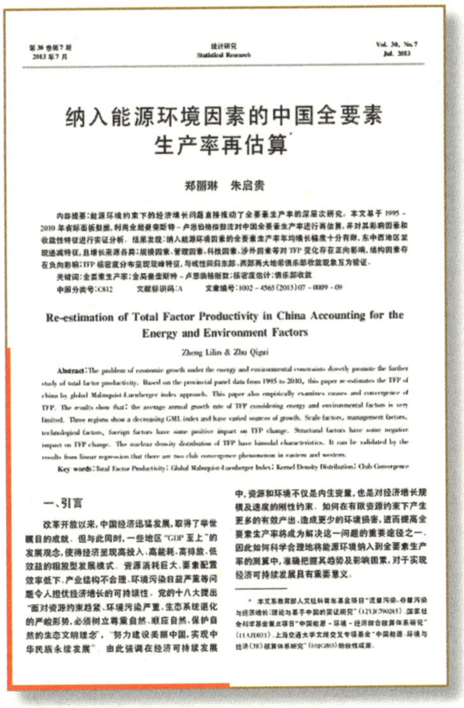
第30卷第7期 2013年7月　统计研究 Statistical Research　Vol. 30, No.7 Jul. 2013

纳入能源环境因素的中国全要素生产率再估算*

郑丽琳　朱启贵

内容提要：能源环境约束下的经济增长问题直接推动了全要素生产率的深层次研究。本文基于1995－2010年省际面板数据，利用全局曼奎斯特－卢恩伯格指数法对中国全要素生产率进行再估算，并对其影响因素和收敛性特征进行实证分析。结果发现：纳入能源环境因素的全要素生产率年均增长幅度十分有限，东中西地区呈现递减特征，且增长来源各异；规模因素、管理因素、科技因素、涉外因素等对TFP变化存在正向影响，结构因素存在负向影响；TFP核密度分布呈现双峰特征，与线性回归东部、西部两大地带俱乐部收敛现象互为验证。

关键词：全要素生产率；全局曼奎斯特－卢恩伯格指数；核密度估计；俱乐部收敛

中图分类号：C812　文献标识码：A　文章编号：1002－4565(2013)07－0009－09

Re-estimation of Total Factor Productivity in China Accounting for the Energy and Environment Factors

Zheng Lilin & Zhu Qigui

Abstract: The problem of economic growth under the energy and environmental constraints directly promote the further study of total factor productivity. Based on the provincial panel data from 1995 to 2010, this paper re-estimates the TFP of china by global Malmquist-Luenberger index approach. This paper also empirically examines causes and convergence of TFP. The results show that: the average annual growth rate of TFP considering energy and environmental factors is very limited. Three regions show a decreasing GML index and have varied sources of growth. Scale factors, management factors, technological factors, foreign factors have some positive impact on TFP change. Structural factors have some negative impact on TFP change. The nuclear density distribution of TFP have bimodal characteristics. It can be validated by the results from linear regression that there are two club convergence phenomenon in eastern and western.

Key words: Total Factor Productivity; Global Malmquist-Luenberger Index; Kernel Density Distribution; Club Convergence

一、引言

改革开放以来，中国经济迅猛发展，取得了举世瞩目的成就。但与此同时，一些地区"GDP至上"的发展观念，使得经济呈现高投入、高能耗、高排放、低效益的粗放型发展模式。资源消耗巨大、要素配置效率低下、产业结构不合理、环境污染日益严重等问题令人担忧经济增长的可持续性。党的十八大提出"面对资源约束趋紧、环境污染严重、生态系统退化的严峻形势，必须树立尊重自然、顺应自然、保护自然的生态文明理念"，"努力建设美丽中国，实现中华民族永续发展"。由此强调在经济可持续发展中，资源和环境不仅是内生变量，也是对经济增长规模及速度的刚性约束。如何在有限资源约束下产生更多的有效产出、造成更少的环境损害，进而提高全要素生产率将成为解决这一问题的重要途径之一。因此如何科学合理地将能源环境纳入到全要素生产率的测算中，准确把握其趋势及影响因素，对于实现经济可持续发展具有重要意义。

* 本文系教育部人文社科青年基金项目"流量污染、存量污染与经济增长：理论与基于中国的实证研究"(12YJC790285)、国家社会科学基金重点项目"中国能源－环境－经济综合核算体系研究"(11AZD031)、上海交通大学文理交叉专项基金"中国能源、环境与经济(3E)核算体系研究"(10JCZ03)阶段性成果。

该成果一是兼顾多投入多产出特点，一方面将能源使用与资本存量、劳动力作为多投入要素，另一方面将污染排放视为非期望产出，与期望产出GDP共同组成多产出要素；二是基于全局DEA计算全局曼奎斯特—卢恩伯格指数，规避使用当期DEA或序列DEA方法存在的不足。文章利用1995—2010年省际面板数据对中国全要素生产率进行再估算，并对其影响因素和收敛性特征进行实证分析。结果发现：纳入能源环境因素的全要素生产率年均增长幅度十分有限，东中西地区呈现递减特征，且增长来源各异；规模因素、管理因素、科技因素、涉外因素等对TFP变化存在正向影响，结构因素存在负向影响；TFP核密度分布呈现双峰特征，与线性回归东部、西部两大地带俱乐部收敛现象互为验证。

姓　　名	郑丽琳
学　　历	博士研究生
工作单位	安徽财经大学
职　　称	教授
研究方向	资源环境经济学

郑丽琳　1981年6月出生。主要从事资源环境经济学研究。主持国家及省部级项目5项，参与其他各类项目20余项；在《统计研究》《财经研究》《情报理论与实践》等期刊发表论文30余篇；出版、参与出版专著各1部，参编教材1部。现为安徽财经大学教授，安徽财经大学学术带头人。荣获安徽省"教坛新秀"以及安徽财经大学"教坛新秀""科研标兵""优秀教师"等称号。

成果名称	中国财政政策产出效应的非对称性研究
发表刊物	财贸经济
字　　数	12千字
发表时间	2014年第12期
获奖等次	三等奖

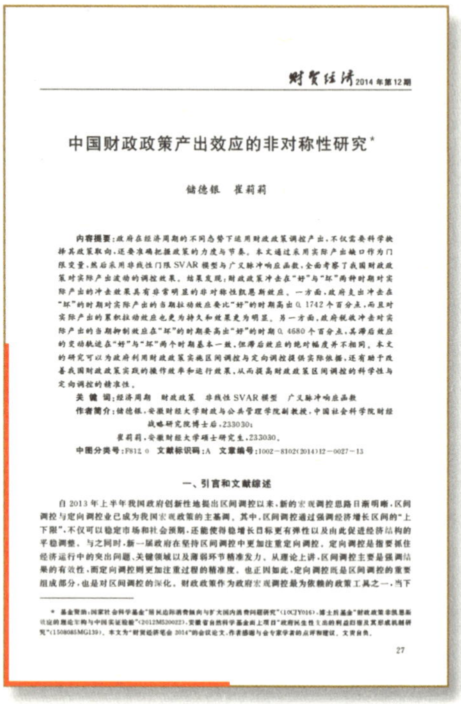
财贸经济 2014年第12期

中国财政政策产出效应的非对称性研究*

储德银　崔莉莉

内容摘要：政府在经济周期的不同态势下运用财政政策调控产出，不仅需要科学抉择其政策取向，还要准确把握政策的力度与节奏。本文通过采用实际产出缺口作为门限变量，然后采用非线性门限SVAR模型与广义脉冲响应函数，全面考察了我国财政政策对实际产出波动的调控效果。结果发现：财政政策冲击在"好"与"坏"两种时期对实际产出的冲击效果具有非常明显的非对称性凯恩斯效应。一方面，政府支出冲击在"坏"的时期对实际产出的当期拉动效应要比"好"的时期高出0.1742个百分点，而且对实际产出的累积拉动效应也更为持久和效果更为明显。另一方面，政府税收冲击对实际产出的当期抑制效应在"坏"的时期要高出"好"的时期0.4680个百分点，其滞后效应的变动轨迹在"好"与"坏"两个时期基本一致，但滞后效应的绝对幅度并不相同。本文的研究可以为政府利用财政政策实施区间调控与定向调控提供实际依据，还有助于改善我国财政政策实践的操作效率和运行效果，从而提高财政政策区间调控的科学性与定向调控的精准性。

关 键 词：经济周期　财政政策　非线性SVAR模型　广义脉冲响应函数

作者简介：储德银，安徽财经大学财政与公共管理学院副教授，中国社会科学院财经战略研究院博士后，233030；
崔莉莉，安徽财经大学硕士研究生，233030。

中图分类号：F812.0　文献标识码：A　文章编号：1002－8102(2014)12－0027－13

一、引言和文献综述

自2013年上半年我国政府创新性地提出区间调控以来，新的宏观调控思路日渐明晰，区间调控与定向调控业已成为我国宏观政策的主基调。其中，区间调控通过强调经济增长区间的"上下限"，不仅可以稳定市场和社会预期，还能使得稳增长目标更有弹性以及由此促进经济结构的平稳调整。与之同时，新一届政府在坚持区间调控中更加注重定向调控。定向调控是指要抓住经济运行中的突出问题、关键领域以及薄弱环节精准发力。从理论上讲，区间调控主要是强调结果的有效性，而定向调控则更加注重过程的精准度。也正因如此，定向调控既是区间调控的重要组成部分，也是对区间调控的深化。财政政策作为政府宏观调控最为依赖的政策工具之一，当下

* 基金资助：国家社会科学基金"居民边际消费倾向与扩大国内消费问题研究"（10CJY016）、博士后基金"财政政策非凯恩斯效应的理论架构与中国实证检验"（2012M520022）、安徽省自然科学基金面上项目"政府民生性支出的利益归宿及其形成机制研究"（1508085MG139）。本文为"财贸经济笔会2014"的会议论文，作者感谢与会专家学者的点评和建议，文责自负。

27

该成果通过采用实际产出缺口作为门限变量，然后采用非线性门限SVAR模型与广义脉冲响应函数，全面考察了我国财政政策对实际产出波动的调控效果。结果发现：财政政策冲击在"好"与"坏"两种时期对实际产出的冲击效果具有非常明显的非对称性凯恩斯效应。一方面，政府支出冲击在"坏"的时期对实际产出的当期拉动效应要比"好"的时期高出0.1742个百分点，而且对实际产出的累积拉动效应也更为持久和效果更为明显。另一方面，政府税收冲击对实际产出的当期抑制效应在"坏"的时期要高出"好"的时期0.4680个百分点，其滞后效应的变动轨迹在"好"与"坏"两个时期基本一致，但滞后效应的绝对幅度并不相同。

姓　　名	储德银
学　　历	博士研究生
工作单位	安徽财经大学
职　　称	教授
研究方向	财税体制、财税政策

储德银　1976年7月出生。主要从事财税体制、财税政策研究。先后主持国家社科基金课题3项，教育部人文社科研究课题2项和安徽省自然科学基金项目等科研课题10余项；在《经济研究》《财贸经济》《中国农村经济》和《统计研究》等期刊发表论文100多篇；获省社科奖和财政部全国财政理论优秀成果奖等10余项。现为安徽财经大学财政与公共管理学院院长，教授、博士生导师；安徽省学术和技术带头人，安徽省教学名师；中国财政学会、全国消费经济学会理事，国家社科基金通讯评委，《经济学》《财贸经济》《经济学动态》等期刊匿名审稿专家。

成果名称	基于宏观审慎视角的系统性金融风险预警研究
发表刊物	中州学刊
字　　数	8千字
发表时间	2014年第1期
获奖等次	三等奖

2014年2月
第2期(总第206期)
中州学刊
Academic Journal of Zhongzhou
Feb.,2014
No.2

【经济理论与实践】

基于宏观审慎视角的系统性金融风险预警研究*

杨俊龙　　孙　韦

摘　要：随着金融业在国际间、机构间、行业间的交叉融合及互动性增强，房地产、汇率、地方政府债务等问题逐步显现，系统性金融风险因素增多，维护金融稳定的压力显著增加。从宏观审慎视角考察系统性金融风险，探索构建金融风险压力指数作为系统性金融风险的测度指标，并以金融风险压力指数的滞后项和具有先导性的经济、金融指标为解释变量，建立我国金融风险压力指数预警模型，可以预见2014年上半年，我国金融风险压力指数将延续2013年下半年以来的下降趋势，并在6月末降为负值，2014年第三季度开始我国金融风险压力指数有上升趋势。

关键词：宏观审慎；系统性金融风险；预警指标体系；金融风险压力指数；预警模型
中图分类号：F830.99　　文献标识码：A　　文章编号：1003-0751(2014)02-0035-05

随着金融业在国际间、机构间、行业间的交叉融合及互动性增强，房地产、汇率、地方政府债务等问题逐步显现，我国系统性金融风险因素增多，维护金融稳定的压力显著增加。本文尝试从宏观审慎视角考察系统性金融风险，从宏观经济、金融体系、资产价格、国外经济等方面构建金融风险预警指标体系；在一个更为宽泛的框架内考察货币危机风险、银行危机风险和泡沫风险对系统性金融风险的影响；探索构建金融风险压力指数作为系统性金融风险的测度指标，并以金融风险压力指数的滞后项和具有先导性的经济、金融指标为解释变量，建立我国金融风险压力指数预警模型，预测2014年我国金融风险压力指数变化趋势。

一、系统性金融风险：预警模型建立的理论诠释

1. 系统性金融风险产生的机理分析

系统性金融风险可能来自两个方面：一是由于金融体系对宏观经济运行的过度杠杆化暴露在宏观经济逆转时期，去杠杆化过程中资产价格的螺旋下降可能危及整个金融市场的安全，这通常被称为宏观系统性风险；二是某系统重要性金融机构破产引发人们对类似或相关金融机构的信任危机，从而对整个金融体系产生冲击，这被称为微观系统性风险。具体分析，系统性金融风险的诱因包括宏观经济周期性波动、金融市场的结构性缺陷、金融机构的内生脆弱性、市场主体的非理性行为以及金融自由化和监管宽松等。系统性金融风险从经济与金融的多角度、多层面影响整个金融体系稳定性并最终导致宏观经济损失和社会不稳定，其表现形式为银行危机、货币危机、债务危机、资产价格泡沫化等。

2. 系统性金融风险的动态演变过程

系统性金融风险的演进过程十分复杂，通常是在经历较长时期的累积后突然爆发，并迅速传染至整个金融体系，引发灾难性的金融危机。系统性金融风险的演进过程大致可分为累积、爆发和扩散三个阶段。系统性金融风险往往有较长的累积过程和潜伏期，风险因素在较长时期内累积而不对金融体系产生明显影响。在系统性金融风险不断累积达到

收稿日期：2013-12-20
* 基金项目：国家社会科学基金项目《系统性金融风险和宏观审慎监管框架研究》(12BJY157)。
作者简介：杨俊龙，男，安徽省社会科学院副院长，安徽大学经济学院教授，博士，博士生导师，安徽省《资本论》研究会会长(合肥 230053)。
孙韦，女，人民银行合肥中心支行经济师，经济学博士(合肥 230003)。

随着金融业在国际间、机构间、行业间的交叉融合及互动性增强，房地产、汇率、地方政府债务等问题逐步显现，系统性金融风险因素增多，维护金融稳定的压力显著增加。从宏观审慎视角考察系统性金融风险，探索构建金融风险压力指数作为系统性金融风险的测度指标，并以金融风险压力指数的滞后项和具有先导性的经济、金融指标为解释变量，建立我国金融风险压力指数预警模型，可以预见2014年上半年，我国金融风险压力指数将延续2013年下半年以来的下降趋势，并在6月末降为负值，2014年第三季度开始我国金融风险压力指数有上升趋势。

姓　　名	杨俊龙
学　　历	博士研究生
工作单位	安徽省社会科学院
职　　称	教授
研究方向	资本理论、中国资本市场

杨俊龙　1967年出生。主要从事资本理论与中国资本市场研究，围绕研究方向在《统计研究》《审计研究》等学术期刊发表论文50余篇。曾任安徽大学人文社会科学处处长、安徽大学经济学院院长、中共安徽省委宣传部理论处处长等职。现任安徽省社会科学院副院长，教授；安徽大学政治经济学、统计学专业博士生导师；安徽省首批学术和技术带头人；安徽省《资本论》研究会会长。

成果名称	困难情境下组织冗余作用研究：兼谈市场搜索强度的调节作用
发表刊物	南开管理评论
字　　数	15千字
发表时间	2013年第3期
获奖等次	三等奖

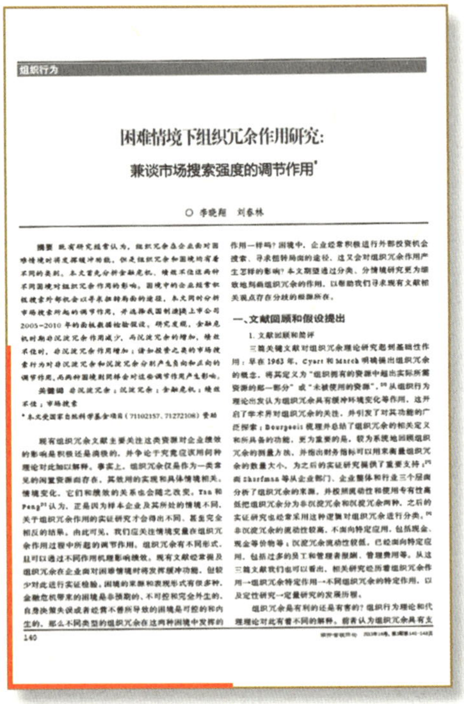
组织行为

困难情境下组织冗余作用研究：

兼谈市场搜索强度的调节作用*

○ 李晓翔　刘春林

一、文献回顾和假设提出

该成果首先分析金融危机、绩效不佳这两种不同困境对组织冗余作用的影响，分析市场搜索所起的调节作用，并选择我国制造类上市公司2005—2010年的面板数据检验假设。研究发现，金融危机时期非沉淀冗余作用减少而沉淀冗余增加，绩效不佳时，非沉淀冗余作用增加；诸如投资之类的市场搜索行为对非沉淀冗余和沉淀冗余分别产生负向和正向的调节作用，而两种困境则同样会对这些调节作用产生影响。这些有助回答“企业如何储备资源应对外来威胁？”“企业如何储备资源应对内部困难？”“企业策略会影响组织冗余作用吗？”三个企业常见且关键问题，说明不同类型的组织冗余在不同困境中表现出的作用有所区别，组织冗余一定具有缓冲功能的观点值得商榷，非沉淀冗余和沉淀冗余有各自的适用情境，不能一概而论，需要进行更为精细化的研究。

姓　　名	李晓翔
学　　历	博士研究生
工作单位	安徽大学
职　　称	教授
研究方向	资源管理

李晓翔　1982年10月出生。主要从事资源管理研究。主持国家自然科学基金、国家社会科学基金项目、中国博士后基金项目、安徽省社科规划项目、安徽省高校优秀青年人才支持计划重点项目等项目10余项。现为安徽大学商学院物流管理系主任，教授；安徽省学术和技术带头人后备人选，国家社会科学基金评审专家。比利时根特大学访问学者。

成果名称	会计稳健性选择、资本成本与企业价值
发表刊物	宏观经济研究
字　　数	10千字
发表时间	2014年第1期
获奖等次	三等奖

宏观经济研究 2014年第1期

会计稳健性选择、资本成本与企业价值*

张淑英　杨红艳

内容提要　本文以2009—2011年A股上市公司为研究样本，实证检验了会计稳健性与资本成本、会计稳健性与企业价值、资本成本与企业价值的关系。研究结果表明：会计稳健性对权益资本成本和债务资本成本均没有显著的影响，资本成本影响公司的价值，会计稳健性并非通过降低资本成本提升企业价值，而是对公司价值直接发生作用的。会计稳健性能够减少信息不对称，提升企业的价值，这为稳健性具有经济后果提供了强有力的证明，也为稳健性在准则中继续强调、在实务中继续大力提倡使用提供了经验的支持。

关键词　会计稳健性　债务资本成本　权益资本成本　企业价值

一、引言

近来的研究（Guay和Verrecchia，2007；Suijs，2008；Manuel等，2011；张长海和吴顺祥，2012；张圣利，2012）一致认为对于收益与损失非对称确认的财务报告能影响公司的市场价值以及公司的权益资本成本。这些作者都认为会计稳健性减少了投资者预测公司未来价值时所使用的贴现率，减少了公司股票价格的波动性，因此能降低公司的权益资本成本。公司采用稳健的会计政策会使公司信息充分披露从而降低权益资本成本（Guay和Verrecchia，2007）。Suijs（2008）认为公司的财务报告政策是投资风险的主要决定因素，更多的披露坏消息会提高风险在不同投资者之间的分担，从而降低权益资本成本，因此非对称的报告系统要求更加精确地报告坏消息，结果会提高企业的价值和更有效地分担风险。Ann、Stephen和Norman（2009）发现事前的稳健性与高质量的会计信息和较低的资本成本相关，而事后的稳健性却会带来低质量的会计信息和较高的资本成本。不同学者之间的研究还存在着一定的冲突（Lambert、Leuz和Verrecchia，2007；Core、Guay和Verdi，2008）。会计稳健性是会计的一项重要原则，它产生的根源在于契约（Watts，2003），比如与债权人之间的债务契约、与公司管理者之间的薪酬契约等。提供稳健性的信息能够降低权益资本成本和债务成本，而资本成本是财务管理核心概念之一，它的高低直接决定了企业的价值。Brown，He和Teitel（2006）提供了一些证据：稳健性与价值具有相关性。至今很少有学者直接研究会计稳健性对企业价值造成的影响，我们试图构造一种模型，检验稳健性与资本成本以及企业价值的关系，借以证明会计稳健性是如何影响企业价值的，是直接的还是通过资本成本间接发生作用的。

以我国上市公司2009—2011年样本数据，我们参考Givoly和Hayn（2000）构造了会计稳健

*本文得到安徽省教育厅人文社科一般项目“公允价值与会计信息质量——基于会计稳健性视角的分析”（SK2012B131）的资助。

成果以2009—2011年A股上市公司为研究样本，实证检验了会计稳健性与资本成本、会计稳健性与企业价值、资本成本与企业价值的关系。研究表明：会计稳健性对降低权益资本成本和债务资本成本均没有贡献，但能够提升企业的价值。可能的原因是会计稳健性能够减少信息不对称，从而提高会计信息质量，向外界传递了企业业绩较好的信号等。研究结论为会计稳健性具有经济后果提供了强有力的证明，也为稳健性在准则中继续强调使用、在实务中继续大力提倡提供了理论的支持。对于企业来说，遵循准则中要求的稳健性原则还是应该的，会计准则、会计制度中也应该要继续贯彻稳健性原则。

姓　　名	张淑英
学　　历	博士研究生
工作单位	安徽科技学院
职　　称	副教授
研究方向	供应链关系与公司财务管理

张淑英　1977年3月出生。主要从事供应链关系、公司财务管理等研究。主持安徽省社科规划办青年项目1项，安徽省教育厅人文社科重点项目1项，安徽省教育厅人文社科一般项目3项，蚌埠市社科规划办项目1项；发表学术论文20余篇。现为安徽科技学院财经学院副教授。

成果名称	银行关联与企业风险 ——基于我国上市公司的经验证据
发表刊物	管理世界
字　　数	16千字
发表时间	2014年第4期
获奖等次	三等奖

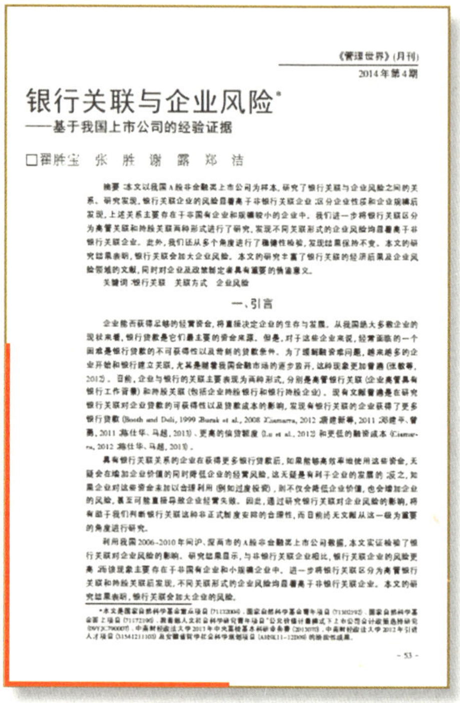
《管理世界》(月刊)
2014年第4期

银行关联与企业风险*
——基于我国上市公司的经验证据

□翟胜宝　张　胜　谢　露　郑　洁

摘要：本文以我国A股非金融类上市公司为样本，研究了银行关联与企业风险之间的关系。研究发现，银行关联企业的风险显著高于非银行关联企业；区分企业性质和企业规模后发现，上述关系主要存在于非国有企业和规模较小的企业中。我们进一步将银行关联区分为高管关联和持股关联两种形式进行了研究，发现不同关联形式的企业风险均显著高于非银行关联企业。此外，我们还从多个角度进行了稳健性检验，发现结果保持不变。本文的研究结果表明，银行关联会加大企业风险。本文的研究丰富了银行关联的经济后果及企业风险领域的文献，同时对企业及政策制定者具有重要的借鉴意义。

关键词：银行关联　关联方式　企业风险

一、引言

企业能否获得足够的经营资金，将直接决定企业的生存与发展。从我国绝大多数企业的现状来看，银行贷款是它们最主要的资金来源。但是，对于这些企业来说，经营面临的一个困难是银行贷款的不可获得性以及苛刻的贷款条件。为了缓解融资难问题，越来越多的企业开始和银行建立关联，尤其是随着我国金融市场的逐步放开，这种现象更加普遍（张敏等，2012）。目前，企业与银行的关联主要表现为两种形式，分别是高管银行关联（企业高管具有银行工作背景）和持股关联（包括企业持股银行和银行持股企业）。现有文献普遍是在研究银行关联对企业贷款的可获得性以及贷款成本的影响，发现有银行关联的企业获得了更多银行贷款（Booth and Deli, 1999；Burak et al., 2008；Ciamarra, 2012；邓建新等，2011；邓建平、曾勇，2011；陈仕华、马超，2011）、更高的信贷额度（Lu et al., 2012）和更低的融资成本（Ciamarra, 2012；陈仕华、马超，2011）。

具有银行关联关系的企业在获得更多银行贷款后，如果能够高效率地使用这些资金，无疑会在增加企业价值的同时降低企业的经营风险，这无疑是有利于企业的发展的；反之，如果企业对这些资金未加以合理利用（例如过度投资），则不仅会降低企业价值，也会增加企业的风险，甚至可能直接导致企业经营失败。因此，通过研究银行关联对企业风险的影响，将有助于我们判断银行关联这种非正式制度安排的合理性，而目前尚无文献从这一极为重要的角度进行研究。

利用我国2006-2010年间沪、深两市的A股非金融类上市公司数据，本文实证检验了银行关联对企业风险的影响。研究结果显示，与非银行关联企业相比，银行关联企业的风险更高；而该现象主要存在于非国有企业和小规模企业中。进一步将银行关联区分为高管银行关联和持股关联后发现，不同关联形式的企业风险均显著高于非银行关联企业。本文的研究结果表明，银行关联会加大企业的风险。

*本文是国家自然科学基金重点项目（[illegible]）、国家自然科学基金青年项目（[illegible]）、国家自然科学基金面上项目（[illegible]）、教育部人文社会科学研究青年项目"[illegible]"（[illegible]）、中南财经政法大学2013年中央高校基本科研业务费（[illegible]）、中南财经政法大学2012年引进人才项目（[illegible]）及安徽省哲学社会科学规划项目（[illegible]）的阶段性成果。

- 53 -

该成果基于中国特有的制度背景，以我国A股非金融类上市公司为样本，深度分析银行关联对企业风险的影响，研究发现，与非银行关联企业相比，银行关联企业的风险更高。区分企业性质和企业规模后发现，上述关系主要存在于非国有企业和小规模企业中。进一步将银行关联区分为高管银行关联和持股关联后发现，不同关联形式的企业风险均显著高于非银行关联企业。本文的研究结果表明，对企业来说，建立银行关联虽可以获得银行贷款上的好处，但若不能有效利用，反而会加大企业风险；对政策制定者来说，应加快金融业的市场化建设，提高信贷资金分配的市场化程度，以提高银行贷款的配置效率，进而促进整个社会经济的健康发展。

姓　　名	翟胜宝
学　　历	博士研究生
工作单位	安徽财经大学
职　　称	教授
研究方向	会计学

翟胜宝　1976年出生。主要从事会计学研究。在《管理世界》《会计研究》等学术期刊发表论文60余篇；主持国家社科基金重点项目、一般项目，国家级特色专业、教育部社科青年项目，安徽省社科规划项目等国家级、省部级科研、教研项目10余项；参与国家自科基金项目、国家社科基金项目等多项。现为安徽财经大学会计学院院长，教授、博士生导师；会计学科带头人，安徽省学术和技术带头人，安徽省高校工商管理学科拔尖人才；财政部“全国会计领军人才”，“皖江学者”特聘教授。

成果名称	Nash讨价还价公平参考下的供应链优化决策
发表刊物	管理科学学报
字　　数	4.5千字
发表时间	2013年第3期
获奖等次	三等奖

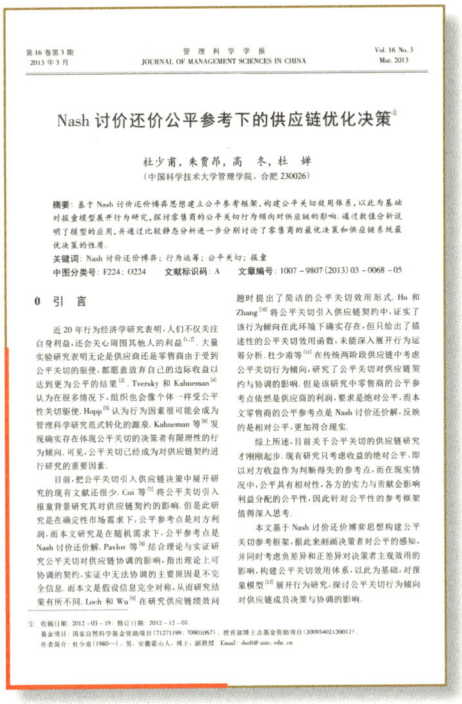

第16卷第3期 2013年3月 管理科学学报 JOURNAL OF MANAGEMENT SCIENCES IN CHINA Vol. 16 No. 3 Mar. 2013

Nash讨价还价公平参考下的供应链优化决策①

杜少甫，朱贾昂，高　冬，杜　婵

（中国科学技术大学管理学院，合肥 230026）

摘要：基于Nash讨价还价博弈思想建立公平参考框架，构建公平关切效用体系，以此为基础对报童模型展开行为研究，探讨零售商的公平关切行为倾向对供应链的影响。通过数值分析说明了模型的应用，并通过比较静态分析进一步分别讨论了零售商的最优决策和供应链系统最优决策的性质.

关键词：Nash讨价还价博弈；行为运筹；公平关切；报童

中图分类号：F224；O224　　文献标识码：A　　文章编号：1007－9807(2013)03－0068－05

0　引　言

近20年行为经济学研究表明，人们不仅关注自身利益，还会关心周围其他人的利益[1,2]. 大量实验研究表明无论是供应商还是零售商由于受到公平关切的驱使，都愿意放弃自己的边际收益以达到更为公平的结果[3]. Tversky 和 Kahneman[4]认为在很多情况下，组织也会像个体一样受公平性关切驱使. Hopp[5]认为行为因素很可能会成为管理科学研究范式转化的源泉. Kahneman 等[6]发现确实存在体现公平关切的决策者有限理性的行为倾向. 可见，公平关切已经成为对供应链契约进行研究的重要因素.

目前，把公平关切引入供应链决策中展开研究的现有文献还很少. Cui 等[7]将公平关切引入报童背景研究其对供应链契约的影响. 但是此研究是在确定性市场需求下，公平参考点是对方利润，而本文研究是在随机需求下，公平参考点是Nash讨价还价解. Pavlov 等[8]结合理论与实证研究公平关切对供应链协调的影响，指出理论上可协调的契约，实证中无法协调的主要原因是不完全信息. 而本文是假设信息完全对称，从而研究结果有所不同. Loch 和 Wu[9]在研究供应链绩效问题时提出了简洁的公平关切效用形式. Ho 和 Zhang[10]将公平关切引入供应链契约中，证实了该行为倾向在此环境下确实存在，但只给出了描述性的公平关切效用函数，未能深入展开行为运筹分析. 杜少甫等[11]在传统两阶段供应链中考虑公平关切行为倾向，研究了公平关切对供应链契约与协调的影响. 但是该研究中零售商的公平参考点依然是供应商的利润，要求是绝对公平，而本文零售商的公平参考点是Nash讨价还价解，反映的是相对公平，更加符合现实.

综上所述，目前关于公平关切的供应链研究才刚刚起步. 现有研究只考虑收益的绝对公平，即以对方收益作为判断得失的参考点，而在现实情况中，公平具有相对性，各方的实力与贡献会影响利益分配的公平性，因此针对公平性的参考框架值得深入思考.

本文基于Nash讨价还价博弈思想构建公平关切参考框架，据此来刻画决策者对公平的感知，并同时考虑负差异和正差异对决策者主观效用的影响，构建公平关切效用体系，以此为基础，对报童模型[12]展开行为研究，探讨公平关切行为倾向对供应链成员决策与协调的影响.

① 收稿日期：2012－03－19；修订日期：2012－12－03.
基金项目：国家自然科学基金资助项目(71271199；70901067)，教育部博士点基金资助项目(20093402120012).
作者简介：杜少甫(1980—)，男，安徽霍山人，博士，副教授. Email: dsoft@ustc.edu.cn

该成果基于Nash讨价还价博弈思想建立公平参考框架，构建公平关切效用体系，以此为基础对供应链加以行为建模，探讨零售商的公平关切行为倾向如何影响供应链成员的决策及整个供应链的系统效率。成果证明零售商存在公平关切行为倾向时，供应链系统效用仍是单峰的，且零售商越关注公平，其最优决策越趋于保守；通过对集中供应链的最优决策分析发现，零售商存在公平关切时，供应链系统效用是严格凹函数，存在唯一最优决策，与传统供应链相比，系统最优订购量低于公平中性时的系统最优订购量。该成果的想法与结论令人振奋，作者及其研究团队在随后的研究中将行为运作模型拓展到更广的场景，并考虑到更多因素，较好地刻画了现实生活中决策者同时受到多种行为倾向的组合影响或交叉影响，取得了一系列相关研究成果。

姓　　名	杜少甫
学　　历	博士研究生
工作单位	中国科学技术大学
职　　称	教授
研究方向	供应链管理、博弈论、行为运作、低碳运作

杜少甫　1980年2月出生。主要从事供应链管理、博弈论、行为运作、低碳运作等研究。现为中国科学技术大学管理学院教授、博士生导师；国家“万人计划”青年拔尖人才；中国优选法统筹法与经济数学研究会青年工作委员会常务委员兼副主任，中国系统工程学会青年工作委员会委员，中国系统工程学会物流系统工程专业委员会委员；国家自然科学基金项目评审专家；*Annals of Operations Research* 客座编辑。

成果名称	Web环境下的企业竞争情报获取
出 版 社	经济科学出版社
字　　数	250千字
出版时间	2014年6月
获奖等次	三等奖

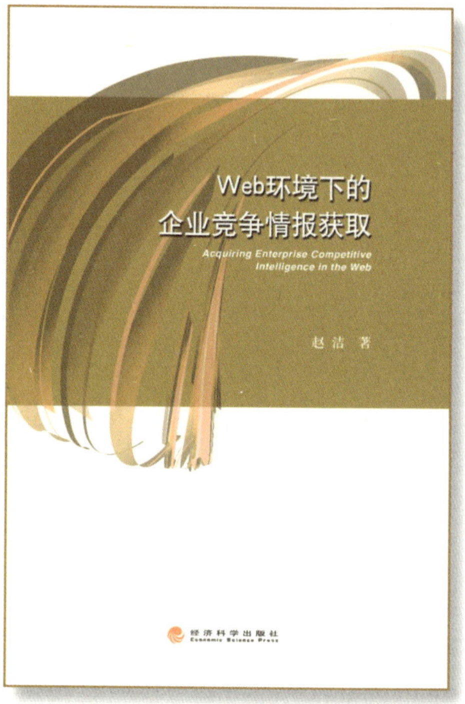

该成果是国家自然科学基金管理科学部青年基金“Web环境下本体和实体驱动的企业竞争情报获取机制研究”、国家自然科学基金管理科学部面上项目“基于时空语义的微博突发事件检测与短期预测研究”以及安徽省自然科学基金面上项目“面向Web2.0的企业竞争情报可信性研究”的成果总结，其中国家自然科学基金青年基金和面上项目结题评价均为“优秀”。在知识经济和大数据时代，竞争情报已成为企业的“第四核心竞争力”。该成果系统阐述了Web环境下企业竞争情报表示方法、企业竞争情报获取框架、基于Web网页的企业商业关系抽取、基于Web网站的企业竞争对手分析、基于Web日志的企业竞争关系分析、基于微博平台的企业竞争情报获取等内容，为Web环境下企业竞争情报研究与应用奠定了基础，对于互联网和大数据环境下的企业竞争情报研究有着重要的意义。

姓　　名	赵　洁
学　　历	博士研究生
工作单位	安徽大学
职　　称	教授
研究方向	企业竞争情报、信息资源管理、电子商务

赵　洁　1974年10月出生。主要从事企业竞争情报、信息资源管理、电子商务等研究。现为安徽大学商学院教授、电子商务系主任、院教授委员会副主任；安徽省学术与技术带头人；安徽省电子商务教育协会副会长，国际开放数据研究院成员，国际战略与竞争情报从业者协会成员。

成果名称	企业转型过程中的知识转移影响机制研究
出 版 社	中国科学技术大学出版社
字　　数	228千字
出版时间	2013年11月
获奖等次	三等奖

该成果的主要逻辑结构是在结论部分交代企业转型过程中的知识转移影响机制研究的背景和意义；然后从相关研究的文献综述得出结论：企业转型过程中的知识转移影响机制研究意义重大，而现在的研究比较薄弱，从而彰显了本研究的必要性与重要性。在此基础上，论述处于转型过程中的企业与一般企业有何不同，从企业转型过程中的组织特点出发，分析企业转型过程中的知识转移动因和特性。重点介绍了几种流行的前沿知识技术，基于经典的知识技术和知识转移模型，从系统、业务与技术三个视角建立企业转型过程中的知识转移平台。在分析调查问卷的基础上，提出企业转型过程中的知识转移影响因素概念模型与假设，进行实证分析，得出结论并提出对策。从自主创新的视角，先分析知识转移与创新的关系，再分析知识转移对企业转型的效用，最后对企业转型过程中的知识转移效用进行实证研究，得出结论和对策。

姓　　名	余呈先
学　　历	博士研究生
工作单位	安庆师范大学
职　　称	教授
研究方向	知识管理、技术创新、市场营销等

余呈先　1974年9月出生。主要从事知识管理、技术创新、市场营销等研究。出版专著2部，主编省规划、教学研究著作各1部；发表学术论文20余篇；主持省软科学项目1项、省人文社科重点项目1项、市级项目2项、省重点教研项目1项，参与国家社科基金1项、国家自然基金1项、省级项目6项、市校级项目6项、横向项目18项等。现为安庆师范大学教授，市场营销系主任；中国信息经济学会理事。

成果名称	政府网站群服务绩效评估基本理论与方法研究
出 版 社	科学出版社
字　　数	400千字
出版时间	2013年9月
获奖等次	三等奖

该成果在国内外相关文献分析和作者多年的政府网站群绩效评估实践的基础上，对政府网站运行演变规律、绩效构成和评估机制进行了分析与阐述。从理论和技术方法两个维度，构建了政府网站群绩效评估设计理论体系和政府网站绩效多维理论分析框架。该理论分析框架可以有效地剖析政府网站核心服务绩效构成特征属性，也是构建政府网站绩效评价指标体系的有效工具。对源于持续实践中提炼的、有效的评估数据采集方法进行了试验性检验，并着重研究了政府网站绩效评价指标体系规范化设计方法以及指标权重优化方法，同时，对政府网站群绩效评估过程管理方法以及质量控制要素进行了系统描述。运用结构方程模型构建了政府网站信息公开服务用户满意度评价模型，并运用其进行验证性因子分析，检验问卷和李斯特量表的信效度以及路径分析，完成相关实证研究与用户满意度评价。

姓　　名	寿志勤
学　　历	博士研究生
工作单位	合肥工业大学
职　　称	研究员
研究方向	电子政务战略规划、电子政务绩效评估、数字政府治理

寿志勤　1958年1月出生。长期从事电子政务战略规划、电子政务绩效评估、数字政府治理等研究。先后主持完成国家、省部级科研课题10余项，第三方机构评价咨询项目30余项，其中有10余项评价咨询结果为省级政府部门采纳；发表学术论文40余篇，出版学术著作1部，入库中国MPA专业学位教学案例中心案例2篇；荣获青岛市科学技术进步二等奖1项，安徽省科学技术进步三等奖1项，合肥市科学技术进步二等奖1项，安徽省社科奖三等奖1项。现为合肥工业大学管理学院研究员，电子政务发展研究所所长。

成果名称	中国应怎样认识拉美 ——国内相关研究动态与镜鉴意义
发表刊物	人民论坛·学术前沿
字　　数	17千字
发表时间	2014年第17期
获奖等次	三等奖

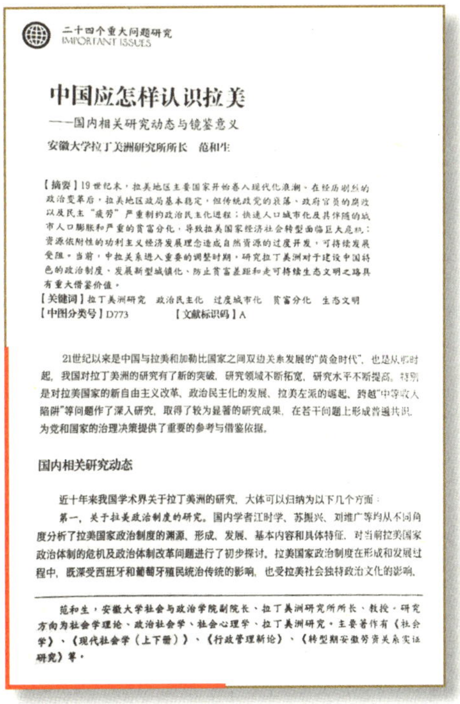
二十四个重大问题研究
IMPORTANT ISSUES

中国应怎样认识拉美

——国内相关研究动态与镜鉴意义

安徽大学拉丁美洲研究所所长　范和生

【摘要】19世纪末，拉美地区主要国家开始卷入现代化浪潮。在经历剧烈的政治变革后，拉美地区政局基本稳定，但传统政党的衰落、政府官员的腐败以及民主"疲劳"严重制约政治民主化进程；快速人口城市化及其伴随的城市人口膨胀和严重的贫富分化，导致拉美国家经济社会转型面临巨大危机；资源依附性的功利主义经济发展理念造成自然资源的过度开发，可持续发展受阻。当前，中拉关系进入重要的调整时期，研究拉丁美洲对于建设中国特色的政治制度、发展新型城镇化、防止贫富差距和走可持续生态文明之路具有重大借鉴价值。

【关键词】拉丁美洲研究　政治民主化　过度城市化　贫富分化　生态文明

【中图分类号】D773　　【文献标识码】A

21世纪以来是中国与拉美和加勒比国家之间双边关系发展的"黄金时代"，也是从此时起，我国对拉丁美洲的研究有了新的突破，研究领域不断拓宽，研究水平不断提高。特别是对拉美国家的新自由主义改革、政治民主化的发展、拉美左派的崛起、跨越"中等收入陷阱"等问题作了深入研究，取得了较为显著的研究成果，在若干问题上形成普遍共识，为党和国家的治理决策提供了重要的参考与借鉴依据。

国内相关研究动态

近十年来我国学术界关于拉丁美洲的研究，大体可以归纳为以下几个方面：

第一，关于拉美政治制度的研究。国内学者江时学、苏振兴、刘维广等均从不同角度分析了拉美国家政治制度的渊源、形成、发展、基本内容和具体特征，对当前拉美国家政治体制的危机及政治体制改革问题进行了初步探讨。拉美国家政治制度在形成和发展过程中，既深受西班牙和葡萄牙殖民统治传统的影响，也受拉美社会独特政治文化的影响。

范和生，安徽大学社会与政治学院副院长、拉丁美洲研究所所长、教授，研究方向为社会学理论、政治社会学、社会心理学、拉丁美洲研究。主要著作有《社会学》、《现代社会学（上下册）》、《行政管理新论》、《转型期安徽劳资关系实证研究》等。

该成果着眼于19世纪末，拉美地区主要国家开始卷入的现代化浪潮。发现在经历剧烈的政治变革后，拉美地区政局基本稳定，但也出现相应问题。如：传统政党的衰落、政府官员的腐败以及民主"疲劳"严重制约政治民主化进程；快速人口城市化及其伴随的城市人口膨胀和严重的贫富分化，导致拉美国家经济社会转型面临巨大危机；资源依附性的功利主义经济发展理念造成自然资源的过度开发，可持续发展受阻。当前，中拉关系进入重要的调整时期，研究拉丁美洲对于警惕拉美民主政治弊端，建设中国特色的政治制度，规避拉美"过度城市化"陷阱，发展新型城镇化道路，防止贫富差距"拉美化"，坚定不移完善社会保障与分配制度，立足拉美国家生态失衡启示，走可持续生态文明发展之路等方面具有重要参考价值。

姓　　名	范和生
学　　历	硕士研究生
工作单位	安徽大学
职　　称	教授
研究方向	政治社会学、国际政治学、消费社会学

范和生　1961年11月出生。主要从事政治社会学、国际政治学、消费社会学等研究。现为安徽大学创新发展战略研究院副院长、社会与政治学院教授、国别和区域研究院院长、拉丁美洲研究所所长、博士生导师；第二届全国社会工作专业学位研究生教育指导委员会委员；中国社会心理学会、中国拉美学会常务理事，中国社会学会理事，安徽省社会心理学会会长，安徽省社会学会副会长；安徽省政府立法咨询员、安徽省计划生育协会副会长等。

成果名称	我国企业年金税收优惠制度的适用与完善
发表刊物	法学杂志
字　　数	10千字
发表时间	2013年第8期
获奖等次	三等奖

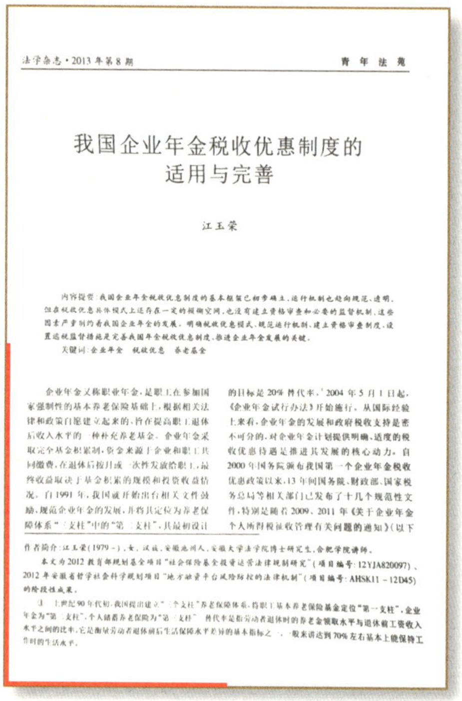
法学杂志·2013年第8期　　青年法苑

我国企业年金税收优惠制度的适用与完善

江玉荣

内容提要：我国企业年金税收优惠制度的基本框架已初步确立，运行机制也趋向规范、透明，但在税收优惠具体模式上还存在一定的模糊空间，也没有建立资格审查和必要的监督机制，这些因素严重制约着我国企业年金的发展。明确税收优惠模式、规范运行机制、建立资格审查制度、设置逃税监督措施是完善我国年金税收优惠制度、推进企业年金发展的关键。

关键词：企业年金　税收优惠　养老基金

企业年金又称职业年金，是职工在参加国家强制性的基本养老保险基础上，根据相关法律和政策自愿建立起来的、旨在提高职工退休后收入水平的一种补充养老基金。企业年金采取完全基金积累制，资金来源于企业和职工共同缴费，在退休后按月或一次性发放给职工，最终收益取决于基金积累的规模和投资收益情况。自1991年，我国就开始出台相关文件鼓励、规范企业年金的发展，并将其定位为养老保障体系“三支柱”中的“第二支柱”，其最初设计的目标是20%替代率。①2004年5月1日起，《企业年金试行办法》开始施行。从国际经验上来看，企业年金的发展和政府税收支持是密不可分的，对企业年金计划提供明确、适度的税收优惠待遇是推进其发展的核心动力。自2000年国务院颁布我国第一个企业年金税收优惠政策以来，13年间国务院、财政部、国家税务总局等相关部门已发布了十几个规范性文件，特别是随着2009、2011年《关于企业年金个人所得税征收管理有关问题的通知》（以下

作者简介：江玉荣（1979－），女，汉族，安徽池州人，安徽大学法学院博士研究生，合肥学院讲师。

本文为2012教育部规划基金项目“社会保险基金投资运营法律规制研究”（项目编号：12YJA820097）、2012年安徽省哲学社会科学规划项目“地方融资平台风险防控的法律机制”（项目编号：AHSK11－12D45）的阶段性成果。

① 上世纪90年代初，我国提出建立“三个支柱”养老保障体系，将职工基本养老保险基金定位“第一支柱”，企业年金为“第二支柱”，个人储蓄养老保险为“第三支柱”。替代率是指劳动者退休时的养老金领取水平与退休前工资收入水平之间的比率，它是衡量劳动者退休前后生活保障水平差异的基本指标之一，一般来讲达到70%左右基本上能保持工作时的生活水平。

企业年金又称职业年金，是职工在参加国家强制性的基本养老保险基础上，根据相关法律和政策自愿建立起来的、旨在提高职工退休后收入水平的一种补充养老基金。从国际经验看，企业年金的发展和政府税收支持是密不可分的，对企业年金计划提供明确适度的税收优惠待遇是推进其发展的核心动力。我国企业年金税收优惠制度的基本框架已初步确立，运行机制也趋向规范、透明，但在税收优惠具体模式上还存在一定的模糊空间，也没有建立资格审查和必要的监督机制，这些因素严重制约着我国企业年金的发展。明确税收优惠模式、规范运行机制、建立资格审查制度、设置逃税监督措施是完善我国年金税收的优惠制度、推进企业年金发展的关键。

姓　　名	江玉荣
学　　历	博士研究生
工作单位	合肥学院
职　　称	副教授
研究方向	社会保障制度

江玉荣　1979年1月出生。主要从事社会保障制度等研究与教学。独著学术专著1部，参著学术专著1部；发表学术论文30余篇，并被多次引用，多家媒体如中国社科网、爱思想网转载；先后主持省、市科研项目10余项，参与国家社科基金、司法部法治理论研究等科研项目多项。现为合肥学院经济系副教授；安徽省经济法学研究会常务理事，安徽省劳动法学研究会、安徽省金融法研究会理事。

成果名称	诱惑、惩罚与威慑：反垄断法中的宽恕制度研究
出版社	法律出版社
字　　数	210千字
出版时间	2014年1月
获奖等次	三等奖

该成果的研究遵循从理论到制度再到实践，以及从外国再到中国这样的逻辑进路展开研究。首先，梳理和剖析了宽恕制度的理论基础并指出其负面影响，明确反垄断法中的宽恕制度存在的合理性和必要性，为正确定位和构建反垄断宽恕具体制度奠定了基础。其次，在比较法的视野下详细论述了反垄断宽恕制度的具体内容，包括程序和实体方面的内容。再次，详尽分析了影响反垄断法宽恕制度实施的因素，并充分论述了其与民事损害赔偿制度的关系。最后，借助于对外国反垄断法中的宽恕制度研究，结合我国的具体法治实践，对我国反垄断法中的宽恕制度，从立法和实施两个方面进行详尽的分析和探讨，并提出相关建议。

姓　　名	毕金平
学　　历	博士研究生
工作单位	安徽大学
职　　称	副教授
研究方向	反垄断法、财税法

毕金平　1975年9月出生。主要从事反垄断法、财税法等研究。先后主持国家社科基金项目、安徽省软科学项目、安徽省社科基金项目、安徽省领导圈定课题等多项国家级、省部级科研项目；在《法商研究》《法学论坛》《江海学刊》《社会科学》《学术研究》《安徽大学学报》《学术界》《江淮论坛》等核心期刊发表学术论文近40篇；出版学术专著2部。现为安徽大学法学院副院长，副教授；中国法学会财税法学研究会理事。

成果名称	当代中国政治文化论
出 版 社	安徽人民出版社
字　　数	300千字
出版时间	2014年1月
获奖等次	三等奖

该成果围绕增强党和政府对政治文化的治理能力和充分发展以公民权利为核心的公民政治文化，分别从适应全球化趋势、建设小康社会与和谐社会以及加强党的执政能力建设等三个方面，从发展民主政治体系文化、建设政治过程文化和完善公民政治文化等三个方面，系统提出政治文化发展战略和建设思路，为党和政府在政治文化领域实践科学发展观建言献策，力求在中国特色社会主义政治文化建设中深刻体现出科学发展观的哲学关怀、价值尺度和政治智慧。

姓　　名	陈义平
学　　历	博士研究生
工作单位	安徽大学
职　　称	教授
研究方向	政治学理论等

陈义平　1967年10月出生。主要从事政治学理论、政治社会学思想政治教育、西方政治哲学等研究。出版专著《当代中国政治文化论》等2部，主编出版省级规划教材《当代西方政治思潮》等2部；在《政治学研究》《光明日报》《现代哲学》等刊物发表论文40余篇，其中被中国人民大学复印报刊资料等转载7篇。现为安徽大学社会与政治学院院长，教授、博士生导师；教育部政治学类专业教学指导委员会委员，中国政治学会理事，安徽省政治学会副会长，安徽省中国特色社会主义理论研究会副会长，安徽省社会学会常务理事等。

成果名称	非法证据排除规则有效性的制度逻辑 ——以检察机关公诉权能为视角
发表刊物	学术界
字　　数	12千字
发表时间	2014年第10期
获奖等次	三等奖

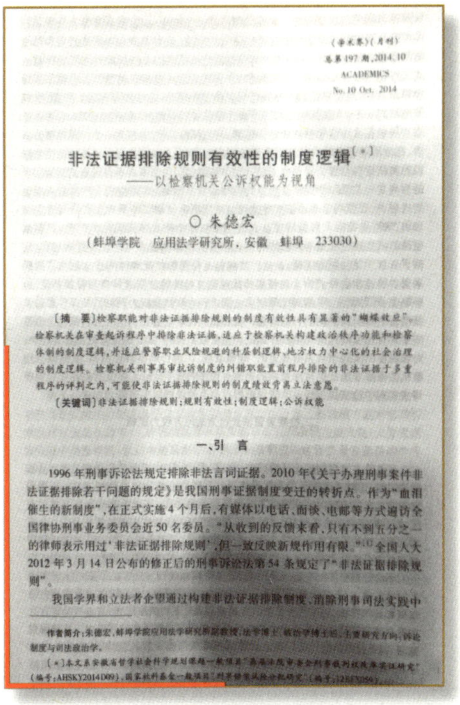
《学术界》(月刊)
总第197期,2014.10
ACADEMICS
No.10 Oct. 2014

非法证据排除规则有效性的制度逻辑[*]
——以检察机关公诉权能为视角

○朱德宏
(蚌埠学院 应用法学研究所,安徽 蚌埠 233030)

〔摘 要〕检察职能对非法证据排除规则的制度有效性具有显著的"蝴蝶效应"。检察机关在审查起诉程序中排除非法证据,适应于检察机关构建政治秩序功能和检察体制的制度逻辑,并适应警察职业风险规避的科层制逻辑、地方权力中心化的社会治理的制度逻辑。检察机关刑事再审抗诉制度的纠错职能置前程序排除的非法证据于多重程序的评判之内,可能使非法证据排除规则的制度绩效背离立法意愿。

〔关键词〕非法证据排除规则;规则有效性;制度逻辑;公诉权能

一、引 言

1996年刑事诉讼法规定排除非法言词证据。2010年《关于办理刑事案件非法证据排除若干问题的规定》是我国刑事证据制度变迁的转折点。作为"血泪催生的新制度",在正式实施4个月后,有媒体以电话、面谈、电邮等方式遍访全国律协刑事业务委员会近50名委员。"从收到的反馈来看,只有不到五分之一的律师表示用过'非法证据排除规则',但一致反映新规作用有限。"[1]全国人大2012年3月14日公布的修正后的刑事诉讼法第54条规定了"非法证据排除规则"。

我国学界和立法者企望通过构建非法证据排除制度,消除刑事司法实践中

作者简介:朱德宏,蚌埠学院应用法学研究所副教授,法学博士,……主要研究方向:诉讼制度与司法政治学。

〔*〕本文系安徽省哲学社会科学规划课题一般项目"……"(编号:AHSKY2014D09),国家社科基金一般项目"……"(编号:……)。

该成果研究主题是检察机关的公诉权能对非法证据排除规则实践效用发生作用的制度逻辑。非法证据排除规则是刑事证据法的核心规则，其蕴含多重价值。我国刑事诉讼法规定的非法证据排除规则是我国人权保障宪法规范在刑事程序中具体实践化的产物，与检察制度、警察制度、审判制度等制度化的国家权力和社会权力网络相互作用的实践动态中呈现不同的行为样态。实践表明，我国检察机关的公诉权能对非法证据排除规则的制度有效性具有显著的“蝴蝶效应”。检察机关在审查起诉程序中排除非法证据，适应于检察机关构建政治秩序功能和检察体制的制度逻辑，并适应警察职业风险规避的科层制逻辑、地方权力中心化的社会治理的制度逻辑。检察机关刑事再审抗诉制度的纠错职能置前程序排除的非法证据于多重秩序的评判范围之内，可能使得非法证据排除规则的制度绩效背离立法意愿。

姓　　名	朱德宏
学　　历	博士研究生
工作单位	蚌埠学院
职　　称	教授
研究方向	诉讼法学、证据法学、司法政策

朱德宏　1966年10月出生。研究方向为诉讼法学、证据法学和司法政策，主要从事交叉学科和比较法研究。蚌埠学院马克思主义学院教授（现安徽师范大学法学院教授），安徽省法学会诉讼法学研究会理事。

成果名称	试析汉语方言入声韵尾边音化
发表刊物	方言
字　　数	15.6千字
发表时间	2013年第4期
获奖等次	三等奖

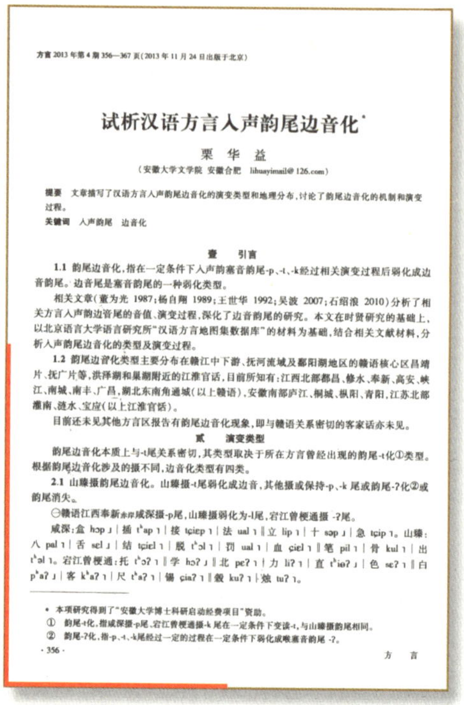
方言 2013 年第 4 期 356—367 页（2013 年 11 月 24 日出版于北京）

试析汉语方言入声韵尾边音化*

栗 华 益
（安徽大学文学院 安徽合肥 lihuayimail@ 126.com）

提要　文章描写了汉语方言入声韵尾边音化的演变类型和地理分布，讨论了韵尾边音化的机制和演变过程。
关键词　入声韵尾　边音化

壹　引言

1.1 韵尾边音化，指在一定条件下入声韵塞音韵尾-p、-t、-k经过相关演变过程后弱化成边音韵尾。边音尾是塞音韵尾的一种弱化类型。

相关文章（董为光 1987；杨自翔 1989；王世华 1992；吴波 2007；石绍浪 2010）分析了相关方言入声韵边音尾的音值、演变过程，深化了边音韵尾的研究。本文在时贤研究的基础上，以北京语言大学语言研究所"汉语方言地图集数据库"的材料为基础，结合相关文献材料，分析入声韵尾边音化的类型及演变过程。

1.2 韵尾边音化类型主要分布在赣江中下游、抚河流域及鄱阳湖地区的赣语核心区昌靖片、抚广片等，洪泽湖和巢湖附近的江淮官话，目前所知有：江西北部都昌、修水、奉新、高安、峡江、南城、南丰、广昌，湖北东南角通城（以上赣语），安徽南部庐江、桐城、枞阳、青阳，江苏北部灌南、涟水、宝应（以上江淮官话）。

目前还未见其他方言区报告有韵尾边音化现象，即与赣语关系密切的客家话亦未见。

贰　演变类型

韵尾边音化本质上与-t尾关系密切，其类型取决于所在方言曾经出现的韵尾-t化①类型。根据韵尾边音化涉及的摄不同，边音化类型有四类。

2.1 山臻摄韵尾边音化。山臻摄-t尾弱化成边音，其他摄或保持-p、-k尾或韵尾-ʔ化②或韵尾消失。

㊀赣语江西奉新[奉新]咸深摄-p尾，山臻摄弱化为-l尾，宕江曾梗通摄 -ʔ尾。

咸深：盒 hɔp˩｜插 tʰap˥｜接 tɕiep˥｜法 ual˥‖立 lip˥｜十 səp˩｜急 tɕip˥。山臻：八 pal˥｜舌 sel˩｜结 tɕiel˥｜脱 tʰɔl˥｜罚 ual˥｜血 ɕiel˥‖笔 pil˥｜骨 kul˥｜出 tʰəl˥。宕江曾梗通：托 tʰɔʔ˥‖学 hɔʔ˩‖北 peʔ˥｜力 liʔ˥｜直 tʰiəʔ˩｜色 seʔ˥‖白 pʰaʔ˩｜客 kʰaʔ˥｜尺 tʰaʔ˥｜锡 ɕiaʔ˥‖谷 kuʔ˥｜烛 tuʔ˥。

* 本项研究得到了"安徽大学博士科研启动经费项目"资助。
① 韵尾-t化，指咸深摄-p尾、宕江曾梗通摄-k尾在一定条件下变读-t，与山臻摄韵尾相同。
② 韵尾-ʔ化，指-p、-t、-k尾经过一定的过程在一定条件下弱化成喉塞音韵尾 -ʔ。

该成果描写了汉语方言入声韵尾边音化的演变类型和地理分布，讨论了韵尾边音化的机制和演变过程等问题。产生边音尾的语音机制是：低元音降低舌尖高度、改变原本形成–t尾的发音器官的成阻方式而形成边音尾；入声韵的低调值以同样机制使–t尾变成边音尾。观察演变类型可以看到，韵尾边音化先从低元音入声韵开始，逐渐将边音化推及主元音为其他类型的–t尾入声韵。文章以演变类型的观察与分析为基础，探讨了入声塞音韵尾弱化成边音韵尾的语音机制，即低元音和低调值对–t尾的作用，具有一定的创新价值。汉语方言中江淮官话有几个方言点的入声边音韵尾具有演变类型的特殊性，文章引入了"音节时长补偿机制"，指出江淮官话高元音入声韵的边音韵尾是边音韵尾在走向消失过程的余留，推动了汉语方言入声韵边音韵尾的研究。

姓　　名	栗华益
学　　历	博士研究生
工作单位	安徽大学
职　　称	副教授
研究方向	汉语方言调查与研究

栗华益　1981年4月出生。主要从事汉语方言调查与研究，目前主要从事皖南吴语宣州片、赣语、徽语的调查与研究。先后在《中国语文》《方言》《语言科学》等国内外期刊发表论文10余篇；先后主持国家社科基金青年项目、教育部人文社会科学研究青年基金项目、中国语言资源保护工程项目等项目10项。现为安徽大学文学院副教授；中国语言资源保护工程安徽省专家组首席专家，罗常培语言学奖获得者，安徽省学术和技术带头人后备人选（第十批），入选"安徽省高校优秀青年人才支持计划"和"安徽省高校学科优秀拔尖人才计划"。

成果名称	现代悲剧经验如何书写 ——从《第七天》看英国马克思主义悲剧理论的阐释力
发表刊物	文学评论
字　　数	8千字
发表时间	2014年第11期
获奖等次	三等奖

现代悲剧经验如何书写

——从《第七天》看英国马克思主义悲剧理论的阐释力

韩清玉

一　现代悲剧观念与中国语境

在漫长的西方文艺史上，悲剧一直是高贵而成熟的艺术形态，也正因其尊贵，关于悲剧死亡的论调一直以来被学界热烈讨论。就文体形态而言，相比之下，现代人的情感模式为小说（特别是长篇小说）提供了滋生的土壤，而非悲剧和诗歌。悲剧死亡的另一重要缘由则在于，作为一种经验，传统悲剧的崇高色彩已经不再具有适合的土壤，现代社会乱象丛生，促使人们在价值观念上出现多元取向。这样一来，每天在我们身边发生的悲惨事件是更为鲜活的悲剧，牺牲、痛苦也不再必须升华为一种悲壮的审美体验。从后一种悲剧消亡的表征来看，所谓的“悲剧死亡”，不过是传统意义上的悲剧经验不再处于主流位置，取而代之的是关注个体和日常的悲剧体验。可见，悲剧不是死亡了，而是变异了。如夏志清所言：“人在兽欲和习俗双重压力之下，不可能再像古典悲剧人物那样的有持续的崇高情感或热情的尽量发挥。”①

正是在这一语境下，英国马克思主义理论家雷蒙·威廉斯（Raymond Williams）和特里·伊格尔顿（Terry Eagleton）另辟蹊径，提出了更有生命力的现代悲剧观念。与传统悲剧理论不同，威廉斯和伊格尔顿把悲剧界定为具体的经验或事件。更为重要的是，这样的悲剧体验如何在文学中加以书写？他们举出诸如易卜生、田纳西·威廉斯、劳伦斯、贝克特等作家，一方面说明现代文学写作已经从崇高的审美经验中走出来，部分地显现了现代悲剧经验的美学特质；另一方面，他们从文体上解决了悲剧形式被小说吞噬的状况，因为把悲剧界定为经验或事件，则小说同样具有承载这一经验的合法性，甚至比戏剧样式更有展现的张力。

英国马克思主义美学解决悲剧观念从传统到现代转换难题的手段，主要是重新界定悲剧这一范畴。威廉斯认为，“悲剧是一系列经验、习俗和（机构）制度”②。伊格尔顿在悲剧问题上则试图实现名实之间的沟通，这是在意识到悲剧理论建构危机之后的有意识突围。例如，他在肯定威廉斯的界定之后，马上提出了这一疑问：“我们为什么要用悲剧这一个词同时来指称《美狄亚》和《麦克白》，一个少年的被杀和一场矿难”③。描述性的界定或许更能表达悲剧这一范畴的内在张力。实际上，伊格尔顿认为“十分悲伤”的情感体验最能精确地概括悲剧，这比威廉斯所钟情的共同情感结构更具体。总之，威廉斯和伊格尔顿正是在强大的悲剧传统中找到了更为贴近现代社会的悲剧言说方式，不仅在文体上解决了长篇小说对悲剧形式的强势占领，更从审美情感上使濒临理论危机的悲剧传统安全着陆。因此，这样的范式转换把悲剧研究引入一个更为广阔的研究空间。

在对悲剧传统的反思中，威廉斯意识到悲剧理论无法与现代悲剧进行有效对话，甚至“现代悲剧理论对现代悲剧的存在持有否定态度”④。其中很重要的原因在于，悲剧理论先于悲剧创作，特别是用被学术系统化之后的理论规范考量现代悲剧，自然会出现格格不入的状况，这种“以古论今”的做法把批评理论与创作实践分离开来。虽然威廉斯在《现代悲剧》的第二部分把重点放在悲剧文本的批评实践上，但是，他所倡导的现代悲剧经验如何书写，这在英国马克思主义悲剧理论那里仍然是一个悬而未决的问题。更进一步，

· 39 ·

该成果认为，余华新作《第七天》以当代“中国式悲剧”的写作模式，恰好应和了现代悲剧经验，主人公具有小人物的社会身份，在面对虚构空间中的社会体制、价值观念等总体性扭曲中，个体无奈地为此付出代价，甚至死亡。如此对日常生活的怪诞书写，使得现代悲剧在喜剧表达中更具张力。基于中国当代文学书写语境的小说《第七天》，恰切地图解了英国马克思主义的现代悲剧观念。这一文学叙事与理论叙事的互相阐发，一方面证明了现代悲剧经验书写的可能性，更展示了现代悲剧理论在批评实践中的阐释力；另一方面这也是中英马克思主义美学在社会文化高度的巧妙对话。成果指出，当代文学书写已经从崇高的审美经验中走出来，部分地显现了现代悲剧经验的美学特质（从悲剧人物、困境、死亡等要素展开分析），在方法上打破理论阐释文本的批评惯例，尝试文本呼应理论的探究路径。

姓　　名	韩清玉
学　　历	博士研究生
工作单位	安徽大学
职　　称	副教授
研究方向	西方艺术哲学、中国现代美学

韩清玉　1981年6月出生。主要从事西方艺术哲学、中国现代美学等研究。主持国家社科基金一般项目、国家社科基金重大项目子课题各1项，省部级项目4项；曾在《文学评论》《哲学动态》《哲学与文化》《中韩言语文化研究》（韩国）等国内外期刊发表学术论文40余篇，多篇被中国人民大学复印报刊资料等转载或选摘。现为安徽大学哲学系副教授；国际美学协会会员、韩国融合人文学会外籍编委等。

成果名称	苗语主观非数量评价性的“NP1+i³³+量+NP2”
发表刊物	中央民族大学学报
字　　数	9.9千字
发表时间	2014年第3期
获奖等次	三等奖

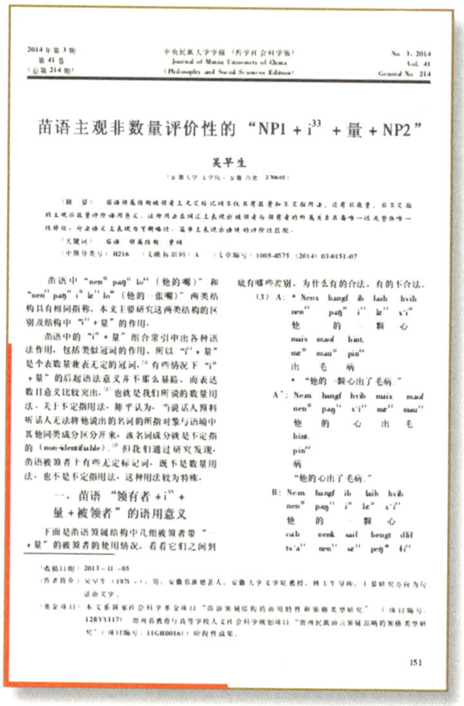
2014年第3期　第41卷　（总第214期）
中央民族大学学报（哲学社会科学版）
Journal of Minzu University of China (Philosophy and Social Sciences Edition)
No. 3, 2014　Vol. 41　General No. 214

苗语主观非数量评价性的“NP1 + i³³ + 量 + NP2”

吴早生

该成果在前人研究无定标记词常规意义的基础上，深入研究和探索无定标记词的语用意义。苗语中存在很多限定性成分共现现象，其中至少有一个是起语用作用而不是句法作用的。成果研究被领者上无定标记词的常规语义之外的语用意义，从语言的主观性理论出发，全方位观察它们主观性的语法表现，同时，用功能语法和认知语法的理论作出适当的解释。这些研究都具有一定的普通语言学理论意义。研究中具体区分了苗语“i³³+量词”在被领者上具有语用意义和常规意义出现的句法篇章环境，如词汇型唯一性和篇章确指性；指出了苗语“i³³+量词”删略前后指称意义的变化对苗语“i³³+量词”语用意义的判断。这对于苗语母语语法教学和研究尤其是苗汉双语教学，具有深远的影响和十分重要的价值。

姓　　名	吴早生
学　　历	博士研究生
工作单位	安徽大学
职　　称	教授
研究方向	现代汉语语法学、方言学、少数民族语言学

吴早生　1971年1月出生。主要从事现代汉语语法学、方言学、少数民族语言学等研究。在《方言》《世界汉语教学》《语言科学》《语文研究》《汉语学习》等刊物发表学术论文30余篇；出版学术专著3部；主持国家社科基金等国家级项目3项，教育部和国家语委项目2项，主持省级及其他课题5项。现任安徽大学文学院副院长，教授、博士生导师。2012年入选“教育部新世纪优秀人才计划”。

成果名称	唐蕃角力与盛唐西北边塞诗
发表刊物	北京大学学报
字　数	12千字
发表时间	2014年第4期
获奖等次	三等奖

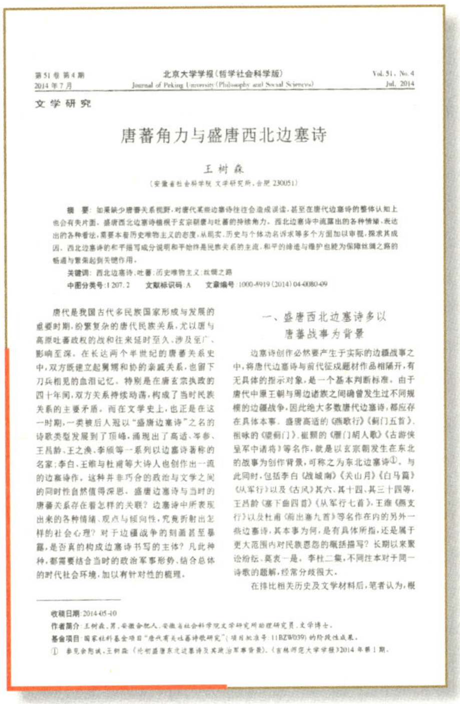

第51卷 第4期
2014年7月
北京大学学报(哲学社会科学版)
Journal of Peking University (Philosophy and Social Sciences)
Vol. 51, No. 4
Jul. 2014

文 学 研 究

唐蕃角力与盛唐西北边塞诗

王 树 森
(安徽省社会科学院 文学研究所，合肥 230051)

摘　要：如果缺少唐蕃关系视野，对唐代某些边塞诗往往会造成误读，甚至在唐代边塞诗的整体认知上也会有失片面。盛唐西北边塞诗植根于玄宗朝唐与吐蕃的持续角力。西北边塞诗中流露出的各种情绪、表达出的各种看法，需要本着历史唯物主义的态度，从现实、历史与个体功名诉求等多个方面加以审视，探求其成因。西北边塞诗的和平描写成分说明和平始终是民族关系的主流，和平的缔造与维护也能为保障丝绸之路的畅通与繁荣起到关键作用。

关键词：西北边塞诗；吐蕃；历史唯物主义；丝绸之路
中图分类号：I 207.2　**文献标识码**：A　**文章编号**：1000-5919(2014)04-0080-09

唐代是我国古代多民族国家形成与发展的重要时期，纷繁复杂的唐代民族关系，尤以唐与高原吐蕃政权的战和往来延时至久、涉及至广、影响至深。在长达两个半世纪的唐蕃关系史中，双方既建立起舅甥和协的亲戚关系，也留下刀兵相见的血泪记忆。特别是在唐玄宗执政的四十年间，双方关系持续动荡，构成了当时民族关系的主要矛盾。而在文学史上，也正是在这一时期，一类被后人冠以"盛唐边塞诗"之名的诗歌类型发展到了顶峰，涌现出了高适、岑参、王昌龄、王之涣、李颀等一系列以边塞诗著称的名家；李白、王维与杜甫等大诗人也创作出一流的边塞诗作。这种并非巧合的政治与文学之间的同时性自然值得深思。盛唐边塞诗与当时的唐蕃关系存在着怎样的关联？边塞诗中所表现出来的各种情绪、观点与倾向性，究竟折射出怎样的社会心理？对于边疆战争的刻画甚至暴露，是否真的构成边塞诗书写的主体？凡此种种，都需要结合当时的政治军事形势、结合总体的时代社会环境，加以有针对性的梳理。

一、盛唐西北边塞诗多以唐蕃战事为背景

边塞诗创作必然要产生于实际的边疆战事之中，将唐代边塞诗与前代征戍题材作品相隔开，有无具体的指示对象，是一个基本判断标准。由于唐代中原王朝与周边诸族之间确曾发生过不同规模的边疆战争，因此绝大多数唐代边塞诗，都应存在具体本事。盛唐高适的《燕歌行》《蓟门五首》、祖咏的《望蓟门》、崔颢的《雁门胡人歌》《古游侠呈军中诸将》等名作，就是以玄宗朝发生在东北的战事为创作背景，可称之为东北边塞诗①。与此同时，包括李白《战城南》《关山月》《白马篇》《从军行》以及《古风》其六、其十四、其三十四等，王昌龄《塞下曲四首》《从军行七首》，王维《燕支行》以及杜甫《前出塞九首》等名作在内的另外一些边塞诗，其本事为何，是有具体所指，还是属于更大范围内对民族恩怨的概括描写？长期以来聚讼纷纭，莫衷一是。李杜二集，不同注本对于同一诗歌的题解，经常分歧很大。

在排比相关历史及文学材料后，笔者认为，根

收稿日期：2014-05-10
作者简介：王树森，男，安徽合肥人，安徽省社会科学院文学研究所助理研究员，文学博士。
基金项目：国家社科基金项目"唐代有关吐蕃诗歌研究"(项目批准号：11BZW039)的阶段性成果。

① 参见余恕诚、王树森《论初盛唐东北边塞诗及其政治军事背景》，《吉林师范大学学报》2014年第1期。

如果缺少唐蕃关系视野，对唐代边塞诗往往会误读，甚至在对唐代边塞诗的整体认知上也会有失偏颇。该成果认为：第一，盛唐西北边塞诗地理与民族指向明显，主要是以玄宗开元中后期至安史之乱爆发这近30年（727—755）发生在西北的唐与吐蕃的战和纠葛为背景。第二，盛唐西北边塞诗中的杀伐之气，有其现实与历史背景，渗透其中的坚强刚毅、充满血性的民族精神品格，以及强烈的爱国主义精神、耀眼的人道主义光辉，应当被看成是全民族共同拥有的精神遗产。第三，盛唐西北边塞诗的主体价值取向是对于和平的祈愿，如林庚先生所云之"在一种相对和平的环境下，充满着豪迈精神的边防歌。"这些看法，对于理论界和广大读者重新认识唐代民族关系与边塞诗，均有积极意义。

姓　　名	王树森
学　　历	博士研究生
工作单位	安徽省社会科学院
职　　称	副研究员
研究方向	唐诗、中国文学与边疆民族问题关系

王树森　1986年12月出生。主要从事唐诗、中国文学与边疆民族问题关系等研究。参与国家社科基金一般项目、青年项目3项，主持国家社科基金青年项目、中国博士后基金面上资助项目各1项；在《光明日报》《文学遗产》《北京大学学报》《民族文学研究》《人民政协报》《中国社会科学报》等报刊发表论文20余篇，其中多篇被中国人民大学复印报刊资料全文转载。现为安徽省社会科学院文学所古代文学研究室主任，副研究员。

成果名称	龙眠风雅全编
出 版 社	黄山书社
字　　数	3000千字
出版时间	2013年11月
获奖等次	三等奖

该成果由清·潘江辑，彭君华等整理。全书甄录明至清初桐城诗歌，初编六十四卷，续集二十八卷。初编收录399人（含方以智为僧后名弘智者）9011诗作（联章体按一章一首计）；续集收录154人5863首诗作。共收录553人14874首诗。全书特点：依时为序，以类相从，详近略远，借诗存人。编者为每一位诗歌作者撰写了小传，“率采诸国史，副以家乘”，并经认真考证。小传一般包括诗作者姓名字号、家庭出身、科举功名、人生大节、个性德行、文艺学术造诣、诗歌创作成就及身后情况。550多位作者小传，集中展现了明代尤其是自明代万历至清初100年间，桐城一邑知识分子群体的众生相，勾勒出他们的诗歌创作概貌，反映了易代鼎革之际封建社会的现实状况。整理本弥补了底本数以百计的漫漶缺憾，纠正了其中若干处衍、倒、脱简问题，并编制了著者索引和篇目索引。

姓　　名	彭君华
学　　历	硕士研究生
工作单位	安徽大学
职　　称	编审
研究方向	古代文献学

彭君华　1962年9月生。从事古代文献学研究和古籍整理及图书编辑出版工作30年，先后获得安徽省政府奖图书编辑出版奖等20多项；曾获安徽省第三届“十佳出版工作者”荣誉称号。先后完成国家古籍整理出版重点规划项目《钱澄之全集·田间文集》《宛雅全编》等。现任安徽省古籍整理出版办公室主任，安徽大学徽学与中国传统文化研究院副院长。《安徽古籍丛书》编审委员会副主任委员，主持整理编纂出版《安徽古籍丛书》日常事务。

成果名称	近代小说的政治修辞与语言表达
发表刊物	中国现代文学研究丛刊
字　　数	11千字
发表时间	2014年第2期
获奖等次	三等奖

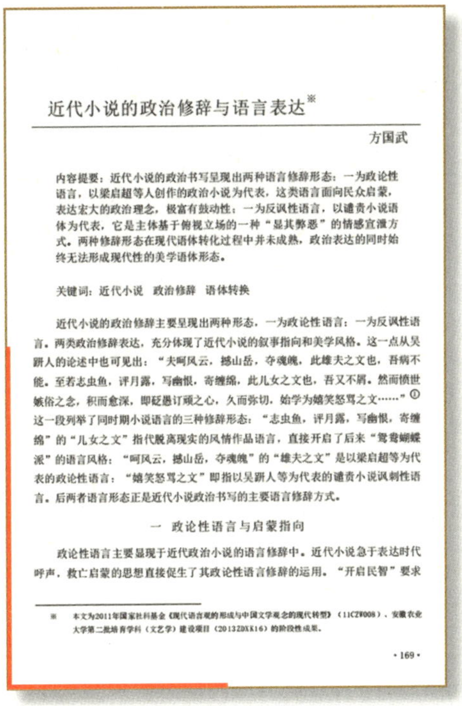

近代小说的政治修辞与语言表达※

方国武

内容提要：近代小说的政治书写呈现出两种语言修辞形态：一为政论性语言，以梁启超等人创作的政治小说为代表，这类语言面向民众启蒙，表达宏大的政治理念，极富有鼓动性；一为反讽性语言，以谴责小说语体为代表，它是主体基于俯视立场的一种“显其弊恶”的情感宣泄方式。两种修辞形态在现代语体转化过程中并未成熟，政治表达的同时始终无法形成现代性的美学语体形态。

关键词：近代小说　政治修辞　语体转换

近代小说的政治修辞主要呈现出两种形态，一为政论性语言；一为反讽性语言。两类政治修辞表达，充分体现了近代小说的叙事指向和美学风格。这一点从吴趼人的论述中也可见出：“夫呵风云，撼山岳，夺魂魄，此雄夫之文也，吾病不能。至若志虫鱼，评月露，写幽恨，寄缠绵，此儿女之文也，吾又不屑。然而愤世嫉俗之念，积而愈深，即砭愚订顽之心，久而弥切，始学为嬉笑怒骂之文……”①这一段列举了同时期小说语言的三种修辞形态：“志虫鱼，评月露，写幽恨，寄缠绵”的“儿女之文”指代脱离现实的风情作品语言，直接开启了后来“鸳鸯蝴蝶派”的语言风格；“呵风云，撼山岳，夺魂魄”的“雄夫之文”是以梁启超等为代表的政论性语言；“嬉笑怒骂之文”即指以吴趼人等为代表的谴责小说讽刺性语言。后两者语言形态正是近代小说政治书写的主要语言修辞方式。

一　政论性语言与启蒙指向

政论性语言主要显现于近代政治小说的语言修辞中。近代小说急于表达时代呼声，救亡启蒙的思想直接促生了其政论性语言修辞的运用。“开启民智”要求

※　本文为2011年国家社科基金《现代语言观的形成与中国文学观念的现代转型》（11CZW008）、安徽农业大学第二批培育学科（文艺学）建设项目（2013ZDXK16）的阶段性成果。

·169·

该成果主要论述近代小说政治书写的两种语言修辞形态。一为政论性语言，以梁启超等人创作的政治小说为代表；一为反讽性语言，以谴责小说语体为代表。两种修辞形态各代表了不同类型知识阶层的政治文化精神，成为近代小说话语的典型形态。但这种话语修辞在现代语体转化过程中并未成熟，政治表达的同时始终无法形成现代性的美学语体形态。成果运用文化诗学的研究路径，将文学文本的细读、审美评价与社会政治评价融合。成果从修辞语体入手，进而分析其背后的政治文化意蕴，实现政治修辞和政治文化的文学连接，使晚清小说文本独具特色的政治修辞和政治意蕴充分呈现；在已有政治对文学单向度影响研究基础上，探究文学修辞对政治文化介入的接受限度、转换机制与超越途径，揭示政治文化与文学话语修辞之间的双向关联；为政治文学文本的批评范式提供一种建设性的参考。

姓　　名	方国武
学　　历	博士研究生
工作单位	安徽农业大学
职　　称	教授
研究方向	文学批评、美学

方国武　1972年5月出生。主要从事文学批评、美学等研究。近年来在坚持本领域基础理论研究基础上，努力响应学校与“三农”结合的号召，着力于农业文化、乡村文化建设研究。主持国家社科基金项目1项、安徽省高校人文社科重大项目及安徽省社会科学创新发展研究课题重大研究项目等多项；在CSSCI学术期刊及省主要媒体理论版发表学术论文多篇。现为安徽农业大学人文社科学院教授；安徽省学术和技术带头人后备人选（2017年），安徽省省级教学名师，中外文艺理论学会会员。

成果名称	瓯北诗话校注
出 版 社	人民文学出版社
字　　数	500千字
出版时间	2013年3月
获奖等次	三等奖

该成果以嘉庆湛贻堂刻本《瓯北诗话》为底本，对照不同版本加以校勘，附录部分收《瓯北集》《陔余丛考》中的诗论、校注者自编的《赵翼简谱》《清史稿·赵翼传》和《瓯北论诗　瓯北诗》。成果特点：一是凡《诗话》中所引诗句，均依据权威版本的诗集加以校勘，指出《诗话》所引与原诗的差别；二是多处加“按语”，结合诗论史的相关情况对赵翼的论述进行理论阐发。理论贡献：一是“前言”中对赵翼的诗学思想进行总结，指出其特色在于创新、爱古不薄今、史与诗结合三个方面，也指出《瓯北诗话》的不足包括个别地方存在错误（含考据错误和文献错误）和表述有时候不够清晰；二是在随文的“按语”中对相关观点进行理论说明，力图展示该观点在诗论史上的来龙去脉。

姓　　名	江守义
学　　历	博士研究生
工作单位	安徽师范大学
职　　称	教授
研究方向	叙事学、马克思主义文论、中国现代文学批评

江守义　1972年8月出生。主要从事叙事学、马克思主义文论、中国现代文学批评的教学和研究。主持国家社科项目2项，省部级项目3项；出版专著《叙事形式与主体评价》《中国古典小说叙事伦理研究》《京派批评家》《瓯北诗话校注》等多部；在《文艺研究》《文艺理论研究》《学术月刊》等刊物发表论文数十篇。现为安徽师范大学文学院教授；全国马列文艺论著研究会理事，中国比较文学与比较诗学学会理事，中国中外文论学会叙事学分会理事。曾获“2015年度中国人文社科最具影响力青年学者”和第11届“安徽省学术和技术带头人后备人选”荣誉称号。

成果名称	解构主义视阈下的文化翻译研究——以《红楼梦》英译本为例
出 版 社	中国科学技术大学出版社
字　　数	166千字
出版时间	2013年1月
获奖等次	三等奖

该成果从文化翻译出发，阐明文化差异对翻译策略的影响和制约；阐述解构主义对译者、译本、读者的解构过程；着眼于译者翻译目的、社会因素、文化背景、目标读者等因素，阐述文化翻译策略选择的多样性和必要性；运用宏观阐述和微观分析相结合、定量语料库分析法，对杨译和霍译《红楼梦》进行对比研究，详述解构主义视阈下文化翻译的开放性、多样性和互补性。成果意义：一是随着文化交流的频繁，文化翻译理论成为学界关注的焦点。做优秀传统文化的传承者、传播者、躬行者是本书选题的意义。二是将文化翻译置于中西思维差异的视野下，研究译语文化中译者主体性，以及文化翻译策略的规范性；宏观上阐述解构主义对文化翻译的启示，微观上分析解构主义在文化翻译策略中的体现，应用性强。对翻译理论的发展、翻译学科的建设，和翻译实践的指导都具有一定现实意义。

姓　　名	高玉兰
学　　历	博士研究生
工作单位	淮北师范大学
职　　称	教授
研究方向	语言学、翻译理论与实践

高玉兰　主要从事语言学、翻译理论与实践等研究与教学。先后主持省部级等各类课题10余项；在《中国教育学刊》《中国高教研究》《外语与外语教学》《山东外语教学》《出版发行与研究》等期刊发表论文多篇；出版国家级、省级规划教材各1部。现为淮北师范大学教授，校党委常委、宣传部部长、学科建设与发展规划处长。获国家有关人才计划、安徽省“优秀中青年教师”、安徽省“优秀女教工”等称号。

成果名称	天长三角圩墓地
出 版 社	科学出版社
字　　数	885千字
出版时间	2013年9月
获奖等次	三等奖

天长三角圩墓地在农田水利基本建设工程中发现，经过1991年、1992年和1997年三次发掘。该成果共收集整理了27座墓葬的资料，包括陶器、铜器、铁器、木器、骨角器和玉石器等800余件文物。27座墓葬除两座为战国晚期外，其余皆为西汉时期。天长三角圩墓地出土的漆器非常精美，保存完好，出土时光泽如新，装饰华丽，手法独特。形制多为生活用具，种类齐全。其中一号墓出土的一套26件铁质木工工具，是目前为止考古发现最完整、质量最好的同类文物。成果采用文字、线图、表格、照片等综合方式，邀请国内知名专家学者对漆器、铜器成分、铜镜、木工工具等方面做了专业的分析研究，向专业研究者和普通读者提供了完整的资料。

（主编：张钟云）

安徽省文物考古研究所　成立于1958年4月，主要承担全省文物调查、考古发掘、研究，文化遗产保护、规划，古建筑维修方案设计，文物科技保护以及相关业务指导工作。近年来，还承担着全省第三次文物普查办公室的具体工作和南水北调文物保护工作河南段的监理任务。由该所主持发掘的“天长三角圩西汉墓群”、“含山凌家滩新石器时代祭坛和墓地遗址”、“淮北隋唐大运河遗址”“六安双墩汉代墓葬”、“蚌埠双墩一号春秋墓”、“固镇垓下大汶口晚期城址”6项田野考古被评为当年度“全国十大考古新发现”之一。

成果名称	明代旅游地理研究
出版社	中国科学技术大学出版社
字数	324千字
出版时间	2013年5月
获奖等次	三等奖

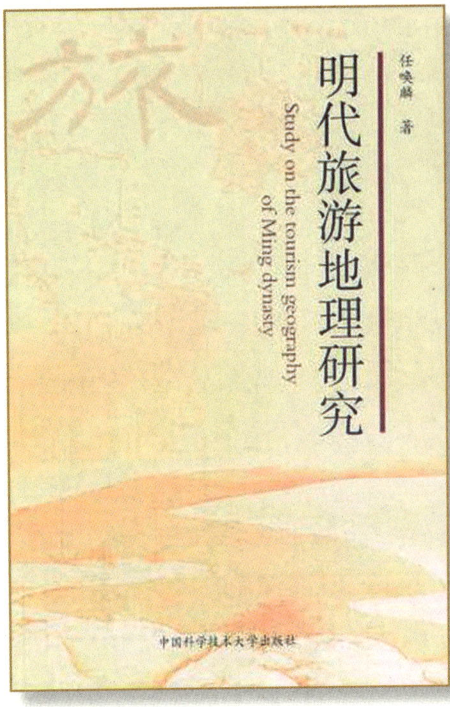

该成果为国内第一本断代历史旅游地理著作。全书包括序、绪论、明代旅游环境、明代旅游资源、明代旅游媒介、明代旅游者时空行为、明代旅游活动、结语与余论等内容章节及附表——明代旅游景点（资源）名录、后记等。内容翔实，图表丰富，参考文献达300条。成果以明代旅游地理为研究范畴，运用旅游学、历史学、地理学交叉渗透的方法对明代旅游与其环境的相互影响，明代旅游系统要素（旅游者、旅游媒介、旅游资源）以及旅游系统的运动（旅游活动）等进行了研究，从时间与空间的纬度对明代旅游现象及其产生的原因进行描述与解释，并揭示其中的某些规律。不仅有助于增进对明代旅游文化的认识，而且有助于旅游基础理论研究的拓展，对当今旅游资源、旅游文化开发也有借鉴意义。

姓名	任唤麟
学历	博士研究生
工作单位	淮北师范大学
职称	教授
研究方向	旅游地理、旅游文化

任唤麟　1971年1月出生。主要从事旅游地理、旅游文化与旅游开发研究，发表学术论文50余篇，出版专/编著2部，参编专著1部。现为淮北师范大学历史文化旅游学院教授、硕士生导师；旅游经济师，首批安徽省旅游业青年专家。2016年访学复旦大学旅游学系，2017年9月—2019年8月任淮北市烈山区人民政府党组成员、副区长（挂职）。

成果名称	从《宣德十年月五星凌犯》看回回历法在明朝的使用
发表刊物	自然科学史研究
字　　数	12.1千字
发表时间	2013年第2期
获奖等次	三等奖

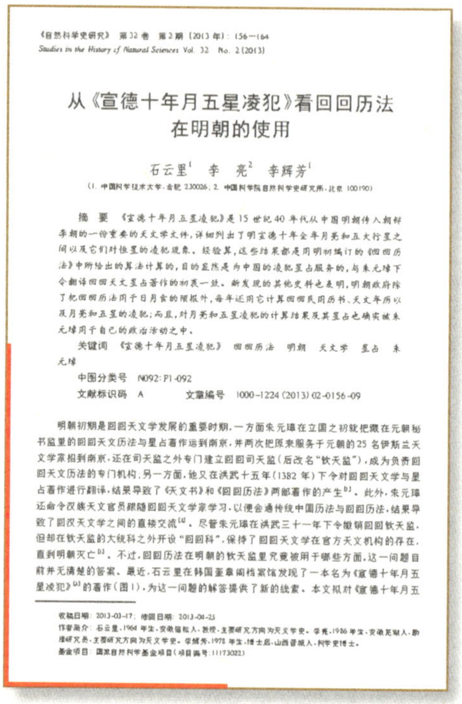
《自然科学史研究》 第32卷 第2期（2013年）：156—164
Studies in the History of Natural Sciences Vol. 32 No. 2 (2013)

从《宣德十年月五星凌犯》看回回历法在明朝的使用

石云里[1]　李　亮[2]　李辉芳[1]
（1. 中国科学技术大学，合肥 230026；2. 中国科学院自然科学史研究所，北京 100190）

摘　要　《宣德十年月五星凌犯》是15世纪40年代从中国明朝传入朝鲜李朝的一份重要的天文学文件，详细列出了明宣德十年全年月亮和五大行星之间以及它们对恒星的凌犯现象。经验算，这些结果都是用明初编订的《回回历法》中所给出的算法计算的，目的显然是为中国的凌犯星占服务的，与朱元璋下令翻译回回天文星占著作的初衷一致。新发现的其他史料也表明，明朝政府除了把回回历法用于日月食的预报外，每年还用它计算回回民用历书、天文年历以及月亮和五星的凌犯；而且，对月亮和五星凌犯的计算结果及其星占也确实被朱元璋用于自己的政治活动之中。

关键词　《宣德十年月五星凌犯》　回回历法　明朝　天文学　星占　朱元璋
中图分类号　N092；P1-092
文献标识码　A　　文章编号　1000-1224（2013）02-0156-09

明朝初期是回回天文学发展的重要时期，一方面朱元璋在立国之初就把藏在元朝秘书监里的回回天文历法与星占著作运到南京，并两次把原来服务于元朝的25名伊斯兰天文学家招到南京，还在司天监之外专门建立回回司天监（后改名"钦天监"），成为负责回回天文历法的专门机构。另一方面，他又在洪武十五年（1382年）下令对回回天文学与星占著作进行翻译，结果导致了《天文书》和《回回历法》两部著作的产生[1]。此外，朱元璋还命令汉族天文官员跟随回回天文学家学习，以便会通传统中国历法与回回历法，结果导致了回汉天文学之间的直接交流[4]。尽管朱元璋在洪武三十一年下令撤销回回钦天监，但却在钦天监的大统科之外开设"回回科"，保持了回回天文学在官方天文机构的存在，直到明朝灭亡[1]。不过，回回历法在明朝的钦天监里究竟被用于哪些方面，这一问题目前并无清楚的答案。最近，石云里在韩国奎章阁档案馆发现了一本名为《宣德十年月五星凌犯》[2]的著作（图1），为这一问题的解答提供了新的线索。本文拟对《宣德十年月五

收稿日期：2013-03-17；修回日期：2013-04-25
作者简介：石云里，1964年生，安徽宿松人，教授，主要研究方向为天文学史。李亮，1986年生，安徽芜湖人，助理研究员，主要研究方向为天文学史。李辉芳，1978年生，博士后，山西晋城人，科学史博士。
基金项目：国家自然科学基金项目（项目编号：11173022）

该成果考证，《宣德十年月五星凌犯》是在14世纪由中国传入朝鲜的，而不是朝鲜天文家的作品；其次通过验算确认，书中的结果都是用明初编译的阿拉伯天文学著作《回回历法》计算出来的，目的是为中国的凌犯星占服务，与朱元璋下令翻译阿拉伯天文著作的初衷一致。最后，该成果结合新发现的其他史料指出，明朝钦天监除了把回回历法用于日月食的预报外，每年还用它计算回回民用历书、天文年历以及月亮和五星的凌犯，而且对月亮和五星凌犯的计算结果及其星占也确实被朱元璋用于自己政治活动之中。该成果曾作为特邀论文在多个高规格的国际会议上报告，其英文版被收入其中一次会议的论文集和另一次会议的期刊专辑，另外还得到乌兹别克斯坦总统的公开感谢，为沿丝绸之路的科技交流史研究作出了贡献。

姓　　名	石云里
学　　历	博士研究生
工作单位	中国科学技术大学
职　　称	教授
研究方向	天文学史、中外科学交流史

石云里　1964年出生。主要从事天文学史和中外科学交流史研究。现为中国科学技术大学科技史与科技考古系教授；国际东亚科学技术与医学史学会主席，国际科技史联盟古代与中世纪天文学史委员会主席，教育部高等学校历史学类教学指导委员会委员。

成果名称	影响学生学业成绩的家庭与学校因素分析
发表刊物	教育研究
字　　数	15千字
发表时间	2015年第3期
获奖等次	三等奖

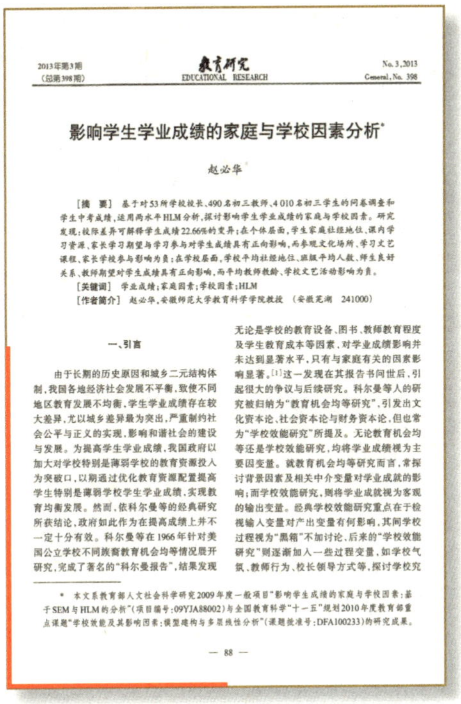
2013年第3期
（总第398期）
教育研究
EDUCATIONAL RESEARCH
No. 3, 2013
General, No. 398

影响学生学业成绩的家庭与学校因素分析*

赵必华

［摘　要］ 基于对53所学校校长、490名初三教师、4 010名初三学生的问卷调查和学生中考成绩，运用两水平HLM分析，探讨影响学生学业成绩的家庭与学校因素。研究发现：校际差异可解释学生成绩22.66%的变异；在个体层面，学生家庭社经地位、课内学习资源、家长学习期望与学习参与对学生成绩具有正向影响，而参观文化场所、学习文艺课程、家长学校参与影响为负；在学校层面，学校平均社经地位、班级平均人数、师生良好关系、教师期望对学生成绩具有正向影响，而平均教师教龄、学校文艺活动影响为负。

［关键词］ 学业成绩；家庭因素；学校因素；HLM

［作者简介］ 赵必华，安徽师范大学教育科学学院教授 （安徽芜湖 241000）

一、引言

由于长期的历史原因和城乡二元结构体制，我国各地经济社会发展不平衡，致使不同地区教育发展不均衡，学生学业成绩存在较大差异，尤以城乡差异最为突出，严重制约社会公平与正义的实现，影响和谐社会的建设与发展。为提高学生学业成绩，我国政府以加大对学校特别是薄弱学校的教育资源投入为突破口，以期通过优化教育资源配置提高学生特别是薄弱学校学生学业成绩，实现教育均衡发展。然而，依科尔曼等的经典研究所获结论，政府如此作为在提高成绩上并不一定十分有效。科尔曼等在1966年针对美国公立学校不同族裔教育机会均等情况展开研究，完成了著名的“科尔曼报告”，结果发现无论是学校的教育设备、图书、教师教育程度及学生教育成本等因素，对学业成绩影响并未达到显著水平，只有与家庭有关的因素影响显著。[1]这一发现在其报告书问世后，引起很大的争议与后续研究。科尔曼等人的研究被归纳为“教育机会均等研究”，引发出文化资本论、社会资本论与财务资本论，但也常为“学校效能研究”所提及。无论教育机会均等还是学校效能研究，均将学业成绩视为主要因变量。就教育机会均等研究而言，常探讨背景因素及相关中介变量对学业成就的影响；而学校效能研究，则将学业成就视为客观的输出变量。经典学校效能研究重点在于检视输入变量对产出变量有何影响，其间学校过程视为“黑箱”不加讨论，后来的“学校效能研究”则逐渐加入一些过程变量，如学校气氛、教师行为、校长领导方式等，探讨学校究

* 本文系教育部人文社会科学研究2009年度一般项目“影响学生成绩的家庭与学校因素：基于SEM与HLM的分析”（项目编号：09YJA88002）与全国教育科学“十一五”规划2010年度教育部重点课题“学校效能及其影响因素：模型建构与多层线性分析”（课题批准号：DFA100233）的研究成果。

— 88 —

研究成果通过对安徽省53所学校校长、490名教师和4010名学生的问卷调查，并与安徽省初中生中考成绩数据库链接，运用两水平阶层线性模型（HLM）分析，探讨影响学生学业成绩的家庭与学校因素。研究发现：校际差异可解释学生成绩22.66%的变异。在个体层面，学生家庭社经地位、课内学习资源、家长学习期望与学习参与对学生成绩具有正向影响；参观文化场所、学习文艺课程、家长学校参与影响为负。在学校层面，学校平均社经地位、班级平均人数、师生良好关系、教师期望对学生成绩具有正向影响；平均教师教龄、学校文艺活动影响为负。在理论上，建构在中国背景下家庭、学校因素与学生学业成绩关系的模型，丰富与发展了教育社会学等相关理论；在实践上，对政府部门、学校与教师、学生家长提出了提高学生学业成绩、促进教育公平的相关建议，有助于全面提升教育质量，推进教育均衡发展。

姓　　名	赵必华
学　　历	博士研究生
工作单位	安徽师范大学
职　　称	教授
研究方向	心理统计与测量、学生发展与教育

赵必华　1965年7月出生。主要从事心理统计与测量、学生发展与教育等领域教学与研究工作。主持教育部人文社科研究项目2项、全国教育科学规划教育部重点项目1项、安徽省高等教育振兴计划重大教学改革项目1项；出版著作2部；在《教育研究》《心理科学》《中国高等教育》《心理发展与教育》等期刊发表论文50余篇，其中被CSSCI收录20篇。获安徽省社科奖1项、安徽省高等学校人文社科优秀成果论文类1项。现为安徽师范大学教育科学学院教授、博士生导师，教育学一级学科博士点学生发展与教育方向负责人。

成果名称	改革开放30年我国体育公共服务供给模式转型与现实选择
发表刊物	体育科学
字　　数	18千字
发表时间	2013年第2期
获奖等次	三等奖

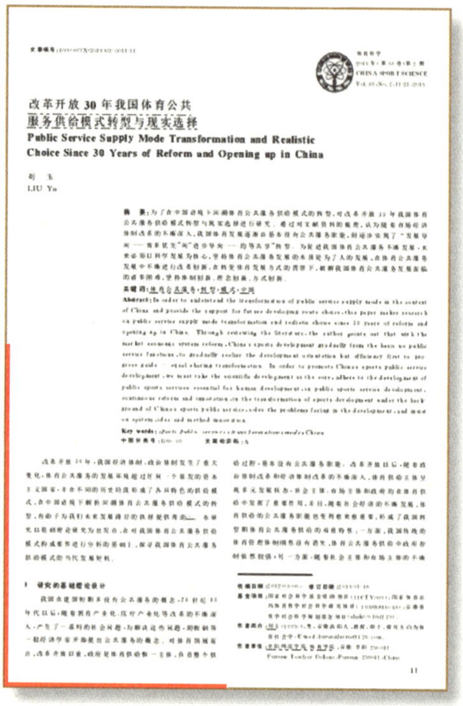

改革开放30年我国体育公共服务供给模式转型与现实选择

Public Service Supply Mode Transformation and Realistic Choice Since 30 Years of Reform and Opening up in China

刘　玉

LIU Yu

该成果在对我国体育公共服务供给模式构成要件进行深入分析的基础上，探寻我国体育公共服务供给模式的现实选择与当代发展契机。认为需要通过设计科学合理的体育管理部门和各级政府考核评价体制，加大对体育公共服务的投入，通过体育管理体制改革，确定体育公共服务供给在我国体育发展中的核心地位；不断加强和完善城乡一体化制度建设，以制度统一实现公民平等享有体育公共服务权利；在财政体制改革短期内无法完成现实情况下，建立体育公共服务专项转移支付制度，合理划分体育公共服务供给中地方和中央的责任，不断提高基本体育公共服务供给水平和均等化水平；不断完善体育公共服务治理结构，不断推进复合式体育公共服务供给模式的改革与创新；不断健全和完善体育公共服务需求表达机制和绩效评估体系，通过需示表达和绩效评估回应公众需求，切实提高体育公共服务绩效。

姓　　名	刘　玉
学　　历	大学本科
工作单位	阜阳师范大学
职　　称	教授
研究方向	体育社会学

刘　玉　1973年5月出生。主要从事体育社会学研究与教学。在《体育科学》等期刊发表论文40余篇，多篇论文被中国人民大学复印报刊资料全文转载；出版学术专著2部；主持国家社会科学基金项目3项，教育部哲学社会科学基金项目等省部级课题6项。现为阜阳师范大学体育学院院长，教授；国家哲学社会科学基金项目同行评议专家，安徽省哲学社会科学、安徽省体育社会科学基金项目、安徽省教育厅人文社科基金项目会议评审及同行评议专家；安徽省体育科学学会副理事长。

成果名称	走向软治理：基层政府治理能力建构
发表刊物	学术界
字　　数	12千字
发表时间	2014年第10期
获奖等次	三等奖

该成果以问题为导向，以能力—技术为分析框架，探讨了基层政府软治理能力建构路径。认为，随着基层社会治理需求的新变化，基层政府所惯用的单向度的硬治理工具和技术导致了基层政府治理能力弱化、虚化，难以有效地解决社会治理实践中涌现出的诸多新问题，降低了基层政府的治理效能，因此，需要转变治理方式，运用新的治理技术，提升基层政府治理能力，即强调要建构以社会文化价值共识的形塑能力、社会心理的干预疏导能力和社会合作共治的沟通协调能力为主要内容的软治理，来提升基层政府治理能力。该成果的有关观点先后被《行政与法》《华南师范大学学报》《领导科学论坛》等学术期刊发的论文引用。

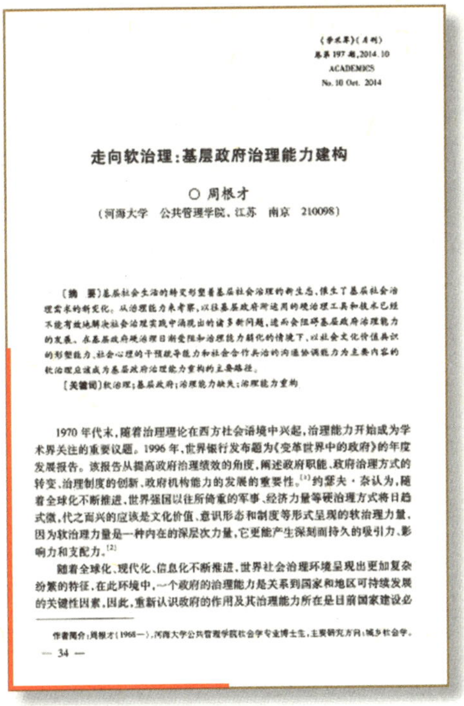

《学术界》（月刊）
总第197期，2014.10
ACADEMICS
No. 10 Oct. 2014

走向软治理：基层政府治理能力建构

○ 周根才
（河海大学　公共管理学院，江苏　南京　210098）

〔摘　要〕基层社会生活的转变形塑着基层社会治理的新生态，催生了基层社会治理需求的新变化。从治理能力来考察，以往基层政府所运用的硬治理工具和技术已经不能有效地解决社会治理实践中涌现出的诸多新问题，进而会阻碍基层政府治理能力的发展。在基层政府硬治理日渐受阻和治理能力弱化的情境下，以社会文化价值共识的形塑能力、社会心理的干预疏导能力和社会合作共治的沟通协调能力为主要内容的软治理应该成为基层政府治理能力重构的主要路径。

〔关键词〕软治理；基层政府；治理能力缺失；治理能力重构

1970年代末，随着治理理论在西方社会语境中兴起，治理能力开始成为学术界关注的重要议题。1996年，世界银行发布题为《变革世界中的政府》的年度发展报告。该报告从提高政府治理绩效的角度，阐述政府职能、政府治理方式的转变、治理制度的创新、政府机构能力的发展的重要性。[1]约瑟夫·奈认为，随着全球化不断推进，世界强国以往所倚重的军事、经济力量等硬治理方式将日趋式微，代之而兴的应该是文化价值、意识形态和制度等形式呈现的软治理力量，因为软治理力量是一种内在的深层次力量，它更能产生深刻而持久的吸引力、影响力和支配力。[2]

随着全球化、现代化、信息化不断推进，世界社会治理环境呈现出更加复杂纷繁的特征，在此环境中，一个政府的治理能力是关系到国家和地区可持续发展的关键性因素，因此，重新认识政府的作用及其治理能力所在是目前国家建设必

作者简介：周根才（1968—），河海大学公共管理学院社会学专业博士生，主要研究方向：城乡社会学。

姓　　名	周根才
学　　历	博士研究生
工作单位	中共长丰县委党校
职　　称	高级讲师
研究方向	基层社会治理

周根才　1968年10月出生。长期从事基层社会治理等研究。发表论文10余篇；主持和参与了民政部、教育部、安徽省政府与合肥市社会科学规划课题，其中民政部课题4项、教育部课题1项，安徽省政府重点课题1项，合肥市社科规划课题3项。现为中共长丰县委党校高级讲师；安徽省民政厅基层政权建设专家委员会成员，安徽省科学社会主义学会理事。

成果名称	课堂传授的逻辑
出 版 社	北京师范大学出版社
字　　数	260千字
出版时间	2014年5月
获奖等次	三等奖

该成果把传统课堂教学变革问题概括、简约为课堂传授的理解和应用问题，集中讨论课堂传授的机制及其可能性，重点考察教师在整个课堂教学活动中的地位、活动方式、范围以及可能的限度。弄清教师日常在课堂上实际做些什么、为什么如此做，然后再尝试探讨教师应该做些什么或怎么改进。成果侧重分析课堂传授的内部逻辑结构、内在适应力、实现的维度以及策略选择等问题。其中，逻辑结构显示课堂传授的运作框架，内在适应力显示课堂传授通过层次和分层自我调适维持广泛生存力，实现的维度则从讲授和对话两种话语形式体现出来，策略选择主要表现为目标合适性和教材使用方式的确立。课堂传授要解决的应用问题主要是僵化灌输与反僵化、反灌输两种力量和趋势在课堂传授内部的角力。两种趋势并存，教师比较好的选择是通过努力，自觉有意识地引导反僵化反灌输力量走向优势或胜利。

姓　　名	顾云虎
学　　历	博士研究生
工作单位	合肥师范学院
职　　称	教授
研究方向	课程与教学论、教师教育

顾云虎　1962年9月出生。主要从事课程与教学论，教师教育等研究，对本校课程开发、教学设计、教材知识处理、教学过程诊断与分析有较深入的研究。现为合肥师范学院教师教育学院教授；安徽省人文社会科学重点研究基地合肥师范学院“教师教育研究中心”兼职研究员。

成果名称	薛瑞萍母语课堂
出 版 社	广西师范大学出版社
字　　数	1200千字
出版时间	2014年8月
获奖等次	三等奖

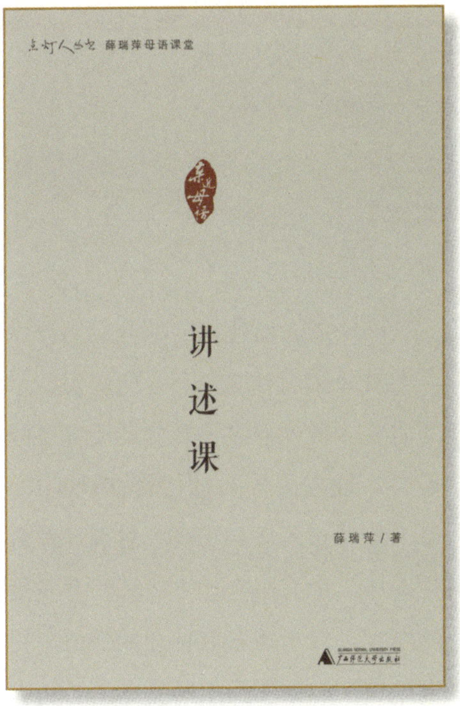

该成果包括《诵读课》《吟诵课》《写作课》《讲述课》《薛瑞萍教育教学问答》《薛瑞萍读教育理论》6本，前四本记录一届学生的母语学习、班级成长过程，体现了教育的连续性、真实性原则；后两本分别从具体方法和理论根据两个方面，汇总“术”与“道”，呈现儿童阅读课程化的真实状态，实现减轻学生课业负担、丰富母语学习生活的目的。全书用充满感染力的语言展现了一个温润的母语讲述课堂，并结合具体的教育情境，对儿童课堂讲述实践作了生动呈现。该成果对一线教师具有较强的参考作用，同时对家长的亲子阅读指导也有很大帮助，在同行和家长中具有较大影响。《薛瑞萍教育教学问答》《薛瑞萍读教育理论》成为很多教师入职或进修教材；《诵读课》《吟诵课》《写作课》《讲述课》是语文教师的专业培训材料。

姓　　名	薛瑞萍
学　　历	大学本科
工作单位	合肥市第62中学
职　　称	小学高级教师
研究方向	小学教育

薛瑞萍　1965年10月出生。合肥市第62中学小学部语文教师。2006年度全国十大读书推动人物之一。《人民教育》《中国教育报》《中国教师报》《小学语文教师》等媒体多次对其教育教学实践作过专题报道，在全国同行及家长中具有较大影响。著有《薛瑞萍母语课堂》《薛瑞萍班级日志》各6卷，教育随笔《给我一个班，我就心满意足了》和“看云读书”系列《薛瑞萍读诗经》《薛瑞萍教古诗》《薛瑞萍教童谣》《薛瑞萍读飞鸟集》。

成果名称	走向应用技术型：趋势与路径
发表报刊	光明日报
字　　数	2.6千字
发表时间	2014年12月16日
获奖等次	三等奖

教育周刊　职业教育
头条关注
走向应用技术型：趋势与路径
许正宏

该成果提出建设一部分应用技术型大学是我国高校实施分类发展的当务之急，走向应用技术型是完善职业教育体系的需要，是地方本科高校转型发展的需要，更是时代进步的需要。地方高校要加快转变认识，积极探索转型发展的接口、出口和入口，积极应对高等教育发展的新形势，主动抓住机遇，全力服务地方经济社会发展，在提高就业创业质量的同时，以贡献获取社会的支持。提出了地方高校向应用技术型大学转型不是“矮化办学历史、窄化办学空间”的理论依据，剖析了部分地方高校走向应用技术型的趋势与路径，强调服务地方经济社会发展是地方高校的理性选择。这对于提高地方高等教育支撑产业升级、技术进步和社会管理创新的能力，完善现代职业教育体系，促进高等教育特色发展，有着较强的实践指导价值。

姓　　名	许正宏
学　　历	大学本科
工作单位	安徽科技学院
职　　称	副院长
研究方向	高等教育发展与创新创业教育

许正宏　1965年7月出生。主要从事高等教育发展与创新创业教育等研究与教学。先后在《光明日报》发表文章7篇，在《中国教育报》和《安徽日报》发表文章3篇，在国家级二类以上核心期刊（CSSCI）发表论文2篇；主持或参与厅级以上科研和教研课题9项，参编十一五规划教材1部；曾参与《蚌埠蓝皮书》撰写。现为安徽科技学院创新创业教育学院副院长。曾获评“全国高等院校创新创业实践与研究先进个人”。

成果名称	抓金寨促安徽扶贫开发政策研究调研报告
采纳应用	安徽省扶贫开发工作办公室、安徽省农业农村厅等
字　　数	35千字
完成时间	2014年1月
获奖等次	三等奖

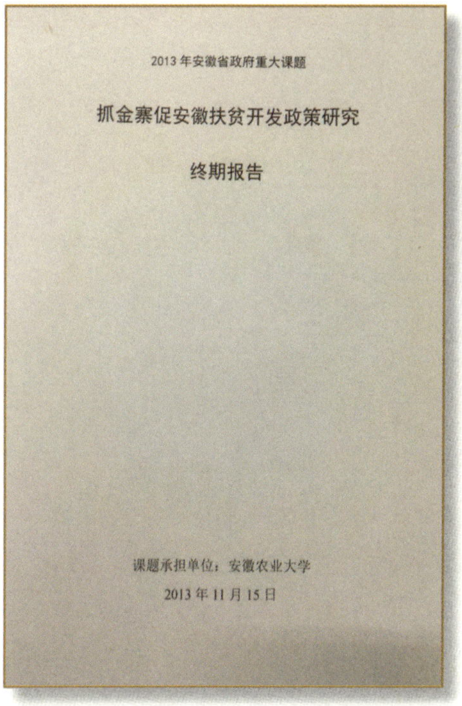
2013年安徽省政府重大课题

抓金寨促安徽扶贫开发政策研究

终期报告

课题承担单位：安徽农业大学

2013年11月15日

该调研报告系省政府2013年重大课题（课题编号：皖政研2013–5号），在系统研究革命老区、大别山集中连片开发特困地区核心区、国家级扶贫开发重点县——金寨县积极实施“5+1”扶贫开发工程成效，解决贫困地区的“山、水、人、业”四大问题所取得的七条基本经验的基础上，提出了新时期安徽省扶贫开发政策方案设计和8个方面、22条扶贫开发的政策建议。成果被省扶贫办、省农业农村厅等单位采纳应用。省委、省政府制定“关于坚决打赢脱贫攻坚战的决定”“做好农村最低生活保障制度与扶贫开发政策有效衔接”等文件，编制印发《安徽省“十三五”脱贫攻坚规划》《安徽省农业现代化推进规划（2016—2020）》及《安徽省脱贫攻坚期产业精准扶贫规划》等都采纳应用了本课题研究报告的相关内容。课题报告之一《安徽大别山区金融扶贫效果研究》发表于《华东经济管理》。

姓　　名	栾敬东
学　　历	博士研究生
工作单位	安徽农业大学
职　　称	教授
研究方向	农业经济与管理

栾敬东　1963年5月出生。长期从事农业经济与管理研究。表学术研究论文40多篇，主持2014年农业部软科学项目《农产品品牌建设问题研究》等10多项，承担《安徽省“十三五”农业农村经济发展规划》《安徽省现代农业推进规划》和《合肥市乡村振兴战略规划》等研究编制工作。现任安徽农业大学经济管理学院院长，教授、博士生导师；安徽省重点智库首席专家，教育部农业经济管理类专业教学指导委员会委员，安徽省第三批学术技术带头人；中国农业技术学会常务理事，安徽省农业经济学会副会长兼秘书长。

成果名称	安徽省应对气候变化规划思路研究
采纳应用	安徽省发展改革委
字　　数	19千字
完成时间	2013年11月
获奖等次	三等奖

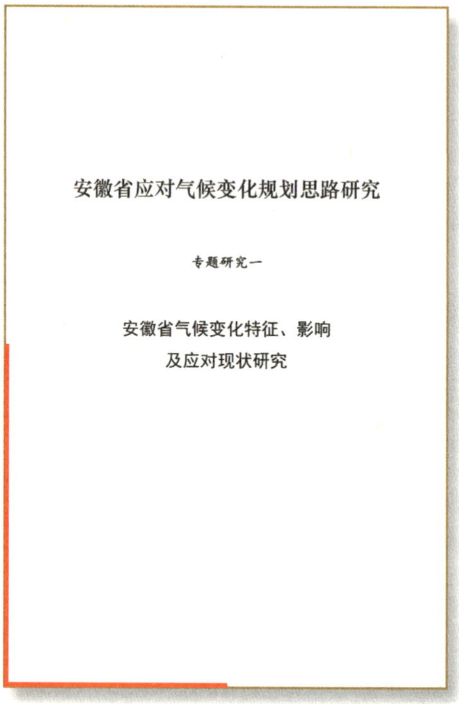
安徽省应对气候变化规划思路研究

专题研究一

安徽省气候变化特征、影响
及应对现状研究

该成果以近50年来的气象监测资料为依据，分析气候变化的特征和未来的气候变化趋势，研究气候变暖对安徽经济社会发展以及自然生态系统等方面产生的影响，在充分调研和广泛收集资料的基础上，估算安徽温室气体排放现状，研究重点行业和重点领域排放特征，分情景预测未来排放情况，分析落实国家下达安徽碳减排目标的可能性，研究安徽省应对气候变化的规划目标、量化指标、重点领域、主要任务。并从体制机制创新、健全法律法规、加强组织领导、加大财政支持力度、加强科技创新和提高公众意识等方面，研究应对气候变化的相关政策措施。成果具有创新性、前瞻性和指导性，为安徽省应对气候变化及低碳发展提供决策依据，为制定相关政策提供参考，为促进安徽省低碳绿色发展，建设资源节约型、环境友好型社会提供重要支撑。

姓　　名	蒋旭东
学　　历	硕士研究生
工作单位	安徽省经济研究院
职　　称	研究员
研究方向	资源环境经济学

蒋旭东　1968年10月出生。长期从事资源环境经济学研究。围绕资源环境、应对气候变化和低碳发展、主体功能区战略等，主持或参与完成省部级科技攻关和重点科研课题、重点规划编制近30项，发表学术论文近20篇。先后获安徽省科技进步奖二等奖1项、安徽省社科三等奖1项、国家发展改革系统优秀成果奖二等奖1项，获中国农业资源与区划学会科学技术奖一等奖1项、二等奖1项；获省直有关部门科学技术奖和优秀成果奖一、二等奖共8项。现任安徽省经济研究院副院长，合肥工业大学兼职教授；安徽省土地学会常务理事。享受国务院政府特殊津贴。

成果名称	新兴产业培育与发展研究——以安徽省为例
出 版 社	科学出版社
字 数	290千字
出版时间	2013年7月
获奖等次	三等奖

新兴产业是科学技术和产业深度融合的产物，既代表了科技创新的方向，也代表了产业演进的基本方向。世界各国各地区，在推进工业化过程中都以加快培育和发展新兴产业为重点，在新兴产业领域取得突破是每一个国家（地区）跻身世界先进行列的基本经验，是落后国家（地区）跨越式发展实现后来居上的有效途径。发展新兴产业，需要掌握新兴产业发展的机理与规律，借鉴国内外发展新兴产业的经验，立足新兴产业发展的现有基础，选择适合的生长模式，确定战略性新兴产业发展的优先顺序，厘清战略性新兴产业发展的思路，并完善政策支持体系。该成果以安徽为例，对这些问题进行了深入探讨。尤其是在分析安徽省新兴产业发展区域特征的基础上，从发挥产业政策引导作用的角度出发，提出发展安徽省新兴产业的财政、金融、人才、投资等政策措施。

姓 名	洪功翔
学 历	硕士研究生
工作单位	安徽工业大学
职 称	教授
研究方向	国有企业改革与发展、创新驱动与区域经济发展

洪功翔　1964年11月出生。主要从事国有企业改革与发展、创新驱动与区域经济发展研究。发表论文100余篇，出版教材、著作10余部；主持国家级项目3项，其中2项为国家社科基金重点项目；主持省部级项目16项、产学研合作项目18项。获得省部级奖项4项。现为安徽工业大学商学院党委书记，二级教授；安徽省学术技术带头人，安徽省宣传文化领域拔尖人才，安徽省教学名师；中华外国经济学说研究会常务理事，安徽省经济学会副会长，安徽省城市经济学会副会长。享受安徽省政府特殊津贴。

成果名称	苏联马克思主义哲学教育研究
出 版 社	中国社会科学出版社
字　　数	200千字
出版时间	2015年12月
获奖等次	三等奖

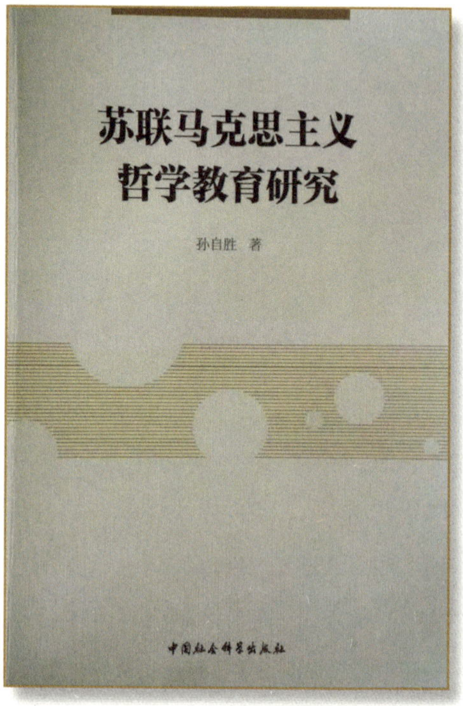

该成果认为，我国马克思主义哲学教育与苏联有很深的渊源关系，通过对苏联马克思主义哲学教育发展轨迹、基本特征、得与失的研究，揭示了苏联马克思主义哲学教育的整体图景。我国马克思主义哲学教育乃至思想政治教育的改革，从根本上说仍然是摆脱苏联哲学教育体系的探索。研究苏联马克思主义哲学教育，对我国意识形态建设、哲学教学体系改革和各种社会思潮引领，具有重要的启示意义。在我国马克思主义哲学教育改革中，关键在于能否正确认识苏联哲学教学体系，经过不断探索，才能超越苏联哲学教学体系，实现教育创新。在世界社会主义运动处于低谷和意识形态面临诸多思潮挑战的时代，我国马克思主义哲学教育的任务更加艰巨，理应不断吸取苏联应对社会思潮的经验和教训，正确认识和科学引领各种社会思潮，才能牢牢把握意识形态的主导权，走中国特色社会主义之路。

姓　　名	孙自胜
学　　历	博士研究生
工作单位	淮南师范学院
职　　称	副教授
研究方向	马克思主义中国化、思想政治教育

孙自胜　1971年12月出生。主要从事马克思主义中国化研究与思想政治教育研究。主持教育部人文社科规划基金项目1项，安徽省哲学社会科学规划办项目1项，省高校科学研究基金项目3项；在《科学社会主义》《江淮论坛》等核心期刊上发表论文20余篇；出版专著《苏联马克思主义哲学教育研究》，合著《马克思主义哲学范畴史述要》，参编教材《当代世界经济与政治》等。文章多次被相关杂志和专业网站收录、摘编。现为淮南师范学院马克思主义学院副教授；安徽省马克思主义哲学学会、哲学应用学会、政治学会会员。

成果名称	“三不”反腐机制思想及其对实现中国梦的意义
发表刊物	马克思主义研究
字　　数	9.8千字
发表时间	2016年第7期
获奖等次	三等奖

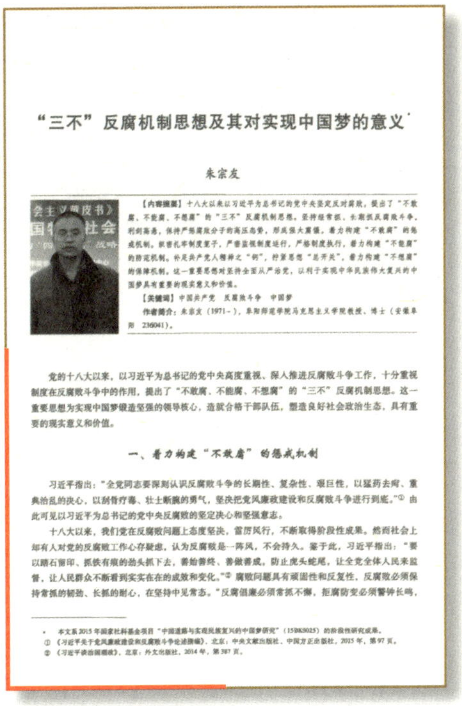

“三不”反腐机制思想及其对实现中国梦的意义*

朱宗友

【内容提要】十八大以来以习近平为总书记的党中央坚定反对腐败，提出了“不敢腐、不能腐、不想腐”的“三不”反腐机制思想。坚持经常抓、长期抓反腐败斗争，利剑高悬，保持严惩腐败分子的高压态势，形成强大震慑，着力构建“不敢腐”的惩戒机制。织密扎牢制度笼子，严密监视制度运行，严格制度执行，着力构建“不能腐”的防范机制。补足共产党人精神之“钙”，拧紧思想“总开关”，着力构建“不想腐”的保障机制。这一重要思想对坚持全面从严治党，以利于实现中华民族伟大复兴的中国梦具有重要的现实意义和价值。

【关键词】中国共产党　反腐败斗争　中国梦

作者简介：朱宗友（1971-），阜阳师范学院马克思主义学院教授、博士（安徽阜阳　236041）。

党的十八大以来，以习近平为总书记的党中央高度重视、深入推进反腐败斗争工作，十分重视制度在反腐败斗争中的作用，提出了“不敢腐、不能腐、不想腐”的“三不”反腐机制思想。这一重要思想为实现中国梦锻造坚强的领导核心，造就合格干部队伍，塑造良好社会政治生态，具有重要的现实意义和价值。

一、着力构建“不敢腐”的惩戒机制

习近平指出：“全党同志要深刻认识反腐败斗争的长期性、复杂性、艰巨性，以猛药去疴、重典治乱的决心，以刮骨疗毒、壮士断腕的勇气，坚决把党风廉政建设和反腐败斗争进行到底。”① 由此可见以习近平为总书记的党中央反腐败的坚定决心和坚强意志。

十八大以来，我们党在反腐败问题上态度坚决，雷厉风行，不断取得阶段性成果。然而社会上却有人对党的反腐败工作心存疑虑，认为反腐败是一阵风，不会持久。鉴于此，习近平指出：“要以踏石留印、抓铁有痕的劲头抓下去，善始善终、善做善成，防止虎头蛇尾，让全党全体人民来监督，让人民群众不断看到实实在在的成效和变化。”② 腐败问题具有顽固性和反复性，反腐败必须保持常抓的韧劲、长抓的耐心，在坚持中见常态。“反腐倡廉必须常抓不懈，拒腐防变必须警钟长鸣，

* 本文系2015年国家社科基金项目“中国道路与实现民族复兴的中国梦研究”（15BKS025）的阶段性研究成果。
① 《习近平关于党风廉政建设和反腐败斗争论述摘编》，北京：中央文献出版社、中国方正出版社，2015年，第97页。
② 《习近平谈治国理政》，北京：外文出版社，2014年，第387页。

党的十八大以来，以习近平同志为核心的党中央坚定反对腐败，提出了“不敢腐、不能腐、不想腐”的“三不”反腐机制思想。坚持经常抓、长期抓反腐败斗争，利剑高悬，保持严惩腐败分子的高压态势，形成强大震慑，着力构建“不敢腐”的惩戒机制。织密扎牢制度笼子，严密监视制度运行，严格制度执行，着力构建“不能腐”的防范机制。补足共产党人精神之“钙”，拧紧思想“总开关”，着力构建“不想腐”的保障机制。这一重要思想对坚持全面从严治党，以利于实现中华民族伟大复兴的中国梦具有重要的现实意义和价值。

姓　　名	朱宗友
学　　历	博士研究生
工作单位	阜阳师范大学
职　　称	教授
研究方向	马克思主义文化理论、中国特色社会主义理论、高校思想政治教育

朱宗友　1971年9月出生。主要从事马克思主义文化理论、中国特色社会主义理论与高校思想政治教育。现为阜阳师范大学马克思主义学院副院长，教授；中国列宁思想研究会理事，中国历史唯物主义学会会员，安徽省马克思主义学会常务理事，安徽省科学社会主义学会常务理事，阜阳师范大学学术委员会委员。

成果名称	方东美美学思想研究
出 版 社	黄山书社
字　　数	275千字
出版时间	2016年12月
获奖等次	三等奖

该成果是国家社科基金项目“现代新儒家美学的现代性研究”的阶段性成果之一。方东美是20世纪具有重大影响的哲学家、美学家，他以复兴中国传统文化为己任，是20世纪将传统生命美学进行现代转型的早期代表人物之一。该成果提炼了方东美美学思想的基本架构、本体论基础、研究方法、主体内容，对方东美独特的生命观、审美观、时空观、人格观及书写特色进行了细致梳理与分析。从中西比较会通的研究视角对方东美机体形上学、美善同体同构、中国美学的通性与特点、人与宇宙生命之理想蓝图等内容进行了深入研究、分析与评价，最终将方东美美学定位为中国传统价值论美学的现代开展，将方东美定位为中国现代生命美学的开创者，可与朱光潜、宗白华并称为现代中国“美学三慧”。

姓　　名	李春娟
学　　历	博士研究生
工作单位	合肥学院
职　　称	教授
研究方向	现代新儒家美学、现代中国美学

李春娟　1976年出生。主要从事现代新儒家美学与现代中国美学研究。先后在《浙江大学学报》《安徽大学学报》《学术界》《孔子研究》《河北学刊》《哲学与文化月刊》（中国台湾）《文化中国》（加拿大）等国内外学术期刊发表论文40余篇；主持国家社科基金项目、安徽省社科规划项目、安徽省教育厅人文社科重点项目等多项。现为合肥学院设计学院教授。

成果名称	梅洛-庞蒂具身性现象学研究
出 版 社	中国社会科学文献出版社
字　　数	231千字
出版时间	2016年3月
获奖等次	三等奖

知识论或说认识论一直是西方哲学史上的一个萦绕心际的问题。自笛卡尔以后，西方哲学认识论与本体论之间的关系发生了完全的转向。认识论不再是居于本体论之后的附属，而是本体是从构成一切的“能思”中获得它的确证。笛卡尔认为真正的知识是心灵的自身演绎，胡塞尔认为应该把思维性的意识活动与纯粹的思想区分开来。于是就产生了现象学的还原，以及把客观世界还原为心灵产物的先验主体。海德格尔摈弃胡塞尔纯粹形式的意识状态，并把胡塞尔的先验主体具体化为在生存中操劳的存在。海德格尔无法克服先验性，这就是梅洛–庞蒂现象学探究的价值与意义。身体与世界是交错的，没有内外侧之分的、单面的莫比乌斯带的同一。构成身体与世界的那个莫比乌斯带的单面就是身体的肉身。世界与肉身是结构上的互体。肉身哲学为世界存在之可能性提供了本体论上的承诺与说明。

姓　　名	燕　燕
学　　历	博士研究生
工作单位	淮北师范大学
职　　称	教授
研究方向	现象学、中西比较身体哲学、认知神经科学

燕　燕　1969年1月出生。主要从事现象学、中西比较身体哲学以及认知神经科学研究。现为淮北师范大学教授；2013年访学美国达特茅斯学院亚洲以及中东语文系，正在访学英国巴斯斯巴大学宗教与哲学研究所。

成果名称	中国城乡居民收入差距代际传递变动趋势：2002—2012
发表刊物	中国工业经济
字　　数	240千字
发表时间	2015年第3期
获奖等次	三等奖

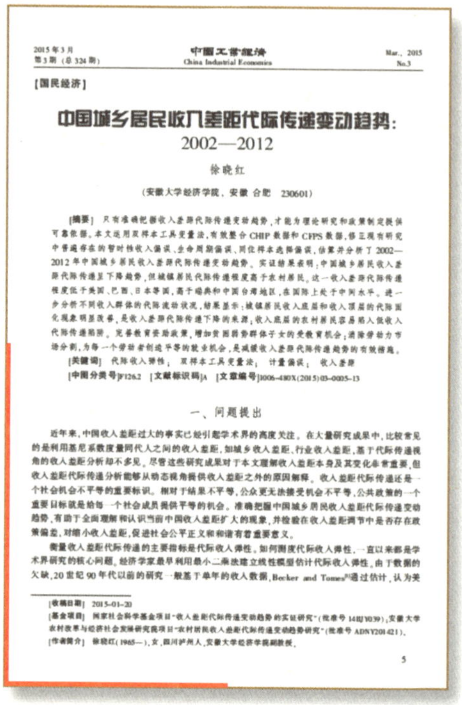

2015年3月
第3期（总324期）
中国工业经济
China Industrial Economics
Mar., 2015
No.3

[国民经济]

中国城乡居民收入差距代际传递变动趋势：2002—2012

徐晓红

（安徽大学经济学院，安徽 合肥 230601）

[摘要] 只有准确把握收入差距代际传递变动趋势，才能为理论研究和政策制定提供可靠依据。本文运用双样本工具变量法，有效整合CHIP数据和CFPS数据，修正现有研究中普遍存在的暂时性收入偏误、生命周期偏误、同住样本选择偏误，估算并分析了2002—2012年中国城乡居民收入差距代际传递变动趋势。实证结果表明：中国城乡居民收入差距代际传递呈下降趋势，但城镇居民代际传递程度高于农村居民。这一收入差距代际传递程度低于美国、巴西、日本等国，高于瑞典和中国台湾地区，在国际上处于中间水平。进一步分析不同收入群体的代际流动状况，结果显示：城镇居民收入底层和收入顶层的代际固化现象明显改善，是收入差距代际传递下降的来源；收入底层的农村居民容易陷入低收入代际传递陷阱。完善教育资助政策，增加贫困弱势群体子女的受教育机会；消除劳动力市场分割，为每一个劳动者创造平等的就业机会，是减缓收入差距代际传递趋势的有效措施。

[关键词] 代际收入弹性；双样本工具变量法；计量偏误；收入差距
[中图分类号]F126.2 [文献标识码]A [文章编号]1006-480X(2015)03-0005-13

一、问题提出

近年来，中国收入差距过大的事实已经引起学术界的高度关注。在大量研究成果中，比较常见的是利用基尼系数度量同代人之间的收入差距，如城乡收入差距、行业收入差距，基于代际传递视角的收入差距分析却不多见。尽管这些研究成果对于本文理解收入差距本身及其变化非常重要，但收入差距代际传递分析能够从动态视角提供收入差距之外的原因解释。收入差距代际传递还是一个社会机会不平等的重要标识。相对于结果不平等，公众更无法接受机会不平等，公共政策的一个重要目标就是给每一个社会成员提供平等的机会。准确把握中国城乡居民收入差距代际传递变动趋势，有助于全面理解和认识当前中国收入差距扩大的现象，并检验在收入差距调节中是否存在政策偏差，对缩小收入差距，促进社会公平正义和和谐有着重要意义。

衡量收入差距代际传递的主要指标是代际收入弹性。如何测度代际收入弹性，一直以来都是学术界研究的核心问题。经济学家最早利用最小二乘法建立线性模型估计代际收入弹性。由于数据的欠缺，20世纪90年代以前的研究一般基于单年的收入数据，Becker and Tomes[1]通过估计，认为美

[收稿日期] 2015-01-20
[基金项目] 国家社会科学基金项目“收入差距代际传递变动趋势的实证研究”（批准号14BJY039）；安徽大学农村改革与经济社会发展研究院项目“农村居民收入差距代际传递变动趋势研究”（批准号ADNY201421）。
[作者简介] 徐晓红（1965—），女，四川泸州人，安徽大学经济学院副教授。

该成果运用双样本工具变量法，有效整合两个最新微观家庭数据库，修正多重计量偏误，测度了2002—2012年中国城乡居民代际收入弹性，并与用同样方法测度的国际数据进行了比较，得出中国城乡居民收入差距代际传递呈下降趋势、传递程度在国际上处于中间水平以及收入底层的农村居民容易陷入低收入代际传递陷阱等结论。减缓收入差距代际传递趋势，论文提出三方面的政策建议：一是完善教育资助政策，增加贫困弱势群体子女的受教育机会；二是消除劳动力市场分割，为每一个劳动者创造平等的就业机会；三是借鉴国际经验，重视调节收入差距政策的实施效果。成果有助于全面理解和认识当前中国收入差距扩大的现象，并检验在收入差距调节中是否存在政策偏差，对缩小收入差距，促进社会公平正义与和谐具有重要意义。

姓　　名	徐晓红
学　　历	硕士研究生
工作单位	安徽大学
职　　称	教授
研究方向	收入分配

徐晓红　1965年10月出生。主要从事收入分配研究与教学。在《中国工业经济》、《经济学家》、*China Economist*等期刊独立或第一作者发表学术论文20余篇；主持国家社会科学基金一般项目“收入差距代际传递变动趋势的实证研究”、安徽省社科规划项目“农民工对安徽城乡居民收入的影响研究”等课题多项。现为安徽大学经济学院教授、博士生导师。

成果名称	公平与效率的权衡：中国财政体制改革的路径选择
发表刊物	经济学家
字　　数	12千字
发表时间	2016年第3期
获奖等次	三等奖

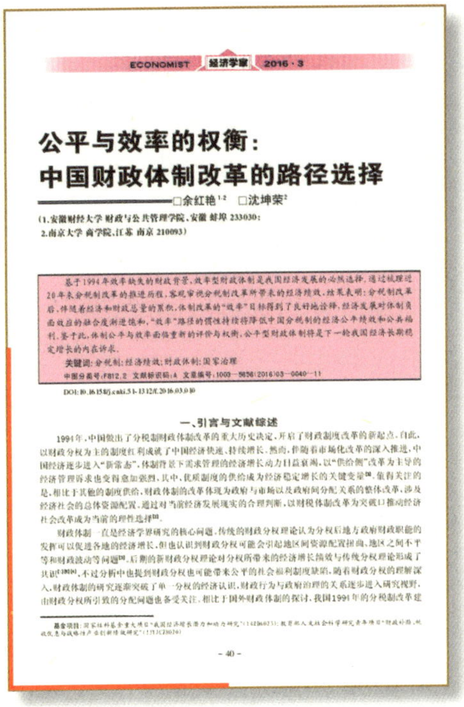
ECONOMIST 经济学家 2016·3

公平与效率的权衡：
中国财政体制改革的路径选择

□余红艳[1,2]　□沈坤荣[2]
（1.安徽财经大学 财政与公共管理学院，安徽 蚌埠 233030；
2.南京大学 商学院，江苏 南京 210093）

基于1994年效率缺失的财政背景，效率型财政体制是我国经济发展的必然选择。通过梳理近20年来分税制改革的推进历程，客观审视分税制改革所带来的经济绩效。结果表明：分税制改革后，伴随着经济和财政总量的累积，体制改革的"效率"目标得到了良好地诠释，经济发展对体制负面效应的融合度渐进饱和，"效率"路径的惯性持续将降低中国分税制的经济公平绩效和公共福利。鉴于此，体制公平与效率面临重新的评价与权衡，公平型财政体制将是下一轮我国经济长期稳定增长的内在诉求。

关键词：分税制；经济绩效；财政体制；国家治理
中图分类号：F812.2　文献标识码：A　文章编号：1003—5656(2016)03—0040—11
DOI:10.16158/j.cnki.51-1312/f.2016.03.010

一、引言与文献综述

1994年，中国做出了分税制财政体制改革的重大历史决定，开启了财政制度改革的新起点。自此，以财政分权为主的制度红利成就了中国经济快速、持续增长。然而，伴随着市场化改革的深入推进，中国经济逐步进入"新常态"，体制背景下需求管理的经济增长动力日益衰竭，以"供给侧"改革为主导的经济管理诉求也变得愈加强烈。其中，优质制度的供给成为经济稳定增长的关键变量[1]。值得关注的是，相比于其他的制度供给，财政体制的改革体现为政府与市场以及政府间分配关系的整体改革，涉及经济社会的总体资源配置。通过对当前经济发展现实的合理判断，以财税体制改革为突破口推动经济社会改革成为当前的理性选择[2]。

财政体制一直是经济学界研究的核心问题。传统的财政分权理论认为分权后地方政府财政职能的发挥可以促进各地的经济增长，但也认识到财政分权可能会引起地区间资源配置扭曲、地区之间不平等和财政波动等问题[3]。后期的新财政分权理论对分权所带来的经济增长绩效与传统分权理论形成了共识[4][5][6]，不过分析中也提到财政分权也可能带来公平的社会福利制度缺陷。随着财政分权的理解深入，财政体制的研究逐渐突破了单一分权的经济认识，财政行为与政府治理的关系逐步进入研究视野，由财政分权所引致的分配问题也备受关注。相比于国外财政体制的探讨，我国1994年的分税制改革建

基金项目：国家社科基金重大项目"我国经济增长潜力和动力研究"（14ZDA023）；教育部人文社会科学研究青年项目"财政补贴、财政优惠与战略性产业创新绩效研究"（13YJC790020）

该成果通过梳理近20年来分税制改革的推进历程，客观审视分税制改革所带来的经济绩效。基于供给侧结构性改革背景下的体制约束现实，遵循从事实矛盾、问题分析到结论优化的逻辑布局，以"效率型"财政体制的事实特征和历史演变为逻辑起点，检验效率型财政体制所带来的公平损失面向。理论上，论文触及财政体制核心问题，以分税制演进为中心做初步探索，从效率与公平维度探讨体制变革与经济增长绩效的逻辑关系，对总体框架上健全中国财政体制理论和建立现代财政制度有所裨益。从现实看，以财政体制改革为主线推动国家治理是中国经济社会领域的重要课题，文中关于公平型财政体制所提出的五个面向指明了当前财政体制的约束条件，为财政体制改革设计与积极推进提供较好的依据与参考。

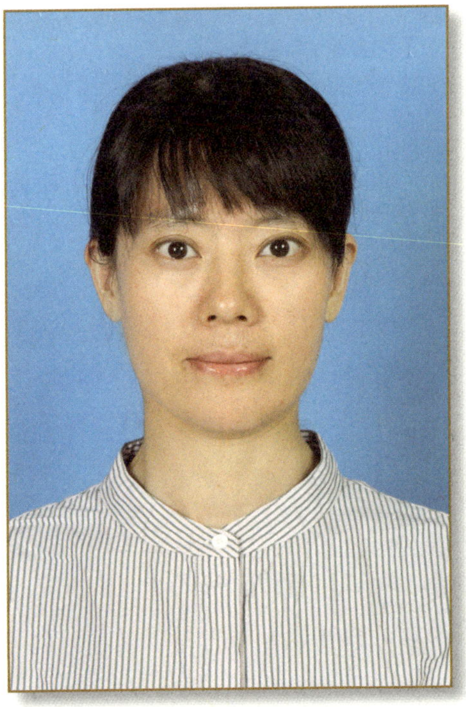

姓　　名	余红艳
学　　历	博士研究生
工作单位	安徽财经大学
职　　称	副教授
研究方向	财税理论与经济增长、预算理论与政策

余红艳　1980年5月出生。主要从事财税理论与经济增长、预算理论与政策研究与教学。主持安徽省哲学社会科学规划项目、中国博士后科学基金面上项目、安徽高校人文社会科学研究重点项目、安徽省高校省级优秀青年人才基金项目等；在《经济学家》《经济理论与经济管理》《税务研究》《财贸研究》等期刊发表论文20余篇，有3篇论文被中国人民大学复印报刊资料全文转载。现为安徽财经大学财政与公共管理学院副教授。

成果名称	我国农村空心化问题的治理研究
出版社	经济科学出版社
字数	200千字
出版时间	2016年12月
获奖等次	三等奖

该成果包括以下六方面内容，一是归纳整理了中外农村空心化理论研究和实践治理方面的文献和资料，分析阐述了农村空心化的内涵特征、形成机制以及不利影响，总结了中外农村空心化综合治理的实践经验。二是结合我国新时期农村经济社会发展实践，分析提出我国农村空心化的表现，并详细阐述其具体特征，揭示农村空心化给我国经济社会发展带来的不利影响。三是根据我国农村劳动力转移过程及其表现，将我国农村空心化的演化历程分为6个阶段。四是在实地调研的基础上，结合江苏、安徽和甘肃三省典型区域经济社会发展实际，测算分析农村空心化率，并进行比较研究。五是分析提出城乡经济统筹的目标、路径和模式。六是分析研究安徽省现阶段农村人口空心化、村庄空心化以及产业空心化的表现和机制，并提出安徽省解决农村空心化问题的政策措施。

姓名	朱道才
学历	博士研究生
工作单位	安徽财经大学
职称	教授
研究方向	农村经济、区域发展

朱道才　1966年11月出生。主要从事农村经济、区域发展研究。出版著作5部，发表学术论文百余篇，主持全国哲学社会科学基金一般项目、重大项目子课题、重点项目各1项，省社科规划项目2项；获省社科奖三等奖2次。现为安徽财经大学教授、硕士生导师；全国优秀社会科学普及专家，全国哲学社会科学基金项目同行评议专家，安徽省农业农村项目评审专家；安徽财经大学第一届学科带头人，安徽财经大学第三届学术委员会委员。

成果名称	中国城市群协调发展研究——基于竞争与合作的视角
出版社	中国商业出版社
字数	250千字
出版时间	2015年6月
获奖等次	三等奖

该书沿着从抽象到具体的逻辑思路，运用区域经济学、空间经济学、新兴古典经济学和生态学等多学科的相关理论和研究视角，分析了引起城市群之间存在竞争关系的原因——城市群辐射区域的变化以及资源禀赋的制约、通过构建理论模型说明了城市群间从良性竞争走向无序竞争的可能性。为了消除城市群间无序竞争给经济发展带来的阻滞效应，利用共生与分工协作理论论证了城市群合作发展的必要性，并指出协作收益的分配是否合理将成为城市群共生态是延续还是瓦解的关键。该成果以城市群的竞争与合作为切入点，研究城市群由无序竞争转化为有序竞争的途径，寻找符合中国实际的城市群间竞争与合作的模式，将分工协作理论引入城市群的发展中，从而建立起一套完整的城市群竞争与合作的分析框架。

姓名	周加来
学历	硕士研究生
工作单位	安徽财经大学
职称	教授
研究方向	城市经济学、区域经济学

周加来 1963年9月出生。主要从事城市经济学和区域经济学研究。主持国家社科重大项目、一般项目各1项，多次获省部级以上奖励。现为安徽财经大学校党委常委、副校长，教授；国家社会科学基金理论经济学科组评审专家，教育部高等学校经济学专业教学指导委员会委员；中国宏观经济管理教育学会副秘书长，中国区域经济学会理事，中国城市经济学会常务理事，全国经济地理学会副会长；安徽省学术与技术带头人，安徽省教学名师，安徽城市经济学会会长。享受国务院政府特殊津贴。

成果名称	中国贸易顺差研究：结构、效应与可持续性
出 版 社	中国科学技术大学出版社
字　　数	242千字
出版时间	2016年1月
获奖等次	三等奖

该成果研究内容为：①相关文献回顾及评述；②贸易顺差的基本理论；③中国贸易顺差结构；④中国贸易顺差的影响因素及效应；⑤中国贸易顺差的可持续性的实证分析；⑥中国对外贸易顺差的国际比较。特点：一是以日本和德国为例，对我国对外贸易顺差进行了国际比较，提出了解决当前我国对外贸易顺差的政策选择、调整与搭配方案。二是关于贸易顺差可持续性研究的创新。该成果采取内生结构突变，采用数据样本是月度数据，以得到比使用年度数据样本更准确的结构突变时间点，把可持续性进一步分为强可持续性和弱可持续性。三是贸易工业制成品的分类更加细化。该成果理论贡献：一是推动相应的国际贸易理论在中国的实证应用；二是丰富了国际贸易理论并促进其发展；三是为相关学者研究提供了学术参考。

姓　　名	殷功利
学　　历	博士研究生
工作单位	安庆师范大学
职　　称	副教授
研究方向	国际贸易理论与政策

殷功利　1974年12月出生。主要从事国际贸易理论与政策研究。在《国际贸易》《当代财经》《江西社会科学》等学术期刊发表论文20余篇；出版专著2部，主编安徽省十三五规划教材《国际贸易理论与政策》《世界经济概论》；主持安徽省高校人文社会科学研究重点项目1项，主持安徽省高等学校省级质量工程2项。现为安庆师范大学副教授、硕士研究生导师；安庆师范学院“经济与社会发展所”成员。曾访学美国纽约州拿撒勒大学。

成果名称	马克思主义广义转型理论及模型新探
发表刊物	马克思主义研究
字　　数	15千字
发表时间	2016年第2期
获奖等次	三等奖

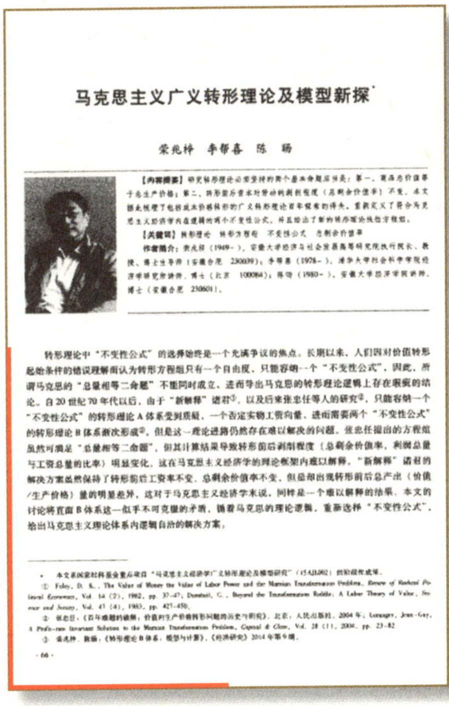
马克思主义广义转形理论及模型新探*

荣兆梓　李帮喜　陈　旸

【内容摘要】研究转形理论必须坚持的两个基本命题应当是：第一，商品总价值等于总生产价格；第二，转形前后资本对劳动的剥削程度（总剩余价值率）不变。本文据此梳理了包括成本价格转形的广义转形理论百年探索的得失，重新定义了符合马克思主义经济学内在逻辑的两个不变性公式，并且给出了新的转形理论线性方程组。

【关键词】转形理论　转形方程组　不变性公式　总剩余价值率

作者简介：荣兆梓（1949- ），安徽大学经济与社会发展高等研究院执行院长、教授、博士生导师（安徽合肥　230039）；李帮喜（1978- ），清华大学社会科学学院经济学研究所讲师，博士（北京　100084）；陈旸（1980- ），安徽大学经济学院讲师，博士（安徽合肥　230601）。

转形理论中“不变性公式”的选择始终是一个充满争议的焦点。长期以来，人们因对价值转形起始条件的错误理解而认为转形方程组只有一个自由度，只能容纳一个“不变性公式”，因此，所谓马克思的“总量相等二命题”不能同时成立，进而导出马克思的转形理论逻辑上存在瑕疵的结论。自20世纪70年代以后，由于“新解释”诸君①，以及后来张忠任等人的研究②，只能容纳一个“不变性公式”的转形理论A体系受到质疑，一个否定实物工资向量，进而需要两个“不变性公式”的转形理论B体系渐次形成③。但是这一理论进路仍然存在难以解决的问题。张忠任提出的方程组虽然可满足“总量相等二命题”，但其计算结果导致转形前后剥削程度（总剩余价值率，利润总量与工资总量的比率）明显变化，这在马克思主义经济学的理论框架内难以解释。“新解释”诸君的解决方案虽然保持了转形前后工资率不变、总剩余价值率不变，但是却出现转形前后总产出（价值/生产价格）量的明显差异，这对于马克思主义经济学来说，同样是一个难以解释的结果。本文的讨论将直面B体系这一似乎不可克服的矛盾，循着马克思的理论逻辑，重新选择“不变性公式”，给出马克思主义理论体系内逻辑自洽的解决方案。

* 本文系国家社科基金重点项目“马克思主义经济学广义转形理论及模型研究”（15AJL002）的阶段性成果。

① Foley, D. K., The Value of Money the Value of Labor Power and the Marxian Transformation Problem, *Review of Radical Political Economics*, Vol. 14 (2), 1982, pp. 37-47; Duménil, G., Beyond the Transformation Riddle: A Labor Theory of Value, *Science and Society*, Vol. 47 (4), 1983, pp. 427-450.

② 张忠任：《百年难题的破解：价值向生产价格转形问题的历史与研究》，北京：人民出版社，2004年；Loranger, Jean-Guy, A Profit-rate Invariant Solution to the Marxian Transformation Problem, *Capital & Class*, Vol. 28 (1), 2004, pp. 23-82.

③ 荣兆梓、陈旸：《转形理论B体系：模型与计算》，《经济研究》2014年第9期。

·66·

该成果根据研究转型理论必须坚持的两个基本命题，梳理了包括成本价格转形的广义转形理论百年探索的得失，重新定义了符合马克思主义经济学内在逻辑的两个不变性公式，并且给出了新的转形理论线性方程组。详细分析了只能容纳一个不变性公式的转形理论A体系的理论偏误及其根源和能容纳两个不变性公式的转形理论B体系的进展与困境，给出了不变性公式的重新选择与转形新方程——转形问题C体系。提出了解决转形问题的新思路，能更好地解释作为现象的均衡价格体系与作为本质的商品价值之间的内在逻辑关系，其中包含的全部数量关系，在马克思主义经济学体系内是逻辑自洽的，劳动价值论可以甩下“百年难题”的包袱。成果先后被《世界经济》2016年第12期、《政治经济学报》2017年第2期、《经济纵横》2017年第10期相关论文引用为参考文献。

姓　　名	荣兆梓
学　　历	大学本科
工作单位	安徽大学
职　　称	教授
研究方向	经济学所有制理论、企业理论

荣兆梓　1949年4月出生。长期从事经济学所有制理论、企业理论研究。在《经济研究》《经济学动态》《改革》《中国经济问题》等刊物发表论文百余篇；著有《企业性质研究》《现代企业制度：借鉴与探索》等专著多部。曾任安徽大学经济学院院长、校学术委员会委员，武汉大学商学院博士生导师，中国科技大学兼职教师，安徽省政府咨询委员，全国马经史学会理事，多家上市公司独立董事，安徽省泛长三角区域经济合作研究会副会长，安徽省经济学会常务理事等。享受国务院政府特殊津贴。

成果名称	中等收入群体比重变动的因素分解——基于收入极化指数的经验证据
发表刊物	统计研究
字　　数	9.7千字
发表时间	2015年第2期
获奖等次	三等奖

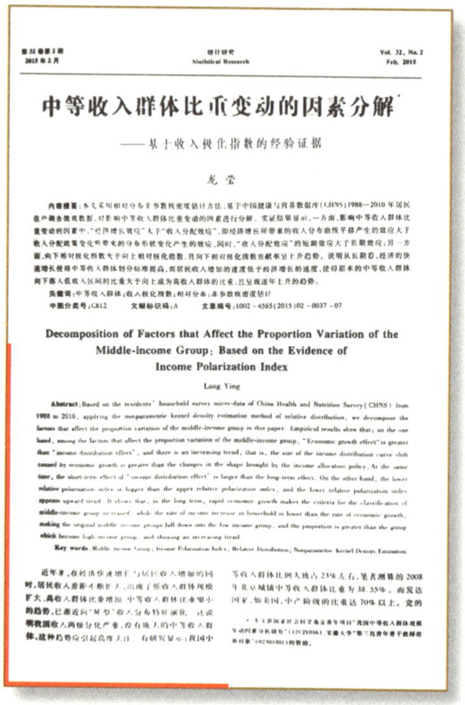
第32卷第2期 统计研究 Vol. 32, No. 2
2015年2月 Statistical Research Feb. 2015

中等收入群体比重变动的因素分解*

——基于收入极化指数的经验证据

龙 莹

内容提要：本文采用相对分布非参数核密度估计方法，基于中国健康与营养数据库（CHNS）1988—2010年居民住户调查微观数据，对影响中等收入群体比重变动的因素进行分解。实证结果显示，一方面，影响中等收入群体比重变动的因素中，“经济增长效应”大于“收入分配效应”，即经济增长所带来的收入分布曲线平移产生的效应大于收入分配政策变化所带来的分布形状变化产生的效应，同时，“收入分配效应”的短期效应大于长期效应；另一方面，向下相对极化指数大于向上相对极化指数，且向下相对极化指数贡献率呈上升趋势。说明从长期看，经济的快速增长使得中等收入群体划分标准提高，而居民收入增加的速度低于经济增长的速度，使得原本的中等收入群体向下落入低收入区间的比重大于向上成为高收入群体的比重，且呈现逐年上升的趋势。

关键词：中等收入群体；收入极化指数；相对分布；非参数核密度估计

中图分类号：C812 文献标识码：A 文章编号：1002-4565(2015)02-0037-07

Decomposition of Factors that Affect the Proportion Variation of the Middle-income Group: Based on the Evidence of Income Polarization Index

Long Ying

Abstract: Based on the residents' household survey micro-data of China Health and Nutrition Survey (CHNS) from 1988 to 2010, applying the nonparametric kernel density estimation method of relative distribution, we decompose the factors that affect the proportion variation of the middle-income group in this paper. Empirical results show that: on the one hand, among the factors that affect the proportion variation of the middle-income group, "Economic growth effect" is greater than "income distribution effect", and there is an increasing trend, that is, the size of the income distribution curve shift caused by economic growth is greater than the changes in the shape brought by the income allocation policy. At the same time, the short-term effect of "income distribution effect" is larger than the long-term effect. On the other hand, the lower relative polarization index is bigger than the upper relative polarization index, and the lower relative polarization index appears upward trend. It shows that, in the long term, rapid economic growth makes the criteria for the classification of middle-income group increased, while the rate of income increase in household is lower than the rate of economic growth, making the original middle-income groups fall down into the low-income group, and the proportion is greater than the group which become high-income group, and showing an increasing trend.

Key words: Middle-income Group; Income Polarization Index; Relative Distribution; Nonparametric Kernel Density Estimation

该成果采用相对分布非参数核密度估计方法，基于中国健康与营养数据库（CHNS）1988—2010年居民住户调查微观数据，对影响中等收入群体比重变动的因素进行分解。实证结果显示：一方面，影响中等收入群体比重变动的因素中，“经济增长效应”大于“收入分配效应”，即经济增长所导致的收入分布曲线平移的大小大于收入分配政策变化所带来的分布形状的变化，同时，“收入分配效应”的短期效应大于长期效应；另一方面，向下相对极化指数大于向上相对极化指数，且向下相对极化指数贡献率呈上升趋势。说明从长期看，经济的快速增长使得中等收入群体划分标准提高，而居民收入增加的速度低于经济增长的速度，使得原本的中等收入群体向下落入低收入区间的比重大于向上成为高收入群体的比重，且呈现逐年上升的趋势。

姓　　名	龙　莹
学　　历	博士研究生
工作单位	安徽大学
职　　称	副教授
研究方向	收入分配、宏观经济统计分析

龙　莹　1981年9月出生。主要从事收入分配研究和宏观经济统计分析研究。在《统计研究》《财贸研究》《中央财经大学学报》等核心期刊上发表学术论文多篇；出版专著1部，参编专著4部，参编教材1部；主持完成国家社会科学基金项目、国家统计局统计科研项目、安徽省自然科学基金项目和省社科规划项目各1项；参与国家社科基金重点项目、教育部人文社会科学基金等项目十余项。现为安徽大学副教授、博士生导师；中国统计教育学会理事，全国工业统计教学研究会理事。

成果名称	旅游业要素投入与资源配置效率——以安徽省区域旅游业为例
发表刊物	社会科学家
字　　数	8.7千字
发表时间	2015年第3期
获奖等次	三等奖

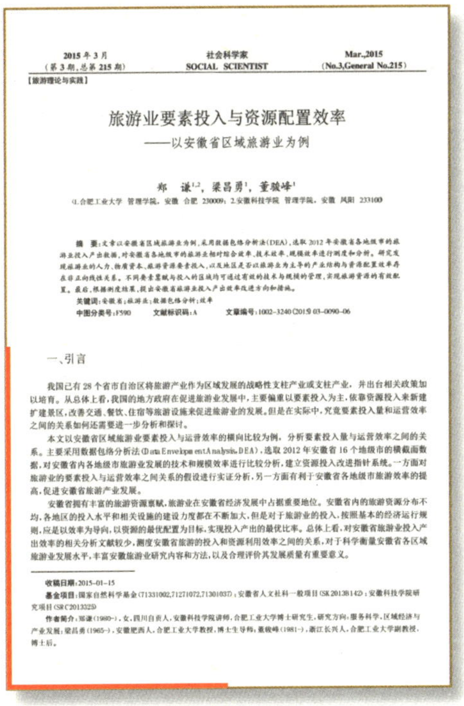

2015年3月（第3期，总第215期） 社会科学家 SOCIAL SCIENTIST Mar.,2015（No.3,General No.215）
【旅游理论与实践】

旅游业要素投入与资源配置效率

——以安徽省区域旅游业为例

郑　谦[1,2]，梁昌勇[1]，董骏峰[1]
（1.合肥工业大学 管理学院，安徽 合肥 230009；2.安徽科技学院 管理学院，安徽 凤阳 233100）

摘　要：文章以安徽省区域旅游业为例，采用数据包络分析法（DEA），选取2012年安徽省各地级市的旅游业投入产出数据，对安徽省各地级市的旅游业相对综合效率、技术效率、规模效率进行测度和分析。研究发现旅游业的人力、物质资本、旅游资源要素投入，以及地区是否以旅游业为主导的产业结构与资源配置效率存在非正向线性关系。不同要素禀赋与投入的区域均可通过有效的技术与规模的管理，实现旅游资源的有效配置。最后，根据测度结果，提出安徽省旅游业投入产出效率改进方向和措施。

关键词：安徽省；旅游业；数据包络分析；效率
中图分类号：F590　文献标识码：A　文章编号：1002-3240(2015)03-0090-06

一、引言

我国已有28个省市自治区将旅游产业作为区域发展的战略性支柱产业或支柱产业，并出台相关政策加以培育。从总体上看，我国的地方政府在促进旅游业发展中，主要偏重以要素投入为主，依靠资源投入来新建扩建景区，改善交通、餐饮、住宿等旅游设施来促进旅游业的发展。但是在实际中，究竟要素投入量和运营效率之间的关系如何还需要进一步分析和探讨。

本文以安徽省区域旅游业要素投入与运营效率的横向比较为例，分析要素投入量与运营效率之间的关系。主要采用数据包络分析法（Data Envelopment Analysis，DEA），选取2012年安徽省16个地级市的横截面数据，对安徽省内各地级市旅游业发展的技术和规模效率进行比较分析，建立资源投入改进指针系统。一方面对旅游业的要素投入与运营效率之间关系的假设进行实证分析，另一方面有利于安徽省各地级市旅游效率的提高，促进安徽省旅游产业发展。

安徽省拥有丰富的旅游资源禀赋，旅游业在安徽省经济发展中占据重要地位。安徽省内的旅游资源分布不均，各地区的投入水平和相关设施的建设力度都在不断加大，但是对于旅游业的投入，按照基本的经济运行规则，应是以效率为导向，以资源的最优配置为目标，实现投入产出的最优比率。总体上看，对安徽省旅游业投入产出效率的相关分析文献较少，测度安徽省旅游的投入和资源利用效率之间的关系，对于科学衡量安徽省各区域旅游业发展水平，丰富安徽旅游业研究内容和方法，以及合理评价其发展质量有重要意义。

收稿日期：2015-01-15
基金项目：国家自然科学基金（71331002，71271072，71301037）；安徽省人文社科一般项目（SK2013B142）；安徽科技学院研究项目（SRC2013325）
作者简介：郑谦（1980-），女，四川自贡人，安徽科技学院讲师，合肥工业大学博士研究生，研究方向：服务科学，区域经济与产业发展；梁昌勇（1965-），安徽肥西人，合肥工业大学教授，博士生导师；董骏峰（1981-），浙江长兴人，合肥工业大学副教授，博士后。

该成果以安徽省区域旅游业为例，采用数据包络分析法（DEA），选取2012年各地级市的旅游业投入产出数据，对旅游业相对综合效率、技术效率、规模效率进行测度和分析。研究发现，旅游业的人力、物质资本、旅游资源要素投入，以及地区是否以旅游业为主导的产业结构与资源配置效率存在非正向线性关系。根据测度结果，提出安徽省旅游业投入产出效率改进方向和措施。成果贡献：一是丰富了DEA分析法在地区旅游业资源配置效率方面的应用；二是研究发现高旅游业的投入规模、旅游资源分布以及旅游业在地区产业结构的占比，并不能产生高旅游业资源配置效率；三是旅游业资源配置效率具有地区差异性。成果对系统了解各地级市旅游资源的配置情况，促进全省旅游业资源配置效率提高提供了路径参考。

姓　　名	郑　谦
学　　历	博士研究生
工作单位	安徽科技学院
职　　称	副教授
研究方向	信息技术产业、信息管理和农业信息化

郑　谦　1980年11月出生。长期从事信息技术产业、信息管理和农业信息化等领域的研究。先后主持安徽省软科学项目、安徽省社科规划办项目、安徽省社会科学创新发展研究课题攻关项目等省部级项目3项；省教育厅社科项目、优秀青年人才项目等项目4项；主持省级重点教研项目2项。发表学术论文20余篇。现为安徽科技学院管理学院管理系教研室副主任，副教授；全国休闲农业与乡村旅游专家库专家，全国质量管理工程专业联席会常务理事。获得省级教学成果一等奖1项，入选“安徽科技学院中青年学科带头人培养对象”。

成果名称	战略性新兴产业情境下的企业商业模式动态转换：基于太阳能光伏企业案例
发表刊物	管理评论
字　　数	18.7千字
发表时间	2015年第11期
获奖等次	三等奖

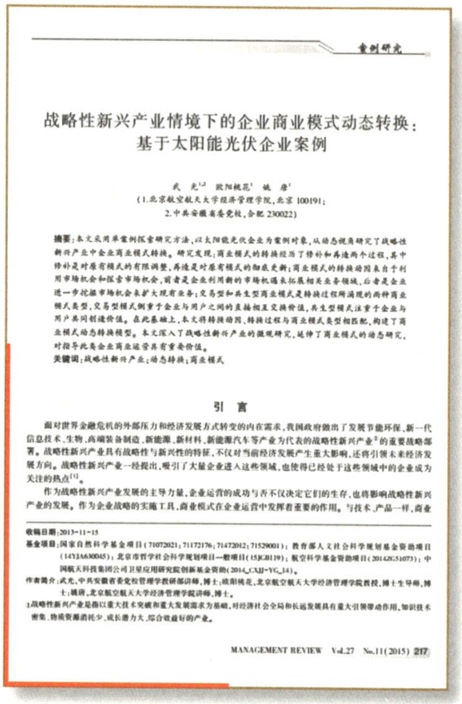

案例研究

战略性新兴产业情境下的企业商业模式动态转换：
基于太阳能光伏企业案例

武　光[1,2]　欧阳桃花[1]　姚　唐[1]
（1.北京航空航天大学经济管理学院，北京 100191；
2.中共安徽省委党校，合肥 230022）

摘要：本文采用单案例探索研究方法，以太阳能光伏企业为案例对象，从动态视角研究了战略性新兴产业中企业商业模式转换。研究发现：商业模式的转换经历了修补和再造两个过程，其中修补是对原有模式的有限调整，再造是对原有模式的彻底更新；商业模式的转换动因来自于利用市场机会和探索市场机会，前者是企业利用新的市场机遇来拓展相关业务领域，后者是企业进一步挖掘市场机会来扩大现有业务；交易型和共生型商业模式是转换过程所涌现的两种商业模式类型，交易型模式侧重于企业与用户之间的直接相互交换价值，共生型模式注重于企业与用户共同创造价值。在此基础上，本文将转换动因、转换过程与商业模式类型相匹配，构建了商业模式动态转换模型。本文深入了战略性新兴产业的微观研究，延伸了商业模式的动态研究，对指导此类企业商业运营具有重要价值。
关键词：战略性新兴产业；动态转换；商业模式

引　言

面对世界金融危机的外部压力和经济发展方式转变的内在需求，我国政府做出了发展节能环保、新一代信息技术、生物、高端装备制造、新能源、新材料、新能源汽车等产业为代表的战略性新兴产业[①]的重要战略部署。战略性新兴产业具有战略性与新兴性的特征，不仅对当前经济发展产生重大影响，还将引领未来经济发展方向。战略性新兴产业一经提出，吸引了大量企业进入这些领域，也使得已经处于这些领域中的企业成为关注的热点[1]。

作为战略性新兴产业发展的主导力量，企业运营的成功与否不仅决定它们的生存，也将影响战略性新兴产业的发展。作为企业战略的实施工具，商业模式在企业运营中发挥着重要的作用。与技术、产品一样，商业

收稿日期：2013-11-15
基金项目：国家自然科学基金项目（71072021；71172176；71472012；71529001）；教育部人文社会科学规划基金资助项目（14YJA630045）；北京市哲学社会科学规划项目一般项目（15JGB119）；航空科学基金资助项目（2014ZG51073）；中国航天科技集团公司卫星应用研究院创新基金资助（2014_CXJJ-YG_14）。
作者简介：武光，中共安徽省委党校管理学教研部讲师，博士；欧阳桃花，北京航空航天大学经济管理学院教授，博士生导师，博士；姚唐，北京航空航天大学经济管理学院讲师，博士。
①战略性新兴产业是指以重大技术突破和重大发展需求为基础，对经济社会全局和长远发展具有重大引领带动作用，知识技术密集、物质资源消耗少、成长潜力大、综合效益好的产业。

该成果以处于成长阶段的新兴企业商业模式为研究对象，结合动态研究与静态研究的优点，基于转换动因、转换过程和模式类型，构建了新兴企业商业模式转换模型，将商业模式类型与转换阶段之间建立匹配关系，将商业模式类型特征寓于模式的转换过程中。既揭示了新兴企业商业模式转换过程中的商业逻辑，还归纳了转换过程中所涌现的商业模式类型，将战略性新兴产业研究进一步拓展至微观层面。在实践应用方面，成果为战略性新兴产业领域的新兴技术企业通过商业模式获得发展提供有效的指导，提出新兴企业管理者要认识到商业模式动态性的本质，必须对政府政策、市场需求、技术主导范式等方面的变化始终保持精准的敏锐性。同时，不同的市场机会意味着不同的市场需求，不同的市场需求需要适配的商业模式来满足，而边界拓展已成为创新商业模式的重要内容。

姓　　名	武　光
学　　历	博士研究生
工作单位	中共安徽省委党校（安徽行政学院）
职　　称	副教授
研究方向	战略管理与技术创新管理

武　光　1978年11月出生。主要从事战略管理与技术创新管理研究。现为中共安徽省委党校（安徽行政学院）工商管理教研部副教授，安徽省商务厅流通领域专家库成员，安徽省委讲师团专家库青年宣讲名师。

成果名称	差错反感文化对员工创新行为的影响机制研究
发表刊物	管理学报
字　　数	12.8千字
发表时间	2015年第4期
获奖等次	三等奖

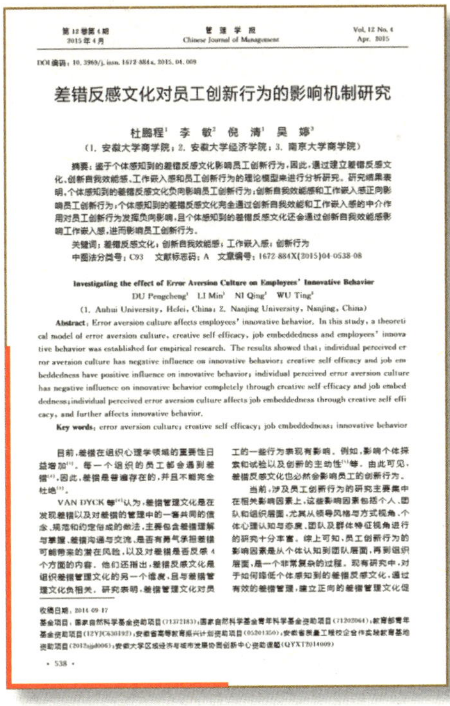
第12卷第4期 2015年4月 管理学报 Chinese Journal of Management Vol. 12 No. 4 Apr. 2015
DOI编码：10.3969/j.issn.1672-884x.2015.04.009

差错反感文化对员工创新行为的影响机制研究

杜鹏程[1] 李敏[2] 倪清[1] 吴婷[3]
（1. 安徽大学商学院；2. 安徽大学经济学院；3. 南京大学商学院）

摘要：鉴于个体感知到的差错反感文化影响员工创新行为，因此，通过建立差错反感文化、创新自我效能感、工作嵌入感和员工创新行为的理论模型来进行分析研究。研究结果表明，个体感知到的差错反感文化负向影响员工创新行为；创新自我效能感和工作嵌入感正向影响员工创新行为；个体感知到的差错反感文化完全通过创新自我效能和工作嵌入感的中介作用对员工创新行为发挥负向影响，且个体感知到的差错反感文化还会通过创新自我效能感影响工作嵌入感，进而影响员工创新行为。

关键词：差错反感文化；创新自我效能感；工作嵌入感；创新行为
中图法分类号：C93　文献标志码：A　文章编号：1672-884X(2015)04-0538-08

Investigating the effect of Error Aversion Culture on Employees' Innovative Behavior

DU Pengcheng[1] LI Min[1] NI Qing[1] WU Ting[2]
(1. Anhui University, Hefei, China; 2. Nanjing University, Nanjing, China)

Abstract: Error aversion culture affects employees' innovative behavior. In this study, a theoretical model of error aversion culture, creative self-efficacy, job embeddedness and employees' innovative behavior was established for empirical research. The results showed that: individual perceived error aversion culture has negative influence on innovative behavior; creative self efficacy and job embeddedness have positive influence on innovative behavior; individual perceived error aversion culture has negative influence on innovative behavior completely through creative self-efficacy and job embeddedness; individual perceived error aversion culture affects job embeddedness through creative self efficacy, and further affects innovative behavior.

Key words: error aversion culture; creative self efficacy; job embeddedness; innovative behavior

目前，差错在组织心理学领域的重要性日益增加[1]。每一个组织的员工都会遇到差错[2]，因此，差错是普遍存在的，并且不能完全杜绝[3]。

VAN DYCK等[4]认为，差错管理文化是在发现差错以及对差错的管理中的一套共同的信念、规范和约定俗成的做法，主要包含差错理解与掌握、差错沟通与交流、是否有勇气承担差错可能带来的潜在风险，以及对差错是否反感4个方面的内容。他们还指出，差错反感文化是组织差错管理文化的另一个维度，且与差错管理文化负相关。研究表明，差错管理文化对员工的一些行为表现有影响。例如，影响个体探索和试验以及创新的主动性[5]等。由此可见，差错反感文化也必然会影响员工的创新行为。

当前，涉及员工创新行为的研究主要集中在相关影响因素上，这些影响因素包括个人、团队和组织层面，尤其从领导风格与方式视角、个体心理认知与态度、团队及群体特征视角进行的研究十分丰富。综上可知，员工创新行为的影响因素是从个体认知到团队层面，再到组织层面，是一个非常复杂的过程。现有研究中，对于如何降低个体感知到的差错反感文化，通过有效的差错管理，建立正向的差错管理文化促

收稿日期：2014-09-17
基金项目：国家自然科学基金资助项目(71372183)；国家自然科学基金青年科学基金资助项目(71202064)；教育部青年基金资助项目(12YJC630192)；安徽省高等教育振兴计划资助项目(05201350)；安徽省质量工程校企合作实践教育基地资助项目(2012sjjd006)；安徽大学区域经济与城市发展协同创新中心资助课题(QYXT2014009)

该成果以差错管理理论为基础，基于差错反感文化的视角，研究“差错反感文化如何影响员工创新行为”。以差错反感文化为自变量，以员工创新行为为因变量，以创新自我效能感和工作嵌入感作为中介变量，通过研究构建差错反感文化、创新自我效能感、工作嵌入感和员工创新行为关系模型，探讨了差错反感文化对员工创新行为的影响及影响机理。研究发现：个体感知到的差错反感文化负向影响员工创新行为，创新自我效能感和工作嵌入感正向影响员工创新行为。成果从个体层面上深入探讨了差错反感文化对员工创新行为的影响机理，不仅拓展了差错管理理论在企业创新活动中的应用领域，而且为后续研究提供了全新的研究视角，更重要的是打开了差错反感文化影响员工创新行为的机制“黑箱”，可为企业制定创新政策提供理论和实证依据。

姓　　名	杜鹏程
学　　历	博士研究生
工作单位	安徽大学
职　　称	教授
研究方向	人力资源开发与管理、技术创新管理等

杜鹏程　1964年10月生。主要从事人力资源开发与管理、技术创新管理、经济法律法规等领域的教学和研究。先后主持承担各类科研项目和教学研究项目41项，参与承担各类科研项目59项；发表学术论文多篇；主持编写或参与编写著作和教材11部。现任安徽大学商学院院长、党委书记，二级教授、博士生导师，安徽大学学术委员会委员；安徽省省级教学名师，安徽省学术和技术带头人；中国人力资源开发研究会理事，安徽省本科院校经管学科战略联盟副理事长等。

成果名称	Parrondo博弈 ——输的组合会赢
出 版 社	科学出版社
字　　数	300千字
出版时间	2016年9月
获奖等次	三等奖

Parrondo博弈不仅可以用来分析众多的非线性和反直觉现象，而且其自身也呈现出丰富的非线性、不确定性、自组织性和涌现性等复杂系统特征。本成果从模型、方法和应用三个维度对Parrondo博弈以及“输+输＝赢”的反直觉现象进行了研究，内容包括群体Parrondo博弈、网络Parrondo博弈和量子Parrondo博弈，分析了投票悖论、复杂网络演化的适应性、随机游走与初值效应等社会学和管理学中的有趣现象。成果首次基于Parrondo博弈模型阐述了生物进化过程中的“搅动机制”和“棘轮效应”；分析了网络拓扑结构和网络异质性对竞合行为方式适应性的影响，提出“网络演化带来群体福利”的观点；揭示了Parrondo博弈中“初值效应”“投票悖论”等新的反直觉现象；利用量子世界的数学模型解释人类社会中观察到的悖论行为。

姓　　名	谢能刚
学　　历	博士研究生
工作单位	安徽工业大学
职　　称	教授
研究方向	博弈论、优化设计方法、复杂系统

谢能刚　1970年12月出生。主要从事博弈论、优化设计方法、复杂系统等研究。先后主持国家自然科学基金、教育部人文社会科学基金、安徽省科技重大专项等30余项科研项目，获发明专利3项；出版学术专著3部；发表学术论文140余篇。现为安徽工业大学教授、博士生导师；美国*Mathematical Reviews*评论员，安徽省力学学会常务理事，《安徽工业大学学报》编委，安徽省院士专家联谊会会员。获教育部“新世纪优秀人才”“安徽省特支计划领军人才”“宝钢优秀教师奖”等荣誉称号。享受安徽省政府特殊津贴。

成果名称	均值-方差模型具有一般不确定性下的最优资产组合选择
发表刊物	中国管理科学
字　　数	15千字
发表时间	2015年第12期
获奖等次	三等奖

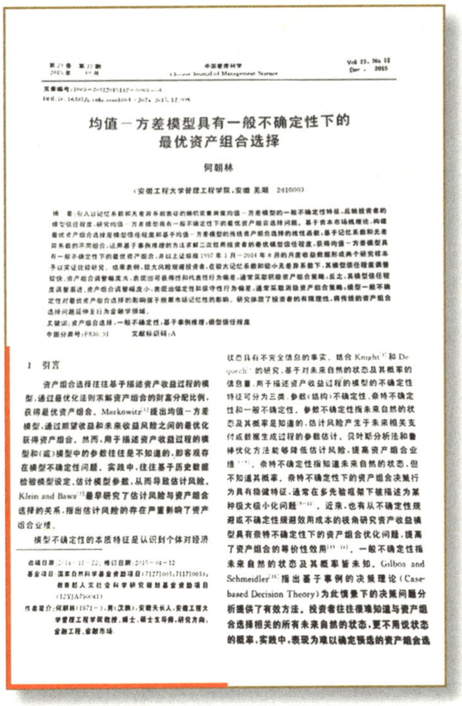
第23卷 第12期 2015年 12月 中国管理科学 Chinese Journal of Management Science Vol. 23, No. 12 Dec., 2015

均值－方差模型具有一般不确定性下的最优资产组合选择

何朝林

（安徽工程大学管理工程学院，安徽 芜湖 241000）

摘　要：引入以记忆系数和无差异系数表征的随机变量测度均值－方差模型的一般不确定性特征，反映投资者的模型信任程度，研究均值－方差模型具有一般不确定性下的最优资产组合选择问题。基于资本市场线理论，构建最优资产组合选择度模型信任程度和基于均值－方差模型的传统资产组合选择的线性函数；基于记忆系数和无差异系数的不同组合，运用基于事例推理的方法求解二次优化投资者的最优模型信任程度，获得均值－方差模型具有一般不确定性下的最优资产组合，并以上证综指1997年1月－2014年8月的月度收益数据形成两个研究样本予以实证比较研究。结果表明，较大风险规避投资者，在较大记忆系数和较小无差异系数下，其模型信任程度调整较快，资产组合调整幅度大，表现出可获得性和代表性行为偏差，通常采取积极资产组合策略；反之，其模型信任程度调整滞后，资产组合调整幅度小，表现出锚定性和保守性行为偏差，通常采取消极资产组合策略；模型一般不确定性对最优资产组合选择的影响强于股票市场记忆性的影响。研究体现了投资者的有限理性，将传统的资产组合选择问题延伸至行为金融学领域。

关键词：资产组合选择；一般不确定性；基于事例推理；模型信任程度
中图分类号：F830.91　　文献标识码：A

1　引言

资产组合选择往往基于描述资产收益过程的模型，通过最优化法则求解资产组合的财富分配比例，获得最优资产组合。Markowitz[1]提出均值－方差模型，通过期望收益和未来收益风险之间的最优化获得资产组合。然而，用于描述资产收益过程的模型和（或）模型中的参数往往是不知道的，即客观存在模型不确定性问题。实践中，往往基于历史数据检验模型设定、估计模型参数，从而导致估计风险。Klein and Bawa[2]最早研究了估计风险与资产组合选择的关系，指出估计风险的存在严重影响了资产组合业绩。

模型不确定性的本质特征是认识到个体对经济状态具有不完全信息的事实。结合Knight[3]和Dequech[4]的研究，基于对未来自然的状态及其概率的信息量，用于描述资产收益过程的模型的不确定性特征可分为三类：参数（结构）不确定性、奈特不确定性和一般不确定性。参数不确定性指未来自然的状态及其概率是知道的，估计风险产生于未来相关支付或数据生成过程的参数估计。贝叶斯分析法和鲁棒优化方法能够降低估计风险，提高资产组合业绩[5-8]。奈特不确定性指知道未来自然的状态，但不知道其概率。奈特不确定性下的资产组合决策行为具有稳健特征，通常在多先验框架下被描述为某种极大极小化问题[9-11]。近来，也有从不确定性规避或不确定性规避效用成本的视角研究资产收益模型具有奈特不确定性下的资产组合优化问题，提高了资产组合的等价性效用[12-14]。一般不确定性指未来自然的状态及其概率皆未知。Gilboa and Schmeidler[15]指出基于事例的决策理论（Case-based Decision Theory）为此情景下的决策问题分析提供了有效方法。投资者往往很难知道与资产组合选择相关的所有未来自然的状态，更不用说状态的概率。实践中，表现为难以确定预选的资产组合选

收稿日期：2014-11-22；修订日期：2015-04-12
基金项目：国家自然科学基金资助项目（71271003，71171003）；教育部人文社会科学研究规划基金资助项目（12YJA790041）
作者简介：何朝林（1971-），男（汉族），安徽天长人，安徽工程大学管理工程学院教授，博士，硕士生导师，研究方向：金融工程，金融市场.

该成果基于均值–方差模型，以表征资本市场预测功能的记忆系数和投资者财富效用的无差异系数，测度其一般不确定性特征，根据资本市场线理论，构建投资者资产组合优化模型，运用依据事例推理的方法获得模型最优解，洞悉投资者资产组合管理策略。最后，以上证综指1997年1月至2014年8月的月度收益数据，形成两个不同时间窗口的研究样本予以比较性实证。结果表明：一是资本市场记忆越弱、过去和现在同等财富水平下投资者效用差异越大，较强风险规避投资者表现出可获得性和代表性交易行为偏差，通常采取积极的资产组合管理策略。二是反之，较弱风险规避投资者表现出锚定性和保守性交易行为偏差，通常采取消极的资产组合管理策略。三是一般不确定性特征对资产组合优化和管理的影响强于资本市场记忆性。

姓　　名	何朝林
学　　历	博士研究生
工作单位	安徽工程大学
职　　称	教授
研究方向	资产定价、资产组合与投资者交易行为

何朝林　1971年8月出生。主要从事金融市场与金融工程等领域研究，聚焦于资产定价、资产组合与投资者交易行等研究方向。主持国家自然科学基金面上项目2项，国家软科学研究计划面上项目1项，教育部人文社会科学研究规划基金1项及多项政府委托课题；发表学术论文40余篇。现为安徽工程大学教授；中国系统工程协会金融工程分会理事，安徽省经济文化研究会理事，芜湖市经济形势分析委员会专家委员。

成果名称	国际法院解释领土条约的路径、方法及其拓展
发表刊物	法学研究
字　　数	30千字
发表时间	2015年第2期
获奖等次	三等奖

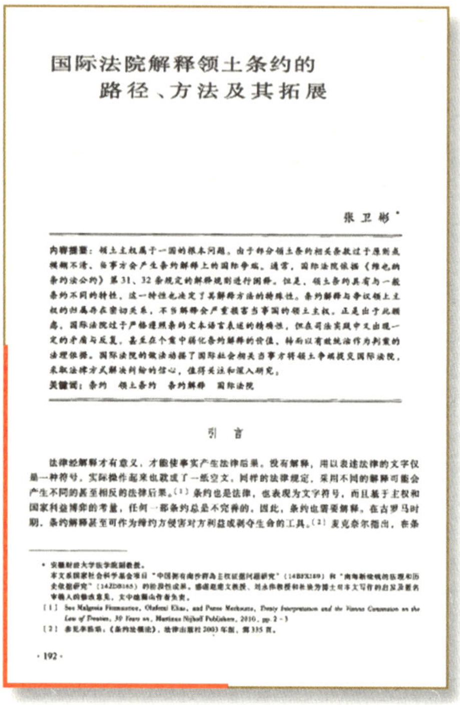
国际法院解释领土条约的
路径、方法及其拓展

张卫彬*

内容提要：领土主权属于一国的根本问题。由于部分领土条约相关条款过于原则或模糊不清，当事方会产生条约解释上的国际争端。通常，国际法院依据《维也纳条约法公约》第31、32条规定的解释规则进行阐释。但是，领土条约具有与一般条约不同的特性，这一特性也决定了其解释方法的特殊性。条约解释与争议领土主权的归属存在密切关系，不当解释会严重损害当事国的领土主权。正是出于此顾虑，国际法院过于严格遵照条约的文本语言表述的精确性，但在司法实践中又出现一定的矛盾与反复，甚至在个案中弱化条约解释的价值，转而以有效统治作为判案的法理依据。国际法院的做法动摇了国际社会相关当事方将领土争端提交国际法院，采取法律方式解决纠纷的信心，值得关注和深入研究。

关键词：条约　领土条约　条约解释　国际法院

引　言

法律经解释才有意义，才能使事实产生法律后果。没有解释，用以表述法律的文字仅是一种符号，实际操作起来也就成了一纸空文。同样的法律规定，采用不同的解释可能会产生不同的甚至相反的法律后果。[1] 条约也是法律，也表现为文字符号，而且基于主权和国家利益博弈的考量，任何一部条约总是不完善的。因此，条约也需要解释。在古罗马时期，条约解释甚至可作为缔约方侵害对方利益或剥夺生命的工具。[2] 麦克奈尔指出，在条

* 安徽财经大学法学院副教授。
本文系国家社会科学基金项目"中国拥有南沙群岛主权证据问题研究"（14BFX189）和"南海断续线的法理和历史依据研究"（14ZDB165）的阶段性成果。感谢赵建文教授、刘永伟教授和杜焕芳博士对本文写作的启发及匿名审稿人的修改意见，文中疏漏由作者负责。
[1] See Malgosia Fitzmaurice, Olufemi Elias, and Panos Merkouris, *Treaty Interpretation and the Vienna Convention on the Law of Treaties: 30 Years on*, Martinus Nijhoff Publishers, 2010, pp. 2-3.
[2] 参见李浩培：《条约法概论》，法律出版社2003年版，第335页。

· 192 ·

该成果主要通过比较、归纳、演绎和实证分析方法，经过严密论证将领土条约解释问题"升华"到理论高度，构造应然的领土条约解释规则。领土主权属于一国的根本问题。鉴于条约解释与争议领土主权的归属存在密切关系，因而国际法院过于严格遵照领土条约文本语言表述的精确性。但是，基于维持领土边界的稳定，国际法院不断尝试从条约法公约的相关规定中探求以"实际控制现状"作为判决前提条件的解释方法；甚至在个案中弱化条约解释的价值，转而以有效统治作为判案依据，在一定程度上动摇了当事方通过司法方式解决领土争端的信心。这对我国维护国家领土主权具有十分重要的启示意义。

姓　　名	张卫彬
学　　历	博士研究生
工作单位	安徽财经大学
职　　称	教授
研究方向	领土争端、证据法

张卫彬　1975年1月出生。先后主持国家社科基金项目、中国博士后基金项目、教育部人文社科基金项目多项；在《法学研究》等核心刊物上公开发表了学术论文数篇。现为安徽财经大学法学院院长，教授；中国国际法学会理事，安徽省法学会常务理事；入选安徽省学术与技术带头人后备人选；曾挂职蚌埠市中级人民法院副院长。

成果名称	回到科斯：法律经济学理论探源
出 版 社	法律出版社
字 数	229千字
出版时间	2016年9月
获奖等次	三等奖

该成果论证了产权界定是科斯定理有效的充分条件，科斯定理及其科斯定理的推论不存在逻辑上的错失。科斯定理乃至整个科斯思想，产权界定是其胚胎与酵母。当从交易成本为零的假想状态转换到交易成本为正的现实世界，界定产权成为定分止争、约束竞争的重要手段。产权界定就意味着资源转化为权利、资源配置转化为权利配置。这不仅实现了法学与经济学的对接，也是解决损害案件的重要步骤和必经阶段。科斯法律经济学在秉承社会总产品最大化的前提下，将生产的制度结构作为研究对象，该系统中任何一个影响因子的变动都有可能触动整个体系，影响交易成本。以交易成本界定产权具有客观真实性，符合局限条件下争取利益最大化的人类本性，具有自然法的意味。通过界定产权界分市场和国家的边界，为正确处理市场和国家的关系提供理论根据，有利于发挥市场在资源配置中的决定性作用，蕴含着法治精神。

姓 名	高永周
学 历	博士研究生
工作单位	安徽师范大学
职 称	副教授
研究方向	民商法学、法律经济学

高永周　1975年3月出生。主要从事民商法学和法律经济学研究。现任安徽师范大学法学院副院长，副教授；安徽省劳动法学研究会理事。获第二届方德法治研究三等奖；被评为2018年安徽师范大学第二届“最受欢迎的教师”。

成果名称	清代理藩院的法律功能研究
出 版 社	中国社会科学出版社
字　　数	270千字
出版时间	2016年12月
获奖等次	三等奖

理藩院是清帝国管理蒙古、回疆以及西藏地区民族事务的最高中央机构，其尚书主要由满族贵族担任，直接向皇帝负责。理藩院内部结构主要由理刑、柔远等六司组成，分掌少数民族地区的爵禄、朝贡、定界、官制、兵刑、户口、宗教等政令。理藩院内部先后设有内馆、外馆、蒙古学、唐古特学、托忒学、俄罗斯学等机构。此外还派司员和笔帖式等常驻少数民族地方，处理特定事务，定期轮换。理藩院的机构人员几乎都是既熟悉汉文化和汉语，也精通蒙古文化、西藏文化和回疆文化的精英，通晓少数民族语言，唯如此才能胜任繁重的民族立法与司法工作。理藩院在立法与司法过程中，既要把国家立法扩张到这些少数民族地区，又要适当地吸纳少数民族地区的民族习惯法，妥善解决国家法与民族习惯法之间的互动与博弈。终清之世，理藩院为清帝国有效地管控蒙古、回疆及西藏地区的民族事务做出巨大贡献。

姓　　名	马青连
学　　历	博士研究生
工作单位	安徽医科大学
职　　称	教授
研究方向	法理学、中国法制史、法律社会学

马青连　1968年11月出生。长期从事法理学、中国法制史、法律社会学研究与教学。近5年先后承担国家社科基金项目“清代非直省地区的法治问题研究”，国家卫计委委托项目“中日妇幼健康法律文件比较研究”，省社科规划项目“法社会学视野下安徽省非诉讼医患纠纷解决机制研究”和省社科专项“重塑和谐医患关系的‘医疗大同’”等；发表学术论文20多篇。现为安徽医科大学马克思主义学院法学系主任，教授；国家社科基金重点项目鉴定专家，安徽省社科规划项目评委；安徽省法理学会、法制史学会副会长。

成果名称	姚莹《谈艺图》与桐城派的江南传衍
发表刊物	北京大学学报
字　　数	12.8千字
发表时间	2016年第4期
获奖等次	三等奖

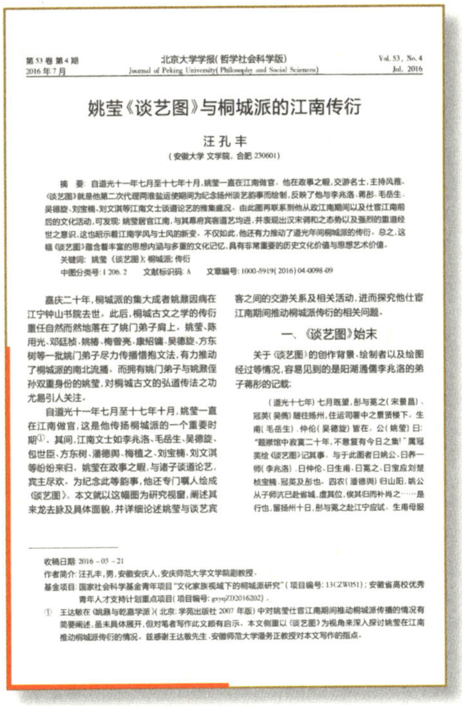

第53卷 第4期　北京大学学报(哲学社会科学版)　Vol. 53, No. 4
2016年7月　Journal of Peking University(Philosophy and Social Sciences)　Jul. 2016

姚莹《谈艺图》与桐城派的江南传衍

汪孔丰
(安徽大学 文学院，合肥 230601)

摘　要：自道光十一年七月至十七年十月，姚莹一直在江南做官。他在政事之暇，交游名士，主持风雅。《谈艺图》就是他第二次代理两淮盐运使期间为纪念扬州谈艺韵事而绘制，反映了他与李兆洛、蒋彤、毛岳生、吴德旋、刘宝楠、刘文淇等江南文士谈道论艺的雅集盛况。由此图再联系到他从政江南期间以及仕宦江南前后的文化活动，可发现：姚莹居官江南，与其幕府宾客道艺均进，并表现出汉宋调和之态势以及强烈的重道经世之意识，这也昭示着江南学风与士风的新变。不仅如此，他还有力推动了道光年间桐城派的传衍。总之，这幅《谈艺图》蕴含着丰富的思想内涵与多重的文化记忆，具有非常重要的历史文化价值与思想艺术价值。

关键词：姚莹；《谈艺图》；桐城派；传衍
中图分类号：I 206.2　文献标识码：A　文章编号：1000-5919(2016)04-0098-09

嘉庆二十年，桐城派的集大成者姚鼐因病在江宁钟山书院去世。此后，桐城古文之学的传衍重任自然而然地落在了姚门弟子肩上。姚莹、陈用光、邓廷桢、姚椿、梅曾亮、康绍镛、吴德旋、方东树等一批姚门弟子尽力传播惜抱文法，有力推动了桐城派的南北流播。而拥有姚门弟子与姚鼐侄孙双重身份的姚莹，对桐城古文的弘道传法之功尤易引人关注。

自道光十一年七月至十七年十月，姚莹一直在江南做官，这是他传扬桐城派的一个重要时期①。其间，江南文士如李兆洛、毛岳生、吴德旋、包世臣、方东树、潘德舆、梅植之、刘宝楠、刘文淇等纷纷来归。姚莹在政事之暇，与诸子谈道论艺，宾主尽欢。为纪念此等韵事，他还专门嘱人绘成《谈艺图》。本文就以这幅图为研究视窗，阐述其来龙去脉及具体面貌，并详细论述姚莹与谈艺宾客之间的交游关系及相关活动，进而探究他仕宦江南期间推动桐城派传衍的相关问题。

一、《谈艺图》始末

关于《谈艺图》的创作背景、绘制者以及绘图经过等情况，容易见到的是阳湖通儒李兆洛的弟子蒋彤的记载：

> (道光十七年)七月既望，彤与冕之(宋景昌)、冠英(吴儁)随往扬州，住运司署中之景贤楼下。生甫(毛岳生)、仲伦(吴德旋)皆在。公(姚莹)曰："题襟馆中寂寞二十年，不意复有今日之集！"属冠英绘《谈艺图》记其事。与于此图者曰姚公、曰养一师(李兆洛)、曰仲伦、曰生甫、曰冕之、曰宝应刘楚桢宝楠、冠英及彤也。四农(潘德舆)归山阳，姚公从子师沆已赴省城，虚其位，俟其归而补肖之……是行也，留扬州十日，彤与冕之赴江宁应试。生甫母服

收稿日期：2016-03-21
作者简介：汪孔丰，男，安徽安庆人，安庆师范大学文学院副教授。
基金项目：国家社会科学基金青年项目"文化家族视域下的桐城派研究"(项目编号：13CZW051)；安徽省高校优秀青年人才支持计划重点项目(项目编号：gxyqZD2016202)。

① 王达敏在《姚鼐与乾嘉学派》(北京：学苑出版社2007年版)中对姚莹仕宦江南期间推动桐城派传播的情况有简要阐述，虽未具体展开，但对笔者写作此文颇有启示。本文侧重以《谈艺图》为视角来深入探讨姚莹在江南推动桐城派传衍的情况。兹感谢王达敏先生、安徽师范大学潘务正教授对本文写作的指点。

自道光十一年（1831）七月至十七年十月，姚莹一直在江南做官。他在政事之暇，交游名士，主持风雅。《谈艺图》就是他第二次代理两淮盐运使期间，为纪念扬州谈艺韵事而绘制。《谈艺图》反映了他与李兆洛、蒋彤、毛岳生、吴德旋、刘宝楠、刘文淇等江南文士谈道论艺的雅集盛况。由此图再联系到他从政江南期间以及仕宦江南前后的文化活动不难发现，姚莹居官江南，与其幕府宾客道艺均进，并表现出汉宋调和之态势以及强烈的重道经世之意识，昭示着江南学风与士风的新变。不仅如此，他还有力推动了道光年间桐城派的传衍。总之，这幅《谈艺图》蕴含着丰富的思想内涵与多重的文化记忆，具有非常重要的历史文化价值与思想艺术价值。

姓　　名	汪孔丰
学　　历	博士研究生
工作单位	安庆师范大学
职　　称	教授
研究方向	桐城派、古代文章学

汪孔丰　1980年11月生。主要从事桐城派与古代文章学研究。主持国家社科基金青年项目1项、中国博士后科学基金面上资助项目1项以及其他省部级项目3项，参与国家社科基金重大项目2项。在《北京大学学报》《文学遗产》《苏州大学学报》等刊物上发表论文30余篇；出版专著1部。现为安庆师范大学文学院教授、硕士生导师；教育部人文重点社科基地北京师范大学文艺学研究中心兼职研究员，中国近代文学学会理事；安徽省桐城派研究会理事，安徽民俗学会常务理事、学术顾问。

成果名称	“文外之旨”：从佛学到诗学的意义转换
发表刊物	文学评论
字　　数	13千字
发表时间	2016年第5期
获奖等次	三等奖

“文外之旨”：从佛学到诗学的意义转换

刘运好

内容提要　产生于东晋佛教经论的“文外之旨”由佛教理论范畴发展为美学范畴，经历了一个意义转换的渐进过程。从佛教上说，“文外之旨”强调超越文本语言的限制，证悟佛教义理的整体意义；从审美上说，“文外之旨”与同源于东晋佛教经论的“微言之妙”“象外之谈”交融叠合，构成了“韵外之致”的审美境界。然而，直至刘勰将其引入文学研究，论述“文情之变”，才真正完成了从佛学到美学的意义转换；皎然、司空图再引入诗学研究，论述“境”“象”“格”“味”以及“韵外之致”“味外之旨”，又完成了从佛学向意境说的意义转换。

关键词　佛学；美学；诗学；文外之旨；意境

“文外之旨”是中国美学的重要范畴之一，与“韵外之致”“味外之旨”等系列美学范畴在内涵与外延上互相包融，互相生发，不仅涉及到意义表达、语体风格，而且还涉及到意象创造、意境生成，因此成为中国美学研究的一个重要问题。然而，关于“文外之旨”及其相关美学范畴的研究，目前尚有诸多认识误区。认为“文外之旨”由皎然所提出，是学界的基本共识，因此大多专著、论文都是在皎然诗学研究中论及，如王运熙等《中国文学批评通史》、孙昌武《读皎然〈诗式〉》、王运熙《皎然诗学述评》、蒋述卓《佛教境界说与中国艺术意境理论》等[1]；并且有学者据此认为司空图的“韵外之致”“味外之旨”受皎然“文外之旨”的直接影响，如吴文治《皎然〈诗式〉蠡读》、王龙《“言外之意”在诗学中的嬗变》等[2]；也有部分论文认为“文外之旨”源于《文心雕龙·隐秀》“文外之重旨”，如张兮《皎然〈诗式〉的诗歌美学思想》、诸葛志《释“隐秀”》、童庆炳《〈文心雕龙〉“文外重旨”说新探》等[3]。此外，日本学者兴膳宏还认为《文心雕龙·隐秀》“文外之重旨”，产生于中国传统的“书不尽意，言不尽意”的思想[4]。上述研究在对“文外之旨”的源流考镜及其内涵阐释上都值得商榷。

作为范畴，“文外之旨”产生于东晋佛教经论，强调超越文本语言的限制，证悟佛学义理的整体意义，与同源于东晋佛教经论的“微言之妙”“象外之谈”交融叠合，构成了“韵外之致”的审美境界。《文心雕龙·隐秀》首次将其引入文学研究，论述“文情之变”，完成了从佛学到美学的意义转换；皎然、司空图引入诗歌研究，论述“境”“象”“格”“味”以及“韵外之致”“味外之旨”，完成了从佛学向“意境说”的意义转换。

一　整体证悟：“文外之旨”的基本内涵

佛教传入华夏，由于梵汉语言的差异性、经文传播的特殊性，如何准确地理解佛经教义、翻译佛典，成为困扰着早期佛教传播者的重要问题。于是，先哲们在研究梵汉语言和佛经传播的特点、归纳佛经解读方法的同时，提出了一系列抽象的理论范畴。由于这些范畴既立足于西竺的佛经文本，又植根于华夏的诗学文化，从而影响了后来华夏诗学的发展走向。其中“文外之旨”就是一个重要的理论范畴。从佛教上说，“文外之旨”是指在佛教义理阐释与佛经翻译中超越文本语言的限制，证悟佛学义理的整体意义。

“文外之旨”始见于姚嵩《重上后秦主姚兴表》：“陛下爰发德音，光阐幽极，拓道义之门，演如来之奥，冥宗隐而复彰，玄扉掩而再敞，文

· 99 ·

该成果认为，产生于东晋佛教经论的“文外之旨”，由佛教理论范畴发展为美学范畴，经历了一个意义转换的渐进过程。从佛教上说，“文外之旨”强调超越文本语言的限制，证悟佛教义理的整体意义；从审美上说，“文外之旨”与同源于东晋佛教经论的“微言之妙”“象外之谈”交融叠合，构成了“韵外之致”的审美境界。然而，直至刘勰将其引入文学研究，论述“文情之变”，才真正完成了从佛学到美学的意义转换。皎然、司空图再引入诗学研究，论述“境”“象”“格”“味”以及“韵外之致”“味外之旨”，又完成了从佛学向意境说的意义转换。该成果曾被《文学评论》遴选为优秀论文，由国际知名专家翻译成英文推介海外。

姓　　名	刘运好
学　　历	博士研究生
工作单位	安徽师范大学
职　　称	教授
研究方向	先秦至南北朝文学

刘运好　1955年12月出生。长期从事先秦至南北朝文学研究。承担国家社科资金项目及省部级项目7项；发表论文100余篇；出版专著7部，300余万字。近十余年来，尤其注重魏晋哲学与诗学关系研究，出版有《魏晋哲学与诗学》《先唐文史考论》等专著，并发表经学和诗学类专题论文60余篇，在海内外产生了广泛而深刻的影响。现为安徽师范大学文学院二级教授、博士生导师，安徽师范大学中国诗学研究中心特聘教授；加拿大文化更新研究中心特约研究员。

成果名称	中国文学现代传统的形成
出版社	安徽教育出版社
字　　数	460千字
出版时间	2016年11月
获奖等次	三等奖

该成果认为，中国文学现代传统从发生到形成经历了三个阶段：①19世纪中叶来华西方人士和中国近代士人为启蒙民众、改造社会而介入文学革新和文学创作的活动，促进中国文学在文学观念、语体形式等方面发生变革，使之成为中国现代文学成长的文化土壤与精神资源。②以梁启超为代表的新型知识分子，在前人努力的基础上发动“三界革命”，使之成为中国现代文学政治教化与个性解放两大核心传统的精神源头。③胡适、陈独秀等人发动和领导的“五四”新文化运动及新文学运动，他们所倡导的崭新的文化思想和文学观念标志着中国文学传统由“古代”向“现代”转换。此后在20至40年代新文学创作实践有力的支持下，中国文学“现代传统”终于形成体系，构建了中国文学现代传统谱系的“结构图”，其主轴/主脉由“思想—文化传统”和“艺术—美学传统”两大系统构成。

姓　　名	王达敏
学　　历	大学本科
工作单位	安徽大学
职　　称	教授
研究方向	中国现当代文学

王达敏　1953年2月出生。长期从事为中国现当代文学研究与教学，出版著作《余华论》《中国当代人道主义文学思潮史》《中国文学现代传统的形成》《新时期小说论》《理论与批评一体化》《论文学是文学》《第三价值》《稳态学》《批评的窄门》等。现为安徽大学文学院教授；中国小说学会副会长，安徽省文学学会会长，安徽省文艺评论家协会副主席等。

成果名称	《韵镜》考论
出 版 社	安徽人民出版社
字　　数	400千字
出版时间	2016年5月
获奖等次	三等奖

该成果站在学术史的角度，从18个方面对《韵镜》研究的历史和现状做了全方面的梳理，着力分析了尚未解决的问题。从微观和宏观两个角度全面考察了《韵镜》与相关韵书收字的异同和相似度，得出了《韵镜》最大可能是根据李舟《切韵》之前的而与《唐韵》又有密切关系的某一种《切韵》系韵书列字的结论。成果考察了当前所能见到的众多《韵镜》版本，从《韵镜》的“序例”“图例”“旁注字”“韵目”“正图列字”等多个方面，具体考察了其中的层累成分，做出了科学的判断。同时，成果以《韵镜》各版本及《韵镜》列字在相关韵书中的体现为依据，并参考《说文》《字林》《五经文字》《九经字样》等相关字书，或刊定《韵镜》字形，或校正《韵镜》列位，或补充《韵镜》缺漏，或剔除《韵镜》后增，对《韵镜》这一古韵图进行了复原，为今后学者的《韵镜》研究和教学提供了参考和便利。

姓　　名	刘华江
学　　历	博士研究生
工作单位	皖西学院
职　　称	副教授
研究方向	汉语音韵学

刘华江　1977年1月出生。主要从事汉语音韵学研究与教学。在《古汉语研究》《汉语史学报》《汉语史研究集刊》等刊物上发表学术论文40余篇；出版学术专著1部；主持国家社会科学研究基金一般项目、教育部人文社会科学青年研究基金项目、安徽省社科规划基金项目、安徽省人文社会科学研究基金重点项目、安徽省高校省级青年优秀人才基金重点项目各1项；曾参与《辞源》（第三版）和《汉语大词典》（第二版）修订工作。现为皖西学院文化与传媒学院副教授；中国音韵学研究会会员，安徽省语言学会理事，阜阳师范大学兼职硕士研究生导师。

成果名称	欧美先锋文学与中国当代先锋小说
出版社	人民出版社
字　数	250千字
出版时间	2015年4月
获奖等次	三等奖

该成果侧重于欧美先锋文学与中国当代先锋小说比较分析，为中外文学、文化交流中如何把握、处理学习借鉴与改革创新之间的关系，提出更有建设性、有效性的方案。成果共有七部分，分别从文学观念和创作理念、思想观念与精神特征、叙事时间、叙事语言、审美格局和审美风格等多个方面对欧美先锋文学与中国当代先锋文学的关系进行了认真细致的研究，清晰地显现了新时期文学的走向以及中外文学交流对中国当代文学、当代作家的影响，材料和事件的典型性和当代性可以直接对当下文学的发展提供有益的帮助。成果认真总结了中国当代先锋作家在学习、借鉴欧美先锋文学时的经验与教训，不仅探究了中国当代先锋作家文学变革的动机、目的与意义，同时还考察了中国当代作家在面对民族化与全球化、传统化与现代化，继承与革新等复杂问题时的思考能力和对话能力。

姓　名	王永兵
学　历	博士研究生
工作单位	安庆师范大学
职　称	教授
研究方向	中国现当代文学

王永兵　1968年10月出生。主要从事中国现当代文学研究。先后在《文学评论》《中国现代文学研究丛刊》《鲁迅研究月刊》《四川大学学报》等期刊发来论文40余篇；出版专著2部；主持完成国家社会科学基金1项，参与国家社会科学基金2项，主持安徽省教育厅人文社会科学重大项目1项。现为安庆师范大学文学院副院长，教授、硕士生导师；中国现代文学研究会会员，中国当代文学研究会会员，中国小说学会会员，张恨水研究会理事。

成果名称	中国古典戏曲母题史
出 版 社	中国社会科学出版社
字　　数	1015千字
出版时间	2015年12月
获奖等次	三等奖

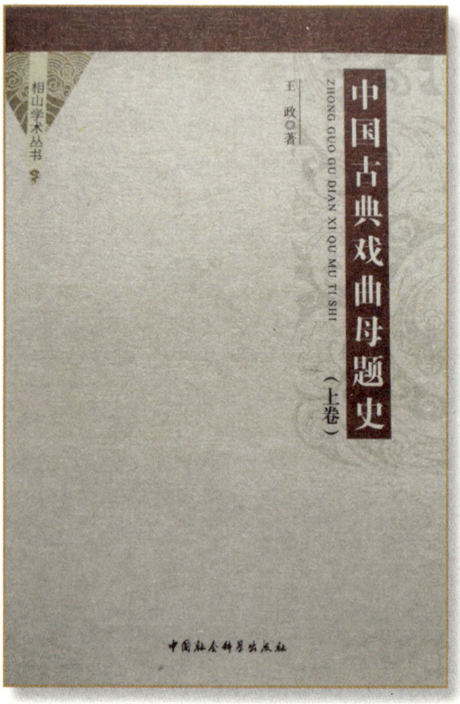

该成果的学术价值在于：开辟了一种理论视角的“范畴学”内涵的文学专题史。主要特点为：①分析具体戏曲母题时，引证诗词文赋、小说笔记中相关事象进行连类比对。比对中揭示剧事母题更倾向于戏剧性促激与调引的属性，研究指向不在一般的文学意境、使事、藏典、铺叙，而重在戏情渲染、场上趣味、事脉引渡、人物冲突等。②偏重纵向的考察个案母题。寻究从宋元南戏到清末戏曲，究竟有哪些母题能长期承用、频繁叠出、不断延展？这就深入到了戏曲母题与民族文化传统、心理习惯、艺术精神之关系的内在层面。③大量的剧事母题是从宗教、俗信、风俗、典章制度、民间传说中过渡到戏曲书写中来的。由此看到了中国传统文化诸多方面在戏曲实体中的断面，它是那样的生动、具体，透射着民族传统的光彩。

姓　　名	王　政
学　　历	大学本科
工作单位	淮北师范大学
职　　称	教授
研究方向	文艺学

王　政　1955年出生。主持国家社科基金项目2项；在《光明日报》《中国社会科学》《中国社会科学文摘》《文艺研究》《文献》等报刊发表论文100余篇，代表作有《中国古典戏曲母题史》《战国前考古学文化谱系与类型的艺术美学研究》《诗经文化人类学》等。曾任皖西博物馆馆长，现为淮北师范大学党委常委、二级教授，校人事处处长、中文系主任、文学所所长等职；安徽省学术与技术带头人，安徽省博士立项建设学科负责人。

成果名称	英语文海拾贝50题
出 版 社	复旦大学出版社
字　　数	158千字
出版时间	2015年8月
获奖等次	三等奖

该成果汇集英语学习中具有代表性的专题50题，通过比较、研究，力求揭示语言之文化内涵以及内部规律，旨在解决教师在教授英语、学生在学习英语过程中备受困惑的，虽常见但解释不清，虽简单却百思不得其解的问题。如“学习知识”在汉语中是正确的搭配，但在英文中却是病句，其原因在于“learn knowledge”这一说法有悖于西方的哲学理论“知识是先天固有的”。这种负迁移的产生，是中国学生在英语学习中所不可避免的。该成果目的之一是最大限度地消除这些负迁移，拓展教师的知识面，增强学生学习英语兴趣。成果研究范围较广，涉及英语词汇用法、修辞手法、习惯表达、英汉互译、东西文化差异、英语语言学习方法和策略等，读者阅读后可收举一反三、收事半功倍之效。

姓　　名	张同乐
学　　历	大学本科
工作单位	安徽三联学院
职　　称	教授
研究方向	英美文学、语言学、教育学、跨文化交际

张同乐　1953年5月出生。长期从事英美文学、语言学、教育学等教学与研究。主持国家社科基金子项目、教育部项目、省级教学重点项目14项；在国家级和省级学术期刊发表论文40篇；出版专著、主编教材和词典等25部。现为安徽三联学院外语学院院长，教授。曾被评为安徽省优秀教师、教学名师和中国宝钢教育基金优秀教师，获安徽大学建国奖教金、安徽大学董事会奖教金、“教书育人先进个人”称号；获安徽省教学成果奖4项。

成果名称	马克思主义文艺理论中国化论纲
出 版 社	安徽文艺出版社
字　　数	320千字
出版时间	2016年8月
获奖等次	三等奖

该成果作为国家社科基金重点项目“马克思主义文艺理论中国化研究”的核心成果，立足当代中国文艺实践，在马克思主义中国化、时代化与大众化的时代语境中进行了开创性的学理探索，从历时与共时的双重维度把握马克思主义文艺理论中国化的历史进程及其成果，在对其反思的基础上进行中西文论资源的整合，进而把“中国化”创新与当代文艺属性、文艺的产业化、文艺大众化等时代命题结合起来，提出了一系列具有学术生长性和实践阐释力的理论命题。本书的学术价值主要体现在其时代感与本土化两个方面。从“人文精神的理性复归”这一理论节点与价值诉求展开，把文艺生态、文艺属性的基本问题置于时代创新的语境中。同时，这些理论命题的提出始终围绕“中国化”立论，凸显了中国马克思主义文艺理论发展进程中的本土化意识，为中国当代文化发展提供了具有重要价值的理论支撑与批评视角。

姓　　名	赵　凯
学　　历	大学本科
工作单位	安徽大学
职　　称	教授
研究方向	马克思主义文艺理论、悲剧美学、文艺美学

赵　凯　1955年3月出生。长期从事马克思主义文艺理论、悲剧美学、文艺美学研究与教学。现为安徽大学文学院教授、博士生导师；省级重点学科带头人；安徽省作家协会副主席，安徽省文艺评论家协会副主席；安徽省马克思主义文艺理论学会常务副会长，安徽省美学学会副会长，安徽省写作学会原会长等。

成果名称	桐旧集
出 版 社	安徽大学出版社、北京师范大学出版社集团
字　　数	2600千字
出版时间	2016年5月
获奖等次	三等奖

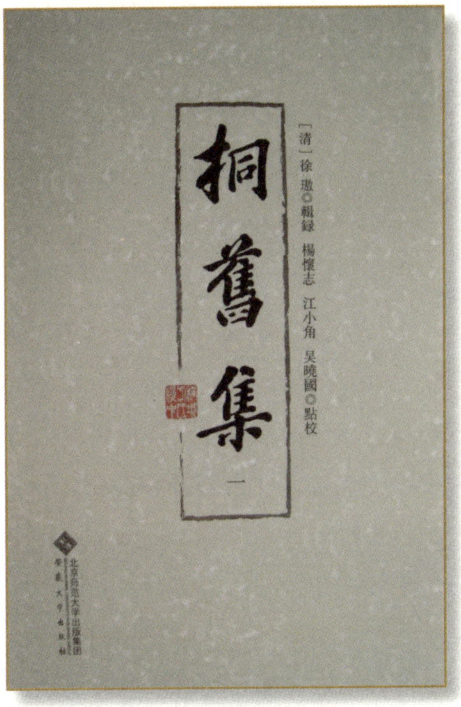

《桐旧集》清·徐璈辑录，杨怀志、江小角、吴晓国点校，为今存最全的一部桐城诗歌总集，选录了自明初迄清道光庚子近五百年桐城籍1200多人、7700多首诗作。全书分8册，包括前言、清人序跋、作者小传、四十二卷诗集等。由桐城学者徐璈辑录，其病逝后由马树华、苏惇元续成，刊刻于咸丰元年，直到“民国”十六年，始由乡后学光云锦以方守敦藏原刻本为底本，参校景印，刊行于世。《桐旧集》的价值：①保存桐城乡邑诗歌文献，其中包括诗人事迹资料、桐城诗人与当时诗坛硕彦的交往及所反映的历史事件等。②明示桐城诗学的家庭化特征和风雅正则传统。③作者小传中，辑录了时人或后人对诗歌的评价，具有较高的学术研究价值。

姓　　名	杨怀志
学　　历	大学本科
工作单位	安徽省桐城中学
职　　称	特级教师
研究方向	桐城派

杨怀志　1940年出生。曾任安徽省八届人大代表、安徽省桐城派研究会常务理事兼《桐城派研究》主编。参与点校《古文辞类纂》，与他人合作主编《桐城派名家评传》《清代文坛盟主桐城派》《桐城历史文化丛书》等专著。在《苏州大学学报》等刊物发表《戴名世政治思想之我见》《桐城派领军马其昶》等论文十余篇。参与国家清史工程文献整理项目，承担其中的姚范、曾国藩、方宗诚、黎庶昌、姚永朴的诗文集点校。合作整理《张英全书》《张廷玉全集》《桐旧集》等，合著《安徽名片丛书——桐城派》。

成果名称	明清鱼鳞总图汇考——以徽州鱼鳞图册为中心
发表刊物	历史研究
字　　数	27千字
发表时间	2015年第6期
获奖等次	三等奖

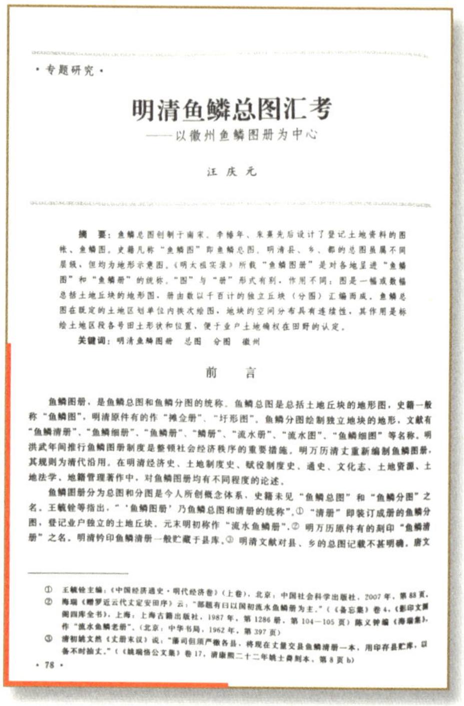

明清鱼鳞总图汇考

——以徽州鱼鳞图册为中心

汪庆元

摘　要：鱼鳞总图创制于南宋。李椿年、朱熹先后设计了登记土地资料的图帐、鱼鳞图。史籍凡称"鱼鳞图"即鱼鳞总图。明清县、乡、都的总图虽属不同层级，但均为地形示意图。《明太祖实录》所载"鱼鳞图册"是对各地呈进"鱼鳞图"和"鱼鳞册"的统称。"图"与"册"形式有别，作用不同：图是一幅或数幅总括土地丘块的地形图，册由数以千百计的独立丘块（分图）汇编而成。鱼鳞总图在既定的土地区划单位内挨次绘图，地块的空间分布具有连续性，其作用是标绘土地区段各号田土形状和位置，便于业户土地确权在田野的认定。

关键词：明清鱼鳞图册　总图　分图　徽州

前　言

鱼鳞图册，是鱼鳞总图和鱼鳞分图的统称。鱼鳞总图是总括土地丘块的地形图，史籍一般称"鱼鳞图"，明清原件有的作"摊佥册"、"圩形图"。鱼鳞分图绘制独立地块的地形，文献有"鱼鳞清册"、"鱼鳞细册"、"鱼鳞册"、"鳞册"、"流水册"、"流水图"、"鱼鳞细图"等名称。明洪武年间推行鱼鳞图册制度是整顿社会经济秩序的重要措施。明万历清丈重新编制鱼鳞图册，其规则为清代沿用。在明清经济史、土地制度史、赋役制度史、通史、文化志、土地资源、土地法学、地籍管理著作中，对鱼鳞图册均有不同程度的论述。

鱼鳞图册分为总图和分图是今人所创概念体系，史籍未见"鱼鳞总图"和"鱼鳞分图"之名。王毓铨等指出，"'鱼鳞图册'乃鱼鳞总图和清册的统称"。① "清册"即装订成册的鱼鳞分图，登记业户独立的土地丘块。元末明初称作"流水鱼鳞册"。② 明万历原件有的刻印"鱼鳞清册"之名。明清钤印鱼鳞清册一般贮藏于县库。③ 明清文献对县、乡的总图记载不甚明确。唐文

① 王毓铨主编：《中国经济通史·明代经济卷》（上卷），北京：中国社会科学出版社，2007年，第88页。
② 海瑞《赠罗近云代丈定安田序》云："都额有曰以国初流水鱼鳞册为主。"（《备忘集》卷4，《影印文渊阁四库全书》，上海：上海古籍出版社，1987年，第1286册，第104—105页）陈义钟编《海瑞集》，作"流水鱼鳞老册"。（北京：中华书局，1962年，第397页）
③ 清初姚文然《丈册末议》说："藩司但须严檄各县，将现在丈量文县鱼鳞清册一本，用印存县贮库，以备不时抽丈。"（《姚端恪公文集》卷17，清康熙二十二年姚士塈刻本，第8页b）

鱼鳞总图创制于南宋。《明太祖实录》所载"鱼鳞图册"是对各地呈进"鱼鳞图"和"鱼鳞册"的统称。图是一幅或数幅总括土地丘块的地形图，册由数以千百计的独立丘块汇编而成。鱼鳞总图在既定的土地区划单位内挨次绘图，地块的空间分布具有连续性，其作用是标绘土地区段各号田土形状和位置，便于业户土地确权在田野的认定。该成果探索了从南宋鱼鳞总图创制到明清总图实施近千年的丰富历史信息，考察了明清鱼鳞图册登记业户土地确权。明洪武年间推行的鱼鳞图册制度影响深远，在明清经济史、土地制度史等著作中，对鱼鳞总图均有不同程度的论述。但是，此前的论述主要基于文献记载，有些分析并不确切。该成果通过对图册原件的实证研究，具体考察鱼鳞总图的空间分布和地籍管理，以原始史料考实明清鱼鳞总图的面貌，从而对鱼鳞图册的形制有了正确的认知。

姓　　名	汪庆元
学　　历	大学本科
工作单位	安徽博物院
职　　称	研究馆员
研究方向	明清史、徽学

汪庆元　1955年11月出生。主要从事明清史与徽学研究。在《历史研究》《中国史研究》《中国经济史研究》《清史研究》《中国社会经济史研究》《安徽史学》等刊发表论文60余篇；主持完成国家社科基金项目1项、安徽省社科规划项目1项。现为安徽博物院研究馆员；第二批安徽省学术和技术带头人。曾主持"徽州古建筑陈列"内容设计、"安徽文明史"（明清部分）内容设计。

成果名称	淮河流域水生态环境变迁与水事纠纷研究（1127—1949）
出 版 社	天津古籍出版社
字　　数	646千字
出版时间	2015年11月
获奖等次	三等奖

全书以环境史、区域社会史的视角，从水生态环境、行政区划变迁与水事纠纷及其解决的内在理路入手，考察了南宋至民国时期淮域水生态环境变迁中的自然和社会因素、进程、表现和特点、影响，探究了水事纠纷产生的原因、类型、预防和解决机制，并对芍陂水事纠纷、陈端决堤案、归海五坝的开与保之争三个典型案例进行了纵深剖析，展现了淮域水事纠纷中国家和地方、区域社会之间的纷争和妥协、控制与抵制、互动与制衡的关系，总结了淮域历史上水事纠纷解决的经验和原则。

姓　　名	张崇旺
学　　历	博士研究生
工作单位	安徽大学
职　　称	教授
研究方向	区域社会经济史、马克思主义中国化

张崇旺　1964年9月出生。长期从事区域社会经济史、马克思主义中国化研究。主持国家社会科学基金项目2项，出版专著《明清时期江淮地区的自然灾害与社会经济》《淮河流域水生态环境变迁与水事纠纷研究（1127—1949）》《中国灾害志·断代卷：明代卷》《近代淮河流域经济开发史》等。现任安徽大学马克思主义学院副院长，教授、博士生导师；水利部淮河水利委员会科学技术委员会委员，安徽省首届高校思想政治理论课教学指导委员会委员，安徽省大别山革命根据地历史研究会常务理事，安徽省马克思主义学会理事兼副秘书长等。

成果名称	明清徽州人口与社会研究
出 版 社	安徽大学出版社
字 数	334千字
出版时间	2016年4月
获奖等次	三等奖

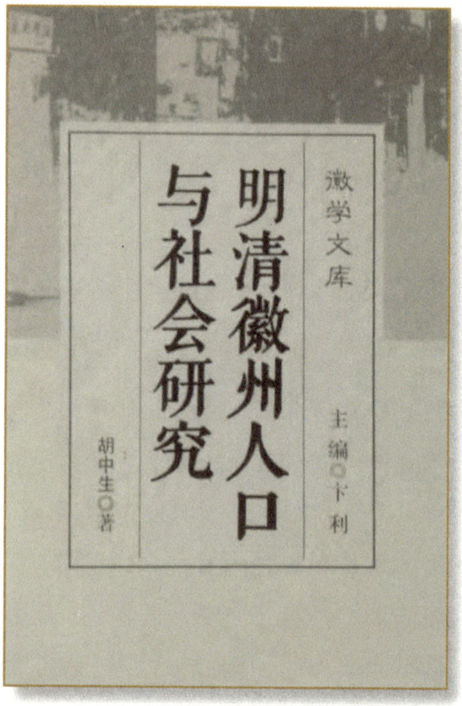

该成果特别强调人口史研究中的“问题意识”，强调人口与社会经济、制度等方面的紧密联系。为了缓解生存困境，明清徽州人口向三个方向进行分流：一是变更职业，由务农或读书而转入经营活动，产生了徽州庞大的商人群体；二是变更身份，部分生存艰困的良人卖身为仆或入赘婢女，世世相沿，形成了徽州特殊的佃仆群体；三是变更主体组织，由大家庭分化为小家庭，同时组合成大宗族，形成了徽州无处不在的宗族组织。徽州人口分流反映出了明清时代的一种生存伦理，在宗族、老人和商人的结合下，徽州社会组织完善，控制严密，家族教化体系完整且影响力极大。同时，因大量经营与科举人才流失，徽州发展逐渐停滞，缺乏突破和变革的内在动力，趋于内卷化。

姓 名	胡中生
学 历	博士研究生
工作单位	安徽大学
职 称	研究员
研究方向	徽学、社会史、文化史

胡中生 1971年12月出生。主要从事徽学、社会史、文化史研究。出版《明清徽州人口与社会研究》《徽州家族文化》等著作，点校出版古籍《休宁名族志》《紫阳书院志》；主持参与完成了10余项国家级、省部级项目；在国内外学术刊物上发表学术论文30多篇。现为教育部人文社会科学重点研究基地安徽大学徽学研究中心研究员、副主任；安徽省学术和技术带头人后备人选，安徽省徽学学会副秘书长、常务理事，安徽省炎黄文化研究会常务理事，安徽省桐城派研究会常务理事。

成果名称	徽商会馆公所征信录汇编
出 版 社	人民出版社
字　　数	1875千字
出版时间	2016年12月
获奖等次	三等奖

2005年始，以李琳琦教授为首的安徽师范大学徽学研究团队，从上海、北京、南京、江西婺源及安徽等地的图书馆、档案馆，收集了大量由徽商创建或参与建设的会馆、公所的征信录文献，经过整理、标点汇集成《徽商会馆公所征信录汇编》。目前所知的徽商会馆公所类征信录有50余种，能够看到的约30种，该成果汇编22种，多数是第一次面世。徽商会馆公所类征信录是有关徽商会馆公所、义园善堂兴建过程、经费收支、运行机制、管理体制及相关徽商活动的原始档案材料，史料价值高。能帮助我们从整体上系统了解徽商商业慈善组织或机构的建立与运营过程，徽商的商业经营状况、徽州绅商在建设、经营这些会馆公所过程中与官府、民众的互动关系，还可以帮助我们去认识徽商。该成果对徽商商业史、慈善史、教育史、政治史、社会史等的研究都具有重要价值，甚至为重写徽商史乃至商帮史提供了可能。

姓　　名	李琳琦
学　　历	博士研究生
工作单位	安徽师范大学
职　　称	教授
研究方向	徽学、明清史、中国教育史

李琳琦　1964年2月出生。主要从事徽学、明清史、中国教育史研究。独著和合著的科研成果获省社科优秀成果奖多项。现任安徽师范大学党委副书记，二级教授、博士生导师；国家社科基金学科规划、国家出版基金评审专家，教育部全国教育专业学位教育指导委员会委员，安徽省社科联副主席；中国史学会理事、安徽省历史学会会长、安徽省徽学会副会长等。“新世纪百千万人才工程”国家级人选，中宣部文化名家暨“四个一批”人才，国家“万人计划”哲学社会科学领军人才。享受国务院政府特殊津贴。

成果名称	许村志
出版社	黄山书社
字　数	1870千字
出版时间	2015年11月
获奖等次	三等奖

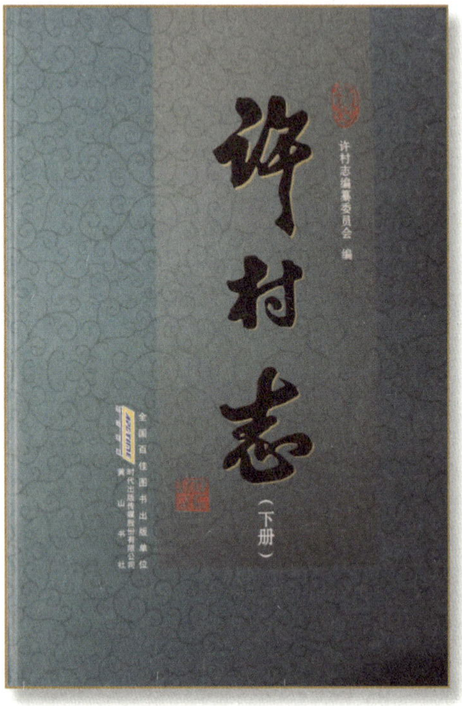

该成果由《许村志》编纂委员会编纂，具备村志所必需的资料性和符合史学体例两大要素，资料丰富，溯古述今，文字简洁，详略得当，志中有考。全书包括自然、地理、人文、政治、经济、文化、教育、社会、大事记等16篇78章，按史学体进行编纂。通过遗献佚文和口述调查，从村落、建置、土地、生产、生活、教育、商贸、财税、金融、宗族、民俗、建筑、交通、邮电・电力、水利、林业、医疗、人口、军事、人物、艺文、故事、方言、民歌等诸多方面，对黄山市歙县许村作了较为细致的展示。由于许村历史悠久，文化内涵丰富，故而《许村志》采摭旧闻新知，探源竟委，对于历史文化的追溯，对于风俗移易世事变迁的梳理，都较为详细，并保存了不少乡邦文献。

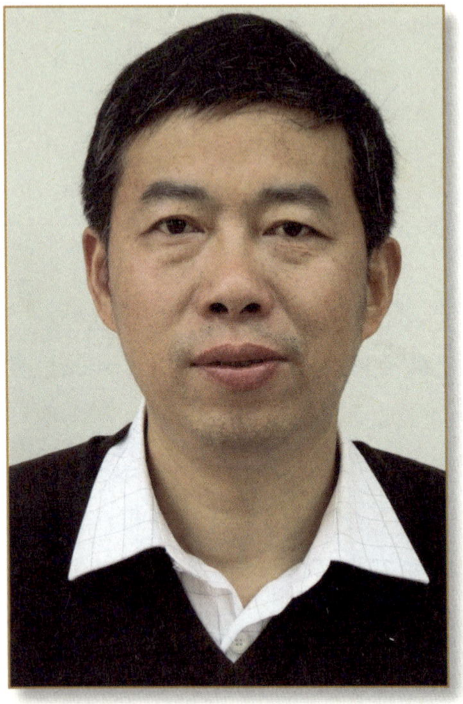
（主编）

姓　名	许　骥
学　历	大学本科
工作单位	安徽省歙县中学
职　称	高级教师
研究方向	徽州古村落

许　骥　1968年11月出生。业余从事许村古村落的调查研究工作。安徽省歙县中学高级教师、语文教研组组长，黄山市语文学科骨干教师，歙县第十一、十二、十三届政协委员。曾在语文教育专业杂志上发表过多篇论文；2009年参与香港中文大学和复旦大学的联合课题“徽州传统社会研究”，并出版《徽州传统社会研究——许村》书，2015年主编《新安歙北许氏世谱》。2018年享受黄山市地方志专家津贴。

成果名称	利益冲突视角下体育纠纷及其解决机制
出 版 社	安徽师范大学出版社
字　　数	208千字
出版时间	2016年12月
获奖等次	三等奖

该成果围绕“内涵解读—根源探讨—现实剖析—机制构建”这一主线，从利益冲突的视角解读体育纠纷的内涵和外延，明晰了体育纠纷类型体系；剖析体育纠纷中利益冲突产生的根源，为体育纠纷的理论研究提供一种利益冲突视角下的阐释。通过分析ADR机制背后蕴含的几种体育治理模式的现状，对比每一种模式的特征及存在的问题，辨析几种模式之间的相互关系；既致力于发现我国体育纠纷解决机制存在的问题，也试图对国外经验进行借鉴，为探索完善ADR在体育纠纷解决过程中的运行机制奠定基础。针对利益冲突产生的根源和解决机制存在的问题，探讨完善体育纠纷解决机制的对策，提出基于ADR的体育纠纷多元化解决机制，分别从基本理论、完善路径和立法或者政策展望三个方面提出建议，为实践层面上我国体育纠纷的解决提供理论参考和政策建议。

姓　　名	高　升
学　　历	博士研究生
工作单位	安徽师范大学
职　　称	教授
研究方向	体育管理、体育政策与法规

高　升　1969年12月出生。从事体育管理、体育政策与法规研究与教学。主持完成国家社科基金及省部级课题多项，在体育人文社会学研究领域发表《我国体育协会内部纠纷的法律救济》《论司法对体育协会内部纠纷的介入》等论文20余篇，出版专著、编写教材共6部，获安徽省社科成果奖2项。现为安徽师范大学教授、博士生导师；安徽省社会体育指导员协会副理事长，国家级社会体育指导员，国家特种行业社会体育指导员培训师，安徽体育科学学会常务理事等。安徽省学术技术带头人后备人选。

成果名称	社会转型期农民子女高等教育入学机会均等问题研究
出版社	上海交通大学出版社
字　数	210千字
出版时间	2016年6月
获奖等次	三等奖

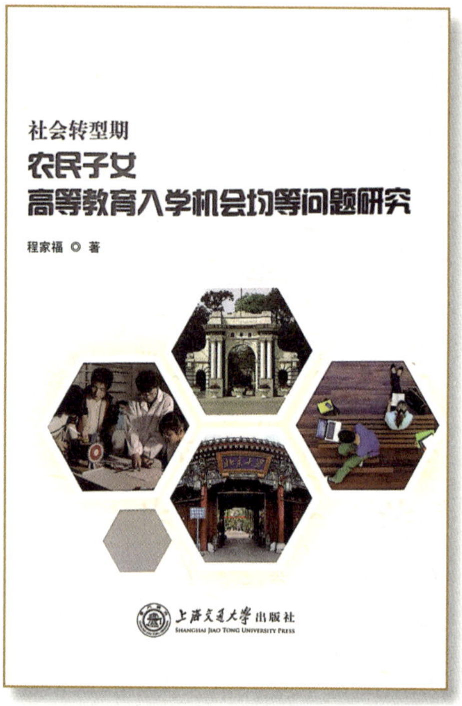

该成果运用定量和定性研究相结合的方法，探寻不同历史阶段各社会阶层高等教育入学机会状况，通过教育学、社会学和历史学等多学科视域融合来探讨中华人民共和国成立后高等教育入学机会均等问题。研究发现：①社会各阶层高校入学机会随着高等教育招生政策的变化而变动。在不同历史时期，通过不同招生政策在各个社会阶层中分配高等教育入学机会。②院校分层与各社会阶层入学机会呈正相关关系。父母社会阶层高、文化程度高、行政职务高、经济条件好的学生，在国家重点大学中，获得更多入学机会；反之，则大多数聚集在二本、三本、大专等院校中。③东中西部地区农民子女重点大学入学机会具有鲜明特点。农民子女重点大学总体入学机会少于其他强势阶层。④随着社会的发展，教育的普及，农民等社会各阶层进入重点大学的差距在缩小，两性进入重点高校的差距也在缩小。

姓　名	程家福
学　历	博士研究生
工作单位	安徽建筑大学
职　称	教授
研究方向	高等教育学、人力资源管理

程家福　1972年10月出生。从事高等教育学、人力资源管理研究与教学。主持国家社科基金项目、教育部人文社科项目、安徽省哲学社会科学规划项目、安徽省教育厅人文社科重点项目、安徽省高校人文社科重大项目多项；出版学术专著2部，参编《管理心理学》等教材3部；发表学术论文60多篇。获安徽省、江苏省社科奖各1项，获安徽省教学成果奖3项。现为安徽建筑大学教务处副处长，教授、硕士生导师；安徽大学高等教育研究所特邀研究员，安徽省高等教育学会、社会学会、陶行知研究会理事等。

成果名称	新建本科院校转型发展与青年教师发展研究
发表刊物	中国青年研究
字　　数	7.7千字
发表时间	2015年第6期
获奖等次	三等奖

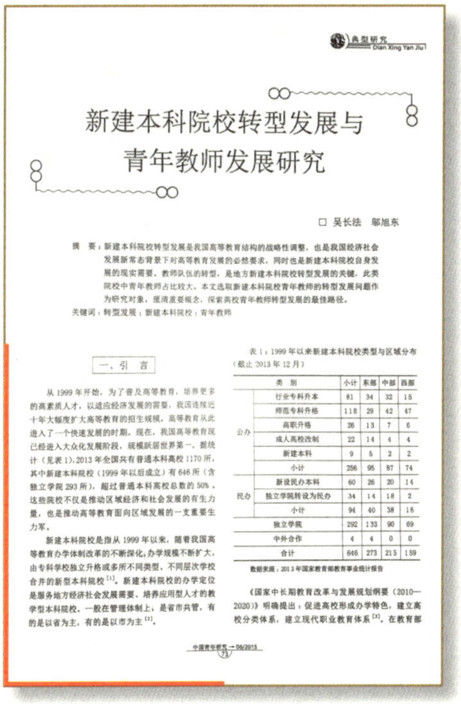

典型研究 Dian Xing Yan Jiu

新建本科院校转型发展与青年教师发展研究

□ 吴长法　郇旭东

摘　要：新建本科院校转型发展是我国高等教育结构的战略性调整，也是我国经济社会发展新常态背景下对高等教育发展的必然要求，同时也是新建本科院校自身发展的现实需要。教师队伍的转型，是地方新建本科院校转型发展的关键，此类院校中青年教师占比较大。本文选取新建本科院校青年教师的转型发展问题作为研究对象，厘清重要概念，探索高校青年教师转型发展的最佳路径。

关键词：转型发展；新建本科院校；青年教师

一、引　言

从1999年开始，为了普及高等教育，培养更多的高素质人才，以适应经济发展的需要，我国连续近十年大幅度扩大高等教育的招生规模，高等教育从此进入了一个快速发展的时期。现在，我国高等教育现已经进入大众化发展阶段，规模跃居世界第一。据统计（见表1），2013年全国共有普通本科高校1170所，其中新建本科院校（1999年以后成立）有646所（含独立学院293所），超过普通本科高校总数的50%。这些院校不仅是推动区域经济和社会发展的有生力量，也是推动高等教育面向区域发展的一支重要生力军。

新建本科院校是指从1999年以来，随着我国高等教育办学体制改革的不断深化，办学规模不断扩大，由专科学校独立升格或多所不同类型、不同层次学校合并的新型本科院校[1]。新建本科院校的办学定位是服务地方经济社会发展需要、培养应用型人才的教学型本科院校。一般在管理体制上，是省市共管，有的是以省为主，有的是以市为主[2]。

表1：1999年以来新建本科院校类型与区域分布（截止2013年12月）

类别		小计	东部	中部	西部
公办	行业专科升本	81	34	32	15
	师范专科升格	118	29	42	47
	高职升格	26	13	7	6
	成人高校改制	22	14	4	4
	新建本科	9	5	2	2
	小计	256	95	87	74
民办	新设民办本科	60	26	20	14
	独立学院转设为民办	34	14	18	2
	小计	94	40	38	16
独立学院		292	133	90	69
中外合作		4	4	0	0
合计		646	273	215	159

数据来源：2013年国家教育部教育事业统计报告

《国家中长期教育改革与发展规划纲要（2010—2020）》明确提出：促进高校形成办学特色，建立高校分类体系，建立现代职业教育体系[3]。在教育部

中国青年研究—06/2015

73

新建本科院校转型发展是我国高等教育结构的战略性调整和国家面对新形势做出的重要决策，也是我国经济社会发展新常态背景下对高等教育发展的必然要求，同时也是新建本科院校自身发展的现实需要。教师队伍的转型，是地方新建本科院校转型发展的关键，此类院校中青年教师占比较大。该成果选取新建本科院校青年教师的转型发展问题作为研究对象，厘清重要概念。通过调查，从数量、结构和整体素质等方面阐述了高校青年教师基本现状；从职业道德、科学研究、教学工作和发展培养等方面剖析了青年教师存在的主要问题；从做好顶层设计、实现“双能型”发展、激励措施和校企联合培养等方面探索了高校青年教师转型发展的最佳路径。实现新建本科院校青年教师“双能型”发展不是一蹴而就的事情，但新建本科院校的职教转型是大势所趋。

姓　　名	吴长法
学　　历	硕士研究生
工作单位	蚌埠学院
职　　称	教授
研究方向	教育理论和管理研究

吴长法　1970年10月出生。主要从事教育理论和管理研究。近年来公开发表学术论文30余篇；主持国家社科基金教育学项目1项、省级教科研项目6项，参与国家级和省级教科研项目20余项。现为蚌埠学院文学与教育学院院长，教授；蚌埠市政府教育智库专家，安徽省心理学会理事。

成果名称	从管制走向服务：地方高校转型发展中的政府角色
发表刊物	教育发展研究
字　　数	10.7千字
发表时间	2015年第11期
获奖等次	三等奖

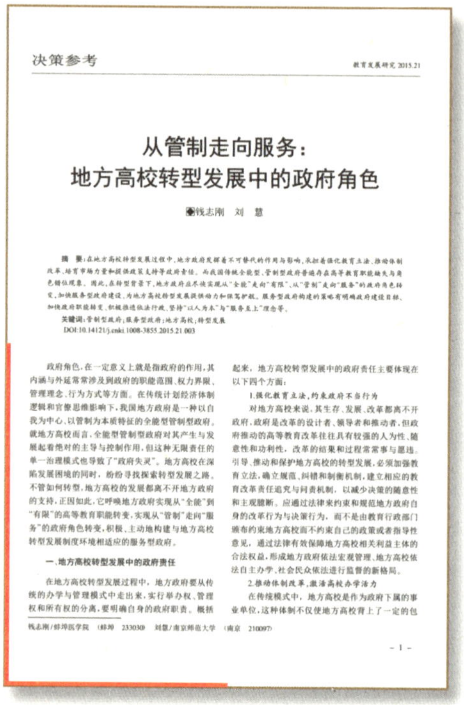
决策参考　　教育发展研究 2015.21

从管制走向服务：
地方高校转型发展中的政府角色

■钱志刚　刘　慧

摘　要：在地方高校转型发展过程中，地方政府发挥着不可替代的作用与影响，承担着强化教育立法、推动体制改革、培育市场力量和提供政策支持等政府责任。而我国传统全能型、管制型政府普遍存在高等教育职能缺失与角色错位现象。因此，在转型背景下，地方政府应尽快实现从"全能"走向"有限"、从"管制"走向"服务"的政府角色转变，加快服务型政府建设，为地方高校转型发展提供动力和保驾护航。服务型政府构建的策略有明确政府建设目标、加快政府职能转变、积极推进依法行政、坚持"以人为本"与"服务至上"理念等。

关键词：管制型政府；服务型政府；地方高校；转型发展

DOI:10.14121/j.cnki.1008-3855.2015.21.003

政府角色，在一定意义上就是指政府的作用，其内涵与外延常常涉及到政府的职能范围、权力界限、管理理念、行为方式等方面。在传统计划经济体制逻辑和官僚思维影响下，我国地方政府是一种以自我为中心、以管制为本质特征的全能型管制型政府。就地方高校而言，全能型管制型政府对其产生与发展起着绝对的主导与控制作用，但这种无限责任的单一治理模式也导致了"政府失灵"。地方高校在深陷发展困境的同时，纷纷寻找探索转型发展之路。不管如何转型，地方高校的发展都离不开地方政府的支持，正因如此，它呼唤地方政府实现从"全能"到"有限"的高等教育职能转变，实现从"管制"走向"服务"的政府角色转变，积极、主动地构建与地方高校转型发展制度环境相适应的服务型政府。

一、地方高校转型发展中的政府责任

在地方高校转型发展过程中，地方政府要从传统的办学与管理模式中走出来，实行举办权、管理权和所有权的分离，要明确自身的政府职责。概括起来，地方高校转型发展中的政府责任主要体现在以下四个方面：

1.强化教育立法，约束政府不当行为

对地方高校来说，其生存、发展、改革都离不开政府，政府是改革的设计者、领导者和推动者，但政府推动的高等教育改革往往具有较强的人为性、随意性和功利性，改革的结果和过程常常事与愿违。引导、推动和保护地方高校的转型发展，必须加强教育立法，确立规范、纠错和制衡机制，建立相应的教育改革责任追究与问责机制，以减少决策的随意性和主观臆断。应通过法律来约束和规范地方政府自身的改革行为与决策行为，而不是由教育行政部门颁布约束地方高校而不约束自己的政策或者指导性意见，通过法律有效保障地方高校相关利益主体的合法权益，形成地方政府依法宏观管理、地方高校依法自主办学、社会民众依法进行监督的新格局。

2.推动体制改革，激活高校办学活力

在传统模式中，地方高校是作为政府下属的事业单位，这种体制不仅使地方高校背上了一定的包

钱志刚/蚌埠医学院　（蚌埠　233030）　刘慧/南京师范大学　（南京　210097）

－1－

在地方高校转型发展过程中，地方政府发挥着不可替代的作用与影响，主要承担着强化教育立法、约束政府不当行为；推动体制改革，激活高校办学活力；培育市场力量，优化高教资源配置；提供政策支持，营造良好的制度环境等四个方面的政府责任。但在我国，传统的全能型、管制型地方政府又普遍存在着高等教育职能缺失与角色错位现象，没有很好地解决政府与高校之间的关系。因此，在转型背景下，地方政府应尽快实现从“全能”走向“有限”、从“管制”走向“服务”的政府角色转变，加快服务型政府建设，为地方高校转型发展提供动力和保驾护航。服务型政府构建的策略有：明确政府建设目标，达成政府改革共识；加快政府职能转变，推进政府管理创新；积极推进依法行政，提高政府管理水平；坚持“人本”与“服务”理念，营造公平正义社会环境等。

姓　　名	钱志刚
学　　历	博士研究生
工作单位	蚌埠医学院
职　　称	教授
研究方向	教育领导与管理、高等医学教育

钱志刚　1968年9月出生。从教育领导与管理、高等医学教育研究。在《高等教育研究》《教育发展研究》《中国高教研究》《中国护理管理》《中华护理教育》《医学与哲学》等期刊上公开发表论文五十余篇；主持参与部、省级各类课题十余项。现为蚌埠医学院教授，校发展规划处处长、学科建设办公室主任。

成果名称	乡贤文化为什么与我们渐行渐远
发表刊物	学术界
字　　数	8.5千字
发表时间	2016年第3期
获奖等次	三等奖

该成果描述和厘定了乡贤文化的内涵，对传统乡贤文化衰落的原因进行独到探讨，指出传统乡绅的被否定、乡绅发挥作用的空间被填补、乡绅人才的来源渠道被堵塞等，导致乡贤文化与我们渐行渐远。如何转变当前我国城市过分拥堵、农村“空心化”现象？成果认为，传统的“告老还乡”制度颇有补偏救弊的价值，并对离退休官员、工商企业界人士和知识分子等退职还乡的意义，可能遇到的问题及解决办法等提出了自己的观点。成果被《新华文摘》2016年第13期全文转载。

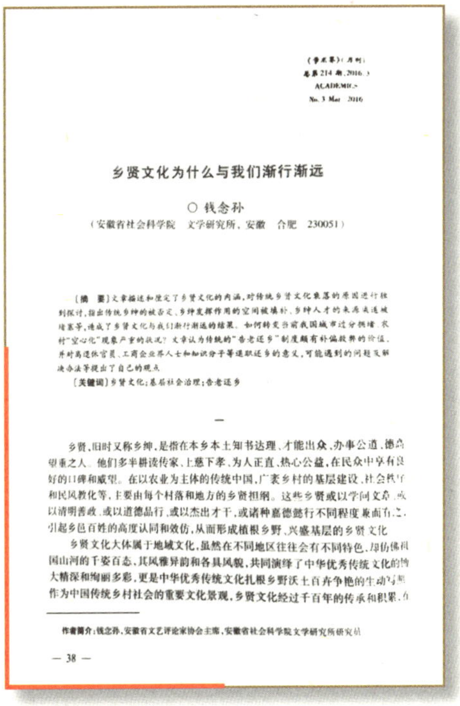
《学术界》(月刊)
总第214期,2016.3
ACADEMICS
No.3 Mar. 2016

乡贤文化为什么与我们渐行渐远

○ 钱念孙
(安徽省社会科学院　文学研究所，安徽　合肥　230051)

〔摘　要〕文章描述和厘定了乡贤文化的内涵，对传统乡贤文化衰落的原因进行独到探讨，指出传统乡绅的被否定、乡绅发挥作用的空间被填补、乡绅人才的来源渠道被堵塞等，造成了乡贤文化与我们渐行渐远的结果。如何转变当前我国城市过分拥堵、农村“空心化”现象严重的状况？文章认为传统的“告老还乡”制度颇有补偏救弊的价值，并对离退休官员、工商企业界人士和知识分子等退职还乡的意义，可能遇到的问题及解决办法等提出了自己的观点。
〔关键词〕乡贤文化；基层社会治理；告老还乡

一

乡贤，旧时又称乡绅，是指在本乡本土知书达理、才能出众、办事公道、德高望重之人。他们多半耕读传家、上慈下孝、为人正直、热心公益，在民众中享有良好的口碑和威望。在以农业为主体的传统中国，广袤乡村的基层建设、社会秩序和民风教化等，主要由每个村落和地方的乡贤担纲。这些乡贤或以学问文章，或以清明善政，或以道德品行，或以杰出才干，或诸种嘉德懿行不同程度兼而有之，引起乡邑百姓的高度认同和效仿，从而形成植根乡野、兴盛基层的乡贤文化。

乡贤文化大体属于地域文化，虽然在不同地区往往会有不同特色，却仿佛祖国山河的千姿百态，其风雅异韵和各具风貌，共同演绎了中华优秀传统文化的博大精深和绚丽多彩，更是中华优秀传统文化扎根乡野沃土百卉争艳的生动写照。作为中国传统乡村社会的重要文化景观，乡贤文化经过千百年的传承和积累，

作者简介：钱念孙，安徽省文艺评论家协会主席，安徽省社会科学院文学研究所研究员

— 38 —

姓　　名	钱念孙
学　　历	大学本科
工作单位	安徽省社会科学院
职　　称	研究员
研究方向	美学、文艺理论

钱念孙　1953年出生。长期从事美学、文艺理论研究。在《中国社会科学》《文艺理论研究》《光明日报》《人民日报》等报刊发表论文300余篇，多篇被《新华文摘》等全文转载；出版《文学横向发展论》《朱光潜与中西文化》《重建文学空间》《中国文学史演义》《艺术真谛的发掘和阐释》等著作26部，部分著作被翻译成英文、韩文等在海外出版。现为安徽省社会科学院研究员、安徽省文艺评论家协会主席、安徽省文史研究馆馆员。曾任安徽省文联副主席、省社科院文学研究所所长，安徽省人民政府参事；英国杜伦大学、伦敦大学，美国马萨诸塞大学、汉普舍尔学院客座教授。享受国务院政府特殊津贴。

成果名称	新常态下中国体育产业政策调整研究
发表刊物	体育科学
字　　数	11千字
发表时间	2016年第4期
获奖等次	三等奖

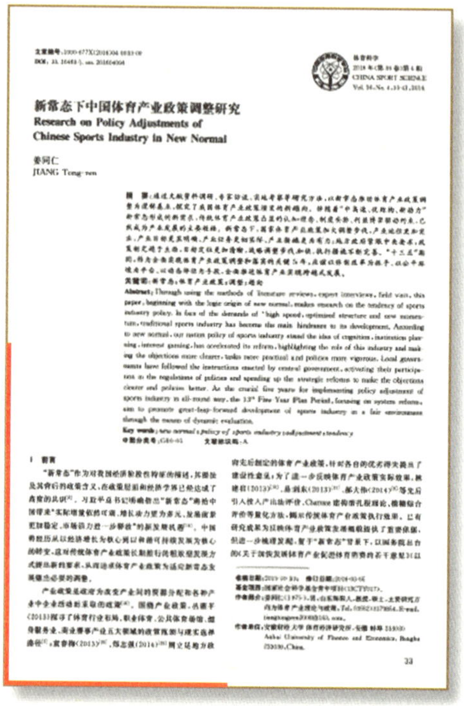
新常态下中国体育产业政策调整研究
Research on Policy Adjustments of Chinese Sports Industry in New Normal
姜同仁
JIANG Tong-ren

该成果立足于中国体育产业政策的实际情况，系统梳理了产业政策调整的个性化特点和殊途同归的演进脉络。一是梳理了新常态我国体育产业的发展与趋向。指出“中高速”推动体育产业转型升级、“优结构”驱动体育产业优化调整、“新动力”促动体育产业释放活力。二是厘清了我国体育产业政策的约束表现。指出由于受传统政策的引导，我国体育产业形成的“三期叠加”现象明显，认知理念、制度安排、利益博弈驱动约束突出。三是概括了我国体育产业政策调整的新趋向。指出国家体育产业政策顶层设计的新变化，地方政策紧随落实的新举措。四是归结了我国体育产业政策调整的新思考。提出以体制改革为抓手，推动政策顺利调整；以公平环境为平台，提升政策执行能力；以动态评估为手段，调控政策执行效果。

姓　　名	姜同仁
学　　历	博士研究生
工作单位	安徽财经大学
职　　称	教授
研究方向	体育产业理论与政策、国家体育产业基地

姜同仁　1975年9月出生。主要从事体育产业理论与政策、国家体育产业基地等研究。主持国家哲学社科基金项目、国家体育总局社科研究项目等10余项，主持多项政府决策咨询项目；参与起草国务院2014年46号文件、国办2016年77号文件，国家体育产业“十三五”发展规划等；在《体育科学》《上海体育学院学报》《天津体育学院学报》《武汉体育学院学报》等期刊上发表论文30余篇。现为安徽财经大学教授，体育教学部副主任、体育产业管理与发展研究院执行院长；安徽省体育科学学会常务理事。

成果名称	应用型高校战略联盟发展路径与模式研究
发表刊物	中国高教研究
字　　数	50千字
发表时间	2016年第5期
获奖等次	三等奖

中国高教研究　2016年第5期

DOI:10.16298/j.cnki.1004-3667.2016.05.18

地方本科高校联盟的理论、问题与对策分析*

夏美武　徐月红

摘　要：地方本科院校要培养高素质应用型人才，必须避免发展中的“孤岛”现象，坚持走联盟合作、“抱团取暖”、集群发展之路，以此促进学校与社会、理论与实践、知识创新与应用等有机结合。构建战略联盟事关地方本科高校的特色发展、转型发展乃至生存发展。目前，地方本科高校面临着“联盟困境”，存在着联盟对象趋同、形式松散、功能单一、效益不高等问题。要发挥战略联盟在地方本科高校转型发展中的支撑作用，必须有效构建校校、校企、校政、校所及国际合作“五位一体”立体式、差异化战略联盟，完善政策制度保障，真正建立起多主体联合协同育人机制。

关键词：地方本科高校；转型发展；战略联盟

当今世界已进入一个充满挑战、开放包容、跨界合作、创新密集的“竞合时代”。经济全球化、互联网+、大数据带来互联互通，呼唤协商共议，使发展思维和竞争方式产生了根本性转变，即由“零和博弈”转为“联盟共赢”，由“单打独斗”“各自为政”转向“开放合作”“风险共担”，跨界连结、合作共赢和协同竞争不仅成为可能，而且成为时代的主旋律。管理学大师彼得·德鲁克早就预言：“20世纪90年代是战略联盟的时代”。美国未来学者哈金斯进一步指出，“21世纪，第一个跃升到教育4.0阶段的国家，就会成为人力发展的领头羊，并创造21世纪新经济。而教育4.0是以创新产出为核心的教育，强调跨界连结、协同创造。”[1]而构建战略联盟则被视为应对和处理不确定性、突破发展瓶颈，实现帕累托改进和合作共赢的有效机制。地方本科院校目前正处于提升质量、转型发展和改革创新的关键期，必须走联合培养、协同共治、“抱团取暖”、集群发展之路，这是避免发展中出现“孤岛”现象，有效化解和防范各类风险，破解发展难题，提升核心竞争力的关键举措。

一、战略联盟的理论基础与可行性分析

构建战略联盟不仅在理念上早已深入到各类组织的竞争中，而且在实践中联盟作为各类组织的创新形式也得到了很好的实践和验证。尤其在经济、政治领域，战略联盟已成为应对未来不确定竞争环境的首选，被视为理解或处理不确定性的有效机制。从理论发展来看，国外相对比较成熟的联盟理论主要存在于管理学界关于企业战略联盟研究，以及国际政治学界关于国际政治联盟的研究。自20世纪八九十年代开始，从企业管理学角度研究战略联盟的代表人物主要有美国DEC公司总裁简·霍普兰德(J. Hopland)和管理学家罗杰·奈格尔(R. Nigel)、迈克尔·波特(M. Porter)等，他们分别从不同的角度阐释联盟的组织特征与性质、组织形式、运作方式、形成动因与作用等。形成的主要理论派别包括合作理论、战略管理理论、竞争优势理论、交易成本理论、资源理论、利益平衡理论、社会网络理论、博弈论、价值链理论，等等。虽然不同学者对于战略联盟的认识各有不同，但在本质上存在共通之处。总的来说，国外学者特别是欧美学者对战略联盟的研究可归结为两大派别，一派以研究战略联盟的概念为主，另一派以研究战略联盟创造价值的理论为主。从经济学角度看，战略联盟是以资源配置共享、优势互补、风险或成本分担为目的组织创新，是介于市场和企业间一种特殊合作关系的“中间组织”，“是一种两个或两个以上企业内部化的‘共生’形式。它的出现模糊了企业与市场的界限。”[2]

大学战略联盟的理论基础，主要有生态位理论、组织域理论、利益契约理论等。生态位理论认为，每一物种在自然界中都有其特定的生态位，物种间都倾向于用相互补充来代替直接竞争，以更有效地利用和扩充资源，从而实现共同生存的目的。组织域理论认为，在同样规则、准则和意义系统下运行的组织群，由于使用相同的技术、秩序规范和法律制度而形成共生和同生关系，它强调通过相互合作提高集体生存与发展能力。大学战略联盟本质上是大学组织域对新环境的一种适应机制。大学战略联盟就是大学之间形成利益契约关系的学术共同体组织[3]。另外，将企业发展战

* 本文系全国教育科学规划教育部重点项目“应用性高校战略联盟发展路径与模式研究”(DIA100271)的研究成果

该成果以全国教育科学规划教育部重点项目、安徽省重大教学改革研究项目子课题等为基础，通过对应用型高校性质描述，验证并提出构建全方位、动态开放的战略联盟是地方本科高校转型发展和应用型高校办学性质的内在必然。创新点是运用政策分析和学理分析，构建起成立战略联盟与建设应用型高校之间的内在联系。成果共有四篇论文，先后发表于《中国高教研究》《现代大学教育》《湖南师范大学教育科学学报》《青海社会科学》《职教论坛》等刊物，发表总字数约5万字。多篇文章被国研网“教育参考·校长论坛”“高校参考·理论研究”《三峡高教研究》等全文转载。部分成果被安徽省应用型高校联盟《章程》和《行知宣言》完整采纳，同时还被应用于安徽省应用型高校转型发展等指导性文件中。

姓　　名	夏美武
学　　历	博士研究生
工作单位	铜陵学院
职　　称	教授
研究方向	政治生态、社会治理、高等教育

夏美武　1968年9月出生。长期从事政治生态、社会治理、高等教育等研究。主持完成国家社科基金项目、全国教育科学规划教育部重点课题、安徽省哲学社会科学规划重点项目等省部级项目10余项；在《社会科学研究》《学习与探索》《学术界》《中国高教研究》《现代大学教育》《高教领导参考》等权威期刊发表学术论文50余篇；出版学术专著3部。现为铜陵学院党委委员、副校长，硕士研究生导师；安徽省暨安徽大学高等教育研究所特邀研究员，安徽省政治学会副会长、安徽省思想政治理论课教学指导委员会委员。

成果名称	皖北“四化”协调发展先行区建设的难点及对策研究项目研究报告
采纳应用	安徽省加快皖北地区发展领导小组
字　　数	50千字
完成时间	2015年12月
获奖等次	三等奖

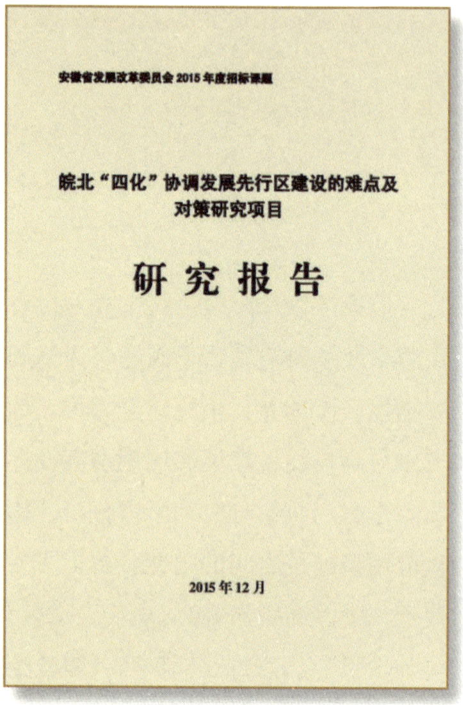
安徽省发展改革委员会2015年度招标课题

皖北“四化”协调发展先行区建设的难点及对策研究项目

研究报告

2015年12月

该成果系安徽省发展和改革委员会委托课题，本着“寻方向、摸家底、找症结、提对策”的思路，从历史的维度，进行皖北“四化”影响因素分析；从社会感知的视角，分析皖北“四化”协调中的成就与不足；基于经济、社会、科技数据构建了包括“四化”二维关系以及“四化”整体协调度的数学模型。成果提出了皖北“四化”协调发展的总体思路及具体对策：一是优先推进工业化，提升皖北“四化”协调发展的动力；二是加速发展信息化，形成皖北“四化”协调发展的推力；三是积极、稳妥推进城镇化，构建皖北“四化”协调发展的载体；四是融合发展农业现代化，夯实皖北“四化”协调发展的基础；五是持续坚持绿色化，增强皖北“四化”协调发展的持续。采纳应用部门认为，该项课题研究为落实省委、省政府实施振兴皖北战略，制定相关政策提供了有益的智力帮助。

姓　　名	方铭勇
学　　历	硕士研究生
工作单位	中共安徽省委党校（安徽行政学院）
职　　称	副教授
研究方向	公共管理、应急管理

方铭勇　1973年9月出生。主要从事公共管理、应急管理等研究和风险评估、公共政策制定与评估。近年来，多次承接省政府参事室省领导圈定课题、省发改委区域发展政策分析与评估、教育厅城市公共安全治理等课题。在干部培训领域，率先开发桌面推演、媒体应对等实训课程，丰富教学内容与方式。现为中共安徽省委党校（安徽行政学院）教师进修学院副院长；中国应急管理学会会员，国家行政学院访问学者，安徽省组织部干部教育培训师资库首批入选教师，国家注册资产评估师。

成果名称	构建皖北文化大旅游区研究 ——以历史文化名城亳州为例
采纳应用	亳州市文化旅游局
字　　数	36千字
完成时间	2014年10月
获奖等次	三等奖

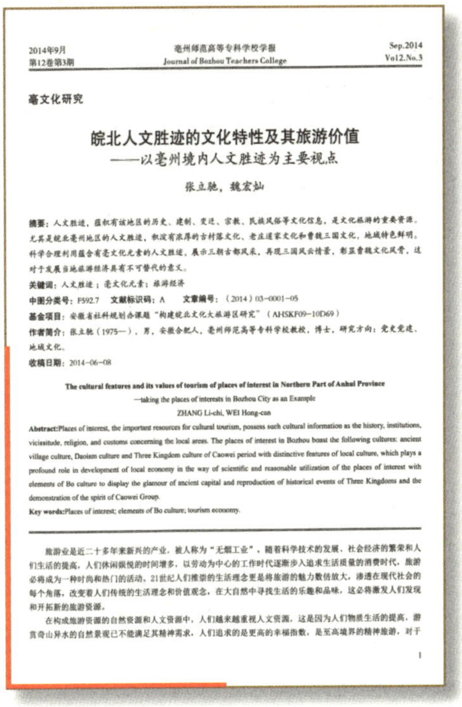
2014年9月　第12卷第3期　亳州师范高等专科学校学报 Journal of Bozhou Teachers College　Sep.2014 Vo12.No.3

亳文化研究

皖北人文胜迹的文化特性及其旅游价值
——以亳州境内人文胜迹为主要视点

张立驰，魏宏灿

摘要：人文胜迹，蕴积有该地区的历史、建制、变迁、宗教、民族风俗等文化信息，是文化旅游的重要资源。尤其是皖北亳州地区的人文胜迹，积淀有浓厚的古村落文化、老庄道家文化和曹魏三国文化，地域特色鲜明。科学合理利用蕴含有亳文化元素的人文胜迹，展示三朝古都风采，再现三国风云情景，彰显曹魏文化风骨，这对于发展当地旅游经济具有不可替代的意义。

关键词：人文胜迹；亳文化元素；旅游经济

中图分类号：F592.7　文献标识码：A　文章编号：（2014）03-0001-05

基金项目：安徽省社科规划办课题“构建皖北文化大旅游区研究”（AHSKF09-10D69）

作者简介：张立驰（1975—），男，安徽合肥人，亳州师范高等专科学校教授，博士，研究方向：党史党建、地域文化。

收稿日期：2014-06-08

The cultural features and its values of tourism of places of interest in Northern Part of Anhui Province
—taking the places of interests in Bozhou City as an Example

ZHANG Li-chi, WEI Hong-can

Abstract:Places of interest, the important resources for cultural tourism, possess such cultural information as the history, institutions, vicissitude, religion, and customs concerning the local areas. The places of interest in Bozhou boast the following cultures: ancient village culture, Daoism culture and Three Kingdom culture of Caowei period with distinctive features of local culture, which plays a profound role in development of local economy in the way of scientific and reasonable utilization of the places of interest with elements of Bo culture to display the glamour of ancient capital and reproduction of historical events of Three Kingdoms and the demonstration of the spirit of Caowei Group.

Key words:Places of interest; elements of Bo culture; tourism economy.

旅游业是近二十多年来新兴的产业，被人称为“无烟工业”，随着科学技术的发展、社会经济的繁荣和人们生活的提高，人们休闲娱悦的时间增多，以劳动为中心的工作时代逐渐步入追求生活质量的消费时代，旅游必将成为一种时尚和热门的活动，21世纪人们推崇的生活理念更是将旅游的魅力数倍放大，渗透在现代社会的每个角落，改变着人们传统的生活理念和价值观念，在大自然中寻找生活的乐趣和品味，这必将激发人们发现和开拓新的旅游资源。

在构成旅游资源的自然资源和人文资源中，人们越来越重视人文资源，这是因为人们物质生活的提高，游赏奇山异水的自然景观已不能满足其精神需求，人们追求的是更高的幸福指数，是至高境界的精神旅游，对于

1

该成果以文化产业为纽带，以文化自身的形成发展为逻辑，着眼皖北文化的整体性、系统性研究和文化产业的长远发展，科学分析了皖北区域文化旅游资源的现状，提出了坚持政府主导，市场运作，多方参与，构建皖北文化“大旅游区”对策建议，提倡皖北各地市，打破行政区划，建立长期合作机制，加强区域联合，实施优势互补，构筑经典线路，推动皖北文化旅游共同繁荣发展。成果提出，在皖北文化旅游规划中，要避免点面分离，碎片布局，注重整体开发，协调互动；避免有旅游无文化，注重旅游与文化深度融合；避免文化自说自话，注重文化产业与经济发展、人民生活相融合；避免重开发、轻保护，注重保护与开发并举，等一系列建设思路。该成果为安徽省社科规划项目，《亳州师范高等专科学校学报》《淮北师范大学学报》《池州学院学报》分别发表其阶段性成果。

姓　　名	张立驰
学　　历	博士研究生
工作单位	亳州学院
职　　称	教授
研究方向	思想政治教育、文化建设与发展

张立驰　1975年8月出生。主要从事思想政治教育、文化建设与发展研究和教学。在CSSCI期刊、中文核心期刊发表论文20余篇；出版《改革开放以来党的人才思想发展研究》，主编《亳文化研究丛书》《家庭文化教育》；承担教育部、安徽省社科规划等省部级课题十余项。现为亳州学院院长、党委副书记，教授、硕士生导师；全国青联委员，安徽省思想政治理论课教指委委员，安徽省教师教育理事会常务理事；安徽省循环经济研究会副会长，省亳文化研究会副会长，省经济文化研究会副会长。

成果名称	采取稳定脱贫措施　建立长效扶贫机制
采纳应用	安徽省扶贫办
字　　数	3千字
完成时间	2016年12月
获奖等次	三等奖

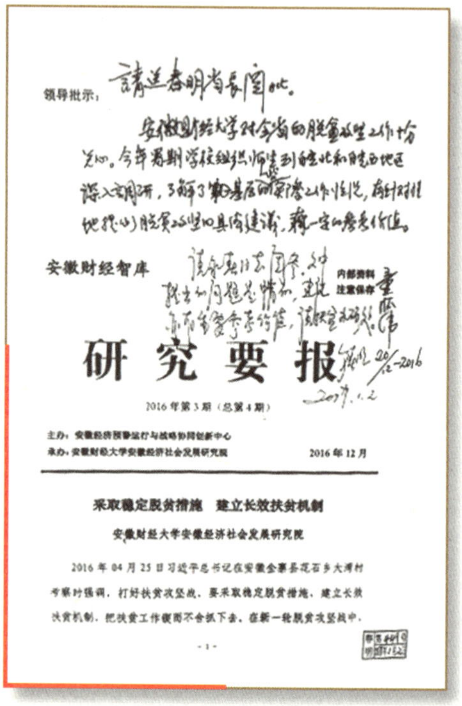
领导批示：請送春明省长阅批。

安徽财经智库

内部资料　注意保存

研　究　要　报

2016年第3期（总第4期）

主办：安徽经济预警运行与战略协同创新中心

承办：安徽财经大学安徽经济社会发展研究院　　2016年12月

采取稳定脱贫措施　建立长效扶贫机制

安徽财经大学安徽经济社会发展研究院

2016年04月25日习近平总书记在安徽金寨县花石乡大湾村考察时强调，打好扶贫攻坚战，要采取稳定脱贫措施，建立长效扶贫机制，把扶贫工作锲而不舍抓下去。在新一轮脱贫攻坚战中，

-1-

该成果在阐明建立长效扶贫机制必要性的基础之上，提出建立长效扶贫机制就是要建立和完善扶助、救助、保障三大体系；分析了当前阻碍长效扶贫机制建立的主要障碍：即不同程度存在着重视政府扶贫、忽视市场扶贫和社会扶贫；存在着上级越重视，基层重视程度越是逐级递减；重视经济扶贫、忽视精神扶贫；重视“条条”推进、忽视“块块”协作；重视数字脱贫、忽视脱贫的效果；分析了政府扶贫、市场扶贫和社会扶贫的各自优劣势，建议须将精神贫困的消除纳入扶贫工作的考量之中；指出当前乡镇扶贫力量薄弱制约着扶贫工作的开展。最后，提出推进长效扶贫机制建立四点政策建议。

姓　　名	张会恒
学　　历	博士研究生
工作单位	安徽财经大学
职　　称	教授
研究方向	政府规制理论与实践、环境经济政策

张会恒　1962年2月出生。主要从事政府规制理论与实践、环境经济政策研究。现为安徽财经大学安徽经济社会发展研究院院长，教授；中国宏观经济管理教育学会常务理事，中国环境经济学学会委员，中国工业经济学会理事；安徽省经济学会常务理事，安徽省发展战略研究会常务理事，安徽循环经济学会常务理事；民建安徽省委经济委员会主任，民建中央经济委员会委员等。

成果名称	民生工作研究报告
采纳应用	安徽省政府办公厅
字　　数	75千字
完成时间	2016年12月
获奖等次	三等奖

民生工作研究报告

2016年12月

该成果聚焦“十二五”、面向“十三五”的安徽省民生工作，在科学界定民生工作内涵和民生工作范围三个层面（核心、支撑性和关联性）及其关系基础上，重点梳理并厘清核心民生工作的八大领域十四个方面，据此深刻剖析整个“十二五”安徽核心民生工作十四个方面，所取得的成效与亮点、存在短板与困难及最关注的问题，进而提出我省民生工作面向“十三五”的突破重点和相应举措。整个报告，着力廓清了未来5年安徽民生工作发展的理论思路和实践路向，具有较强的前瞻性、权威性和创新性。省有关领导对该成果给予充分肯定，其中不少内容被省政府《关于扎实推进民生工作的意见》（皖政〔2017〕58号）和省政府办公厅《2017年全省民生工作要点》（皖政办秘〔2017〕177号）所采纳，对我省民生工作产生较大影响并取得了显著成效。

姓　　名	昂永生
学　　历	硕士研究生
工作单位	中共安徽省委党校（安徽行政学院）
职　　称	教授
研究方向	公共行政学、公共管理

昂永生　1960年10月出生。从事公共行政学及公共管理的教研和咨询。先后在《中国行政管理》《华东经济管理》等期刊发表论文30余篇；出版《公共行政学》《公务员制度概论》等教材著作10余部；主持或参与省部级课题10余项、咨政研究5项。先后获中共安徽省委党校（安徽行政学院）优秀科研成果一等奖1项、二等奖2项和省部级社科奖三等奖共6项。现为中共安徽省委党校（安徽行政学院）教授；中国行政管理学会理事，中国行政管理学教学研究会常务理事。

2017—2018年度

获奖成果

成果名称	当代中国马克思主义意识形态话语体系的研究
出 版 社	江苏人民出版社
字　　数	345千字
出版时间	2018年12月
获奖等次	一等奖

该成果聚焦当代中国，从经典话语、中国话语、国际话语、大众话语和建设话语五个方面，设计了五篇二十四章，分篇论证，从认识论高度构建中国特色马克思主义话语体系，创新共产主义科学话语，掌握话语权。

其主要特点：

（1）强烈的问题意识。针对当今曲解或质疑“共产主义”“资本主义危机”“人民群众”“物质”等经典话语，从文本出发，梳理经典话语发生的背景和变迁逻辑，既回应误读释疑解惑，又掌握了马克思主义意识形态话语权。

（2）独特的研究视角。针对现今官方话语、民间话语和网络话语呈现三个世界的现象，成果以“共产主义”“资本主义危机”等马克思主义意识形态的核心话语、社会主义核心价值观话语为个案，探讨了大众话语、政治话语和学术话语三者之间疏离的原因，建构起三种话语的互动互融、共识达成的内在机制。

成果主要贡献：

（1）抓住话语权这一当前的热点和难点问题，从经典话语、中国话语、国际话语、大众话语和建设话语五个方面，架构了当代中国马克思主义意识形态话语体系，把当前碎片化的话语研究，推进到了系统整体的研究水平。

（2）以中国马克思主义意识形态话语的学术梳理为切入点，深入分析经典作家“共产主义”“资本主义危机”等核心话语形成的背景、演变历程，进而得出马克思“共产主义”等核心学术话语的形成和创新就是其理论和思想创新动力的结论，这也是当代中国大众话语、政治话语上升为中国特色学术话语的路径，即融通中外，用中国人自己创造的理论、范畴、概念、表述，理解和阐述中国自己的问题。

该研究提升了中国特色社会主义事业发展的影响力。国家和民族的生存发展不仅取决于经济等硬实力，还取决于思想文化等软实力，其中意识形态话语权是软实力的核心问题，关乎中国特色社会主义事业前途。该研究能够避免盲从西方话语体系。西学东渐以来，西方以武力和资本为后盾建立了不合理的国际政治经济和文化秩序，也使其话语体系引领全球，诱使非西方文明加入以“自由与民主”为框架的话语体系，如果仍然盲从西方话语体系，将被西方“软实力”支配。开篇Lord Napier的故事就生动说明了这一点。该研究解决了当前话语建设中的有关问题。当前一些学术评价中的西化、人才评价中的崇洋、学术会议中的国际惯例等，同时设置国际性议题能力不足与价值观纷杂化、马克思主义哲学经院化倾向等，导致了学术话语的西化、空洞化、抽象化等乱象，该研究对遏制此类话语乱象有所裨益。

姓　　名	吴学琴
学　　历	博士研究生
工作单位	安徽大学
职　　称	教授
研究方向	马克思主义理论

吴学琴　1965年出生。长期从事马克思主义理论研究与教学。出版专著3部，发表论文70余篇，主持国家社科基金4项，教育部基金4项。获得吴玉章社科奖1项，安徽省政府奖2项，省教学二等奖2项、三等奖3项。现为安徽大学马克思主义学院教授、博士生导师；全国马克思主义理论类教指委委员，安徽省教育学会中学政治课理事会副会长等。曾获“全国优秀教师和全国思政课优秀教师”称号。

成果名称	建设文化强国背景下的社会主义核心价值体系研究
出 版 社	人民出版社
字　　数	1870千字
出版时间	2017年9月
获奖等次	一等奖

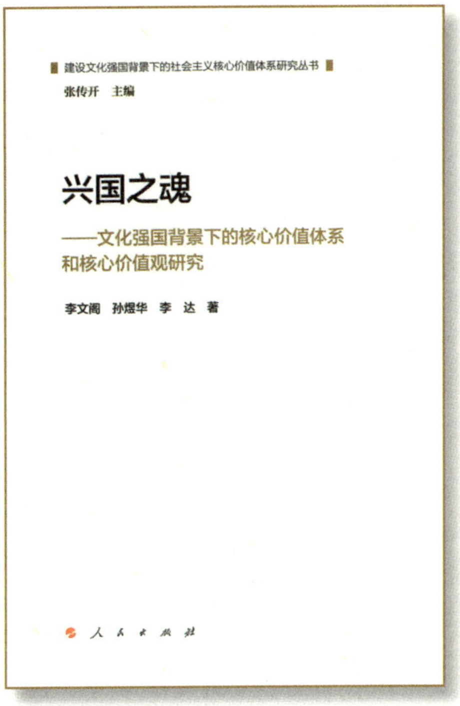

该成果系国家社科基金重大项目。包括5卷本研究专著，1份对策研究报告和1本大学生读本。《兴国之魂——文化强国背景下的核心价值体系和核心价值观研究》（李文阁、孙熠华、李达著）是总论，从理论、规范和实践三重维度展开。重点阐述中华民族复兴与文化强国的关系、社会主义核心价值体系与核心价值观的关系、中华优秀传统文化与建设社会主义核心价值体系和践行核心价值观的关系等重大问题。

《走向文化强国的理论旗帜——坚持马克思主义指导思想》（王先俊著）是分论之一，主要阐述马克思主义指导思想作为文化强国的理论旗帜，铸就了社会主义核心价值体系的灵魂等问题。《走向文化强国的精神支柱——坚定中国特色社会主义共同理想》（姚宏志等著）是分论之二，主要阐述中国特色社会主义共同理想作为文化强国的精神支柱，研究了社会主义核心价值体系的主题等问题。《走向文化强国的精神动力——弘扬民族精神和时代精神》（干成俊等著）是分论之三，主要阐述以民族精神、革命精神和时代精神内涵的中国精神作为文化强国的精神动力，构成了社会主义核心价值体系的精髓等问题。《走向文化强国的道德基石——培育和践行社会主义新道德》（戴兆国等著）是分论之四，主要阐述社会主义荣辱观作为文化强国的道德基石，奠定了社会主义核心价值体系的基础等问题。《社会主义核心价值体系建设对策研究报告》（高正礼、冯万勇著）是实证研究，为党和政府深入推进社会主义核心价值体系建设提供决策参考。《社会主义核心价值体系大学生读本》（彭凤莲著）理论结合实际，通俗易懂地阐述了社会主义核心价值体系的基本内容，是面向大学生的通俗普及读本。系列研究成果充分体现了理论高度和理论深度相统一；理论研究和实证调查相联系；学术研究与普及应用相结合。

该成果是理论界有关社会主义核心价值体系研究的最新成果，站在文化强国的高度全面审视社会主义核心价值体系建设的一系列重大理论问题，在大量调研获得第一手资料和数据的基础上提出核心价值体系建设的对策建议，在着重讲清理论问题的同时注重抓好核心价值体系在重点领域、重点人群和重要阵地的宣传普及。具有较高的学术价值和应用价值。

该项研究在执行过程中发表了50余篇阶段性成果，出版了一本著作。这些阶段性成果分别被人民网、求是网、光明网、中国文明网、人民政协网、全国哲学社会科学规划办网、中国干部学习网、中国人民大学复印报刊资料等全文转载。据中国知网检索，阶段性成果中的部分论文和著作被学界引用已达200多次，产生了积极影响。

姓　　名	张传开
学　　历	大学本科
工作单位	安徽师范大学
职　　称	教授
研究方向	马克思主义哲学

张传开　1951年7月出生。长期从事马克思主义哲学的教学与研究。出版《古希腊哲学范畴的逻辑发展》《马克思主义哲学范畴在当代的发展》等15部著作和教材；在《哲学研究》《求是》《马克思主义研究》等刊物发表论文80多篇，被《新华文摘》全文转载7篇；主持国家社科基金项目3项，其中重大项目1项。共获学术成果奖12项。现为安徽师范大学马克思主义学院二级教授、博士生导师；中国红色文化研究会常务理事，安徽省哲学学会副会长。享受国务院政府特殊津贴。

成果名称	新时期农民分化的多维透视
出 版 社	人民出版社
字　　数	339千字
出版时间	2018年11月
获奖等次	一等奖

该成果综合运用经济学和社会学方法，从系统论和普遍联系的原理出发，对改革开放以来的农民分化进行全方位、多角度透视，认为农民拥有的资源禀赋、人力资本、社会资本以及所在地区的经济发展水平等均影响农民的分化程度和分化水平。农民不仅向农业外部分化，也在农业内部分化。向农业外部分化的农民主要是离农型农民，趋农型农民主要倾向于农业内部分化。农民分化的收入临界阈为30%～50%，在此临界阈以下，趋农的可能性较大，反之，则离农的可能性较大。

作为向农业外部分化主体的农民工，城镇化意愿并非像人们期待的那样高，即便是最有潜力的离农型农民，他们的城镇化意愿也只有60%左右，远低于发达国家70%～80%以上的城市化率，更何况真正的城镇化率要远低于城镇化意愿。在我国农民工总量趋紧、用工短缺，大量农民工回流或返乡的趋势下，未来向非农部门分化的农民工增量上升的空间比较有限。

农民分化的形式是职业分化，本质是经济分化，其结果是社会身份分化。由职业分化形成的经济差距会逐渐演变成行为特征差异，最终形成社会身份或地位上的差别。由于社会纵向流动通道不畅，尽管改革开放以来的农民流动一直在持续，仍以横向流动为主。因城乡社会阶层评价标准不一，农村主要依赖经济实力这个单一维度，城市则从职业、职务或职称、学历、经济社会资源等多个维度衡量，即城市的阶层评价标准远高于农村。

农民分化最终演变成农民结构的变化，农民结构的变化必然牵动着整个社会结构变迁与重组。在城乡内部形成“农民工—市民”“传统农民—职业农民”二元结构；在城乡之间形成“农民—农民工—市民”三元结构。农民分化使农民内部群体数量增多，打破了原来均质同构的农村社会结构。农民原有结构的打破，次生结构相继形成，最终催生了新的社会阶层结构。这是社会进步的重要表现，也是制度变革的最终体现。由于我国社会治理体系建设滞后，掌握经济社会资源的精英阶层，在利益的欲望无限膨胀而得不到有效遏制情况下，推动社会结构从一种极端滑向另一种极端，表现为社会中间阶层变小，社会底层人数增大，社会主体结构下沉，形成一个由少数精英阶层和庞大的社会底层构成的社会结构。这种社会结构不仅会制约经济发展，而且会影响和谐社会的构建。

由于农民和农民工构成了我国社会底层的主体，虽然他们的分化与流动一直在持续，但大多呈横向水平流动，推动其纵向向上流动，成为社会结构重构的重点。因此，创新社会管理、加强社会治理，打破阶层利益分配格局，建立不同阶层的利益协调机制和适应现代社会发展需求的社会流动机制，推动“橄榄”型稳态社会结构的形成是一种必然。

姓　　名	张藕香
学　　历	硕士研究生
工作单位	安徽农业大学
职　　称	教授
研究方向	农户经济、区域经济与农村发展

张藕香　1968年8月出生。主要从事农户经济、区域经济与农村发展研究与教学。主持国家社科基金项目、教育部人文社科项目、安徽省自然科学基金项目等多项，参与世界银行第四期技术经济合作项目、科技部国家科技支撑计划项目、农业部重大农技推广服务试点项目等；出版专著2部；在《经济学》《改革》《中国农村经济》等期刊独作或合作发表论文近30篇。现为安徽农业大学经济管理学院教授；安徽省农业经济研究会理事，安徽省茶叶产业技术体系岗位专家，中国国外农业经济研究会会员。

成果名称	无形财产权的类型化与体系化研究 ——基于信息哲学的分析
出 版 社	北京大学出版社
字　　数	265千字
出版时间	2018年12月
获奖等次	一等奖

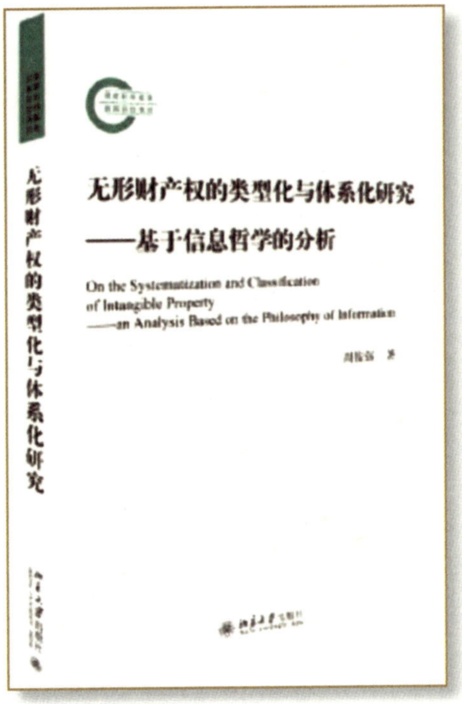

该成果引进信息哲学的分析方法，认为无形财产权的客体形态表现为信息本体与信息活动两种形式，前者是与物质同处一个层面的概念，而后者则是人们利用物质与信息资源所进行的一种利他性活动。成果认为，在知识产权法的不同领域中，“创造性”具有不同的表现形式，不能僵化理解、一概而论。一些学者否认商标的创造性特征时，指的明明是商标，论的偏偏为作品，以至于对商标的创造性视而不见、听而不闻。

成果论证了知识产权是民事主体基于客观创生性信息而享有的法定专有支配权。就科学发现与技术发明的信息关系而言，人类进行科学发现的过程，就是一个使信息从自在向自为转化的过程。技术发明是人类在其已经掌握的关于物质世界的自为信息的导引下，通过创造性的思维过程所产生的能够实施于物质世界的创生信息。概言之，科学发现和技术发明都为人类带来了新的信息，只是前者的信息属于“前所未知”，后者的信息则为“前所未有”。就著作权保护的客体而言，与其说著作权保护的是作品，不如说是独创性信息。成果认为，作品中的独创性，根据其原意可分为“来源独创”“过程独创”与“创生独创”三种类型。从信息构成的角度观之，一件商标是由商标标志表象信息、标志约定信息以及商品或服务品质信息结合而成的，这是一件完整的商标一般所应具有的三元信息结构。必须指出，这三元信息中的任何“一元”或“两元”都不能构成商标，真正典型意义上的商标是个“三位一体”的概念。

成果认为，作为一种利他性活动，服务具有两种信息活动形式：

（1）作为认识主体对他人的主观世界进行直接信息异化。

（2）作为实践主体对他人的客观躯体或他人指定的客观事务进行间接的信息异化，实现其信息目的。

商品的使用价值和价值与商品是否具有物质性没有关系；服务是劳动本身而非劳动力，服务也是一种商品。服务商品与劳动力商品存在本质区别，服务商品与其直接提供者的人身相分离，因而可以成为财产权适格客体。

成果根据财产权客体的价值来源，将财产分为客观资源性财产和主观制度性财产两大类。主观制度性财产在本质上属于以权利为客体的财产，其创立是为财产的流动与分配服务。将民法所规范的财产类型化为“基于客观资源”与“基于主观制度”，其意义在于突破物债二元所形成的樊篱，在客观资源的层面上，将“物”的概念延伸到信息与服务；在使用价值与交换价值的层面上，将物债二分所蕴含的理论隐喻扩展到资源与制度两个层次的财产形态。

成果最后认为，我国民法典的编纂，要兼收《德国民法典》与《荷兰民法典》之长，并蓄“法典总则”与“财产总则”之优。我们的目标，是制定一部有物质又有信息，有统一又有差异，有体系开放又有逻辑严谨的“21世纪的范式民法典”。

姓　　名	周俊强
学　　历	博士研究生
工作单位	安徽师范大学
职　　称	教授
研究方向	知识产权法学

周俊强　1968年9月出生。主要从事知识产权法学研究。曾以客座研究员的身份应邀赴日本知的财产研究所进行知识产权国际合作研究。获“安徽省2004—2010年法学研究优秀成果”论文类一等奖、“安徽省优秀教学成果”二等奖、安徽师范大学优秀教学一等奖，安徽师范大学首届“三全育人”最美教师称号。现为安徽师范大学知识产权研究所负责人，教授、博士生导师；中国知识产权法学研究会理事，安徽省芜湖市中级人民法院专家顾问，安徽省芜湖市人民检察院专家顾问，安徽省滁州市人民检察院专家顾问，安徽省芜湖市经济技术开发区人民法院专家顾问等。

成果名称	魏晋经学与诗学
出 版 社	中华书局
字　　数	1050千字
出版时间	2018年2月
获奖等次	一等奖

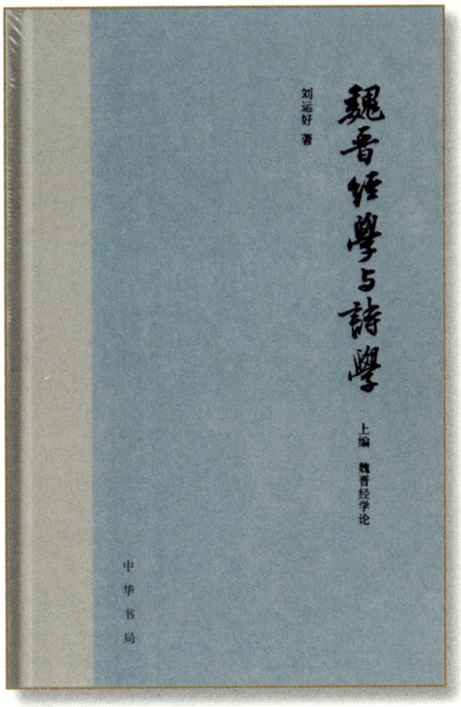

该成果为国家社科基金项目“魏晋经学与诗学关系研究”的最终成果的修订稿。成果以“历史—文化”为视角，以“问题”为点，以“概论”为线，以时代为断面，试图全面揭示经学与诗学之关系。

上卷《魏晋经学论》以魏晋经学的历史发展及其内在逻辑为逻辑基点，钩沉、辨析淹没于史籍中的经学学者、著作及散佚的经学文献，分析其学术渊源、理论形态、注经体例、经学意义，揭示魏晋经学由崛起到繁荣的历史进程及发展动因，彻底推翻泛滥于学界的魏晋经学“中衰”论，通过历史真相的还原，试图准确科学地论证魏晋经学在经学史上的意义。

中卷《魏晋诗学论》以魏晋诗学的理论形态及其文化生成为逻辑基点，从经学诗学、玄学诗学和佛教诗学的三个层面上，对魏晋诗学的重要理论及其范畴做出合乎历史语境的阐释，揭示魏晋诗学的历时与共时、生成与文化、范畴与范畴之间的逻辑关联。

下卷《经学与诗学关系论》以魏晋经学意识形态和文化形态的双重属性为逻辑基点，研究经学与诗学关系，揭示经学化儒学在意识形态上对文人价值取向、心态变化、人生践履的深刻影响，在文化形态上对玄学佛教的影响、渗透与吸纳，深入考察“一体两翼”之间的理论形态、发展演变、渗透互动及其与诗学生生成艺的逻辑关系。成果会通文史，建构了一个“一体两翼”的完整的理论体系。

上卷魏晋经学研究，推翻了泛滥于学界百年的“中衰”论；中卷佛教诗学研究，匡正了现有诗学论著的若干谬误；下卷魏晋经学与诗学关系研究，则是填补学术空白之作。

中国社科院学部委员、文学所长刘跃进《序》，以“视野宏通，立意高远”，高度评价其“一体两翼”的理论建构。中国社科院文学所范子烨评曰：“作者不仅能够填补学术空白，而且善于推陈出新，创造性的学术之光照亮了整部气势恢弘的著作。”中国社科院文学所孙少华、中国艺术研究院杨明刚、安徽师范大学项念东也分别在《读书》《艺术评论》《光明日报》发表文章，评价本书独到的学术价值。

姓　　名	刘运好
学　　历	博士研究生
工作单位	安徽师范大学
职　　称	教授
研究方向	先秦至南北朝文学

刘运好　1955年12月出生。长期从事先秦至南北朝文学研究。承担国家社科资金项目及省部级项目7项；发表论文100余篇；出版专著7部，300余万字。近十余年来，尤其注重魏晋哲学与诗学关系研究，出版《魏晋哲学与诗学》《先唐文史考论》等专著，并发表经学和诗学类专题论文60余篇，在海内外产生了广泛而深刻的影响。现为安徽师范大学文学院二级教授、博士生导师，安徽师范大学中国诗学研究中心特聘教授；加拿大文化更新研究中心特约研究员。

成果名称	战国文字字形表
出 版 社	上海古籍出版社
字　　数	1390千字
出版时间	2017年9月
获奖等次	一等奖

该成果系国家社科基金重大项目“汉字发展通史”中期成果之一，是黄德宽教授任主编、徐在国教授任副主编的《古汉字字形表》系列丛书中的一部。

成果以收战国时期文字为主，包括铜器、兵器、货币、陶器、玺印、封泥、刻石、金银器等各类器物铭文及竹简、帛书文字。同时酌收少量春秋晚期和秦代文字，力求完整地反映战国文字的全貌。收字原则：收录全部已释字；可隶定且大体了解用法的字；经常出现尚未释出的可隶定字。正编收字目6927条，字形33748字，合文437条。

全书正文按许慎《说文解字》部首分为14卷，另附合文1卷。合文字头排列大致按照《说文解字》一书顺序。见于《说文解字》者，首出楷书字头；同一字头下的异体字出隶定字形，另起一栏；不同地域的形体另起一栏标明，字形分列排列。凡《说文解字》所无之字，径出隶定字头，在字头右上角标*号，按偏旁部首附于相应各部之后，大致按照国别排列，同一国别的则大致按照笔画多少排序。每一字头首出楷书字头；同一字头下的异体字出隶定字形，另起一栏；不同地域的形体另起一栏标明，字形分列排列。

为避免字形失真，收录的字形尽量采用原拓扫描录入。字迹不清晰的一般不收，但字形特别重要的则同时附摹本收录。原拓与摹本同时出现时，仅出原拓出处。每一字头下所收字形为具有文字学意义之典型字形，各类异形异构字尽量全数收录；字形残缺且有相同字形或不具有典型性者一般不收。每字下大多标明出处，以便查核。

战国文字地域特点十分突出。成果按照目前学术界通行的秦、楚、三晋、齐、燕五系文字分法，对所收字例略加甄别，以秦、楚、晋、齐、燕标示。郭店、上博、清华简中，学者有指出具有他系文字的特点。我们没有细分，统一归在楚系下。所收的战国文字分五系按地域排列，这在字形表类的工具书中为首开先河。如此编排，战国时期各系字形、异体字形一目了然，方便于使用者进行字形的比较分析和深入研究。此外，在一些不见于《说文解字》的字头下，于字形后附注其字的读法，一方面可为古文字初学者提供捷径，另一方面也可方便书法爱好者选字。为方便读者检索，还附有“笔画检字表”和“拼音检字表”。内文编排尽量吸收学术界最新的研究成果，比如：1580页“沈”、1143页“倾”、1694页“刈”、359–360页“樊”、1203页“褭”等。

该成果较为全面地反映出战国时期汉字的构形特色和地域色彩，是目前研究战国文字高质量的一部工具书，对战国文字研究进行了阶段性的总结，充分展示了现阶段战国文字研究的总体水平。对于古文字和出土文献的研究尤其是对战国文字的研究具有重要的意义。

姓　　名	徐在国
学　　历	博士研究生
工作单位	安徽大学
职　　称	教授
研究方向	古文字学

徐在国　1966年9月出生。长期从事古文字学研究与教学，侧重于战国文字和出土文献的整理与研究。完成国家社科基金等项目5项，主持2016年度教育部重大委托项目1项；出版专著8部，合著7部；发表本专业论文100余篇。获教育部一等奖1次，安徽省社科奖一等奖1次，其他等级奖次多次。现为安徽大学文学院教授、博士生教师；“皖江学者”特聘教授，安徽省首批学术和技术带头人，安徽省人文社科研究基地“汉字发展与应用研究中心”主任；中国文字学会常务理事、副秘书长。中国古文字研究会理事。

成果名称	大工程时代的卓越工程师培养
出 版 社	上海科技教育出版社
字　　数	356千字
出版时间	2017年12月
获奖等次	一等奖

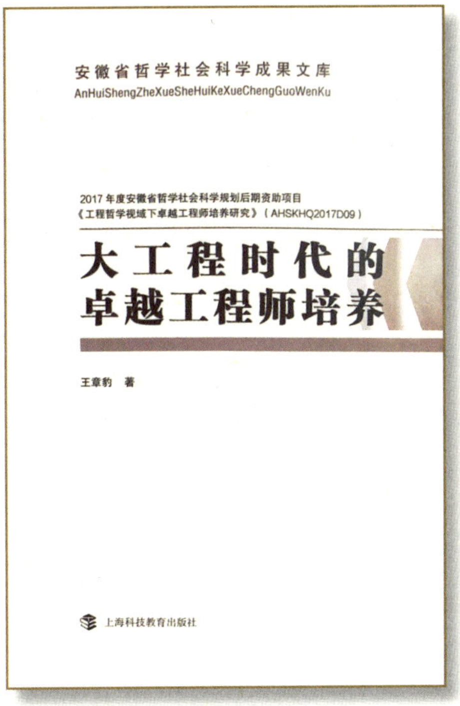

该成果在国内率先将工程哲学这一新兴学科理论应用于工程教育领域，结合教育部“卓越计划”的实施，从若干工程哲学范畴和工程素质构成要素出发，对大工程时代的卓越工程师培养问题进行了较系统的探讨。全书共有六章。

第一章是大工程时代与卓越工程师大工程素质的养成。提出了大工程时代的概念并对其意蕴进行了阐释；讨论了大工程时代培养卓越工程师大工程素质的意义及国外借鉴；论述了大工程时代卓越工程师应具备的大工程素质；从工程知识、工程能力和工程精神三个维度，对工科大学生工程素质的现状进行了问卷调查和分析。

第二章是工程知识与卓越工程师知识结构的优化。在介绍知识、工程知识和知识结构概念、特点和分类的基础上，从工程哲学视角论述了卓越工程师应具备的合理知识结构及其模型；探讨了优化卓越工程师知识结构应处理好的几个辩证关系，如基础知识与专业知识、意会性知识与明言性知识、知识集成与知识创新等的关系。

第三章是工程意识与卓越工程师工程意识的培养。介绍了工程意识的概念和功能；从知、情、意三个结构维度，详细探讨了工程意识的系统结构和十大构成要素；结合问卷调查，提出了当代工科大学生（未来卓越工程师）应具备的工程意识，如创新意识、合作意识、质量意识、实践意识、责任意识、安全意识等；提出了培养卓越工程人才工程意识的基本路径。

第四章是工程实践与卓越工程师实践能力的训练。探讨了工程哲学视域下实践和实践能力的概念、工程的实践性及对卓越工程师实践能力的要求；从基本实践能力、专业实践能力、综合实践能力三个维度，剖析了卓越工程师实践能力的构成要素，并构建了面向实践能力培养的“三层次五模块”工程实践教育体系；从思想、政策、师资、基地、制度等层面，探讨了相应的保障机制。

第五章是工程创新与卓越工程师创新能力的提升。从工程哲学视角阐述了工程和工程创新的概念、特点、意义以及对卓越工程师创新能力的要求；探析了卓越工程师创新能力的内涵、培养意义和原则；分析了卓越工程师创新能力的构成要素；论述了面向卓越工程师创新能力培养的教学改革与建设路径；探讨了创新创业教育生态环境的优化问题。

第六章是工程精神与卓越工程师工程精神的培育。在介绍工程精神的内涵、特点和功能的基础上，从认识论层次、社会关系层次和价值观层次这三个维度，分析了工程精神的十大构成要素，如敬业精神、创新精神、学习精神、奉献精神、伦理精神、人文精神等；提出了卓越工程师工程精神的培育路径。

姓　　名	王章豹
学　　历	硕士研究生
工作单位	合肥工业大学
职　　称	研究员
研究方向	工程哲学与工程教育

王章豹　1963年5月出生。长期从事工程哲学与工程教育、教育经济与管理、科技创新与社会发展、政治经济与技术经济等研究。独著专著4部，发表论文170余篇；获省部级及政府教学成果奖、社会科学奖和科技进步奖等17项，获国家级教学成果二等奖3项、全国教育科学研究优秀成果三等奖1项。现为合肥工业大学高等教育研究所、马克思主义学院研究员；全国工程哲学专业委员会理事、国家科学技术奖评审专家等。享受国务院政府特殊津贴。

成果名称	高管薪酬的风险补偿效应研究
发表刊物	中国工业经济
字　　数	38千字
发表时间	2018年第12期
获奖等次	一等奖

科学合理的薪酬契约安排是现代企业公司治理体系的重要组成部分。长期以来，国家监管机构陆续出台政策以改善薪酬契约有效性，如中国证券监管会、国务院国有资产监管会都出台过相关文件，这些文件强调的主要内容之一是重视经营业绩评价标准的合理性及其在高管薪酬制定过程中的基础性作用，但是忽略了企业风险承担在其中的角色和功能。基于此，该成果以中国资本市场A股上市公司数据为对象，考察高管薪酬激励体系设计中是否存在风险补偿效应以及高管风险厌恶和经理人市场两类重要情境在其中发挥的调节作用，并深入检验高管薪酬风险补偿效应在实现企业价值中的中介作用机制。

研究发现：

（1）在控制经营业绩的影响后，企业风险承担水平同高管薪酬之间显著正相关，呈现出明显的风险补偿效应。

（2）伴随高管风险厌恶程度的上升，高管薪酬的风险补偿效应增强。

（3）在更为有效的经理人市场环境中，高管薪酬的风险补偿效应较高。

以上结果表明，除经营业绩外，企业风险承担在高管薪酬制定过程中提供了增量的边际贡献，但是其作用大小会受限于高管风险厌恶程度和经理人市场环境等内外在情境因素。进一步测试结果揭示：高管薪酬在企业风险承担影响公司价值的过程中发挥了积极的中介作用；当企业中存在高管持股、激励制度较为完善时，高管薪酬的风险补偿效应更为明显；在发生企业产能过剩的高风险公司中，基于控制风险之需要，主要依靠薪酬业绩敏感性实现高管人员的有效激励。

高管薪酬的风险补偿效应研究

周泽将，马　静，胡刘芬

[摘要]　如何有效地激励高管人员、降低代理成本历来受到理论界和实务界的高度重视。已有的研究多将立足点置于业绩考核指标的合理性以及薪酬业绩敏感性的影响因素维度，忽略了企业风险承担的角色和功能。区别于以往文献，本文尝试检验企业风险承担水平在高管薪酬契约制定过程中的作用。分析2005—2016年中国资本市场A股上市公司数据，研究发现：①控制经营业绩后，企业风险承担水平同高管薪酬之间显著正相关，呈现出风险补偿效应；②伴随高管风险厌恶程度的上升，高管薪酬的风险补偿效应增强；③在更为有效的经理人市场环境中，高管薪酬的风险补偿效应较高。以上结果表明，除经营业绩外，企业风险承担已是高管薪酬的重要内在影响因素，但是其作用大小会受限于高管风险厌恶程度和经理人市场环境等内外在情境因素。据此，本文认为未来在制定高管薪酬时，企业应将风险承担水平纳入考虑范畴，并需要进一步针对所处的不同内外部情境加以调整。补充测试结果揭示，高管薪酬在企业风险承担影响公司价值的过程中发挥了部分中介作用，支持了将企业风险承担因素融入高管薪酬契约制定当中的合理性。本文有助于厘清企业风险承担在高管薪酬契约制定中的作用，增进了基于风险承担视角如何改善薪酬契约有效性这一问题的理解和认识。

[关键词]　高管薪酬；　企业风险承担；　风险厌恶；　经理人市场；　公司价值

[中图分类号]F272　[文献标识码]A　[文章编号]1006-480X(2018)

一、问题提出

作为现代公司治理体系的重要组成部分，有效的薪酬契约安排直接关系到如何降低企业代理成本和保护投资者利益等关键性问题。党的十九大报告指出，需要"培育具有全球竞争力的世界一流企业"，其中的重要保障环节是合理的高管薪酬激励体系建设，不科学的薪酬制度将会产生激励扭曲，进而造成企业运行效率低下和优秀人才流失。长期以来，国家监管机构已陆续出台政策以改善薪酬契约的有效性，如中国证券监督管理委员会出台《上市公司治理准则》（证监发[2002]1号）、国

[收稿日期]　2018-05-24

[基金项目]　国家自然科学基金面上项目"本地任职、政治关联与企业财务行为：中国关系情境中独立董事视角的理论构建与实证检验"（批准号71772001）；国家自然科学基金青年项目"女性高管、会计行为与投资决策"（批准号71302113）；国家自然科学基金青年项目"联合风险投资：行为动机、伙伴选择及绩效研究"（批准号71502001）。

[作者简介]　周泽将，安徽大学商学院教授，管理学博士；马静，厦门大学管理学院博士研究生；胡刘芬，安徽大学商学院讲师，管理学博士。通讯作者：周泽将，电子邮箱：ahuzzj@126.com。感谢匿名评审专家和编辑部的宝贵意见，当然文责自负。

80

依据研究结论，结合中国的制度背景，该成果为深化高管薪酬激励体系设计、提高激励制度有效性提出如下的政策建议。

首先，重视企业风险承担在薪酬契约中的基础性作用。实际上，基于风险收益对等原则，适度的企业风险承担水平有助于公司价值和长远利益的实现，如能在薪酬契约中明确企业风险承担的作用和权重，必将有助于激励高管人员在决策中绝非盲目规避风险、拒绝有价值的风险投资项目，进而转化为权衡企业风险承担水平和薪酬收益，合理保证股东利益的实现。

其次，考虑经理人市场有效性在微观企业决策中的可能影响。任何企业的发展不是孤立地存在，而是同周围环境紧密相关。当经理人市场有效性趋好时，应当增强企业风险承担水平在高管薪酬契约中的比重。

最后，企业应依据所处情境有区别地制定薪酬契约。高管风险厌恶程度正向调节了高管薪酬的风险补偿效应，因此，未来将企业风险承担纳入薪酬契约制定过程中时，应详细区分不同高管风险厌恶程度的影响，不可一概而论。最后，在薪酬契约制定过程中，考虑薪酬业绩敏感性、高管薪酬风险补偿效应的同时，应追本溯源，在实践中检验上述高管薪酬契约设计原则能否实现公司价值。

姓　　名	周泽将
学　　历	博士研究生
工作单位	安徽大学
职　　称	教授
研究方向	资本市场会计与财务

周泽将　1983年11月出生。主要从事资本市场会计与财务问题等研究。在《会计研究》《审计研究》《中国工业经济》《金融研究》等核心期刊发表学术论文40余篇，中国人民大学复印报刊资料全文转载10余篇，合作出版专著2部；主持国家自然科学基金项目2项，其他省部级课题4项。现任安徽大学商学院教授、博士生导师；会计学科学术带头人，入选全国会计领军后备人才、省学术与技术带头人；国家自然科学基金通讯评审专家，国家哲学社会科学基金通讯评审专家，安徽省哲学社会科学项目评审专家，安徽省高级会计师评委。

成果名称	全力争取“天地一体化信息网络重大工程”落户安徽时不我待
采纳应用	中共安徽省委、安徽省人民政府、中国科学院
字　　数	2.2千字
完成时间	2016年12月
获奖等次	一等奖

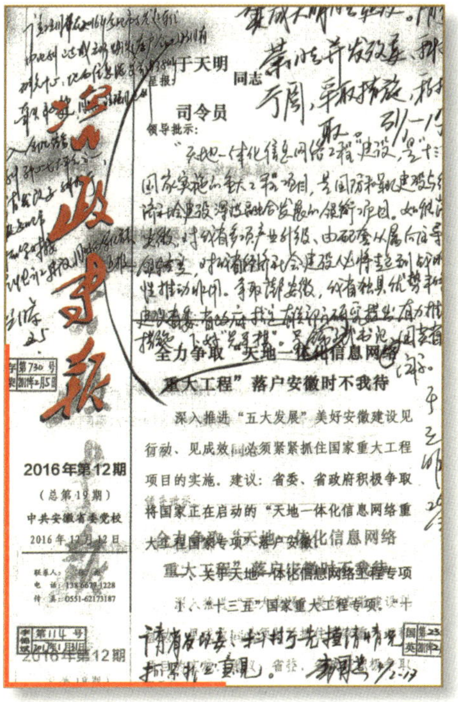
咨政报告
2016年第12期
（总第19期）
中共安徽省委党校
2016年12月12日
于天明
同志
司令员
领导批示：
全力争取“天地一体化信息网络重大工程”落户安徽时不我待
深入推进“五大发展”美好安徽建设见行动、见成效，必须紧紧抓住国家重大工程项目的实施。建议：省委、省政府积极争取将国家正在启动的“天地一体化信息网络重

该成果主要内容：

（1）“天地一体化信息网络重大工程”是“十三五”国家重大工程专项。

（2）安徽争取落地实施“天地一体化信息网络重大工程”项目的意义及优势。对于安徽信息产业量级增长、高端人才汇聚、吸纳全球资本及技术、辐射传统产业升级、加快安徽创新驱动发展，实现重大产业由配套从属地位向主导引领地位的根本性转变，在中部崛起中闯出新路，必将产生积极的战略推动作用。

（3）加快推进争取此重大工程专项的具体措施。

该成果刊登在安徽省委党校《咨政报告》2016年第12期，2017年1月获得省委书记、省长等5位领导肯定性批示。时任省军区司令员于天明：“天地一体化信息网络工程”建设，是“十三五”国家实施的重大工程项目，是国防和军队建设与经济社会建设深度融合发展的领衔项目。如果能落户安徽，对我省产业升级、由配套从属向主导引领转变，对我省经济社会建设必将起到战略性推动作用。争取落户安徽，我省具有独特优势和条件。建议省委、省政府指定有关部门研究提出有力推进措施，下好“先手棋”。省委书记李锦斌：赞成天明同志建议，并请存荣同志并发改委、科技厅采取措施，积极争取。省长李国英：请省发改委、科技厅先摸清情况，抓紧提出意见。省委副书记信长星：请存荣同志阅批。时任常务副省长吴存荣：两次批示，协调省发改委、合肥市与中电科集团合作等。安徽因此先后采取一系列措施，出台了多份文件，多项工作取得重大进展。

（1）中共安徽省委、省政府、中国科学院联合印发文件（皖发〔2017〕30号）《关于印发〈合肥综合性国家科学中心实施方案（2017—2020年）〉的通知》，明确将天地一体化信息网络工程作为安徽重点工程推进落实。2017年10月“天地一体化信息网络合肥中心项目有效推进”。

（2）《皖政秘〔2018〕101号安徽省人民政府办公厅关于印发2018年省重大前期工作项目推进计划的通知》，2018年12月15日“天地信息网络（安徽）研究院举行揭牌仪式”。

（3）安徽省人民政府将“合肥综合性国家科学中心2019年重点工作计划”，把“天地一体化信息网络工程”建设列为重点项目。

（4）合肥综合性国家科学中心是国家重大工程在合肥落地实施，合肥将成为天地一体化信息网络工程重要建设主体，并将带动合肥乃至整个安徽高端装备制造产业的发展，初步估计市场规模将达数千亿元级别。

一期工程重点建设天地一体化信息网络合肥中心，投入约4.8亿元。作为服务长江经济带及华东地区的地面核心信息港，将凝聚安徽高校与研究院所专业技术优势，聚焦空间高速传输载荷、低轨通信卫星、浮空平台通信、系列卫星应用终端、空间计算、信息挖掘，搭建天地一体化信息网络试验试用、测试认证的综合试验床。

姓　　名	张　彪
学　　历	硕士研究生
工作单位	中共安徽省委党校（安徽行政学院）
职　　称	教授
研究方向	经济管理

张　彪　1969年10月出生。主要从事经济管理研究与教学。先后在多个学术期刊、报纸发表论文数十篇。现为中共安徽省委党校（安徽行政学院）决策咨询部主任、教授；省委党校重点学科带头人之一，中国科技大学马克思主义学院“双聘教授”，省委讲师团（省直机关讲师团）高端宣讲教授；安徽省发展战略研究会常务理事、省社学会会员。连续多年获得由干部学员评出的“省委党校教学标兵奖”、“省委党校优秀教师”、省委讲师团“理论宣讲先进个人”等称号；荣获省委党校年度“科研突出贡献奖”和“全省党校系统科研咨询一等奖”。

成果名称	禅宗北宗敦煌文献录校与研究
出 版 社	江苏人民出版社
字　　数	360千字
出版时间	2018年12月
获奖等次	二等奖

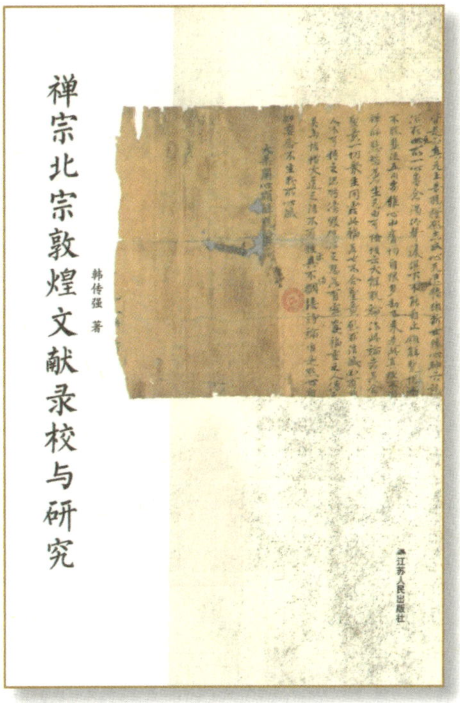

该书在参考海内外学者大量已有研究成果的基础上，对涉及北宗禅的相关敦煌写卷进行了系统梳理、"原文录校"和深入研究。此书在对"北宗禅"这一相关概念进行厘定的基础上，对法如系、神秀系、老安系、玄赜系以及与北宗禅密切相关的敦煌文献进行了整理和校释，并以此为基础，探究了北宗禅史的发展、北宗禅僧的分布以及北宗禅文献对研究初期禅的意义。近百年的佛学研究，其特色之一便是北宗禅的再发现。对于北宗禅以及初期禅的研究而言，文献梳理是一项非常必要的基础性工作。虽然搜集、整理、校释北宗禅文献这一基础性工作在学界早已被先贤们所开启，但系统而全面梳理和研究北宗禅敦煌文献的论著却不多见。由于北宗禅敦煌文献杂多且散佚，学者们使用起来十分不便，《禅宗北宗敦煌文献录校与研究》的出版，在一定程度上弥补了学界的这一缺憾。

姓　　名	韩传强
学　　历	博士研究生
工作单位	滁州学院
职　　称	副教授
研究方向	中国哲学、宗教文献

韩传强　1980年3月出生。近十年来，主要从事中国哲学、宗教文献整理与研究。出版专著《禅宗北宗研究》《禅宗北宗敦煌文献录校与研究》，在《江海学刊》《敦煌研究》《孔子研究》等期刊发表学术论文20余篇，主持省部级以上教科研项目10余项。现为滁州学院副教授；安徽省哲学学会理事、中华书局古籍整理出版资源平台数字编辑。先后获得江苏省优秀博士学位论文（2014年）、安徽省高校思想政治理论课教师2017年度"影响力提名人物""全国优秀教师（2019年）"等荣誉称号。

成果名称	新型城镇化进程中县级政府债务风险防控研究
出 版 社	国家行政学院出版社
字　　数	207千字
出版时间	2018年7月
获奖等次	二等奖

县域是我国新型城镇化建设的主阵地，在推进新型城镇化的进程中，县级政府存在着普遍、持续、大规模的举债行为，由此积累了较高的债务风险。在中央部署全面建成小康社会、打赢防范化解重大风险攻坚战的背景下，该成果聚焦债务风险防控能力相对薄弱的县级政府，总结国内外地方政府债务风险防控的典型经验，分析新型城镇化进程中我国县级政府债务现状、风险表现及风险特征，从县级政府职能与行为模式切入，深刻揭示了新型城镇化进程中我国县级政府债务风险形成的内在机理。采用多层次模糊综合评判方法，构建县级政府债务风险预测预警体系，从技术和制度层面提出了实施“五全”防控、建立“一案三制”、完善风险管控体系等对策建议。研究成果触及地方债务风险研究的敏感领域和薄弱地带，丰富了地方债务风险的研究范畴。

姓　　名	潘理权
学　　历	博士研究生
工作单位	中共安徽省委党校（安徽行政学院）
职　　称	教授
研究方向	宏观经济管理

潘理权　1968年4月出生。长期从事宏观经济管理、财政与金融等领域的研究与教学。主持、参与国家社科基金项目、安徽省社科基金项目、安徽省软科学研究项目、安徽省政府重大研究课题等20多项；发表学术论文50多篇；出版《新型城镇化进程中县级政府债务风险防控研究》《人民币国际化发展路径及保障措施研究》《国际金融理论与实践》《新编财政与金融》等著作。现为中共安徽省委党校（安徽行政学院）教授、科研处处长，校（院）学术委员会委员；全国公务员培训暨MPA校外导师，安徽省国际金融专业带头人。

成果名称	中国国家创新生态系统研究
出 版 社	中国科学技术大学出版社
字　　数	1300千字
出版时间	2018年8月
获奖等次	二等奖

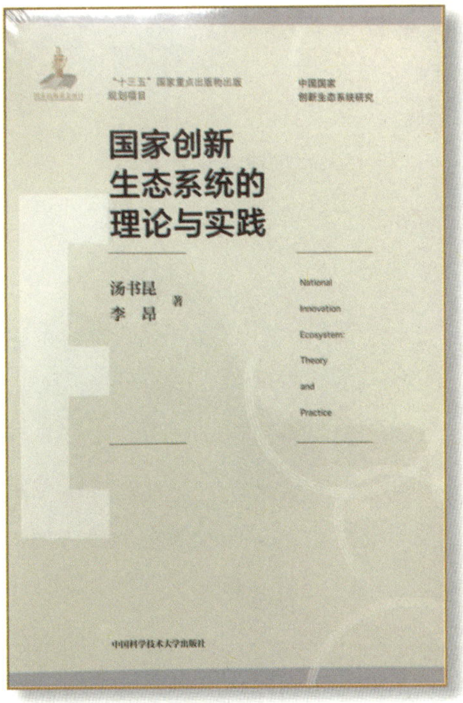

该成果为五卷本丛书，包括《国家创新生态系统的理论与实践》《中国国家创新文化系统构成研究》《中国城市知识型发展的新模式研究》《中国科技共同体协同创新发展研究》《国家创新生态系统：多维视野下的创新模式》。丛书一方面基于国际创新研究最新的理论发展及实践需求，刻画了百年来五代创新理论的迭代过程；通过生态系统模型解析，聚焦介绍了创新生态系统理论在国际创新引领国家的模式探索和政策供给实践。另一方面，立足文化自信、道路自信的价值基准，以中国当代独具道路创新特色的建设语境为考察对象，从多个观察维度系统提炼了中国特色发展模式下的创新生态系统构建及初步成型方案。丛书是第一套从创新生态系统语境观察中国创新型国家建设的研究成果，具有明确的中华民族国家创新事业独立考察的学术立场与价值指向。

（主编：汤书昆）

“中国国家创新生态系统研究”丛书编委会　该编委会由中国科学技术大学科学传播研究与发展中心牵头组织形成，主要内容为中心历年承担的该领域国家部委研究项目成果的提炼，相关编委均为相关研究项目的主要参与人。

成果名称	再制造供应链责任转移及市场权力结构
出 版 社	科学出版社
字　　数	220千字
出版时间	2018年4月
获奖等次	二等奖

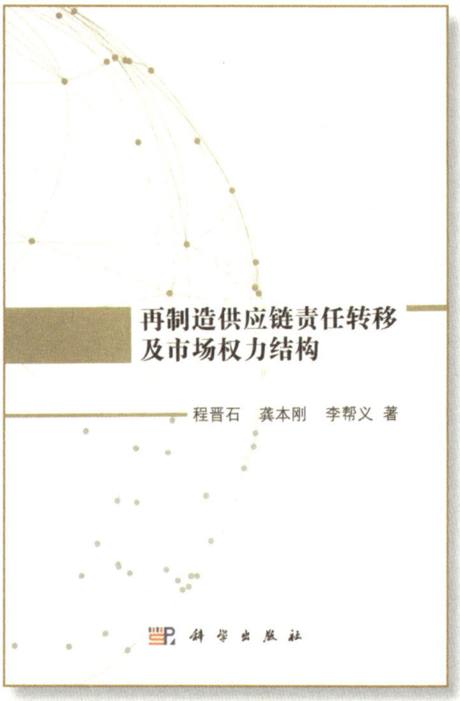

该成果界定了再制造供应链责任及其转移等概念，着眼于经济及环保绩效，研究再制造供应链的单向和双向责任，在成员企业间的转移效果的问题；探讨不同博弈次序、政府主导回收以及混合回收下的再制造供应链市场权力结构及供应链成员企业的策略制定问题；针对不同的再制造情景案例，比较分析这些情景下的不同市场权力结构间的演化趋势。该成果相关研究点是对再制造闭环供应链研究领域的补充，所得结论可为再制造供应链成员企业（政府）制定相关策略（政策）提供理论参考。

姓　　名	程晋石
学　　历	博士研究生
工作单位	安徽工程大学
职　　称	副教授
研究方向	绿色供应链管理

程晋石　1978年1月出生。主要从事绿色供应链管理研究与教学。近年来发表论文10余篇，主持国家自然科学基金面上项目及安徽省自然科学基金面上项目各1项。现为安徽工程大学管理工程学院副教授；国家自然科学基金项目评审专家；*International Journal of Production Research*，*Journal of Cleaner Production*，*Computers & Industrial Engineering*，《系统工程理论与实践》，《管理工程学报》，《管理学报》等国内外重要期刊的同行评议人。

成果名称	现代国家构建的中国道路 ——乡村视域中的历史实践
出 版 社	中国科学技术大学出版社
字　　数	418千字
出版时间	2017年12月
获奖等次	二等奖

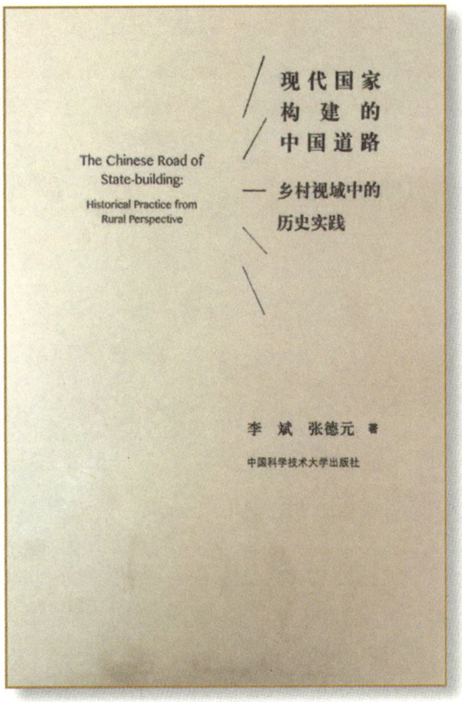

现代国家的构建是中国近代以来政治发展史上最重要的核心主题之一，其进程一波三折，直到中国共产党推动“革命建国”，方令现代国家构建迎来转机并最终取得突破性成就。基于以上论点，该成果提出了现代国家构建的多维主题分析框架，用以解析现代国家构建的中国道路及其乡村实践，论证指出此道路在历史起源、发展阶段、实践形式等方面皆表现出极具中国特色的表征与属性，最终成功地造就了一个高能力、高合法性、统一集权和主权独立的现代国家。在此基础上，较为全面、具体、细致地考察了中国现代国家构建在乡村视域中不同阶段的历史实践。着重揭示其中涉及的富有中国特色的制度、机制、技术与策略，以此凸显现代国家构建的中国道路的独特性、创新性、成功性和适应性，继而归纳总结出这一道路所蕴含的基本经验与实践价值。

姓　　名	李　斌
学　　历	博士研究生
工作单位	安徽大学
职　　称	副教授
研究方向	中国现代国家构建、乡村社会治理

李　斌　1980年6月出生。主要从事中国现代国家构建、中国国家与乡村社会关系、乡村社会治理等研究。发表论文十余篇，中国人民大学复印报刊资料转载1篇；合作专著《现代国家构建的中国道路：乡村视域中的历史实践》，参编著作3部；主持并完成教育部人文社科项目1项。现为安徽大学社会与政治学院副教授。

成果名称	禅籍词语研究 ——以《祖堂集》为主要考察对象
出 版 社	科学出版社
字　　数	800千字
出版时间	2018年10月
获奖等次	二等奖

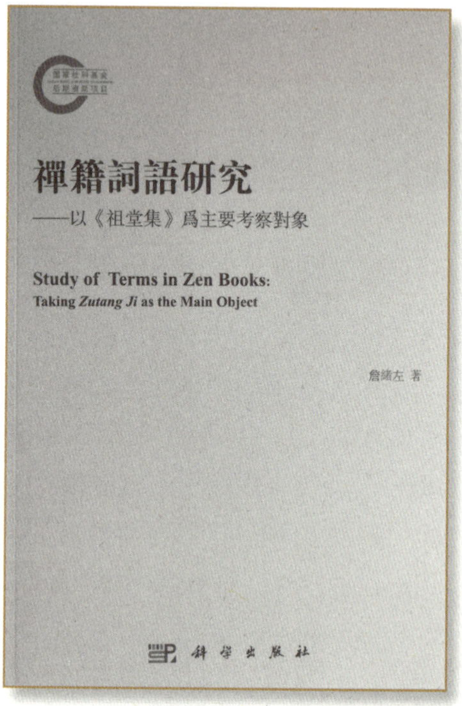

《祖堂集》是晚唐五代最重要的口语文献之一，也是禅宗语录体的开山之作，具有很高的文献价值和词汇史价值。该成果是在作者博士论文《〈祖堂集〉词语研究》的基础上所作的一项专题性研究专著。《祖堂集》中的俗字与疑难词语甚多，没有扎实的语文学功底和良好的语言学训练，很难进行正确的字词考释。作者历时十余年，通过各种比较的方法，尤其是异文比勘，考释出一大批《祖堂集》与禅籍乃至敦煌文献中的疑难词语，清理出数百条未被现今语文辞书和佛教词典收载的新词、新义，对一些佛教词语的溯源与考论以及语形变化的探讨也多有新见。同时，成果通过对《祖堂集》与禅籍行业语的个案分析与系统考察，为禅宗词语的研究探索出一条新路。尤其是对行业语的系统考察，以前极少有人问津，成果对行业语的鉴别、理据、俗化等都作了细致的探讨研究。

姓　　名	詹绪左
学　　历	博士研究生
工作单位	安徽师范大学
职　　称	教授
研究方向	汉语史、禅籍词语

詹绪左　1958年3月出生。主要从事汉语史、禅籍词语研究、文献整理与研究，在近代汉语词汇、书画理论、汉字与中国文化等方面亦颇有建树。独撰、合撰出版《姚广孝全集》《禅籍词语研究》《崔致远全集》《〈游仙窟〉校注》等著作多部；在《古汉语研究》《文艺研究》《红楼梦学刊》《禅学研究》《中国书法》等核心期刊上发表学术论文70余篇；主持或参与国家级、省部级科研项目多项。现为安徽师范大学文学院教授、博士生导师；安徽省语言学会常务理事。先后获“安徽师大首届皖泰教学优秀奖”“全国曾宪梓教育基金会教师奖”三等奖及“安徽省省级教学名师”等荣誉称号。

成果名称	金代诗论辑存校注
出 版 社	人民文学出版社
字　　数	900千字
出版时间	2017年12月
获奖等次	二等奖

该成果由前言、正文、参考文献三部分组成。前言约2万字，纵论金代诗论在诗话、论诗诗、选本、人物传记等方面的贡献，认为金代诗话相对冷落，却体现出远离宋人诗话、独立发展的倾向；论诗诗逐渐兴盛，并确定七绝为论诗绝句的主流方式。元好问等人的论诗绝句是论诗诗史上的高峰，影响深远。选本及诗人传记，完善了选本这一批评方式，大力发展了评传这一新型文学批评方式。所以，金代文学批评不仅对金代文学的研究作出了重要贡献，还推动了中国古代文学批评史的发展。正文9卷，大体按时代先后，以人物为纲，汇辑金代诗论文献，校勘以重要的异文为主，注释简要，大多文献是第一次出注，少数名篇如《论诗三十首》《滹南诗话》等，前人已有注释，该成果能补充一些缺失，纠正前人的一些错误。

姓　　名	胡传志
学　　历	博士研究生
工作单位	安徽师范大学
职　　称	教授
研究方向	中国古代文学、中国古典文献学

胡传志　1964年4月出生。主要从事中国古代文学、中国古典文献学研究，重点是唐宋文学、辽金文学及宋辽金文学文献。出版《宋金文学的交融与演进》《金代诗论辑存校注》《金代文学研究》等专著。先后获安徽省社科奖一等奖和高等学校科学研究社科类三等奖。现为教育部人文社科重点研究基地安徽师范大学中国诗学研究中心主任，文学院教授、博士生导师；中国元好问学会会长，中国辽金文学会、中国陆游学会副会长；入选安徽省高校首批特聘教授和安徽省首批学术与技术带头人。享受国务院政府特殊津贴。

成果名称	唐代诗序及其文化意蕴研究
出 版 社	北京大学出版社
字 数	496千字
出版时间	2018年11月
获奖等次	二等奖

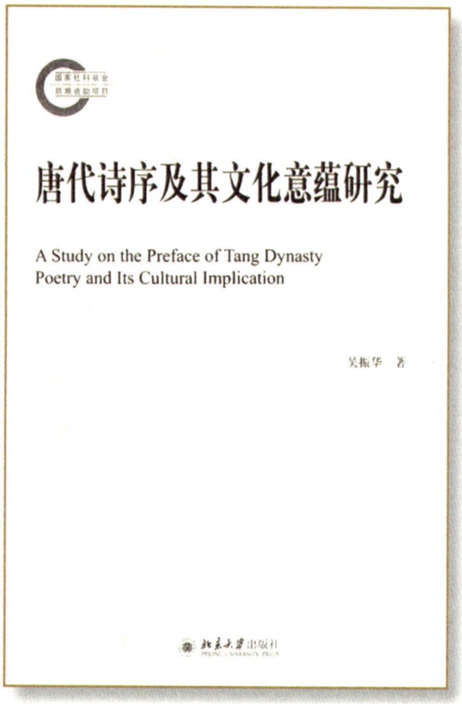

该成果运用考证分析与诗文交叉研究的方法，在考察诗序源流及演变历程的基础上，从纵横两方面对唐代诗序的文献价值、艺术特征、文学理论及文化意蕴予以宏观透视，并揭示诗序文体演变的规律。主要内容：第一章对唐代以前“序”体源流、类别、作用和意义进行梳理和申论；第二章根据诗歌功能用途和创作情况，将唐代诗序划分为“游宴”“赠别”“追忆”“独特经历”“诗歌观念”等五种类型，并揭示唐代诗序的文学史意义；第三章研究唐代帝王群体诗序及其诗歌创作的特征；第四章到第七章属时段诗序个案研究，选取各时段具有一定影响的诗人，如初唐四杰、陈子昂、王维、李白、杜甫、元结、独孤及、权德舆、韩愈、柳宗元、元稹、白居易、刘禹锡、杜牧、李商隐、许浑、皮日休、陆龟蒙等，揭示诗序创作的个性与共性，并紧密结合社会现实与诗歌风尚，探寻其风格因素与动因。

姓 名	吴振华
学 历	博士研究生
工作单位	安徽师范大学
职 称	教授
研究方向	唐宋文学

吴振华　1964年11月出生。长期从事中国古代文学唐宋文学研究与教学。主持国家社科基金后期资助项目、教育部人文社科规划项目、全国高校古委会古籍整理项目、安徽省哲学社科规划项目等多项；在《文学遗产》《学术月刊》《文艺理论研究》《文学评论丛刊》《北京大学学报》等杂志发表论文百余篇；出版《唐代诗序及其文化意蕴研究》《李商隐诗歌艺术研究》《韩愈诗歌艺术研究》《唐诗品读》等专著。现为安徽师范大学文学院教授、博士生导师，中国诗学研究中心研究员；中国孟浩然研究会、中国王维研究会、中国李白研究会、中国韩愈研究会、中国李商隐研究会理事。

成果名称	《崇祯历书》合校
出版社	中国科学技术大学出版社
字数	2633千字
出版时间	2017年10月
获奖等次	二等奖

《崇祯历书》是明清之际首套系统向中国传输欧洲天文学的科学丛书，内容包括哥白尼、第谷、开普勒和伽利略等近代天文学家的成果，是20世纪之前最重要的中文科学典籍之一。但由于年代久远，目前仅有少数残本存世。本团队从中国、日本、韩国以及欧美搜寻到近20个残本，剔除了不属于该丛书的3部著作，加入了被前人忽略属于该丛书的1部著作。对丛书内容进行标点注释，将不同明刊本及它们同主要清刊本之间的差异一一注出，解决了原本中存在的缺页、页面错置以及图文数表漫漶错乱等诸多问题，在忠于原图的基础上重绘了所有插图，校正了原书图文中的明显错误，最终按照考证得出的原书体例编排出版。同时还首次为学界提供了一份迄今为止最为全面的现存《崇祯历书》明刊本统计表。通过合校，发现丛书中的太阳和月亮理论部分都存在重大的内容缺失与错误，但它们均被清初的王锡阐和梅文鼎等人发现并得到正确修改。

姓名	石云里
学历	博士研究生
工作单位	中国科学技术大学
职称	教授
研究方向	天文学史、中外科学交流史

石云里　1964年出生。主要从事天文学史和中外科学交流史研究。现为中国科学技术大学科技史与科技考古系教授；国际东亚科学技术与医学史学会主席，国际科技史联盟古代与中世纪天文学史委员会主席，教育部高等学校历史学类教学指导委员会委员。

成果名称	柳孜运河遗址第二次考古发掘报告
出 版 社	科学出版社
字　　数	1980千字
出版时间	2017年3月
获奖等次	二等奖

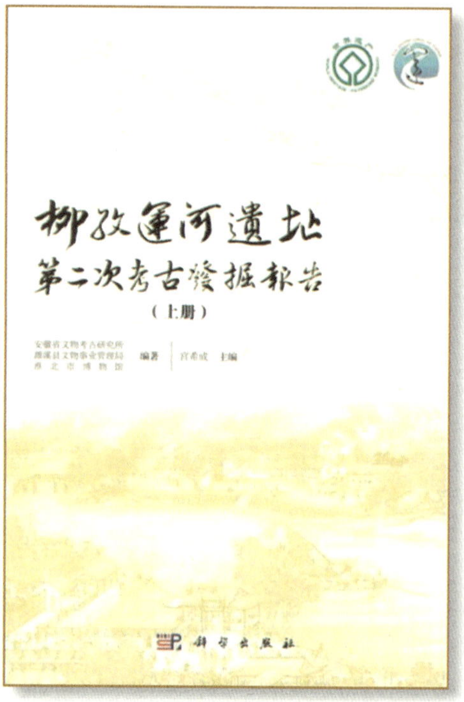

该成果主要发表了2012—2013年淮北柳孜运河遗址发掘的重要遗迹和出土文物及研究成果，对发掘的河道、河堤、桥梁、道路、建筑址、木船等遗迹进行了客观描述及分析，对出土的7000余件反映唐宋时代社会生活的遗物按照时代和层位分别进行描述与判断。出土遗物中瓷器众多，涉及全国十余个窑系，其中颇多精品，尤为珍贵。作为中国大运河的重要组成部分——隋唐大运河安徽段，是中国北方地区沟通黄河与淮河两大水系的运河遗存，也是中国2000多年运河开发利用史的最好见证，具有重要的历史价值和现实意义。此次发掘为大运河2014年成功列入《世界遗产名录》提供了现场展示点，本成果问世更为运河遗址保护及相关领域的研究提供了翔实可靠的资料。

（主编：宫希成）

安徽省文物考古研究所　该研究所成立于1958年4月，主要承担全省文物调查、考古发掘、研究，文化遗产保护、规划，古建筑维修方案设计，文物科技保护以及相关业务指导工作。近年来，还承担着全省第三次文物普查办公室的具体工作和南水北调文物保护工作河南段的监理任务。由该所主持发掘的“天长三角圩西汉墓群”“含山凌家滩新石器时代祭坛和墓地遗址”“淮北隋唐大运河遗址”“六安双墩汉代墓葬”“蚌埠双墩一号春秋墓”“固镇垓下大汶口晚期城址”6项田野考古被评为当年度“全国十大考古新发现”之一。

成果名称	徽州家谱的理论与方法研究
出 版 社	安徽科学技术出版社
字　　数	320千字
出版时间	2017年6月
获奖等次	二等奖

该成果以徽州家谱为研究对象，综合运用历史学、人类学、社会学、谱牒学等基本理论与方法，不仅具备理论性，也兼顾了学术史的要求。基本特色是强调理论研究的思维，着重从理论与方法层面去揭示徽州家谱的内在特征，探寻徽州家谱外在表现形式与内在发展逻辑之间的关系。成果认为，徽州家谱编修的指导思想是宗法思想和史学思想，其发达与其编修理论的成熟密切相关，其价值源于其史料的真实性；家谱是宗族关系维系的精神纽带，是宗族确立的标志；徽州家谱对明清徽商的发展有着深刻的影响，对徽州社会特质的形成均具有重要的影响作用。这些观点的提出，不仅扩大了对徽州家谱研究的范围，也深化了徽学研究。总之，该成果是徽州家谱研究的总结性著作，反映了当下徽州家谱理论研究的最新进展，是迄今最系统的有关徽州家谱理论的研究成果。

姓　　名	徐　彬
学　　历	博士研究生
工作单位	安徽师范大学
职　　称	教授
研究方向	史学史与史学理论、明清史、徽学

徐　彬　1971年5月出生。主要从事史学史与史学理论、明清史、徽学研究，近年来对徽州家谱及传统社会治理有较系统和深入的研究。主持国家社科基金重点项目“明清徽州传统家训资料整理与优秀家风研究”、国家社科基金一般项目“明清乡村绅权建构与社会认同——以徽州士绅修谱为中心”、国社科基金重大项目“千年徽州家谱与社会变迁研究”等十余项；在《史学史研究》《光明日报》《学术研究》等期刊上发表论文数十篇；出版《徽州家谱的理论与方法研究》等专著多部。现为安徽师范大学历史与社会学院院长，教授、博士生导师；安徽省历史学会、徽学学会副会长。

成果名称	美国女性教育史学史
出 版 社	中国社会科学出版社
字　　数	247千字
出版时间	2017年10月
获奖等次	二等奖

该成果的主要任务是阐述美国女性教育史学自身发展的过程及其规律，探讨美国女性教育史学的历史发展与社会、政治、经济和文化之间的关系，主要沿着两条主线展开：显性主线是对美国女性教育史学的确立、发展及转向历程的较为全面的研究。主要依据传统、现代和后现代的历史视角，将美国女性教育史学的历史发展分为三个历史阶段：20世纪60年代之前为传统女性教育史学的确立阶段；20世纪60年代至90年代为现代女性教育史学的发展阶段；20世纪90年代之后为后现代女性教育史学的阶段。隐性主线则依据不同历史时期的女性主义理论流派包括自由主义女性主义、激进主义女性主义和后现代女性主义，分别选取社会性别、差异和公民身份等分析框架来研究美国女性教育史学发展的历史轨迹。总体来说，美国女性教育史学具有学术化和政治化的双重特征，其对我国教育史学发展有一定的启示。

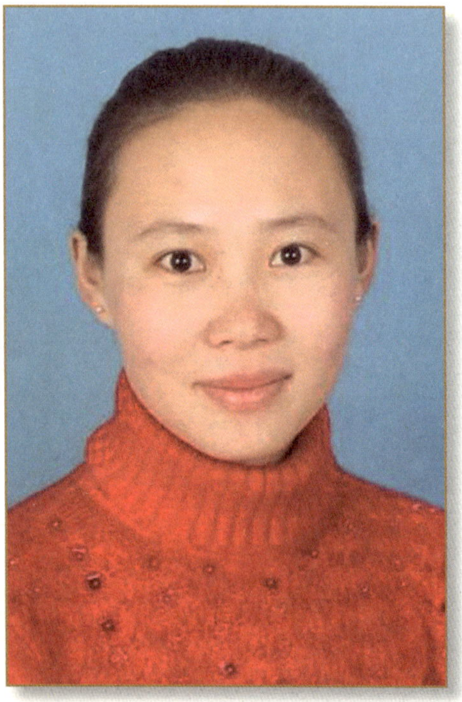

姓　　名	诸　园
学　　历	博士研究生
工作单位	安庆师范大学
职　　称	教授
研究方向	外国教育史、教育学原理、教师教育

诸　园　1980年9月出生。主要从事教育史、教育学原理、教师教育等研究。先后在《比较教育研究》《教师教育研究》《清华大学教育研究》《中国高教研究》《教育研究与试验》《江淮论坛》《中国高等教育》等期刊发表论文20余篇；出版学术专著1部；主持完成教育部人文社科项目、安徽省哲学社会科学项目、安徽省社会科学创新发展研究项目、安徽省教育厅人文社科重点项目近10项。现为安庆师范大学教师教育学院教授、硕士生导师；中国教育学会教育史分会会员，美国威斯康星大学麦迪逊分校访问学者。

成果名称	20世纪三四十年代中国马克思主义者对西化派的文化批判
发表刊物	党的文献
字　　数	12千字
发表时间	2017年第2期
获奖等次	二等奖

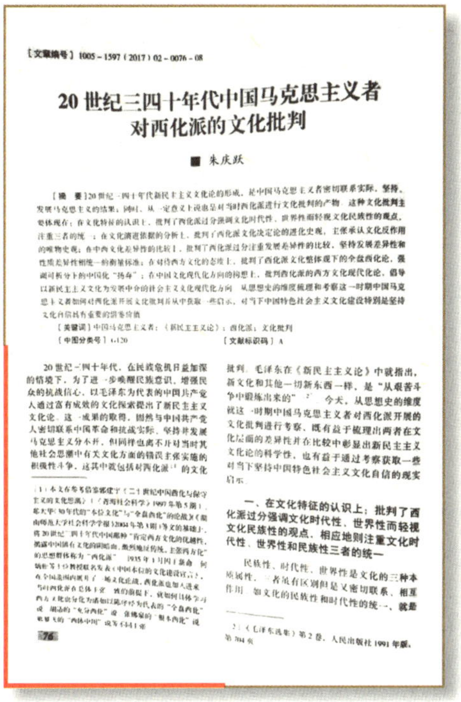

〔文章编号〕1005－1597（2017）02－0076－08

20世纪三四十年代中国马克思主义者对西化派的文化批判

■ 朱庆跃

〔摘　要〕20世纪三四十年代新民主主义文化论的形成，是中国马克思主义者密切联系实际，坚持、发展马克思主义的结果；同时，从一定意义上说也是对当时西化派进行文化批判的产物。这种文化批判主要体现在：在文化特征的认识上，批判了西化派过分强调文化时代性、世界性而轻视文化民族性的观点，注重三者的统一；在文化演进依据的分析上，批判了西化派文化决定论的进化史观，主张承认文化反作用的唯物史观；在中西文化差异性的比较上，批判了西化派过分注重发展差异性的比较，坚持发展差异性和性质差异性相统一的衡量标准；在对待西方文化的态度上，批判了西化派文化整体观下的全盘西化论，强调可析分下的中国化"扬弃"；在中国文化现代化方向的构想上，批判西化派的西方文化现代化论，倡导以新民主主义文化为发展中介的社会主义文化现代化方向。从思想史的维度梳理和考察这一时期中国马克思主义者如何对西化派开展文化批判并从中获取一些启示，对当下中国特色社会主义文化建设特别是坚持文化自信具有重要的借鉴价值

〔关键词〕中国马克思主义者；《新民主主义论》；西化派；文化批判
〔中图分类号〕G120　〔文献标识码〕A

20世纪三四十年代，在民族危机日益加深的情境下，为了进一步唤醒民族意识、增强民众的抗战信心，以毛泽东为代表的中国共产党人通过富有成效的文化探索提出了新民主主义文化论。这一成果的取得，固然与中国共产党人密切联系中国革命和抗战实际、坚持并发展马克思主义分不开，但同样也离不开对当时其他社会思潮中有关文化方面的错误主张实施的积极性斗争，这其中就包括对西化派[1]的文化批判。毛泽东在《新民主主义论》中就指出，新文化和其他一切新东西一样，是"从艰苦斗争中锻炼出来的"[2]。今天，从思想史的维度就这一时期中国马克思主义者对西化派开展的文化批判进行考察，既有益于梳理出两者在文化层面的差异性并在比较中彰显出新民主主义文化论的科学性，也有益于通过考察获取一些对当下坚持中国特色社会主义文化自信的现实启示。

一、在文化特征的认识上：批判了西化派过分强调文化时代性、世界性而轻视文化民族性的观点，相应地则注重文化时代性、世界性和民族性三者的统一

民族性、时代性、世界性是文化的三种本质属性，三者虽有区别但是又密切联系、相互作用。如文化的民族性和时代性的统一，就是

〔1〕本文在参考借鉴郑建宁《二十世纪中国西化与保守主义的文化思潮》（《西南社会科学》1997年第5期）、郑大华《30年代的"本位文化"与"全盘西化"的论战》（《湖南师范大学社会科学学报》2004年第3期）等文的基础上，将20世纪三四十年代中国那种"肯定西方文化的优越性，揭露中国固有文化的缺陷，激烈地反传统，主张西方化"的思想群体称为"西化派"。1935年1月10日王新命、何炳松等10教授联名发表《中国本位的文化建设宣言》，在全国范围内展开了一场文化论战，西化派也加入进来。当时西化派在总体主张一致的前提下，就如何具体学习西方文化也分化为诸如以陈序经为代表的"全盘西化"说、胡适的"充分西化"说、[illegible]的"根本西化"说、[illegible]的"西体中用"说等不同主张

〔2〕《毛泽东选集》第2卷，人民出版社1991年版，第704页

76

本论文认为20世纪三四十年代新民主主义文化论的形成，是中国马克思主义者密切联系实际，坚持、发展马克思主义的结果；同时，从一定意义上说也是对当时西化派进行文化批判的产物。这种文化批判主要体现在：在文化特征的认识上，批判了西化派过分强调文化时代性、世界性而轻视文化民族性的观点，注重三者的统一；在文化演进依据的分析上，批判了西化派文化决定论的进化史观，主张承认文化反作用的唯物史观；在中西文化差异性的比较上，批判了西化派过分注重发展差异性的比较，坚持发展差异性和性质差异性相统一的衡量标准；在对待西方文化的态度上，批判了西化派文化整体观下的全盘西化论，强调可析分下的中国化"扬弃"；在中国文化现代化方向的构想上，批判西化派的西方文化现代化论，倡导以新民主主义文化为发展中介的社会主义文化现代化方向。

姓　　名	朱庆跃
学　　历	博士研究生
工作单位	淮北师范大学
职　　称	教授
研究方向	马克思主义中国化、党史党建

朱庆跃　1977年出生。主要从事马克思主义中国化和党史党建研究。近年来主持、参与省部级课题8项，在CSSCI来源期刊发表论文30余篇，其中多篇文章被《新华文摘》《中国社会科学文摘》《高等学校文科学术文摘》《马克思主义文摘》和中国人民大学复印报刊资料、人民论坛网、求是理论网、中国社会科学网、中央编译局网等转载。现为淮北师范大学教授；上海师范大学知识与价值科学研究所特聘研究员；安徽省马克思主义学会理事。

成果名称	当前强化基层党组织整体功能问题调查与思考
发表刊物	江淮论坛
字　　数	12千字
发表时间	2017年第2期
获奖等次	二等奖

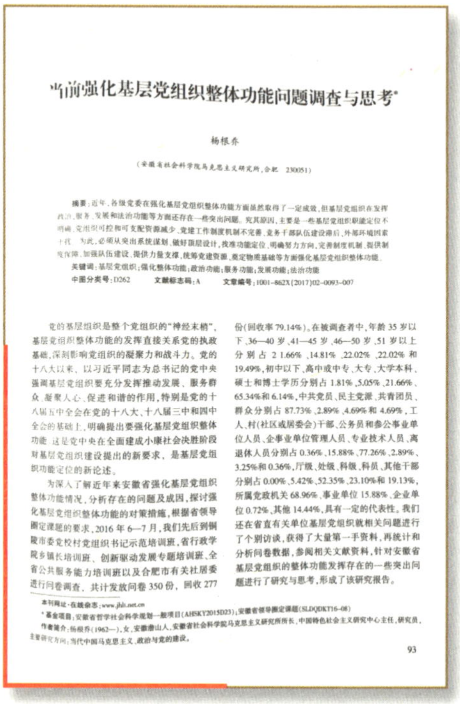

当前强化基层党组织整体功能问题调查与思考*

杨根乔

（安徽省社会科学院马克思主义研究所，合肥　230051）

摘要：近年，各级党委在强化基层党组织整体功能方面虽然取得了一定成效，但基层党组织在发挥政治、服务、发展和法治功能等方面还存在一些突出问题。究其原因，主要是一些基层党组织职能定位不明确、党组织可控和可支配资源减少、党建工作制度机制不完善、党务干部队伍建设滞后、外部环境因素干扰。为此，必须从突出系统谋划、做好顶层设计，找准功能定位、明确努力方向，完善制度机制、提供制度保障，加强队伍建设、提供力量支撑，统筹党建资源、奠定物质基础等方面强化基层党组织整体功能。

关键词：基层党组织；强化整体功能；政治功能；服务功能；发展功能；法治功能

中图分类号：D262　文献标志码：A　文章编号：1001-862X(2017)02-0093-007

党的基层组织是整个党组织的"神经末梢"，基层党组织整体功能的发挥直接关系党的执政基础，深刻影响党组织的凝聚力和战斗力。党的十八大以来，以习近平同志为总书记的党中央强调基层党组织要充分发挥推动发展、服务群众、凝聚人心、促进和谐的作用，特别是党的十八届五中全会在党的十八大、十八届三中和四中全会的基础上，明确提出要强化基层党组织整体功能。这是党中央在全面建成小康社会决胜阶段对基层党组织建设提出的新要求，是基层党组织功能定位的新论述。

为深入了解近年来安徽省强化基层党组织整体功能情况，分析存在的问题及成因，探讨强化基层党组织整体功能的对策措施，根据省领导圈定课题的要求，2016年6—7月，我们先后到铜陵市委党校村党组织书记示范培训班，省行政学院乡镇长培训班、创新驱动发展专题培训班、全省公共服务能力培训班以及合肥市有关社居委进行问卷调查。共计发放问卷350份，回收277份（回收率79.14%）。在被调查者中，年龄35岁以下、36—40岁、41—45岁、46—50岁、51岁以上分别占21.66%、14.81%、22.02%、22.02%和19.49%，初中以下、高中或中专、大专、大学本科、硕士和博士学历分别占1.81%、5.05%、21.66%、65.34%和6.14%，中共党员、民主党派、共青团员、群众分别占87.73%、2.89%、4.69%和4.69%，工人、村（社区或居委会）干部、公务员和参公事业单位人员、企事业单位管理人员、专业技术人员、离退休人员分别占0.36%、15.88%、77.26%、2.89%、3.25%和0.36%，厅级、处级、科级、科员、其他干部分别占0.00%、5.42%、52.35%、23.10%和19.13%，所属党政机关68.96%、事业单位15.88%、企业单位0.72%、其他14.44%，具有一定的代表性。我们还在省直有关单位基层党组织就相关问题进行了个别访谈，获得了大量第一手资料，再统计和分析问卷数据，参阅相关文献资料，针对安徽省基层党组织的整体功能发挥存在的一些突出问题进行了研究与思考，形成了该研究报告。

本刊网址·在线杂志：www.jhlt.net.cn

*基金项目：安徽省哲学社会科学规划一般项目(AHSKY2015D23)；安徽省领导圈定课题(SLDQDKT16-08)

作者简介：杨根乔(1962—)，女，安徽歙山人，安徽省社会科学院马克思主义研究所所长，中国特色社会主义研究中心主任，研究员，主要研究方向：当代中国马克思主义、政治与党的建设。

93

该成果认为，近年来，各级党委在强化基层党组织整体功能方面虽然取得了一定成效，但基层党组织在发挥政治、服务、发展和法治功能等方面还存在着一些突出问题，主要表现在：一些基层党组织政治功能有所弱化，一些基层党组织服务功能发挥不优，一些基层党组织发展功能受限，一些基层党组织法治功能缺失，一些基层党组织发挥整体功能效应不佳。究其原因主要是，一些基层党组织职能定位不明确、一些基层党组织可控和支配资源的减少、一些基层党组织党建工作制度机制不完善、一些基层党务干部队伍建设滞后、一些外部环境因素的干扰等。为此，必须突出系统谋划，为强化基层党组织整体功能做好顶层设计；找准功能定位，为强化基层党组织整体功能明确方向；完善制度机制，为强化基层党组织整体功能提供制度保障；加强队伍建设，为强化基层党组织整体功能提供力量支撑；统筹党建资源，为强化基层党组织整体功能奠定物质基础。

姓　　名	杨根乔
学　　历	大学本科
工作单位	安徽省社会科学院
职　　称	研究员
研究方向	当代中国马克思主义、党的建设

杨根乔　1962年12月出生。长期从事当代中国马克思主义、党的建设等研究。合著出版学术著作10多部，公开发表论文240多篇，成果获奖41项。主持和参与完成各级各类课题59项。现为安徽省社会科学院马克思主义研究所所长、研究员；国家和省社科基金项目通讯评审、成果鉴定专家；中国国际共运史学会常务理事，中国科学社会主义学会常务理事，安徽省科学社会主义学会会长等；安徽省学术和技术带头人，安徽省宣传文化系统"六个一批"（社科理论类）拔尖人才。享受国务院政府特殊津贴。

成果名称	国有经济与民营经济共生发展的理论与实证研究——基于中国2000—2015年省级面板数据
发表刊物	政治经济学评论
字　　数	32千字
发表时间	2018年第5期
获奖等次	二等奖

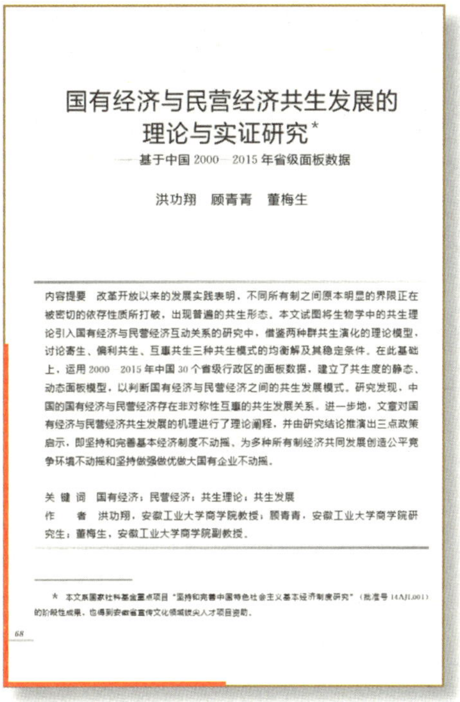

国有经济与民营经济共生发展的理论与实证研究*

——基于中国2000—2015年省级面板数据

洪功翔　顾青青　董梅生

内容提要　改革开放以来的发展实践表明，不同所有制之间原本明显的界限正在被密切的依存性质所打破，出现普遍的共生形态。本文试图将生物学中的共生理论引入国有经济与民营经济互动关系的研究中，借鉴两种群共生演化的理论模型，讨论寄生、偏利共生、互惠共生三种共生模式的均衡解及其稳定条件。在此基础上，运用2000—2015年中国30个省级行政区的面板数据，建立了共生度的静态、动态面板模型，以判断国有经济与民营经济之间的共生发展模式。研究发现，中国的国有经济与民营经济存在非对称性互惠的共生发展关系。进一步地，文章对国有经济与民营经济共生发展的机理进行了理论阐释，并由研究结论推演出三点政策启示，即坚持和完善基本经济制度不动摇、为多种所有制经济共同发展创造公平竞争环境不动摇和坚持做强做优做大国有企业不动摇。

关 键 词　国有经济；民营经济；共生理论；共生发展

作　　者　洪功翔，安徽工业大学商学院教授；顾青青，安徽工业大学商学院研究生；董梅生，安徽工业大学商学院副教授。

* 本文系国家社科基金重点项目“坚持和完善中国特色社会主义基本经济制度研究”（批准号14AJL001）的阶段性成果，也得到安徽省宣传文化领域拔尖人才项目资助。

68

该成果试图将生物学中的共生理论引入国有经济与民营经济互动关系的研究中，借鉴两种群共生演化的理论模型，讨论寄生、偏利共生、互惠共生三种共生模式的均衡解及其稳定条件。在此基础上，运用2000—2015年中国30个省级行政区的面板数据，建立了共生度的静态、动态面板模型，以判断国有经济与民营经济之间的共生发展模式。研究发现，中国的国有经济与民营经济存在非对称性互惠的共生发展关系，并进一步从市场规模效应、优势互补效应、相互竞争效应、分工合作效应、要素流动效应等六个方面，对国有经济与民营经济共生发展的机理进行了理论阐释，由研究结论推演出三点政策启示：坚持和完善基本经济制度不动摇、为多种所有制经济共同发展创造公平竞争环境不动摇、坚持做强做优做大国有企业不动摇。

姓　　名	洪功翔
学　　历	硕士研究生
工作单位	安徽工业大学
职　　称	教授
研究方向	国有企业改革与发展、创新驱动与区域经济发展

洪功翔　1964年11月出生。主要从事国有企业改革与发展、创新驱动与区域经济发展研究。发表论文100余篇，出版教材、著作10余部；主持国家级项目3项，其中2项为国家社科基金重点项目；主持省部级项目16项、产学研合作项目18项。获得省部级奖项4项。现为安徽工业大学商学院党委书记，二级教授；安徽省学术技术带头人，安徽省宣传文化领域拔尖人才，安徽省教学名师；中华外国经济学说研究会常务理事，安徽省经济学会副会长，安徽省城市经济学会副会长。享受安徽省政府特殊津贴。

成果名称	生产力、公有资本与中国特色社会主义 ——兼评资本与公有制不相容论
发表刊物	经济研究
字　　数	16千字
发表时间	2017年第4期
获奖等次	二等奖

荣兆梓：生产力、公有资本与中国特色社会主义

生产力、公有资本与中国特色社会主义*

——兼评资本与公有制不相容论

荣兆梓

内容摘要：当代生产力的基本特征决定市场经济、资本关系的同时存在，社会主义既不能绕过市场经济，也不可能"超越资本"；资本包括私有资本和公有资本两种历史形态。公有资本是社会主义市场经济下公有制内在矛盾展开的必然结果，是迫使劳动者个人为社会提供剩余劳动的经济关系。公有资本的强大积累功能与增进人民福祉结合，是中国经济快速增长的主因；公有资本的创新动力及其对资本主义危机的"免疫力"，显示了中国特色社会主义冲破资本主义桎梏，持续发展生产力的巨大能量，它证明，并且还将继续证明社会主义的历史合法性。本文也是对资本与公有制不相兼容论的一个回应。

关键词：当代生产力　资本　公有资本　中国特色社会主义

三十年来，国有经济改革始终遵循公有资本逻辑：一方面，生产资料的所有制性质不变，国有资本归全体人民所有；另一方面，大中型国有企业实施公司制改造，劳动力市场初步实现双向选择机制，劳动者与国有资本所有者之间的市场交易关系形成。改革正在按照这一逻辑继续推进，国有经济的管理体制将从管企业为主转变为管资本为主。对于这一改革取向，始终存在着自来两个方向的责难：一种观点批评改革不彻底，认为股份公司制的改革应当以私有化为目标，坚持公有制主体地位不符合市场经济的逻辑，完全是意识形态的冗赘；另一种则认为，资本逻辑与社会主义性质相悖，公有资本是"无资本家的资本主义"（萨米尔·阿明，2003），或者迟早将重新回到资本主义（梅扎罗斯，2003）。两种错误观点源自同一理论信条：资本与公有制不相兼容。本文是对此类责难的一个回应。基本观点是：市场经济、资本关系是社会主义不能超越的历史特征；资本可以私有，也可以公有；公有资本主导的市场经济是中国经济快速增长的主因，公有资本是中国特色社会主义突破资本主义桎梏，持续发展社会生产力的基本保障。

一、市场与资本共同的生产力基础

有关国有企业何以采取资本主权的改革方向，曾经有过许多不同的解释，比较制度理论与新制度经济学的分析路径相近，大多从市场经济下资本主权型企业与劳动主权型企业的效率比较出发，得出前者比后者更有效率的结论。这个结论与绝大多数市场经济国家企业产权的事实相吻合，有一定解释力。但这种解释还是停留在从现象到现象的层次，没有讨论市场经济的本质规定、资本关系的历史性质，更没有讨论和比较二者与社会生产力的联系与关系，因此不能进一步解释市场经济下资本主权型企业效率更高的深层次历史原因。而这正是马克思的历史唯物主义观察问题的视角。

马克思在《资本论》创作中（尤其是1857—1858年手稿），深入讨论了"价值关系和以价值为基础的生产"向未来社会转变的生产力条件。马克思的分析从三个相互关联的角度展开：(1)财富尺

* 荣兆梓，安徽大学经济与社会发展高等研究院，邮政编码：230039，电子信箱：rongzhz@ ... .com。

4

该成果论述了当代生产力的基本特征决定市场经济、资本关系的同时存在，社会主义既不能绕过市场经济，也不能“超越资本”；资本包括私有资本和公有资本两种历史形态。公有资本是社会主义市场经济下公有制内在矛盾展开的必然结果，是迫使劳动者个人为社会提供剩余劳动的经济关系。公有资本是中国经济快速增长的主因，其创新动力及其对资本主义危机的“免疫力”，显示了中国特色社会主义冲破资本主义桎梏，持续发展生产力的巨大能量。回应了资本与公有制不相兼容论：市场经济、资本关系是社会主义不能超越的历史特征；资本可以私有，也可以公有；公有资本主导的市场经济是中国经济快速增长的主因，公有资本是中国特色社会主义突破资本主义桎梏，持续发展社会生产力的基本保障。分析后得出结论：中国经济将顺利实现发展方式转变，率先从全球危机中突围，为全球经济复苏带来福音。

姓　　名	荣兆梓
学　　历	大学本科
工作单位	安徽大学
职　　称	教授
研究方向	经济学所有制理论、企业理论

荣兆梓　1949年4月出生。长期从事经济学所有制理论、企业理论研究。在《经济研究》《经济学动态》《改革》《中国经济问题》等刊物发表论文百余篇；著有《企业性质研究》《现代企业制度：借鉴与探索》等专著多部。曾任安徽大学经济学院院长、校学术委员会委员、武汉大学商学院博士生导师、中国科技大学兼职教师、安徽省政府咨询委员，全国马经史学会理事，多家上市公司独立董事，安徽省泛长三角区域经济合作研究会副会长、安徽省经济学会常务理事等。享受国务院政府特殊津贴。

成果名称	企业所得税率降低会影响全要素生产率吗？——来自我国上市公司的经验证据
发表刊物	会计研究
字　　数	10.6千字
发表时间	2018年第5期
获奖等次	二等奖

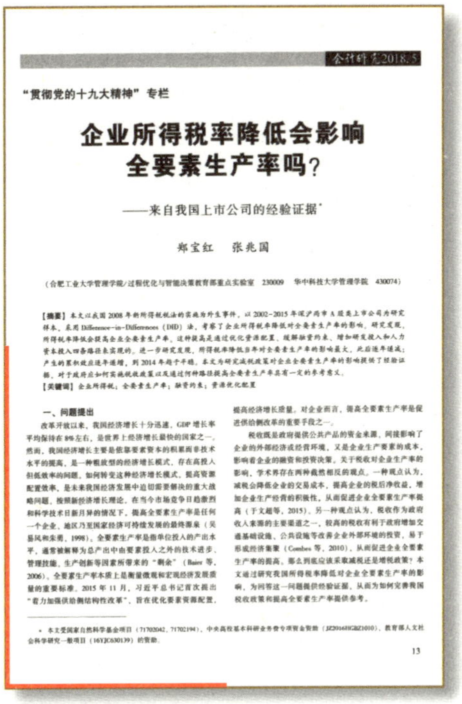
会计研究2018.5

"贯彻党的十九大精神"专栏

企业所得税率降低会影响全要素生产率吗？

——来自我国上市公司的经验证据*

郑宝红　张兆国

（合肥工业大学管理学院/过程优化与智能决策教育部重点实验室　230009　华中科技大学管理学院　430074）

【摘要】本文以我国2008年新所得税税法的实施为外生事件，以2002-2015年深沪两市A股类上市公司为研究样本，采用Difference-in-Differences（DID）法，考察了企业所得税率降低对全要素生产率的影响。研究发现，所得税率降低会提高企业全要素生产率。这种提高是通过优化资源配置、缓解融资约束、增加研发投入和人力资本投入四条路径来实现的。进一步研究发现，所得税率降低当年对全要素生产率的影响最大，此后逐年递减；产生的累积效应逐年递增，到2014年趋于平稳。本文为研究减税政策对企业全要素生产率的影响提供了经验证据，对于政府应如何实施税收政策以及通过何种路径提高全要素生产率具有一定的参考意义。

【关键词】企业所得税；全要素生产率；融资约束；资源优化配置

一、问题提出

改革开放以来，我国经济增长十分迅速，GDP增长率平均保持在8%左右，是世界上经济增长最快的国家之一。然而，我国经济增长主要是依靠要素资本的积累而非技术水平的提高，是一种粗放型的经济增长模式，存在高投入但低效率的问题。如何转变这种经济增长模式，提高资源配置效率，是未来我国经济发展中迫切需要解决的重大战略问题。按照新经济增长理论，在当今市场竞争日趋激烈和科学技术日新月异的情况下，提高全要素生产率是任何一个企业、地区乃至国家经济可持续发展的最终源泉（吴易风和朱勇，1998）。全要素生产率是指单位投入的产出水平，通常被解释为总产出中由要素投入之外的技术进步、管理技能、生产创新等因素所带来的"剩余"（Baier等，2006）。全要素生产率本质上是衡量微观和宏观经济发展质量的重要标准。2015年11月，习近平总书记首次提出"着力加强供给侧结构性改革"，旨在优化要素资源配置，提高经济增长质量。对企业而言，提高全要素生产率是促进供给侧改革的重要手段之一。

税收既是政府提供公共产品的资金来源，间接影响了企业的外部经济或经营环境，又是企业生产要素的成本，影响着企业的融资和投资决策。关于税收对企业生产率的影响，学术界存在两种截然相反的观点。一种观点认为，减税会降低企业的交易成本，提高企业的税后净收益，增加企业生产经营的积极性，从而促进企业全要素生产率提高（于文超等，2015）。另一种观点认为，税收作为政府收入来源的主要渠道之一，较高的税收有利于政府增加交通基础设施、公共设施等改善企业外部环境的投资，易于形成经济集聚（Combes等，2010），从而促进企业全要素生产率的提高。那么到底应该采取减税还是增税政策？本文通过研究我国所得税率降低对企业全要素生产率的影响，为回答这一问题提供经验证据，从而为如何完善我国税收政策和提高全要素生产率提供参考。

* 本文受国家自然科学基金项目（71702042，71702194）、中央高校基本科研业务费专项资金资助（JZ2016HGBZ1010）、教育部人文社会科学研究一般项目（16YJC630139）的资助。

13

税收既是政府提供公共产品的资金来源，又是企业生产要素的成本。前者间接影响着企业的外部经济或经营环境，后者则影响企业的融资和投资决策。该成果以我国2008年新所得税税法的实施为外生事件，以2002—2015年深沪两市A股上市公司为研究样本，采用Difference-in-Differences法，研究减税政策对企业全要素生产率的影响。研究发现，所得税率降低会提高企业全要素生产率。这种提高是通过优化资源配置、缓解融资约束、增加研发投入和人力资本投入四条路径来实现的。所得税率降低当年对全要素生产率的影响最大，此后逐年递减；产生的累积效应逐年递增，到2014年趋于平稳。

姓　　名	郑宝红
学　　历	博士研究生
工作单位	合肥工业大学
职　　称	讲师
研究方向	税收规避、公司治理、行为金融

郑宝红　1987年1月出生。主要从事税收规避、公司治理和行为金融的研究与教学。主持和参与国家自然科学基金、教育部人文社科基金、湖北省社会科学基金等项目近10项；在《会计研究》《南开管理评论》《中国软科学》《经济学动态》等期刊发表论文10余篇；参编安徽省规划教材2部。现为合肥工业大学讲师；中国会计学会高等工科分会秘书。

成果名称	《删补唐诗选脉笺释会通评林》与明代唐诗学
发表刊物	文学评论
字　　数	20千字
发表时间	2017年第1期
获奖等次	二等奖

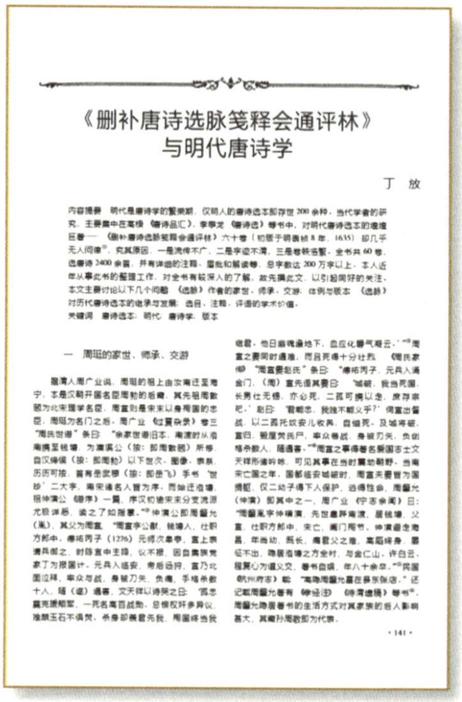

《删补唐诗选脉笺释会通评林》
与明代唐诗学

丁　放

内容提要　明代是唐诗学的繁荣期，仅明人的唐诗选本即存世200余种，当代学者的研究，主要集中在高棅《唐诗品汇》、李攀龙《唐诗选》等书中，对明代唐诗选本的煌煌巨著——《删补唐诗选脉笺释会通评林》六十卷（初版于明崇祯8年，1635）却几乎无人问津。究其原因，一是流传不广，二是字迹不清，三是卷帙浩繁。全书共60卷，选唐诗2400余首，并有详细的注释、眉批和解读等，总字数达200万字以上。本人近年从事此书的整理工作，对全书有较深入的了解，故先撰此文，以引起同好的关注。本文主要讨论以下几个问题：《选脉》作者的家世、师承、交游；体例与版本；《选脉》对历代唐诗选本的继承与发展；选目、注释、评语的学术价值。

关键词　唐诗选本　明代　唐诗学　版本

一　周珽的家世、师承、交游

·141·

明代是唐诗学的繁荣期，仅明人的唐诗选本即存世200余种，当代学者的研究，主要集中在高棅《唐诗品汇》、李攀龙《唐诗选》等书中，对明代唐诗选本的皇皇巨著——《删补唐诗选脉笺释会通评林》60卷（初版于明崇祯八年，1635）却几乎无人问津。究其原因，一是流传不广，二是字迹不清，三是卷帙浩繁。《删补唐诗选脉笺释会通评林》选唐诗2400余首，并有详细的注释、眉批和解读等，总字数达200万字以上。该成果作者近年从事此书的整理工作，对全书有较深入的了解。主要讨论了以下几个问题：《删补唐诗选脉笺释会通评林》作者的家世、师承、交游；体例与版本；《删补唐诗选脉笺释会通评林》对历代唐诗选本的继承与发展；《删补唐诗选脉笺释会通评林》选目、注释、评语的学术价值。

姓　　名	丁　放
学　　历	博士研究生
工作单位	安徽大学
职　　称	教授
研究方向	中国古代文学、中国诗学

丁　放　1957年出生。主持国家社科基金重大项目“唐诗学研究”；在《中国社会科学》《文学评论》《北京大学学报》《学术月刊》《复旦学报》等权威刊物上发表论文数十篇；出版《中国诗学通论》《金元词学研究》《唐宋词概说》《盛唐诗坛研究》《宋元明词选研究》《中国诗学论集》等著作近十部。成果曾获教育部人文社科奖二等奖1项、安徽省社科奖二等奖3项、三等奖2项。现为安徽大学文学院二级教授、博士生导师；中国古代文学理论学会副会长、中国李白研究会副会长；国家社科基金会评专家，安徽省学术与技术带头人，安徽省皖江学者特聘教授。

成果名称	智慧社会的治理模式探析
发表刊物	河海大学学报（哲学社会科学版）
字　　数	13千字
发表时间	2018年第5期
获奖等次	二等奖

第20卷第5期　河海大学学报(哲学社会科学版)　2018年10月
DOI:10.3876/j.issn.1671-4970.2018.05.012

智慧社会的治理模式探析

吴　楠
（安徽省社会科学院，安徽合肥　230053）

摘　要：社会治理涉及公共权力的行使、国家决策的形成，是一个制度与行为的集合体。社会治理模式由社会存在所决定。以互联网、大数据、人工智能等为代表的科技成果引发了经济社会领域一系列的变革，改变了人们的生产生活方式，推动社会迈向信息化、数字化、智能化。作为上层建筑的社会治理模式必须适应社会经济基础的改变，反馈于社会存在，更好地促进社会的发展。智慧社会的治理模式要灵活运用新兴科学技术，更要在制度设计上充分体现思维的"智慧+"，强强联合，齐抓共管，围绕民生，实现绿色可持续发展。

关键词：智慧社会；社会治理；互联网；大数据
中图分类号：D630　文献标志码：A　文章编号：1671-4970(2018)05-0070-07

智慧社会是社会发展的新阶段，是以物联网、云计算和大数据为代表的信息技术革命与社会发展需求相结合的必然产物。通过智慧社会建设，能够统筹物质、信息和文化资源，推动新一代科技革命成果在教育医疗、劳动就业、社会保障、环境保护等社会领域的创新应用，提高人民群众对发展成果的共享水平。习近平总书记在党的十九大报告中提出要为建设"智慧社会提供有力支撑"。建设智慧社会需要基础研究支持、应用技术支持、资金设备支持，更需要制度支持、体制机制支持和公共政策的支持。社会治理模式决定了权力在社会中的行使，涉及资源分配、决策方式和公共价值的选择，是一个上下互动的过程，是一整套制度体系的设计。与智慧社会发展相适应的社会治理模式能够推动智慧社会的发展，反之，将形成阻碍。探索与智慧社会相适应的社会治理模式，是对建设智慧社会最有力的支持。

一、智慧社会的变革与守常

"社会存在决定社会意识"是唯物史观的思想源头。社会是人与环境、人与人关系的集合，建立在物质生产活动基础之上，包括3个基本过程：生态过程、经济过程和文化过程。社会生产不断发展，社会形态也随之不断变化。信息技术革命引领了创新涌现的社会环境与生态，对社会的生产方式、生活方式、交换方式、公共服务、政府决策、市政管理、社会民生等方面产生了巨大而深远的影响。传统的社会形式正在经历"量子变革"。

1. 智慧社会的变革

（1）科学技术的突破

各种新兴突破性科学技术成果集中出现，并且呈指数级发展。很多成果不仅改变了我们的生产生活方式，更是改变了我们对世界的认知，比如基础科学领域的量子力学、生物基因，应用技术领域的物联网、云计算、3D打印、人工智能。在数字化信息化技术的推动下，人类生产力得到极大的提高，掀起了人类历史上的第四次工业革命浪潮。新兴科技横跨物理、生物、数字等多领域，在发展过程中相互促进并进一步融合，不断孵化催生更为先进、强大的成果。创新成果从实验室到市场的距离越来越短，科学技术越来越普及，世界似乎在一夜之间演变成了一个人类和技术共存的联合体。在智慧社会的图景下，我们看到的不仅仅是"物理交互"画面，更是溶解、催化、裂解的"化学反应"，乃至繁衍与遗传、选择与适应、合作与竞争的生物学、生态学反应[1]。

（2）生产方式的变革

在以数字技术为代表的工业革命的引发下，各

收稿日期：2018-08-16
基金项目：安徽省社会科学创新发展研究课题（2018CX009）；安徽省社会科学院区域现代化研究院资助项目
作者简介：吴楠（1980—），女，安徽淮南人，副研究员，从事服务型政府、法治政府研究。

·70·

该成果认为，如何融合科学和人文、规范使用大数据、有效实效统筹治理，是智慧社会面临的挑战。智慧社会治理需要"顶层设计"，在制度建设上充分体现思维的"智慧+"，其有效性必须遵循三个原则：方向的正确性、方式的适应性和责任的明确性。智慧社会的治理模式应当具备以下特征：多元合作治理，监管应对合理，公众有效参与，政府承担第一责任。共性与个性并存，智慧社会治理模式不是标准化的产物，一个国家的治理体系应当尊重这个国家的个性特征，将特定的问题与其环境密切联系起来。中国治理模式推动了社会信息化、数字化、智能化的繁荣发展，主要是因为抓住了关键支点：一是坚持和加强党的领导，二是以人民为中心，三是打造共建共治共享的社会治理格局，四是树立与发展相结合的网络安全观。

姓　　名	吴　楠
学　　历	硕士研究生
工作单位	安徽省社会科学院
职　　称	副研究员
研究方向	政府治理、智慧治理

吴　楠　1980年2月出生。主要从事政府治理、智慧治理研究。主持省部级课题4项、市厅级课题3项，出版个人专著《智慧城市建设的政府责任》，在《光明日报》《安徽日报》《行政论坛》《福建论坛》等报刊发表10余篇学术论文，其中多篇被《新华文摘》、中国人民大学复印报刊资料和《中国社会科学文摘》转载，现为安徽省社会科学院《江淮论坛》第一编辑室主任，副研究员。

成果名称	我省创新支撑体系建设调研报告
采纳应用	获多位省领导予以肯定并批示
字　　数	20千字
完成时间	2018年10月
获奖等次	二等奖

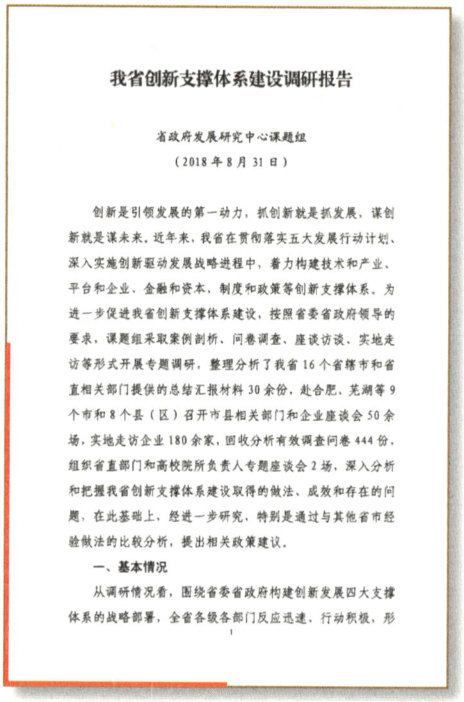

我省创新支撑体系建设调研报告

省政府发展研究中心课题组

（2018年8月31日）

创新是引领发展的第一动力，抓创新就是抓发展，谋创新就是谋未来。近年来，我省在贯彻落实五大发展行动计划、深入实施创新驱动发展战略进程中，着力构建技术和产业、平台和企业、金融和资本、制度和政策等创新支撑体系。为进一步促进我省创新支撑体系建设，按照省委省政府领导的要求，课题组采取案例剖析、问卷调查、座谈访谈、实地走访等形式开展专题调研，整理分析了我省16个省辖市和省直相关部门提供的总结汇报材料30余份，赴合肥、芜湖等9个市和8个县（区）召开市县相关部门和企业座谈会50余场，实地走访企业180余家，回收分析有效调查问卷444份，组织省直部门和高校院所负责人专题座谈会2场，深入分析和把握我省创新支撑体系建设取得的做法、成效和存在的问题，在此基础上，经进一步研究，特别是通过与其他省市经验做法的比较分析，提出相关政策建议。

一、基本情况

从调研情况看，围绕省委省政府构建创新发展四大支撑体系的战略部署，全省各级各部门反应迅速、行动积极，形

1

该成果围绕进一步促进我省创新支撑体系建设目标，总结提出我省创新支撑体系建设的主要做法有健全政策体系、注重政策宣传、落实扶持资金、构建工作机制等，取得了促进了科技成果转化、推动了创新创业平台建设、催生了一批科技型企业、集聚了一批创新创业团队、引导和撬动了金融资本投入、调动了高校院所科技创新积极性等积极成果，有力推动了技术和产业、平台和企业、金融和资本、制度和政策创新体系的加速形成。同时提出了我省建设创新支撑体系仍然存在的问题，主要表现为财税优惠奖补力度还不够到位、金融资本支撑作用发挥还不够充分、平台服务带动能力还不够强、创新人才政策效应还不够明显、创新创业发展环境还亟待优化等。提出了持续加大政策落实力度、着力提升财政投入效率、大力增强科技金融实效、切实提升各类平台功能、加快推进科技成果转移转化、持续激发科研人员积极性等政策建议。

姓　　名	凌宏彬
学　　历	博士研究生
工作单位	安徽省人民政府发展研究中心
职　　称	副教授
研究方向	区域经济文化和公共政策

凌宏彬　1971年8月出生。以区域经济文化和公共政策为研究方向，成果多次获奖。现为安徽省人民政府发展研究中心综合经济研究处处长，副教授；安徽大学和安徽建筑大学等校兼职研究员、研究生导师；安徽省发展战略研究会常务理事、省直青年联合会副主席等。

成果名称	合淮产业走廊发展思路研究
采纳应用	合肥市发改委、淮南市发改委
字　　数	56千字
完成时间	2018年11月
获奖等次	二等奖

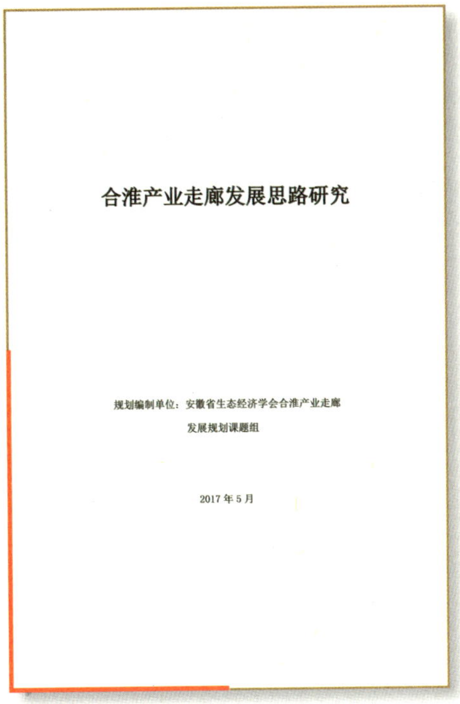
合淮产业走廊发展思路研究

规划编制单位：安徽省生态经济学会合淮产业走廊
发展规划课题组

2017年5月

该成果是合肥都市圈七个走廊（发展带）中第一个全产业发展思路研究。成果提出合淮产业走廊的总体定位是：以高质量发展为目标，加快建设实体经济、科技创新、现代金融、人力资源协同发展的产业体系。充分发挥合肥、淮南两市优势，加强统筹协调，推动合肥都市圈提质升级和资源型城市加快转型，提升区域整体竞争力，建成在全省乃至长三角、长江中下游城市群具有重要影响力的合淮走廊产业集聚领跑区、同城化智慧城镇样板、区域合作发展示范、现代农业建设示范区。成果强调，合淮产业走廊的发展目标是，按照合肥都市圈和合淮同城化建设的战略要求，分阶段实现合淮走廊地区产业率先发展、先行同城化发展目标。合淮产业走廊，强调空间资源整合联动，构建创新协调绿色开放共享（科学合理的生产、生活和生态）空间布局，形成“一轴一带四区多节点T型布局”的发展格局。

（课题组负责人：都宜金）

安徽省生态经济学会合淮产业走廊发展规划课题组　该课题组是我省较早开展国民经济与社会发展各类规划和规划研究工作的课题研究团队。该团队由学会负责人牵头、多学科专家和中青年研究人员组成。目前，学会规划项目编制组有正高级职称人员7人、中级和副高支撑人员11人，博士、硕士学位和学历人员15人。近年来，项目组先后承担了“长三角军民融合深度发展产业协同发展研究”“‘十四五’安徽省军民融合重大基础设施布局研究”以及《合淮产业走廊发展思路研究》等项目。

成果名称	马克思的劳动思想研究
出版社	中国社会科学出版社
字数	357千字
出版时间	2018年8月
获奖等次	三等奖

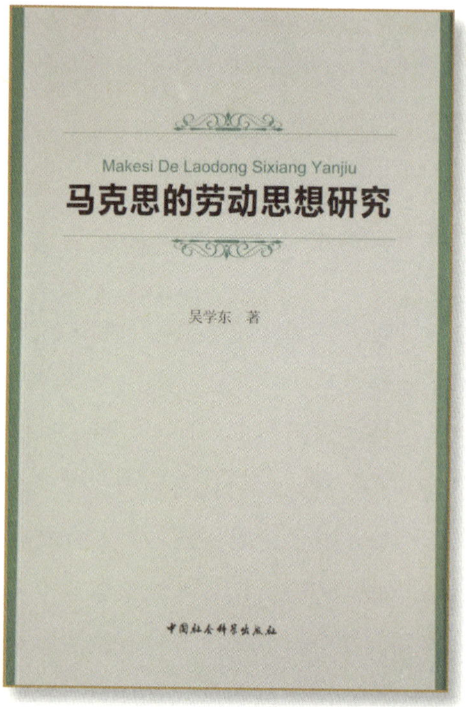

该成果包括四个组成部分：马克思劳动思想的理论渊源，马克思劳动思想创立的艰难历程，马克思劳动思想的主要内容和理论特色，马克思劳动思想的学术影响、理论价值和现实意义。马克思劳动思想的创立，取决于西欧深厚的理论渊源和马克思的不懈努力和理论探索。马克思的劳动思想内涵丰富，逻辑严密。以劳动解说唯物史观，阐明了唯物史观的基本观点；以劳动构建剩余价值论，使剩余价值学说获得科学支撑；以劳动奠基人的解放学说，探索了实现人的解放的现实途径。马克思的劳动思想作为马克思理论体系的重要组成部分，有着不同于其他理论成果的重要理论特色：劳动本体论、劳动辩证法、劳动价值观。马克思的劳动思想在同当代西方的理论批判者的交锋中扩大了理论影响、彰显了理论魅力，在恩格斯、列宁和历代中国共产党领导人的继承和发展中凸显了理论意义和实践价值。

姓名	吴学东
学历	博士研究生
工作单位	皖西学院
职称	教授
研究方向	马克思主义基本原理

吴学东　1967年1月出生。主要主事马克思主义基本原理研究与教学。主持完成国家社会科学基金项目“马克思的劳动思想研究”等多项课题；在《社会主义研究》《华中科技大学学报》《学海》《中南大学学报》《河海大学学报》等期刊发表学术论文20多篇。现为皖西学院马克思主义学院教授；安徽省马克思主义学会理事。获“2016年安徽省高校思想政治理论课教师说课”比赛一等奖。2017年南京大学哲学系访问学者。

成果名称	思想政治教育人文关怀的理论与方法研究
出 版 社	人民出版社
字　　数	220千字
出版时间	2018年11月
获奖等次	三等奖

该成果主要论述当代中国所面临的世界性精神领域的信念和信仰问题，这些新问题和新情况体现为当前思想政治教育领域中的几对主要矛盾：教育者与其教育对象之间的矛盾，思想政治教育理论探索与其实践需要之间的矛盾，思想政治教育的目的诉求与其教育境况之间的矛盾，思想政治教育的手段途径与其教育效果之间的矛盾，思想政治教育话语方式与其教育对象接受认同之间的矛盾等。要保持甚至是提高思想政治教育的有效性和实效性，就必须要在思想政治教育的基本理念、基础理论、致力重点、教育手段和表达方式等方面进行相应的和系统的变革，这些变革所指向的便是“人文关怀”。成果较为客观全面地探究了思想政治教育人文关怀时代命题生成的历史语境，较为系统地阐释了思想政治教育人文关怀工作的学科基础和基础理论，并以首创的“思想咨商”为突破点，探究了思想政治教育人文关怀的新方法和新技术。

姓　　名	王习胜
学　　历	博士研究生
工作单位	安徽师范大学
职　　称	教授
研究方向	逻辑哲学、思想政治教育基础理论

王习胜　1965年8月出生。主要从事逻辑哲学、马克思主义理论学科中的思想政治教育基础理论研究。主持国家社科基金项目等5项，教育部人文社科项目等3项，省级人文社科重点项目等9项，发表专题论文140余篇，出版著作20余部，获省部级以上科研成果奖多项。现为安徽师范大学马克思主义学院二级教授、博士生导师；安徽省宣传文化领域拔尖人才；安徽省高校人文社科重点研究基地安徽师范大学马克思主义研究中心常务副主任，安徽省哲学学会、马克思主义学会常务理事等；国家哲学社会科学基金项目通讯评审专家。

成果名称	理解、解释与文化——诠释学方法论及其应用研究
出 版 社	人民出版社
字　　数	296千字
出版时间	2017年10月
获奖等次	三等奖

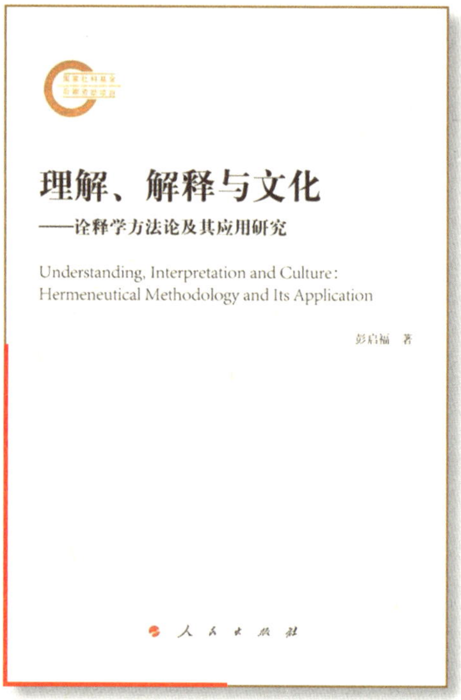

该成果以方法论为主线，以应用性为归宿，对诠释学及其相关问题进行了一种跨学科的研究。首先，以方法论为主线对诠释学进行梳理、比较和应用研究，在国内诠释学界尚属率先之作；其次，以西方诠释学为映照，剖析中国本土诠释个案，澄明其中的诠释学意蕴，为建构“中国诠释学”的理论范式做了必要铺垫；再次，对伽达默尔的本体论诠释学进行了方法论反思，提出了“视域融合度”“文本诠释三原则”等独创性见解，有利于弥合诠释学中方法论和本体论路径之间的缝隙，走向方法论和本体论的统一；最后，以自身的诠释学方法论思考为基础，探寻解决中国社会现实问题的诠释学路径，对马克思主义“三化”、传统文化保存与创新、法律诠释与法治建设等问题都有独到分析。

姓　　名	彭启福
学　　历	博士研究生
工作单位	安徽师范大学
职　　称	教授
研究方向	诠释学、中西哲学比较

彭启福　1963年2月出生。主要从事诠释学与中西哲学比较研究与教学。主持国家社科后期资助项目、教育部人文社科项目、安徽省社科规划项目、安徽省“振兴计划”、省学术带头人资助项目等多项；出版学术著作多部，发表学术论文近80篇，其中《新华文摘》全文转载4篇。现为安徽师范大学二级教授、博士生导师；安徽师范大学马克思主义学院教授委员会主任委员，安徽师范大学教授委员会委员暨科学研究分委员会副主任；安徽省学术和技术带头人；中国现代外国哲学学会理事，中国诠释学专业委员会常务理事，安徽省哲学学会常务理事。享受安徽省政府特殊津贴。

成果名称	安徽庄学史
出 版 社	科学出版社
字　　数	405千字
出版时间	2017年7月
获奖等次	三等奖

该成果以历代安徽学者的庄学著述为主要研究对象，考察了庄学在安徽的产生、发展、流变的历史。安徽庄学史是庄学接受史的一个分支，是研究庄学的一个突破口。在各地域庄学中，安徽庄学最具代表性，最能反映中国庄学的面貌。该成果在历时性梳理的同时，探索了庄学的空间分布；既注重时代性和民族性，也注意地域性或地域风格的考察，对中国庄学的普遍性问题进行了合理阐释。借助地域研究的新视角，拓展了庄学研究的领域，在推进庄学研究的精细化方面有其方法论意义。作为安徽蒙城的先哲，庄子的影响首先发生在皖北的大地上，然后向周边扩展，影响了全国，并在世界范围内产生比较广泛的影响。成果为挖掘安徽历史文化宝藏、批判继承优秀历史文化遗产、促进安徽地域学术的发展、推动安徽文化建设、提升皖北文化旅游产业的内涵等做出了的贡献。

姓　　名	高　深
学　　历	博士研究生
工作单位	淮北师范大学
职　　称	副教授
研究方向	庄学、墨学、中西文化比较

高　深　1970年7月出生。主要从事庄学、墨学以及中西文化比较研究，出版《天道与圣言——〈庄子〉与〈圣经〉比较研究》《安徽庄学史》等专著2部；在《齐鲁学刊》《出版发行研究》等期刊发表论文30余篇。现为淮北师范大学副教授、硕士生导师。

成果名称	资源环境约束下全要素生产率的测度方法与实证分析
出 版 社	经济科学出版社
字　　数	260千字
出版时间	2018年5月
获奖等次	三等奖

波特假说提出后，始终存在着三种不同的争论。一种观点认为资源环境规制增加了企业的生产成本，降低了企业的竞争能力。第二种观点认为，资源环境规制有利于促进企业开展技术创新，取得先发优势，实现资源环境保护和经济发展“双赢”的局面。第三种观点认为资源环境规制与技术创新之间并没有明显的关系，环境保护措施并不会促进技术进步。造成这三种不同观点的主要原因是测量方法的不正确。基于改进的全要素生产率测量模型，本书对中国各个地区资源环境约束下的效率和全要素生产率指数进行计算，并对全要素生产率指数进行分解。对资源环境约束下的全要素生产率是“双赢”局面，还是阻碍作用进行了详细的回答。

姓　　名	李小胜
学　　历	博士研究生
工作单位	安徽财经大学
职　　称	教授
研究方向	经济统计学、宏观经济学

李小胜　1976年3月出生。主要从事宏观经济学、经济统计学研究。出版著作2部，发表学术论文20余篇；主持国家社科基金一般项目、国家自然科学基金面上项目、教育部人文社科青年项目各1项，省社科基金重点项目1项，安徽省自然科学基金面上项目1项，安徽省教育厅人文社科重点项目1项。现为安徽财经大学统计与应用数学学院副院长，教授、硕士生导师；安徽财经大学学科带头人，安徽财经大学学术委员会委员；全国哲学社会科学基金项目统计学同行评审专家。

成果名称	评估视域下高校教学建设与发展
出 版 社	安徽大学出版社
字　　数	476千字
出版时间	2017年2月
获奖等次	三等奖

该成果基于审核评估的审核要素展开，基于评估而不拘泥于评估，注重教学建设和发展，每一章的题目，既包含了审核评估的要素，又体现了建设和发展；每一节的内容，既有教育管理的学术理论，也有教育实践的经验展示。体例按照审核评估6大项目的24个审核要素及特色而设计，在章节文字的表述上并不完全与审核评估的要素表述一致，以体现教学建设与发展的科学性。该成果是对教育部新一轮高等学校本科教学审核评估范围作了及时的理论与实践回应，也是国内较早对高等学校教学建设与发展的内涵、建设路径进行的有益探索，其中载有大量的案例和数据，表现高等学校在本科教学中的特色与发展。有益于明晰中国特色高等教育教学评估体系的建立、运用与实践。该成果以高等学校本科教学实际，以教育政策学、教学论、课程论、高等教育管理学、评估学理论为依托进行综合研究。

姓　　名	张　晶
学　　历	大学本科
工作单位	安徽大学
职　　称	教授
研究方向	刑事法学、高等教育管理

张　晶　1961年10月出生。长期从事刑事法学与高等教育管理学教学研究，发表学术论文70余篇，10余项教学科研成果获得国家级和省部级奖励。现任安徽大学艺术与传媒学院副院长，教授；安徽省暨安徽大学高等教育研究所所长，刑法学专业、高等教育学专业研究生导师；中国法学会会员，中国预防青少年犯罪研究会理事，中国高等教育学会高等教育学专业委员会理事，安徽省法学会青少年法律研究会副会长，安徽省广播电影电视联合会副主席。

成果名称	创新驱动时期技术型企业的知识创造模式研究
出 版 社	科学出版社
字　　数	279千字
出版时间	2017年6月
获奖等次	三等奖

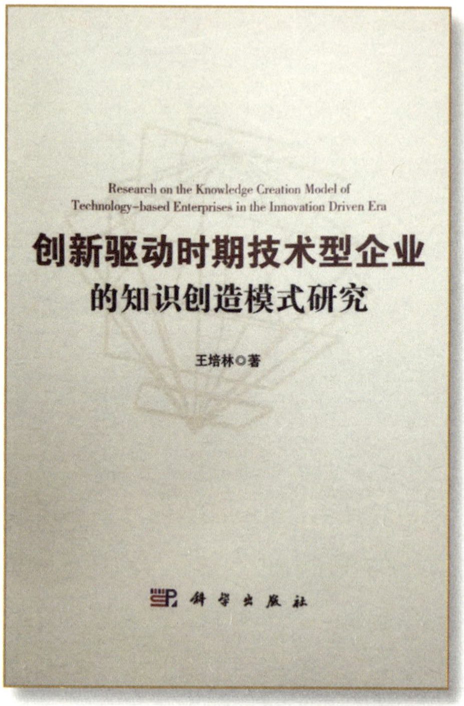

该成果以知识创造、组织学习、组织战略、知识创新等学科的理论及方法为指南，以模糊神经元网络、层次分析法、模糊综合评价法及问卷调查法等定量评价方法为辅助手段，将理论、模式与定量分析融为一体，对技术型企业知识创造的模式进行全面、系统、深入地研究。尝试把知识创造的创造过程与发展阶段融合在一起，构建了基于二维分析的企业知识创造模式。在此基础上，建立了评价指标体系来评估基于知识创造模式的企业知识创造能力。成果引入知识创造理论来研究企业的组织活动，为企业创新提供一个不同以往的全新的战略思考方法，对中国企业弥补在创新力上与世界级企业的差距，推动知识创新型企业的创建，具有重要意义。将知识创造过程与其发展阶段相结合，有助于企业在不同发展阶段采取有针对性措施，以推动组织知识创造的进程，实现知识创新。

姓　　名	王培林
学　　历	博士研究生
工作单位	安徽大学
职　　称	副教授
研究方向	知识管理、图书馆服务

王培林　1982年1月出生。主要从事知识管理、图书馆服务等研究与教学。在《图书情报工作》《情报理论与实践》《情报资料工作》《科技进步与对策》等期刊发表学术论文20余篇；主持完成2011年合肥市哲学社会科学规划项目、2012年安徽省人文社会科学研究项目、2013年国家社科基金青年项目。现为安徽大学管理学院副教授、硕士生导师。

成果名称	煤矿生产系统危险源辨识评价、风险预警及安全控制
出 版 社	中国矿业大学出版社
字　　数	233千字
出版时间	2018年11月
获奖等次	三等奖

该成果是作者在对煤矿安全管理相关理论研究及应用基础上，系统分析了煤矿生产系统危险源辨识评价、风险预警及安全控制理论与方法，集纳了包括作者近期成果在内的一些先进模型、理论方法以及应用实例分析。主要研究内容有：煤矿生产系统危险源基础理论、煤矿生产系统事故致因分析、煤矿生产系统危险源辨识、煤矿生产系统危险源风险评价、煤矿生产系统危险源风险预警模型和预警系统、煤矿生产系统危险源管理与控制等。该成果提出的有关理论、模型及方法进一步丰富和发展了煤矿生产系统事故致因理论、事故预防和控制理论与方法体系，推动了煤矿企业安全生产管理、安全科学等理论的发展，对于指导煤矿企业安全生产事故预防和安全控制等具有重大的经济和社会效益意义，同时对国家进行矿山安全评价、决策制定和实施提供科学依据。

姓　　名	汪　凌
学　　历	博士研究生
工作单位	安庆师范大学
职　　称	副教授
研究方向	安全系统工程、决策理论与方法

汪　凌　1975年5月出生。主要从事安全系统工程、决策理论与方法研究与教学。主持完成教育部人文社科项目、安徽省高校自然科学研究重点项目、安徽省高校优秀人才支持计划重点项目、以及省部级重点实验室开放基金等10项；发表学术论文20余篇、教学研究论文4篇；出版学术著作2部。现为安庆师范大学副教授、硕士生导师；中国物流学会会员，管理学学科学术带头人。

成果名称	创新链集成视阈下科技成果转化模式研究
出 版 社	人民出版社
字　　数	266千字
出版时间	2018年10月
获奖等次	三等奖

该成果选择创新链集成视阈，研究科技成果转化模式。首先，在相关理论和现状分析基础上，剖析中国科技成果转化存在的问题及其产生原因，说明加强创新集成推动科技成果转化的现实必要性。其次，运用动态博弈、复杂网络等理论，探析了创新链集成视阈的科技成果转化模式的基本内涵与形成机理，运用模糊认知图理论对该模式的效能进行了评估。再次，从区域层面和企业层面，实证分析创新链集成对科技成果转化的影响及其效果，通过仿真分析创新链集成的科技成果转的变化趋势。最后，从资金支持、中介服务集成和政策集成等三方面，探析科技成果集成转化模式的实现机制和对策建议。成果将集成思想引入科技成果转化研究，架构了创新链集成促进科技成果转化的研究框架，提出了创新链集成的科技成果转化模式并分析该模式的实现机制，为促进科技成果高效转化的政策制定提供了理论依据。

姓　　名	刘家树
学　　历	博士研究生
工作单位	安徽工业大学
职　　称	教授
研究方向	科技创新与管理、科技与金融、数量经济学

刘家树　1975年出生。长期从事科技创新与管理、科技与金融、数量经济学等方面的研究。主持国家社科基金项目2项，教育部人文社科等省部级项目6项，政府委托横向课题5项，参与国家社科基金重点项目、国家自然基金项目3项；获市级以上哲学社科优秀成果奖励2项；在《科学学与科学技术管理》《系统工程理论与实践》《系统工程》《控制与决策》等期刊公开发表论文39篇，其中EI、CSSCI收录21篇；出版专著2部。现为安徽工业大学商学院院长，教授、硕士生导师；安徽省学术技术带头人后备人选。

成果名称	明清小说俗字研究
出 版 社	商务印书馆
字　　数	400千字
出版时间	2017年7月
获奖等次	三等奖

该成果以古籍第一手原始材料为基础，对明清小说俗字进行全面系统研究。书中系统论述了明清俗字及相关问题，包括明清俗字研究的价值，俗字的构形类型及演变过程，解读疑难俗字，探讨俗字与历时词汇、辞书编纂的关系，校正古籍整理中的俗字讹误等，并溯源探流，为近代汉字发展史提供了宝贵的材料。成果从形、音、义三者相结合来研究明清俗字，从具体鲜活的俗字材料出发，较系统、全面地展示明清时期俗字的真实状况；同时，也作了一些必要的历时探讨。注意将汉语俗字原理和条例的提炼出来，从具体古籍材料中总结规律，多角度阐释古籍俗字的解读方法，强调实用和可操作性，读者可从具体实例中明白俗字原理。成果对汉语史的研究，文字学、古籍整理和古典文献学等均有重要参考价值。

姓　　名	曾　良
学　　历	博士研究生
工作单位	安徽大学
职　　称	教授
研究方向	汉语历史词汇、汉语俗字学、训诂学、敦煌学

曾　良　1964年7月出生。长期从事汉语历史词汇、汉语俗字学、训诂学和敦煌学研究，在《中国语文》《文史》《文献》《语言研究》等学术刊物发表论文百余篇，出版专著《敦煌文献字义通释》《俗字及古籍文字通例研究》等十余部。先后执教于江西大学（南昌大学）、厦门大学，现为安徽大学文学院教授；安徽省皖江学者，中国训诂学研究会常务理事，中国敦煌吐鲁番学会理事，安徽省人民政府第四届学位委员会委员，安徽省语言学会常务理事等。

成果名称	青阳腔研究
出 版 社	安徽文艺出版社
字　　数	450千字
出版时间	2018年7月
获奖等次	三等奖

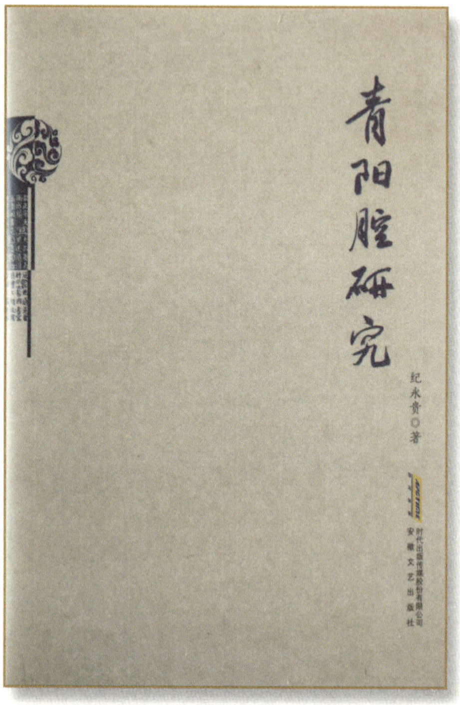

青阳腔是明代嘉靖、万历年间勃兴于皖南地区的一组民间声腔的代称，它与同时流行的池州调、徽州调、石台腔、太平腔等是同质同调的戏曲形式，有时概称为“徽州雅调”，但文献佚失已久。1942年傅芸子发表青阳腔研究的开山之作《释滚调》，70多年来，关于青阳腔与滚调的认识众说纷纭。该成果为国家社科基金项目最终成果，从戏曲学与民俗学的角度，全面论述了明代青阳腔的发生、发展与流变过程，就青阳腔研究史、青阳腔滚调唱腔、青阳腔与其他同代声腔的关系、青阳腔源与流、青阳腔在当代的“非遗”情况等问题展开全面的研究，是自1942年专家发现青阳腔以来第一本系统研究青阳腔及其滚调的研究成果。主要特点：①从广义民俗学角度研究青阳腔。②从全面占有资料的角度提出结论。③不唯权威，从材料分析生发新论点。④重点关注历史，兼具现实视野等。

姓　　名	纪永贵
学　　历	博士研究生
工作单位	池州学院
职　　称	教授
研究方向	中国古代文学、戏曲学、民俗学

纪永贵　1968年2月出生。主要从事中国古代文学、戏曲学、民俗学研究与教学。主持国家社科基金项目“青阳腔研究”等国家、省厅级科研项目10余项；在《文献》《民族艺术》《戏曲研究》《戏剧》《南京师大学报》《阅江学刊》等学术刊物发表论文70余篇；出版专著《董永遇仙传说研究》、《杏花文学与文化研究》（合著）、《槐桑樟枫民俗与文化研究》、《青阳腔研究》等10部。现为池州学院文学与传媒学院教授；中国俗文学学会会员，中国民俗学会会员。安徽省学术与技术带头人。

成果名称	中国传统译论六题
出 版 社	安徽科技出版社
字　　数	400千字
出版时间	2018年9月
获奖等次	三等奖

该成果内容包括译名、直译意译、翻译标准、翻译风格、翻译批评和翻译史及翻译理论史研究六个方面，是中国传统译论也是中国翻译通论的一部分。一是含译名研究的分期、词语翻译机制、词语的文化内涵及翻译和译名统一。二是述评名家直译论述。认为梁启超的研究是历时研究，余者为共时研究，焦菊隐结合语境研究直译，鲁迅的直译是异化，瞿秋白的直译是归化，许渊冲则衍生出诗词翻译美学。三是阐述“信达雅”引起的百年翻译理论批评。四是简述各家的研究，厘清变体、体裁、文体、文学样式、语体、风格，区分作者、原作、译者、译作和翻译风格。五是将翻译批评定义为对与翻译有关的人和事发表看法，从翻译实践、翻译理论、翻译人物、翻译史、翻译教学及境外译况介绍角度为之分类。六是介绍译史研究，比较以人为纲、以事件为纲的研究方略，阐述修史与理论建设的关系。

姓　　名	程永生
学　　历	硕士研究生
工作单位	安徽理工大学
职　　称	教授
研究方向	翻译理论与实践

程永生　1946年7月出生。长期从事英语教学工作，同时开展诗词创作与英译研究，主要研究方向为翻译理论与实践。著述超过300万字，其中出版《实用英语毕业论文写作》《中国传统译论六题》《英汉对照律诗绝句二百首》等专著、译著多部，发表学术论文40多篇、译文30多篇。主持省部级以上研究课题11项。现为安徽理工大学教授，安徽大学兼职教授、硕士生导师，安徽省文史研究馆馆员。

成果名称	微博舆论与公众情绪的互动
出 版 社	社会科学文献出版社
字　　数	300千字
出版时间	2018年10月
获奖等次	三等奖

该成果是国家社科基金项目“微博舆论与公众情绪互动研究”的最终成果，结项获得优秀等次。从微传播移动化角度，研究微博舆论在互联网、手机平台中呈现的方式与特征，探讨情绪在微博舆论中扮演的角色，从研究舆论的作用与功能转向研究舆论本身，为认识和引导舆论做铺垫；在问题选择上，微博舆论与公众情绪互动中存在哪些问题，揭示情绪与权力结构变迁的关系，坚持系统研究和整体把握，弥补了以前研究中存在的不足；在应用价值上，分析群体心理在微博中表现、影响及其在舆论引导中的重要作用，得出的观点和结论，为政府部门在社会舆论引导及社会治理创新中提供有益的经验和理论依据。这些独特的研究发现，为构建具有中国特色的、健康的自媒体舆论引导机制和生态环境提出了可借鉴的对策、建议。

姓　　名	常　松
学　　历	大学本科
工作单位	安徽省社科院
职　　称	研究员
研究方向	新闻与传播学、网络社会学、舆论学

常　松　1955年11月出生。长期从事新闻与传播学、网络社会学、舆论学等研究。主持或参与完成国家社科基金项目、安徽省社科基金项目和省部级课题40多项；发表学术论文60多篇，主编和撰写论著5部。在我国新媒体舆情中博客舆情、微博舆论、舆情治理等方面研究的成果和学术观点得到了业界的认同；为政府决策部门舆情传播、制订相关针对性善治措施提供了智库建言。曾任安徽省社科院新闻与传播研究所所长，二级研究员；安徽省中国特色社会主义理论研究会会长。

成果名称	枞阳商周青铜器
出 版 社	安徽大学出版社
字　　数	517千字
出版时间	2018年1月
获奖等次	三等奖

该成果在系统整理考古材料的基础上，对枞阳出土商周青铜器进行了综合研究。前言阐明了本研究的目的、意义和方法。正文第一部分为“枞阳商周青铜器图录”，第二部分“枞阳商周青铜器研究”分为五章：第一章对枞阳商周考古进行了回顾，第二章建立了青铜器的年代框架和文化构成，第三章探讨了青铜器铸造工艺与产地，第四章对矿冶遗址及冶炼遗物进行了专题研究，第五章为考古学文化与历史地理研究，结语对区域历史文化进行了宏观归纳。学术创新：一是对枞阳出土商周青铜器进行了首次系统整理；二是通过对青铜器、青铜工艺和青铜文化的综合研究，探讨了区域矿冶、聚落的兴替与青铜文明之间的关系，揭示了区域青铜文化发展演进的过程及其在中华文明历史进程中的地位和作用；三是研究方法具有一定的集成创新性，应用考古学、历史学、冶金学、地球化学等学科的理论和方法。

（主编）

姓　　名	张爱冰
学　　历	博士研究生
工作单位	安徽大学
职　　称	教授
研究方向	先秦考古和考古学理论

张爱冰　1961年7月出生。长期从事考古学教学与研究。先后主持教育部、国家社科基金一般、重点和重大项目；在《中国社会科学》《考古学报》《考古》《文物》等期刊发表等论文数十篇；主编《枞阳商周青铜器》等研究报告，专著《群舒文化研究》入选2017年国家哲学社会科学成果文库。曾获得“全国田野考古”三等奖，“安徽省教学成果”一等奖、特等奖等。现为安徽大学历史系教授、博士生导师；考古专业负责人，兼任中国考古学会理事。

成果名称	国际视域下皖江区域经济（1877—1937）
出 版 社	社会科学文献出版社
字　　数	400千字
出版时间	2018年2月
获奖等次	三等奖

该成果广泛收集与利用正史、档案、方志、文集、调查资料、年鉴及旧海关资料等，围绕区域经济波动这一主线和农业、交通运输业、邮政电信业、工矿业、海关进出口商品贸易、食盐贸易、粮食贸易、货币金融、信贷与财政等主要领域，勾勒出近代皖江区域经济的发展轨迹、发展面貌和发展特点。创新性和学术价值主要有：一是资料扎实。该成果引用史料详凿，并精于取舍。二是研究视角新颖。该成果立足国内外经贸网络的宏观视野，清晰展示了皖江区域在全球化经济中的地位和影响。三是研究理论和方法创新。该成果主要应用了经济学和历史学一般理论，采取的计量分析与文字论述方法也浑然一体，使成果凸显厚重感。四是研究内容及观点创新。该成果大大拓展和深化了既有研究，也提出诸多创新观点。

姓　　名	方前移
学　　历	博士研究生
工作单位	安徽工程大学
职　　称	副教授
研究方向	中国近代经济史、马克思主义中国化

方前移　1976年8月出生。多年来主要从事于中国近代经济史、海关史以及马克思主义中国化等方向研究，在《中国经济史研究》《中国农史》《安徽史学》《江淮论坛》《历史教学》《安徽师范大学学报（社会科学版）》《兰州学刊》等期刊发表学术论文20余篇；出版学术著作2部；主持国家社会科学青年基金项目1项，主持国家社会科学一般基金项目1项，主持其他各类级别科研项目7项。现为安徽工程大学马克思主义学院副教授、硕士生导师，教授委员会委员，校学术骨干。2016年曾访学中国台北“中央研究院”近代史研究所。

成果名称	旅外徽州人与近代徽州社会变迁研究
出 版 社	中华书局
字　　数	47千字
出版时间	2018年9月
获奖等次	三等奖

传统时代的徽州人因生存压力巨大，被迫远走他乡谋求生计。具有强烈地缘观念的旅外徽州人为联合力量以应付陌生的都市环境，构建起多重层次的同乡团体，如会馆、同乡会、同业公所、同学会等，这些团体具有组织类型多样，组织结构严密，社会功能多重而又彼此交叉的显著特点。近代旅外徽州人在同乡团体的羽翼下，徽州不再是一个空洞的家乡符号，而是一种身份象征，一种能为他们带来各种便利条件的社会资源。各类徽州同乡团体以联络乡谊为宗旨，致力于服务旅外同乡，满足同乡的各类利益诉求。旅外徽州人无论身处何地，从事何种职业，与桑梓故里的交流十分频繁，强化了徽州人对家乡的身份认同和情感认同，并促进徽州的社会风气的改变，道路交通、教育水平、医疗条件、抗灾能力得到了一定程度的提高。旅外徽州人是徽州社会的宝贵财富，是近代徽州社会变迁的重要推动力。

姓　　名	张小坡
学　　历	博士研究生
工作单位	安徽大学
职　　称	研究员
研究方向	徽学、历史地理学

张小坡　1979年10月出生。主要从事徽学、历史地理学研究。主持国家社科基金项目2项，中国博士后科学基金第九批特别资助项目等省部级项目数项；出版学术专著1部、合著2部；发表学术论文30余篇。现为安徽大学徽学研究中心研究员，中国社会科学院历史研究所博士后。中国社会史学会会员，中国商业史学会理事，安徽省朱子研究会副秘书长，安徽省徽学会理事。

成果名称	淮河流域环境变迁史
出 版 社	黄山书社
字　　数	550千字
出版时间	2017年11月
获奖等次	三等奖

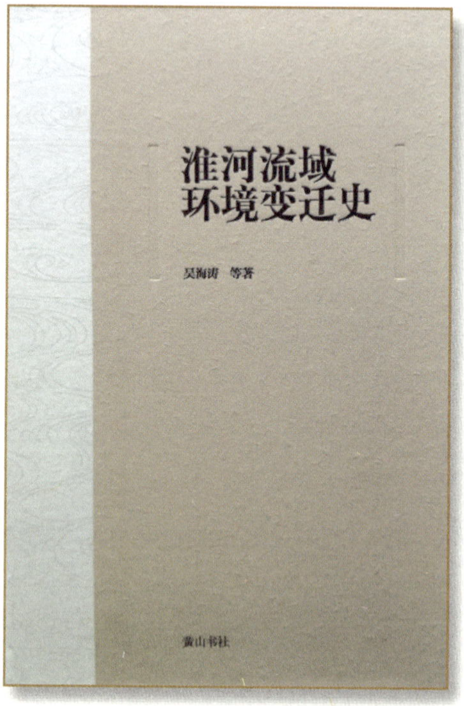

该成果是国家社会科学基金项目（10BZS052）结项成果，列入“十三五”国家重点图书出版规划项目。成果以12至19世纪淮河流域社会和环境变迁为研究对象，主要探讨历史时期淮河流域环境变迁的主要表现及其根源；封建政府为保漕运等而牺牲地方利益的决策对淮河流域的影响；环境变迁对流域生产方式、人地关系、产业结构、交通地位、城镇建设等方面的影响；环境变迁所致流域民众心理、民风民俗、民间信仰以及基层社会组织方式等社会深层方面的变迁；灾害对时局的影响及政府、社会对灾害的应对行为。

姓　　名	吴海涛
学　　历	博士研究生
工作单位	阜阳师范大学
职　　称	教授
研究方向	中国古代史、淮河流域社会经济史、历史文化

吴海涛　1964年9月出生。主要从事中国古代史、淮河流域社会经济史与历史文化研究。在《中国史研究》《中国农史》《中国历史地理论丛》《史学月刊》《安徽史学》等学术期刊发表论文40多篇；出版专著《淮北的盛衰：成因的历史考察》等3部。现为阜阳师范大学督导员，二级教授；中国元史学会、中国民族史学会理事，安徽省历史学会副会长。获安徽省高校学科拔尖人才和安徽省学术技术带头人称号。

成果名称	近代徽州布商研究——以商业账簿为中心
出 版 社	安徽师范大学出版社
字　　数	228千字
出版时间	2017年12月
获奖等次	三等奖

近代徽州布商遗存的商业账簿数量众多，类型多样，内容丰富、具体，且时间连续，系统、完整，是近代徽州布商研究的珍贵原始资料。该成果以商业账簿文书资料为基础，结合相关文书文献资料，考察了近代徽商棉布贸易行业兴盛的背景、近代徽州布商的经营地域，归纳了近代徽州布商发展演变的几个主要阶段及其特点。在此基础上，分别研究了近代徽州布商的资本组合方式及利润分配制度、棉布批发贸易和零售经营业务以及近代徽商经营的纺织企业等，较为具体地呈现了近代徽州布商棉布经营的实际形态，从中揭示了近代徽州布商经营的变化与近代棉布市场变迁的内在关系。

姓　　名	马勇虎
学　　历	博士研究生
工作单位	黄山学院
职　　称	教授
研究方向	徽学

马勇虎　1962年7月出生。主要从事徽学研究。现为黄山学院马克思主义学院教授；黄山学院安徽非物质文化遗产研究中心主任，黄山学院学术委员会副主任，黄山学院徽州文化研究中心副主任；中国商业史学会常务理事，安徽徽学会理事等。

成果名称	明清徽州杂字研究
出 版 社	上海教育出版社
字　　数	310千字
出版时间	2017年7月
获奖等次	三等奖

该成果首先介绍研究缘起、意义、方法并概述杂字发展轨迹与性质功能，探讨了杂字在明清徽州盛行的原因：从商风气的盛行吁求民众须具备一定的文化知识；徽州宗族兴学重教与先贤重视蒙学教材编写；刻书业的兴盛为徽州杂字的大量出现提供了物质保障。成果在全面搜集、系统整理的基础上，对有代表性的明清徽州杂字进行了分类介绍，并分析其与正统识字课本《三百千》及其他区域杂字的异同。徽州杂字不仅是一种让蒙童识字的文本，更是一种文化传承的载体。成果重点探讨了杂字所反映的徽州独特的地域文化和民俗文化；对三种代表性徽州杂字进行个案研究，进而阐述徽州杂字的当代价值。成果创新：一是视角新，从徽州民间识字教材的角度研究徽州地域文化；二是材料新，所用的杂字教材多为研究者在徽州民间搜集的原始文献，有些甚至是珍稀的稿本。

姓　　名	戴元枝
学　　历	大学本科
工作单位	黄山学院
职　　称	副教授
研究方向	语文教学论、徽州教育

戴元枝　1973年11月出生。主要从事语文教学论与徽州教育研究。近年来主持教育部人文社科一般项目2项，主持省教育厅人文社科重点项目、一般项目、教育科学规划重点项目及安徽省高校中青年骨干教师国内外访学研修重点项目各1项，参与国家社科基金重点项目、教育部人文社科规划项目等6项；出版专著1部，发表学术论文20多篇。现为黄山学院副教授。

成果名称	环境心理和行为研究
出 版 社	经济管理出版社
字　　数	394千字
出版时间	2017年10月
获奖等次	三等奖

该成果系安徽省高等教育振兴计划优秀青年人才项目最终成果和国家社科基金项目“基于农业组织行为的环境创新研究”的阶段性成果。成果系统研究了环境知觉、环境意象、环境态度、环境价值观、环境行为、环境情感、环境身份、环境管理中的文化心理差异，并详细介绍了“亲环境行为”的促进、人与环境交互中的人地关系、环境治理中的协作心理和协作行为等。成果一个显著特点在于学理性和实践性相结合，在系统研究环境中人的心理和行为特征的基础上，详细介绍了环境治理中合作心理和合作行为以及个体亲环境行为的促进。

姓　　名	滕　瀚
学　　历	博士研究生
工作单位	安徽农业大学
职　　称	教授
研究方向	社会心理学、社区心理学、思想政治教育心理学

滕　瀚　1977年7月出生。主要从事社会心理学、社区心理学、思想政治教育心理学研究与教学。近年来的研究重点为乡村社会心理和乡村社会发展、社会认知和社会心态、人的毕生发展与教育。现为安徽农业大学人文社会科学学院教授，安徽农业大学心理学系主任；中国社会学会空间社会学分会常务理事，安徽省自然辩证法学会常务理事，安徽省心理学会理事。

成果名称	淮南豆腐文化
出 版 社	黄山书社
字　　数	280千字
出版时间	2017年11月
获奖等次	三等奖

该成果从豆腐名称考、记载豆腐的文化典籍考、豆腐制作实物考等方面，考证汉·淮南王刘安是豆腐的发明者，安徽淮南是豆腐的发明地。成果以时间为纵坐标，梳理豆腐文化产生、发展、传播、交流的轨迹；以空间为横坐标，展示豆腐文化从八公山下走向全国各地，进而走出国门、走向世界的传播过程。在此基础上阐述豆腐文化的传播交流对人类文明发展的影响，进而论证豆腐文化的传播对提升淮南城市形象的现实意义。得出结论：作为豆腐发源地的淮南，把豆腐文化作为城市品牌建设的核心要素，打造淮南独特的豆腐文化品牌是可行性。该成果具有重要的理论价值和应用价值，对安徽省、淮南市的社会经济发展具有一定参考价值。该成果对豆腐起源问题进行了探讨，提出了目前国内学术界有代表性的重要观点；对豆腐文化的历史源流、现实发展和传承创新，均有一定的独到见解。

姓　　名	应克荣
学　　历	硕士研究生
工作单位	淮南师范学院
职　　称	教授
研究方向	中国古代文化、中国传统文化

应克荣　1965年2月出生。主要从事中国古代文化、中国传统文化研究。主持教育部人文社科规划基金项目1项，安徽省哲学社会科学规划办项目1项，安徽省高校科学研究基金项目3项；在《安徽史学》《湖南社会科学》《学术界》等核心期刊上发表论文30余篇；出版专著《细腻风光我独知——中唐女诗人薛涛研究》《淮南豆腐文化》；参编教材《大学语文》等。现为淮南师范学院文学与传播学院教授；淮南成语典故研究院特聘研究员；中国中外文艺理论学会会员，安徽省文学学会会员，安徽省《淮南子》研究会常务理事，成都薛涛研究会理事。

成果名称	大数据时代人民群众理论需求：特征、类型与对策
发表刊物	马克思主义研究
字　　数	15千字
发表时间	2017年第12期
获奖等次	三等奖

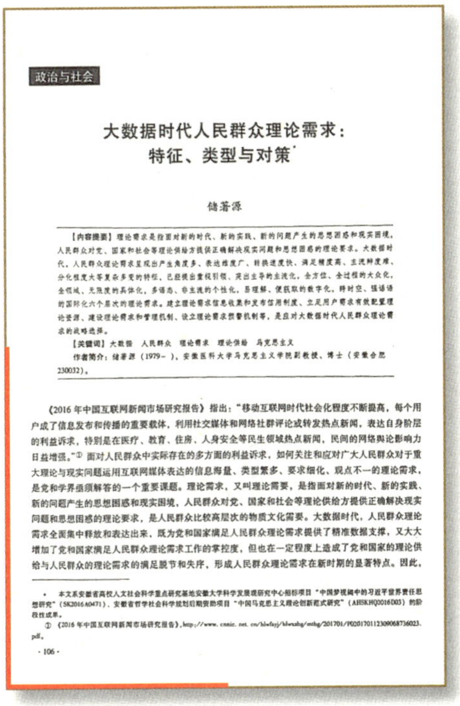
政治与社会

大数据时代人民群众理论需求：特征、类型与对策*

储著源

【内容提要】理论需求是指面对新的时代、新的实践、新的问题产生的思想困惑和现实困境，人民群众对党、国家和社会等理论供给方提供正确解决现实问题和思想困惑的理论要求。大数据时代，人民群众理论需求呈现出产生角度多、表达维度广、转换速度快、满足精度高、主流辨度难、分化程度大等复杂多变的特征，已经提出重视引领、突出主导的主流化，全方位、全过程的大众化，全领域、无限度的具体化，多语态、非主流的个性化，易理解、便获取的数字化，跨时空、强话语的国际化六个层次的理论需求。建立理论需求信息收集和发布信用制度、立足用户需求有效配置理论资源、建设理论需求和管理机制、设立理论需求预警机制等，是应对大数据时代人民群众理论需求的战略选择。

【关键词】大数据　人民群众　理论需求　理论供给　马克思主义

作者简介：储著源（1979－），安徽医科大学马克思主义学院副教授、博士（安徽合肥230032）。

《2016年中国互联网新闻市场研究报告》指出："移动互联网时代社会化程度不断提高，每个用户成了信息发布和传播的重要载体，利用社交媒体和网络社群评论或转发热点新闻，表达自身阶层的利益诉求，特别是在医疗、教育、住房、人身安全等民生领域热点新闻，民间的网络舆论影响力日益增强。"① 面对人民群众中实际存在的多方面的利益诉求，如何关注和应对广大人民群众对于重大理论与现实问题运用互联网媒体表达的信息海量、类型繁多、要求细化、观点不一的理论需求，是党和学界亟须解答的一个重要课题。理论需求，又叫理论需要，是指面对新的时代、新的实践、新的问题产生的思想困惑和现实困境，人民群众对党、国家和社会等理论供给方提供正确解决现实问题和思想困惑的理论要求，是人民群众比较高层次的物质文化需要。大数据时代，人民群众理论需求全面集中释放和表达出来，既为党和国家满足人民群众理论需求提供了精准数据支撑，又大大增加了党和国家满足人民群众理论需求工作的掌控度，但也在一定程度上造成了党和国家的理论供给与人民群众的理论需求的满足脱节和失序，形成人民群众理论需求在新时期的显著特点。因此，

* 本文系安徽省高校人文社会科学重点研究基地安徽大学科学发展观研究中心招标项目"中国梦视阈中的习近平世界责任思想研究"（SK2016A0471）、安徽省哲学社会科学规划后期资助项目"中国马克思主义理论创新范式研究"（AHSKHQ2016D03）的阶段性成果。

① 《2016年中国互联网新闻市场研究报告》，http://www.cnnic.net.cn/hlwfzyj/hlwxzbg/mtbg/201701/P020170112309068736023.pdf。

·106·

大数据时代，人民群众理论需求呈现出产生角度、表达维度、转换速度、满足精度、主流辨度、分化程度的复杂特征，自觉提出重引领、突主导的主流化，全方位、全过程的大众化，全领域、无限度的具体化，多语态、非主流的个性化，易理解、便获取的数字化，跨时空、强话语的国际化六个层次的理论需求。建立理论需求信息收集和发布信用制度、立足用户需求有效配置理论资源、建设理论需求组织管理机制、设立理论需求预警机制是应对大数据时代人民群众理论需求的战略选择。大数据时代人民群众理论需求表达方式个性化、观点要求具体化、满足程度精准化，这要求党和国家运用大数据技术，借助互联网和新媒体，建立人民群众理论需求在线抽样调查系统和大数据库，保证人民群众理论需求动态精准满足，全面实现满足人民群众理论需求与利益需求的辩证统一。

姓　　名	储著源
学　　历	博士研究生
工作单位	安徽医科大学
职　　称	副教授
研究方向	马克思主义中国化、马克思主义发展史

储著源　1979年7月出生。主要从事马克思主义中国化和马克思主义发展史研究与教学。现为安徽医科大学马克思主义学院副教授；教育部硕士学位论文抽检通讯评审专家、安徽省委宣传部创新理论研习小组成员，安徽省中国特色社会主义理论体系研究中心特约研究员，《常州大学学报》《福建江夏学院学报》审稿专家。

成果名称	西方民主政治制度的普世幻象
发表刊物	当代世界与社会主义
字　　数	11千字
发表时间	2017年第6期
获奖等次	三等奖

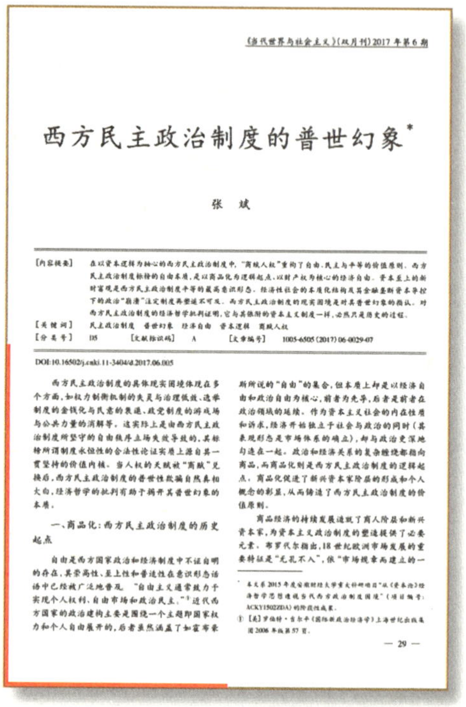
《当代世界与社会主义》(双月刊)2017年第6期

西方民主政治制度的普世幻象*

张　斌

[内容提要]　在以资本逻辑为轴心的西方民主政治制度中，"商赋人权"重构了自由、民主与平等的价值原则。西方民主政治制度标榜的自由本质，是以商品化为逻辑起点，以财产权为核心的经济自由。资本至上的新财富观是西方民主政治制度中等的最高意识形态。经济性社会的本质化结构及其金融垄断资本导控下的政治"崩溃"注定制度再塑遥不可及。西方民主政治制度的现实困境是对其普世幻象的指认。对西方民主政治制度的经济哲学批判证明，它与其依附的资本主义制度一样，必然只是历史的过程。

[关键词]　民主政治制度　普世幻象　经济自由　资本逻辑　商赋人权
[分类号]　D5　[文献标识码]　A　[文章编号]　1005-6505(2017)06-0029-07
DOI:10.16502/j.cnki.11-3404/d.2017.06.005

西方民主政治制度的具体现实困境体现在多个方面，如权力制衡机制的失灵与治理低效、选举制度的金钱化与民意的衰退、政党制度的游戏场与公共力量的消解等。这实际上是由西方民主政治制度所坚守的自由秩序立场失效导致的，其标榜所谓制度永恒性的合法性论证实质上源自其一贯坚持的价值内核。当人权的天赋被"商赋"见换后，西方民主政治制度的普世性欺骗自然真相大白，经济哲学的批判有助于揭开其普世幻象的本质。

一、商品化：西方民主政治制度的历史起点

自由是西方国家政治和经济制度中不证自明的存在，其崇高性、至上性和普适性在意识形态话语中已经被广泛地普及。"自由主义通常致力于实现个人权利、自由市场和政治民主。"①近代西方国家的政治建构主要是围绕一个主题即国家权力和个人自由展开的，后者虽然涵盖了如富布莱斯所说的"自由"的集合，但本质上却是以经济自由和政治自由为核心，前者为先导，后者是前者在政治领域的延续。作为资本主义社会的内在性质和诉求，经济开始独立于社会与政治的同时（其表现形态是市场体系的确立），却与政治更深地勾连在一起。政治和经济关系的复杂缠绕都指向商品，而商品化则是西方民主政治制度的逻辑起点。商品化促进了新兴资本家阶层的形成和个人概念的彰显，从而铸造了西方民主政治制度的价值原则。

商品经济的持续发展造就了商人阶层和新兴资本家，为资本主义政治制度的塑造提供了必要元素。布罗代尔指出，18世纪欧洲市场发展的重要特征是"无孔不入"，依"市场规章而建立的一

* 本文系2015年度安徽财经大学重大科研项目"从《资本论》经济哲学思想透视当代西方政治制度困境"（项目编号：ACKY1502ZDA）的阶段性成果。
① [美]罗伯特·吉尔平《国际政治经济学》，上海世纪出版集团2006年版第57页。

该成果把马克思主义经济哲学的相关概念纳入政治制度研究领域，以经济哲学批判的方式从四个维度揭开西方民主政治制度的虚伪面纱：首先，历史地考察了西方民主政治制度的历史起点即商品化，表示商品化是西方全部制度的自由价值内核得以奠定的前提基础；其次，科学地论证了财产权的确认在西方民主政治制度建设进程中的里程碑意义，认为以财产权为核心的经济自由是西方民主政治制度的价值内核；再次，逻辑地勾勒了西方财富观的出现和变革，指出新财富观是西方民主政治制度的至高意识形态与本质；最后，深刻地揭示了西方国家经济性社会的本质结构和民主政治制度的崩溃，强调经济性社会的本质化结构及其金融垄断资本导控下的政治"崩溃"注定制度再塑遥不可及。

姓　　名	张　斌
学　　历	博士研究生
工作单位	安徽财经大学
职　　称	教授
研究方向	马克思主义基础理论、思想政治教育

张　斌　1978年5月出生。主要从事马克思主义基础理论、思想政治教育研究。主持国家社科基金等项目10多项，在《当代世界与社会主义》《红旗文稿》等杂志发表论文近50余篇。现为安徽财经大学马克思主义学院院长，硕士生导师；全国经济哲学研究会常务理事；安徽省委讲师团基层宣讲专家，安徽省马克思主义哲学应用学会常务理事，蚌埠市伦理学会副会长。安徽省教学名师。

成果名称	加强新时代高校党建工作
发表刊物	党建研究
字　　数	3.1千字
发表时间	2018年第4期
获奖等次	三等奖

工作研讨

加强新时代高校党建工作

徐成钢

党的十九大将习近平新时代中国特色社会主义思想确立为我们党必须长期坚持的指导思想，清晰描绘新时代坚持和发展中国特色社会主义的宏伟蓝图，为新时代党和国家各项事业指明了方向。深入学习贯彻习近平新时代中国特色社会主义思想和党的十九大精神，要求高校党建工作坚持把正确政治方向贯穿办学育人全过程，坚持把提升基层党组织组织力作为重点，进一步加强党委自身能力建设，将全面从严治党要求和立德树人根本任务落细落小落实，引领和保障高校健康科学发展。

一、强化“四个意识”，坚定高校办学正确政治方向

办中国特色社会主义高校，方向问题始终是根本问题。高校全面贯彻党的教育方针，必须坚持党对高校的领导，用习近平新时代中国特色社会主义思想武装师生，把正确的政治方向贯穿到办学育人的全过程。一要始终把党的政治建设摆在首位。依托校院两级中心组学习、教职工政治理论学习等制度，持续深入推进习近平新时代中国特色社会主义思想和党的十九大精神的学习教育，引导党员干部和广大师生牢固树立政治意识、大局意识、核心意识、看齐意识，确保在政治立场、政治方向、政治原则、政治道路上同党中央保持高度一致。二要自觉把学校发展方向同建设现代化强国的现实目标和重点任务紧密联系到一起。按照习近平总书记提出的“四个服务”“四个坚持不懈”要求，紧扣“面向国家重大战略需求，面向经济社会主战场，面向世界科技发展前沿”，推动办学理念更新，健全需求响应机制，加速产教融合进程，提高办学适应社会需求的主动性，提升服务经济社会发展的能力。三要坚持以改革为驱动，全面转向内涵式发展。积极适应现代大学管理要求，结合高等教育领域“放管服”改革，加强高校自身综合改革的整体设计，以“双一流”建设、地方高水平大学建设、应用型本科高校产教融合工程项目等为抓手，统筹实施管理体制、运行机制、资源配置等改革，加快推进内部治理体系和治理能力现代化。四要聚焦立德树人根本任务，切实把加强和改进思想政治工作的责任扛起来。深入学习领会习近平总书记在全国高校思想政治工作会议上的重要讲话精神，树牢正确的政治方向和价值导向，以培育和践行社会主义核心价值观为主线，以细化落实《高校思想政治工作质量提升工程实施纲要》为抓手，全方位加强课程育人、科研育人、实践育人、文化育人、网络育人、心理育人、管理育人、服务育人、资助育人、组织育人等体系建设，推动形成“大思政”工作格局，培养德智体美全面发展的社会主义建设者和接班人。

二、聚焦“两个作用”，提升高校基层党组织组织力

党的基层组织是确保党的路线方针政策和决策部署贯彻落实的基础。党的十九大报告指出，要以提升组织力为重点，突出政治功能，把企业、农村、学校、科研院所、街道社区、社会组织等基层党组织建设成为坚强战斗堡垒。高校要按照党的

44 党建研究 2018-4

深入学习贯彻习近平新时代中国特色社会主义思想和党的十九大精神，要求高校党建工作坚持把正确政治方向贯穿办学育人全过程，始终把党的政治建设摆在首位，切实把加强和改进思想政治工作的责任扛起来；坚持把提升基层党组织组织力作为重点，优化基层党组织设置，加强基层党组织带头人队伍建设，注重强化基层党组织功能，贯彻好党管干部原则，着力提升组织力，充分发挥高校基层党组织在贯彻党的教育方针、服务学校中心工作、团结发动师生等方面的战斗堡垒作用；面对新时代高等教育改革发展新任务，高校党委要以习近平新时代中国特色社会主义思想为指导，增强发挥领导核心作用的思想自觉和政治担当，坚持从完善领导机制入手，健全班子自身能力建设机制、党委科学规范决策机制、压力传导机制、以整改促提升机制，保障和加强党对学校工作的全面领导。

姓　　名	徐成钢
学　　历	博士研究生
工作单位	合肥师范学院
职　　称	教授
研究方向	高等教育管理、思想政治教育

徐成钢　1965年11月出生。长期从事高等教育管理与思想政治教育研究。主持相关课题研究，在《当代世界与社会主义》《中国青年研究》《学术界》等期刊发表学术论文多篇。历任共青团安徽省委常委、宣传部部长，黄山学院副院长、党委副书记、党委书记等。现任合肥师范学院党委书记，教授、硕士生导师；安徽省陶行知研究会会长，合肥师范学院习近平新时代中国特色社会主义思想研究中心主任。

成果名称	中国银行业系统性风险的“社会性消化”机制研究
发表刊物	经济研究
字　　数	17.5千字
发表时间	2018年第2期
获奖等次	三等奖

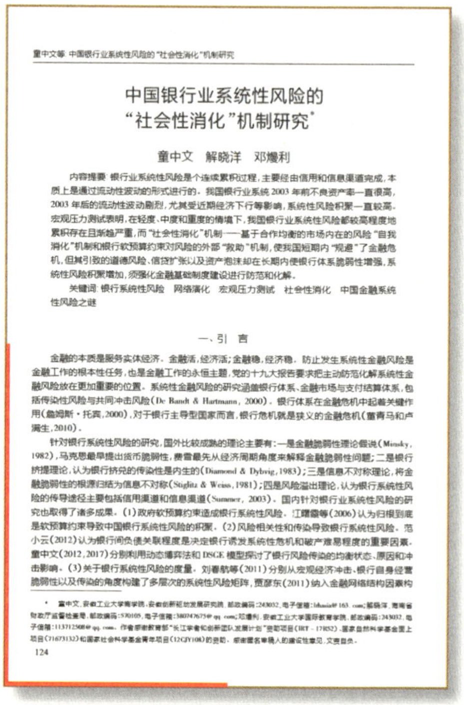
童中文等：中国银行业系统性风险的“社会性消化”机制研究

中国银行业系统性风险的
“社会性消化”机制研究*

童中文　解晓洋　邓爔利

内容提要：银行业系统性风险是个连续累积过程，主要经由信用和信息渠道完成，本质上是通过流动性波动的形式进行的。我国银行业系统2003年前不良资产率一直很高，2003年后的流动性波动剧烈，尤其受近期经济下行等影响，系统性风险积聚一直较高。宏观压力测试表明，在轻度、中度和重度的情境下，我国银行业系统性风险都较高程度地累积存在且渐趋严重，而“社会性消化”机制——基于合作均衡的市场内在的风险“自我消化”机制和银行软预算约束对风险的外部“救助”机制，使我国短期内“规避”了金融危机，但其引致的道德风险、信贷扩张以及资产泡沫却在长期内使银行体系脆弱性增强，系统性风险积聚增加，须强化金融基础制度建设进行防范和化解。

关键词：银行系统性风险　网络演化　宏观压力测试　社会性消化　中国金融系统性风险之谜

一、引　言

金融的本质是服务实体经济。金融活，经济活；金融稳，经济稳。防止发生系统性金融风险是金融工作的根本性任务，也是金融工作的永恒主题，党的十九大报告要求把主动防范化解系统性金融风险放在更加重要的位置。系统性金融风险的研究涵盖银行体系、金融市场与支付结算体系，包括传染性风险与共同冲击风险（De Bandt & Hartmann，2000）。银行体系在金融危机中起着关键作用（詹姆斯·托宾，2000），对于银行主导型国家而言，银行危机就是狭义的金融危机（董青马和卢满生，2010）。

针对银行系统性风险的研究，国外比较成熟的理论主要有：一是金融脆弱性理论假说（Minsky，1982），马克思最早提出货币脆弱性，费雪最先从经济周期角度来解释金融脆弱性问题；二是银行挤提理论，认为银行挤兑的传染性是内生的（Diamond & Dybvig，1983）；三是信息不对称理论，将金融脆弱性的根源归结为信息不对称（Stiglitz & Weiss，1981）；四是风险溢出理论，认为银行系统性风险的传导途径主要包括信用渠道和信息渠道（Summer，2003）。国内针对银行业系统性风险的研究也取得了诸多成果。（1）政府软预算约束造成银行系统性风险。江曙霞等（2006）认为归根到底是软预算约束导致中国银行系统性风险的积聚。（2）风险相关性和传染导致银行系统性风险。范小云（2012）认为银行间负债关联程度是决定银行诱发系统性危机和破产难易程度的重要因素。童中文（2012，2017）分别利用动态博弈法和DSGE模型探讨了银行风险传染的均衡状态、原因和冲击影响。（3）关于银行系统性风险的度量。刘春航等（2011）分别从宏观经济冲击、银行自身经营脆弱性以及传染的角度构建了多层次的系统性风险矩阵，贾彦东（2011）纳入金融网络结构因素构

* 童中文，安徽工业大学商学院，安徽创新驱动发展研究院，邮政编码：243032，电子信箱：[illegible]@163.com；解晓洋，海南省财政厅监督检查局，邮政编码：570105，电子信箱：380747675@qq.com；邓爔利，安徽工业大学国际教育学院，邮政编码：243032，电子信箱：1137125088@qq.com。作者感谢教育部“长江学者和创新团队发展计划”资助项目（IRT-17R52）、国家自然科学基金面上项目（71673132）和国家社会科学基金青年项目（12CJY108）的资助。感谢匿名审稿人的建设性意见，文责自负。

124

该成果主要分析论证了以下5个问题：一是银行业系统性风险的生成和演化经由信息和资金渠道，呈现显著的关联性和网络性；二是分析表明我国金融资金在银行体系内交易“空转”严重，在轻度、中度和重度的情境下，我国银行业系统性风险都较高程度地累积存在且渐趋严重；三是运用三阶段动态博弈方法，论证了风险“自我消化”机制是银行间的理性博弈均衡，有利于增强了银行体系的稳健性；四是中国的银行软预算约束是央行（政府）和银行追求收益最大化的动态博弈均衡，在短期内实现了银行业系统性风险的“社会性消化”，但从长期来看会提升道德风险，催生高杠杆和资产泡沫；五是提出改革“系统重要性”银行的治理模式，消除委托代理中的“内部人控制”，通过“货币政策与宏观审慎政策双支柱调控框架”，在实体经济和金融层面协同缓释和改善“高杠杆”问题。

姓　　名	童中文
学　　历	博士研究生
工作单位	安徽工业大学
职　　称	教授
研究方向	金融风险管理、货币政策

童中文　1973年11月出生。主要从事金融风险管理和货币政策研究与教学。在《经济研究》和《金融研究》等期刊上发表学术论文50多篇；主持完成国家社会科学基金项目和教育部人文社会科学基金项目各1项，作为重要参与人参加了一项“973”项目和国家人文社科重点项目等研究工作。现为安徽工业大学教授；教育部学位中心评审专家，《经济研究》等权威期刊的审稿人。2018年获得安徽省委组织部“安徽省引进高层次人才资助”。

成果名称	融资约束、出口模式与外贸转型升级
发表刊物	经济研究
字　　数	20千字
发表时间	2017年第5期
获奖等次	三等奖

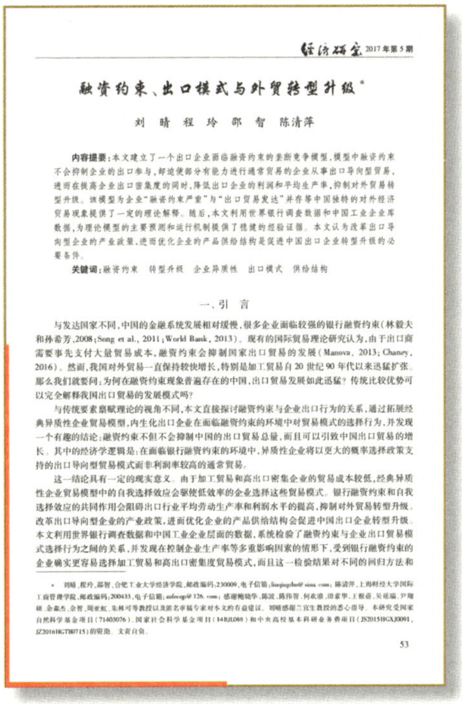

经济研究 2017年第5期

融资约束、出口模式与外贸转型升级*

刘　晴　程　玲　邵　智　陈清萍

内容提要：本文建立了一个出口企业面临融资约束的垄断竞争模型，模型中融资约束不会抑制企业的出口参与，却迫使部分有能力进行通常贸易的企业从事出口导向型贸易，进而在提高企业出口密集度的同时，降低出口企业的利润和平均生产率，抑制对外贸易转型升级。该模型为企业"融资约束严重"与"出口贸易发达"并存等中国独特的对外经济贸易现象提供了一定的理论解释。随后，本文利用世界银行调查数据和中国工业企业库数据，为理论模型的主要预测和运行机制提供了稳健的经验证据。本文认为改革出口导向型企业的产业政策，进而优化企业的产品供给结构是促进中国出口企业转型升级的必要条件。

关键词：融资约束　转型升级　企业异质性　出口模式　供给结构

一、引　言

与发达国家不同，中国的金融系统发展相对缓慢，很多企业面临较强的银行融资约束（林毅夫和孙希芳，2008；Song et al.，2011；World Bank，2013）。现有的国际贸易理论研究认为，由于出口商需要事先支付大量贸易成本，融资约束会抑制国家出口贸易的发展（Manova，2013；Chaney，2016）。然而，我国对外贸易一直保持较快增长，特别是加工贸易自20世纪90年代以来迅猛扩张。那么我们就要问：为何在融资约束现象普遍存在的中国，出口贸易发展如此迅猛？传统比较优势可以完全解释我国出口贸易的发展模式吗？

与传统要素禀赋理论的视角不同，本文直接探讨融资约束与企业出口行为的关系，通过拓展经典异质性企业贸易模型，内生化出口企业在面临融资约束的环境中对贸易模式的选择行为，并发现一个有趣的结论：融资约束不但不会抑制中国的出口贸易总量，而且可以引致中国出口贸易的增长。其中的经济学逻辑是：在面临银行融资约束的环境中，异质性企业将以更大的概率选择政策支持的出口导向型贸易模式而非利润率较高的通常贸易。

这一结论具有一定的现实意义。由于加工贸易和高出口密集企业的贸易成本较低，经典异质性企业贸易模型中的自我选择效应会驱使低效率的企业选择这些贸易模式。银行融资约束和自我选择效应的共同作用会阻碍出口行业平均劳动生产率和利润水平的提高，抑制对外贸易转型升级。改革出口导向型企业的产业政策，进而优化企业的产品供给结构会促进中国出口企业转型升级。本文利用世界银行调查数据和中国工业企业层面的数据，系统检验了融资约束与企业出口贸易模式选择行为之间的关系，并发现在控制企业生产率等多重影响因素的情形下，受到银行融资约束的企业确实更容易选择加工贸易和高出口密集度贸易模式，而且这一检验结果对不同的回归方法和

* 刘晴、程玲、邵智，合肥工业大学经济学院，邮政编码：230009，电子信箱：liuqingdm@sina.com；陈清萍，上海财经大学国际工商管理学院，邮政编码：200433，电子信箱：aufecqp@126.com；感谢鲍晓华、陈波、陈伟智、何欢浪、田素华、王根蓓、吴延瑞、尹翔硕、余森杰、余智、周亚虹、朱林可等教授以及匿名审稿专家对本文的有益建议。刘晴感谢兰宜生教授的悉心指导。本研究受国家自然科学基金项目（71403076）、国家社会科学基金项目（14BJL088）和中央高校基本科研业务费项目（JS2015HGXJ0091，JZ2016HGTB0715）的资助。文责自负。

53

该成果以中国经济特征事实为基础，通过扩展现代国际贸易模型，揭示中国对外贸易现象内在的经济学逻辑，重点讨论"异质性出口固定成本"和"出口密集度约束"两种情形下，异质性企业对出口模式的选择机制，并基于中国企业层面的微观数据，结合固定效应和工具变量等计量模型和方法，经验识别了理论机制。研究发现：给定其他条件不变，受到融资约束越严重的企业更偏向成为高出口密集度企业，高出口密集度企业的平均生产率较低。以弥补固定成本为主的出口导向型政策，会使异质性企业产生分类效应，而缓解融资约束将对企业出口模式产生重要影响，有利于外贸企业转型升级。主要贡献：一是可以解释我国"融资约束严重"与"出口贸易发达"并存的经济现象。二是从融资约束的视角，为解释中国出口贸易中"低价出口之谜"提供了启示。三是为解释中国企业"内外销分离"的现象提供一定的启示。

姓　　名	刘　晴
学　　历	博士研究生
工作单位	合肥工业大学
职　　称	教授
研究方向	国际贸易、区域经济

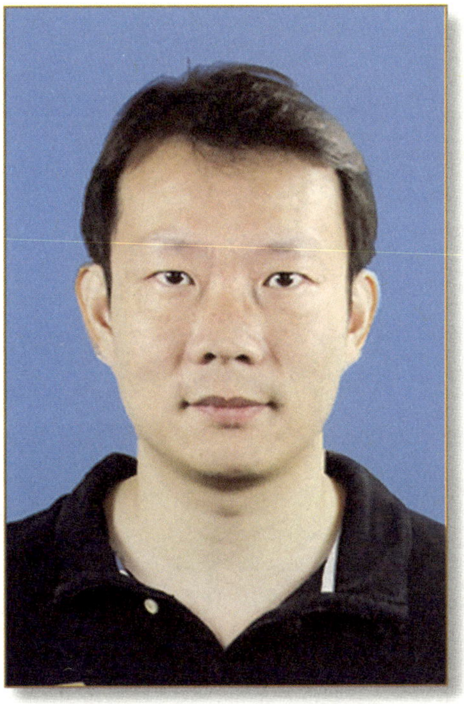

刘　晴　1981年6月出生。主要从事国际贸易与区域经济研究。主持国家自然科学基金项目两项，安徽省哲学社会科学规划项目1项，参与国家哲学社会科学重大项目1项；在国内核心期刊发表论文10余篇，其中两篇论文获中国社会科学院《世界经济年鉴》编辑部评选的年度"国际贸易学十佳中文论文"，多篇论文被中国人民大学复印报刊资料全文转载；出版学术专著2部；获安徽省第三届普通高校青年教师教学竞赛三等奖。现为合肥工业大学经济学院教授，国际经济与贸易系主任；安徽省区域经济学会理事。

成果名称	我国建档立卡面临精英俘获的挑战吗?
发表刊物	管理世界
字　　数	15千字
发表时间	2017年第1期
获奖等次	三等奖

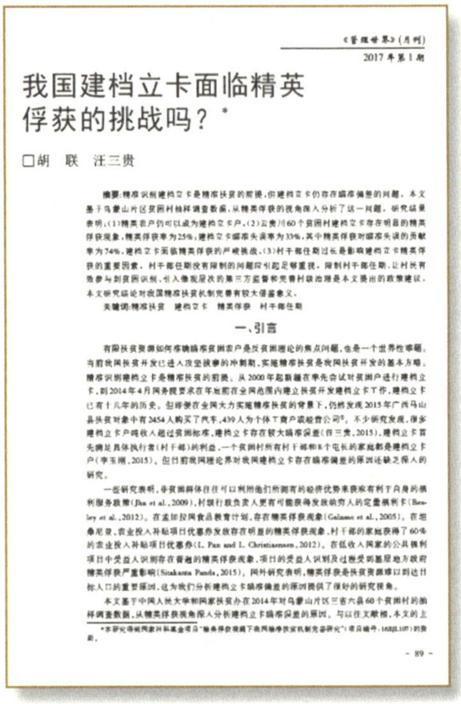

《管理世界》(月刊)
2017年第1期

我国建档立卡面临精英俘获的挑战吗?*

□胡　联　汪三贵

摘要:精准识别建档立卡是精准扶贫的前提,但建档立卡仍存在瞄准偏差的问题。本文基于乌蒙山片区贫困村抽样调查数据,从精英俘获的视角深入分析了这一问题。研究结果表明:(1)精英农户仍可以成为建档立卡户。(2)云贵川60个贫困村建档立卡存在明显的精英俘获现象,精英俘获率为25%;建档立卡瞄准失误率为33%,其中精英俘获对瞄准失误的贡献率为74%,建档立卡面临精英俘获的严峻挑战。(3)村干部任期过长是影响建档立卡精英俘获的重要因素。村干部任期没有限制的问题应引起足够重视。限制村干部任期、让村民有效参与到贫困识别、引入微观层次的第三方监督和完善村级治理是本文提出的政策建议。本文研究结论对我国精准扶贫机制完善有较大借鉴意义。

关键词:精准扶贫　建档立卡　精英俘获　村干部任期

一、引言

- 89 -

该成果基于乌蒙山片区贫困村抽样调查数据，从精英俘获的视角深入分析了这一问题。研究结果表明：一是精英农户仍可以成为建档立卡户。二是云贵川60个贫困村建档立卡存在明显的精英俘获现象，精英俘获率为25%。建档立卡瞄准失误率为33%，其中精英俘获对瞄准失误的贡献率为74%，建档立卡面临精英俘获的严峻挑战。三是村干部任期过长是影响建档立卡精英俘获的重要因素。村干部任期没有限制的问题应引起足够重视。限制村干部任期、让村民有效参与到贫困识别、引入微观层次的第三方监督和完善村级治理是本文提出的政策建议。本文研究结论对我国精准扶贫机制完善有较大借鉴意义。

姓　　名	胡　联
学　　历	博士生导师
工作单位	安徽财经大学
职　　称	副教授
研究方向	贫困问题、区域发展

胡　联　1978年4月出生。主要从事贫困问题和区域发展研究。先后主持国家社科项目一般项目、国家社科后期资助项目一般项目、教育部人文社科一般项目等国家级、省部级项目多项；在《管理世界》《经济学家》《财经研究》等期刊发表论文多篇。现为安徽财经大学副教授、硕士生导师。2018年4月被评为安徽财经大学“龙湖学者”，2016年和2017年被评为安徽财经大学“十大科研标兵”。

成果名称	住房公积金流动性风险现状、特征与管控路径
发表刊物	房地产蓝皮书
字　　数	16千字
发表时间	2018年第1期
获奖等次	三等奖

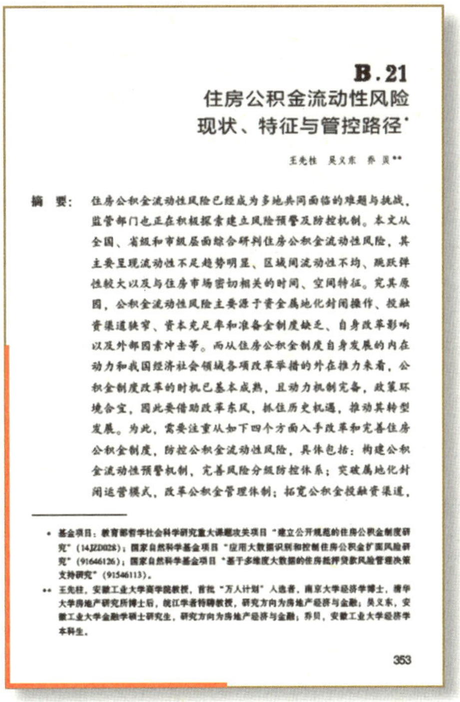

B.21

住房公积金流动性风险现状、特征与管控路径*

王先柱　吴义东　乔贝**

摘　要：住房公积金流动性风险已经成为多地共同面临的难题与挑战，监管部门也正在积极探索建立风险预警及防控机制。本文从全国、省级和市级层面综合研判住房公积金流动性风险，其主要呈现流动性不足趋势明显、区域间流动性不均、跳跃弹性较大以及与住房市场密切相关的时间、空间特征。究其原因，公积金流动性风险主要源于资金属地化封闭操作、投融资渠道狭窄、资本充足率和准备金制度缺乏、自身改革影响以及外部因素冲击等。而从住房公积金制度自身发展的内在动力和我国经济社会领域各项改革举措的外在推力来看，公积金制度改革的时机已基本成熟，且动力机制完备，政策环境合宜，因此要借助改革东风，抓住历史机遇，推动其转型发展。为此，需要注重从如下四个方面入手改革和完善住房公积金制度，防控公积金流动性风险，具体包括：构建公积金流动性预警机制，完善风险分级防控体系；突破属地化封闭运营模式，改革公积金管理体制；拓宽公积金投融资渠道，

* 基金项目：教育部哲学社会科学研究重大课题攻关项目“建立公开规范的住房公积金制度研究”（14JZD028）；国家自然科学基金项目“应用大数据识别和控制住房公积金扩面风险研究”（91646126）；国家自然科学基金项目“基于多维度大数据的住房抵押贷款风险管理决策支持研究”（91546113）。

** 王先柱，安徽工业大学商学院教授，首批“万人计划”入选者，南京大学经济学博士，清华大学房地产研究所博士后，皖江学者特聘教授，研究方向为房地产经济与金融；吴义东，安徽工业大学金融学硕士研究生，研究方向为房地产经济与金融；乔贝，安徽工业大学经济学本科生。

353

该成果认为，从住房公积金制度自身发展的内在动力和我国经济社会领域各项改革举措的外在推力来看，公积金制度改革的时机已基本成熟，应从如下四个方面入手：一是构建公积金流动性预警机制，完善风险分级防控体系；二是突破属地化封闭运营模式，改革公积金管理体制；三是拓宽公积金投融资渠道，提升政策性住房金融功能；四是建立政策性住宅金融机构，助力房地产市场长效机制建设。成果聚焦改革难点和民生热点，尤其在实现全体人民住有所居、加快建立房地产市场长效机制的时代要求下，具有重大理论贡献和现实价值。成果基于全国十余个城市实地调研资料，广泛搜集全国各省、地级市历年住房公积金运行等数据，并结合前期大量研究成果凝练而成。

姓　　名	王先柱
学　　历	博士研究生
工作单位	安徽工业大学
职　　称	教授
研究方向	地产经济、金融

王先柱　1980年出生。主要从事房地产经济与金融研究，多篇报告被中共中央办公厅、教育部等部门采纳，为当前住房公积金制度改革提供了决策参考。现为安徽工业大学教授，重庆大学博士生导师；入选国家高层次人才特殊支持计划和中组部“首批青年拔尖人才支持计划”；安徽省学术与技术带头人；世界华人不动产协会理事，中国消费经济学会理事。曾为美国加州大学洛杉矶分校访问学者。

成果名称	银行关联与企业创新 ——基于我国制造业上市公司的经验证据
发表刊物	会计研究
字　　数	15千字
发表时间	2018年第7期
获奖等次	三等奖

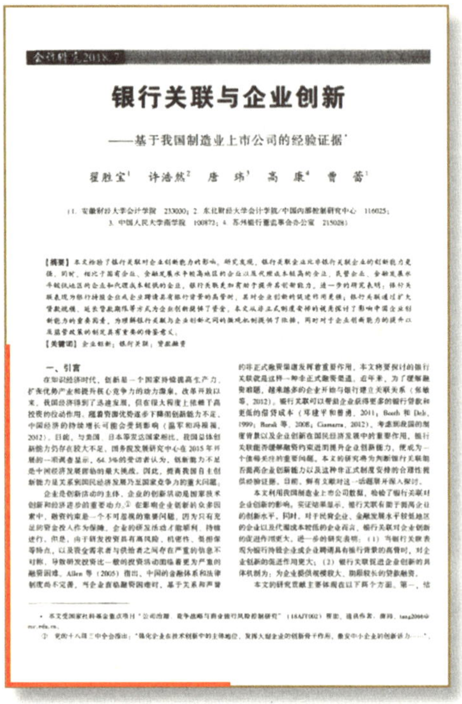
会计研究2018.7

银行关联与企业创新

——基于我国制造业上市公司的经验证据*

翟胜宝[1]　许浩然[2]　唐　玮[1]　高　康[4]　曹　蕾[1]

（1. 安徽财经大学会计学院　233030；2. 东北财经大学会计学院/中国内部控制研究中心　116025；
3. 中国人民大学商学院　100872；4. 苏州银行董监事会办公室　215028）

该成果文以非正式制度安排的视角，基于我国制造业上市公司数据，实证检验了银行关联对企业创新能力的影响。研究发现，银行关联企业比非银行关联企业的创新能力更强。同时，相比于国有企业、金融发展水平较高地区的企业以及代理成本较高的企业，民营企业、金融发展水平较低地区的企业和代理成本较低的企业，银行关联更加有助于提升其创新能力。进一步研究表明：银行关联表现为银行持股企业或企业聘请具有银行背景的高管时，其对企业创新的促进作用更强；银行关联通过扩大贷款规模、延长贷款期限等方式为企业创新提供了资金。

姓　　名	翟胜宝
学　　历	博士研究生
工作单位	安徽财经大学
职　　称	教授
研究方向	会计学

翟胜宝　1976年出生。主要从事会计学研究。在《管理世界》《会计研究》等学术期刊发表论文60余篇；主持国家社科基金重点项目、一般项目，国家级特色专业、教育部社科青年项目，安徽省社科规划项目等国家级、省部级科研、教研项目10余项；参与国家自科基金项目、国家社科基金项目等多项。现为安徽财经大学会计学院院长，教授、博士生导师；会计学科带头人，安徽省学术和技术带头人，安徽省高校工商管理学科拔尖人才；财政部“全国会计领军人才”，“皖江学者”特聘教授。

成果名称	经济周期、供应链合作关系与营运资金的产品市场竞争效应
发表刊物	现代财经
字　　数	17千字
发表时间	2017年第3期
获奖等次	三等奖

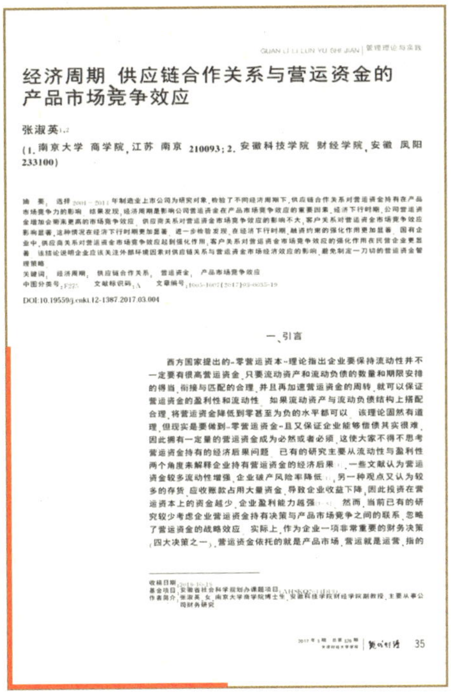

经济周期、供应链合作关系与营运资金的产品市场竞争效应

张淑英[1,2]

（1.南京大学 商学院，江苏 南京 210093；2.安徽科技学院 财经学院，安徽 凤阳 233100）

摘　要：选择2001—2014年制造业上市公司为研究对象，检验了不同经济周期下，供应链合作关系对营运资金持有在产品市场竞争力的影响。结果发现，经济周期是影响公司营运资金在产品市场竞争效应的重要因素，经济下行时期，公司营运资金增加会带来更高的市场竞争效应。供应商关系对营运资金市场竞争效应的影响不大，客户关系对营运资金市场竞争效应影响显著，这种情况在经济下行时期更加显著。进一步检验发现，在经济下行时期，融资约束的强化作用更加显著。国有企业中，供应商关系对营运资金市场竞争效应起到强化作用，客户关系对营运资金市场竞争效应的强化作用在民营企业更显著。该结论说明企业应该关注外部环境因素对供应链关系与营运资金市场经济效应的影响，避免制定一刀切的营运资金管理策略。

关键词：经济周期；供应链合作关系；营运资金；产品市场竞争效应
中图分类号：F275　文献标识码：A　文章编号：1005-1007（2017）03-0035-19
DOI:10.19559/j.cnki.12-1387.2017.03.004

一、引言

西方国家提出的“零营运资本”理论指出企业要保持流动性并不一定要有很高营运资金，只要流动资产和流动负债的数量和期限安排的得当，衔接与匹配的合理，并且再加速营运资金的周转，就可以保证营运资金的盈利性和流动性。如果流动资产与流动负债结构上搭配合理，将营运资金降低到零甚至为负的水平都可以。该理论固然有道理，但现实是要做到“零营运资金”且又保证企业能够偿债其实很难，因此拥有一定量的营运资金成为必然或者必须。这使大家不得不思考营运资金持有的经济后果问题。已有的研究主要从流动性与盈利性两个角度来解释企业持有营运资金的经济后果[1]。一些文献认为营运资金较多流动性增强，企业破产风险率降低[2]；另一种观点又认为较多的存货、应收账款占用大量资金，导致企业收益下降，因此投资在营运资本上的资金越少，企业盈利能力越强[3-4]。然而，当前已有的研究较少考虑企业营运资金持有决策与产品市场竞争之间的联系，忽略了营运资金的战略效应。实际上，作为企业一项非常重要的财务决策（四大决策之一），营运资金依托的就是产品市场，营运就是运营，指的

收稿日期：2016-10-18
基金项目：安徽省社会科学规划办课题项目（AHSKQ2014D13）
作者简介：张淑英，女，南京大学商学院博士生，安徽科技学院财经学院副教授，主要从事公司财务研究

该成果选择2001—2014年制造业上市公司为研究对象，检验了不同经济周期下，供应链合作关系对营运资金持有市场竞争力的影响。结果发现：经济周期是影响公司营运资金市场竞争效应的重要因素。经济下行时期，公司营运资金增加会带来更高的市场竞争效应。客户关系对营运资金市场竞争效应影响显著，随着客户关系的加强，企业持有营运资金的市场竞争效应呈递增趋势，这种情况在经济下行时期尤为明显。进一步检验发现，在不同经济周期下，融资约束强化营运资金持有竞争效应的作用存在差异，在经济下行时期融资约束的强化作用更为显著。客户关系对营运资金市场竞争效应的强化作用在民营企业更加突出。研究结果为宏观经济因素通过影响供应链关系网进而影响企业财务管理行为提供了新的证据；为营运资金管理决策与产品市场竞争力的检验提供了营运资金具有战略效应的经验证据。

姓　　名	张淑英
学　　历	博士研究生
工作单位	安徽科技学院
职　　称	副教授
研究方向	供应链关系、公司财务管理

张淑英　1977年3月出生。主要从事供应链关系、公司财务管理等研究。主持安徽省社科规划办青年项目1项，安徽省教育厅人文社科重点项目1项，安徽省教育厅人文社科一般项目3项，蚌埠市社科规划办项目1项；发表学术论文20余篇。现为安徽科技学院财经学院副教授。

成果名称	流动的权力："科层式微信群"的权力实践研究
发表刊物	社会科学战线
字　　数	15千字
发表时间	2018年第9期
获奖等次	三等奖

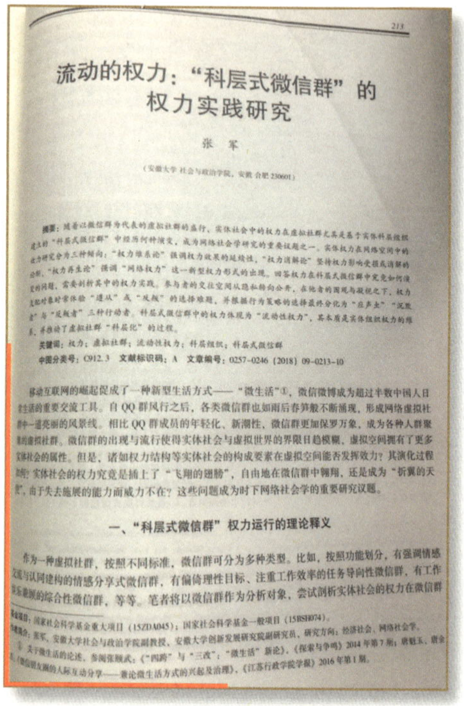

213

流动的权力："科层式微信群"的权力实践研究

张　军

（安徽大学 社会与政治学院，安徽 合肥 230601）

摘要：随着以微信群为代表的虚拟社群的盛行，实体社会中的权力在虚拟社群尤其是基于实体科层组织建立的"科层式微信群"中经历何种演变，成为网络社会学研究的重要议题之一。实体权力在网络空间中的效力研究分为三种倾向："权力维系论"强调权力效果的延续性，"权力消解论"坚持权力影响受损或消解的论断，"权力再生论"强调"网络权力"这一新型权力形式的出现。回答权力在科层式微信群中究竟如何演变的问题，需要剖析其中的权力实践。参与者的交往空间从隐私转向公开，在他者的围观与凝视之下，权力支配对象时常体验"遵从"或"反叛"的选择难题，并根据行为策略的选择最终分化为"应声虫""沉默者"与"反叛者"三种行动者。科层式微信群中的权力体现为"流动性权力"，其本质是实体组织权力的维系，并推动了虚拟社群"科层化"的过程。

关键词：权力；虚拟社群；流动性权力；科层组织；科层式微信群

中图分类号：C912.3　文献标识码：A　文章编号：0257-0246（2018）09-0213-10

移动互联网的崛起促成了一种新型生活方式——"微生活"①，微信微博成为超过半数中国人日常生活的重要交流工具。自QQ群风行之后，各类微信群也如雨后春笋般不断涌现，形成网络虚拟社群中一道亮丽的风景线。相比QQ群成员的年轻化、新潮性，微信群更加包罗万象，成为各种人群聚集的虚拟社群。微信群的出现与流行使得实体社会与虚拟世界的界限日趋模糊，虚拟空间拥有了更多实体社会的属性。但是，诸如权力结构等实体社会的构成要素在虚拟空间能否发挥效力？其演化过程如何？实体社会的权力究竟是插上了"飞翔的翅膀"，自由地在微信群中翱翔，还是成为"折翼的天使"，由于失去施展的能力而威力不在？这些问题成为时下网络社会学的重要研究议题。

一、"科层式微信群"权力运行的理论释义

作为一种虚拟社群，按照不同标准，微信群可分为多种类型。比如，按照功能划分，有强调情感交流与认同建构的情感分享式微信群，有偏倚理性目标、注重工作效率的任务导向性微信群，有工作娱乐兼顾的综合性微信群，等等。笔者将以微信群作为分析对象，尝试剖析实体社会的权力在微信群

基金项目：国家社会科学基金重大项目（15ZDA045）；国家社会科学基金一般项目（15BSH074）。
作者简介：张军，安徽大学社会与政治学院副教授、安徽大学创新发展研究院副研究员，研究方向：经济社会、网络社会学。
① 关于微生活的论述，参阅张顺武：《"四跨"与"三改"："微生活"新论》，《探索与争鸣》2014年第7期；唐魁玉、唐金杰：《微信朋友圈的人际互动分享——兼论微生活方式的兴起及治理》，《江苏行政学院学报》2016年第1期。

随着以微信群为代表的虚拟社群的盛行，实体社会中的权力在虚拟社群尤其是基于实体科层组织建立的“科层式微信群”中经历何种演变，成为网络社会学研究的重要议题之一。实体权力在网络空间中的效力研究分为三种倾向：“权力维系论”强调权力效果的延续性，“权力消解论”坚持权力影响受损或消解的论断，“权力再生论”强调“网络权力”这一新型权力形式的出现。回答权力在科层式微信群中究竟如何演变的问题，需要剖析其中的权力实践。参与者的交往空间从隐私转向公开，在他者的围观与凝视之下，权力支配对象时常体验“遵从”或“反叛”的选择难题，并根据行为策略的选择最终分化为“应声虫”“沉默者”与“反叛者”三种行动者。科层式微信群中的权力体现为“流动性权力”，其本质是实体组织权力的维系，并推动了虚拟社群“科层化”的过程。

姓　　名	张　军
学　　历	博士研究生
工作单位	安徽大学
职　　称	教授
研究方向	当代西方社会学理论与方法论、网络社会学、农村社会学

张　军　1980年3月出生。主要从事当代西方社会学理论与方法论、网络社会学、农村社会学研究与教学。现为安徽大学社会与政治学院副院长，教授；安徽省青年联合会委员，安徽青少年发展基金会理事长，安徽省民政厅社会工作项目督导专家，安徽社会工作（者）协会常务理事，共青团安徽省委项目评审专家，安徽省社会心理学会常务理事；入选安徽大学优秀人才计划“俊才”。

成果名称	《联合国海洋法公约》中“岩礁”的演进解释与南沙群岛问题
发表刊物	法律科学
字　　数	20千字
发表时间	2017年第5期
获奖等次	三等奖

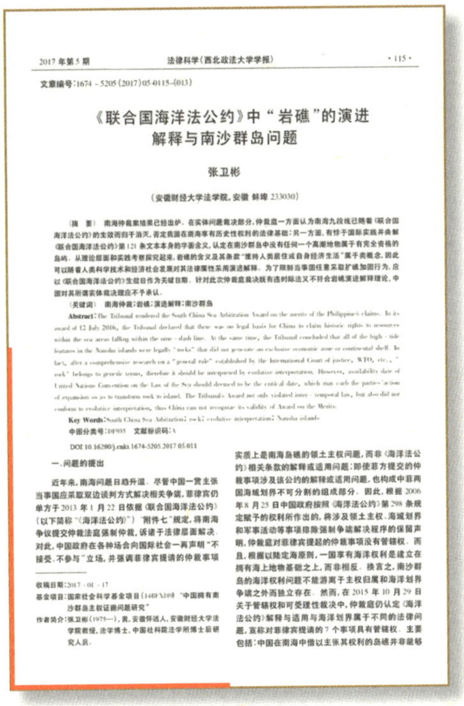
2017年第5期 法律科学(西北政法大学学报) ·115·
文章编号:1674-5205(2017)05-0115-(013)
《联合国海洋法公约》中“岩礁”的演进解释与南沙群岛问题
张卫彬
(安徽财经大学法学院,安徽 蚌埠 233030)
[摘 要] 南海仲裁案结果已经出炉。在实体问题裁决部分,仲裁庭一方面认为南海九段线已随着《联合国海洋法公约》的生效而归于消灭,否定我国在南海享有历史性权利的法律基础;另一方面,有悖于国际实践并曲解《联合国海洋法公约》第121条文本本身的字面含义,认定在南沙群岛中没有任何一个高潮地物属于有完全资格的岛屿。从理论层面和实践考察探究起来,岩礁的含义及其条款“维持人类居住或自身经济生活”属于类概念,因此可以随着人类科学技术和经济社会发展对其法律属性采用演进解释。为了限制当事国任意采取扩礁加固行为,应以《联合国海洋法公约》生效日作为关键日期。针对此次仲裁庭裁决既有违时际法又不符合岩礁演进解释理论,中国对其所谓实体裁决理应不予承认。
[关键词] 南海仲裁;岩礁;演进解释;南沙群岛

南海问题涉及我国的核心利益。所谓“南海仲裁”是在少数域外势力介入，经过菲律宾和仲裁庭精心包装、企图通过仲裁形式侵犯中国南海历史性权利的一种新的干涉方式。在实体问题裁决部分，仲裁庭有悖于国际实践并曲解《联合国海洋法公约》第121条文本本身的字面含义，认定在南沙群岛中没有任何一个高潮地物属于有完全资格的岛屿。经过分析，仲裁庭之所以采取割裂式认定南沙岛礁仅具有岩礁地位的做法，以机械地、静态地解释《联合国海洋法公约》中“岩礁条款”，意图在于从法理上否定我国南海九段线内历史性权利的合法基础。基于此，即使根据岩礁的演进解释原理，南沙部分岛礁演变成为岛屿，也必须坚持南海九段线和以相对集中岛礁为基点划定直线基线以确定专属经济区的“双轨主次论”，而非本末倒置。

姓　　名	张卫彬
学　　历	博士研究生
工作单位	安徽财经大学
职　　称	教授
研究方向	领土争端、证据法

张卫彬　1975年1月出生。先后主持国家社科基金项目、中国博士后基金项目、教育部人文社科基金项目多项，在《法学研究》等核心刊物上公开发表了学术论文数篇。现为安徽财经大学法学院教授，院长；中国国际法学会理事，安徽省法学会常务理事；入选安徽省学术与技术带头人后备人选；曾挂职蚌埠市中级人民法院副院长。

成果名称	《本事诗》"诗史"说与中晚唐学术脉动
发表刊物	文史哲
字　　数	25千字
发表时间	2018年第4期
获奖等次	三等奖

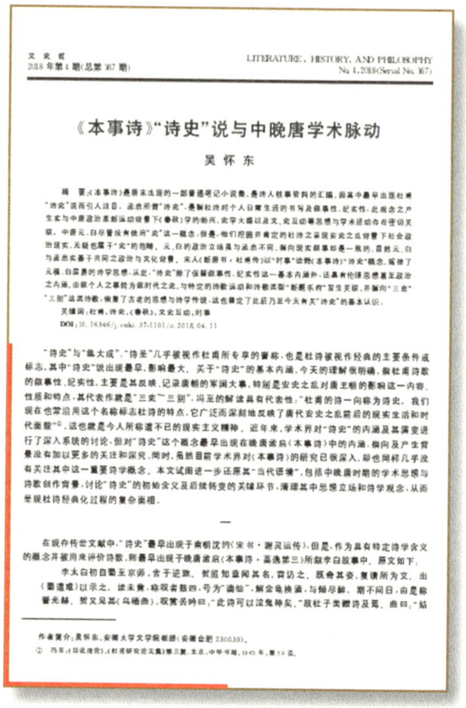

文史哲
2018年第4期(总第367期)
LITERATURE, HISTORY, AND PHILOSOPHY
No.4, 2018(Serial No. 367)

《本事诗》"诗史"说与中晚唐学术脉动

吴怀东

摘　要：《本事诗》是唐末出现的一部普通笔记小说集，是诗人轶事资料的汇编，因其中最早出现杜甫"诗史"说而引人注目。孟启所谓"诗史"，是指杜诗对个人日常生活的书写及叙事性、纪实性，此观念之产生实与中唐政治革新运动背景下《春秋》学的勃兴、史学大盛以及文、史互动等思想与学术活动存在密切关联。中唐元、白尽管没有使用"史"这一概念，但是，他们挖掘并肯定的杜诗之呈现安史之乱背景下社会政治现实，无疑也属于"史"的范畴。元、白的政治立场虽与孟启不同，倾向现实叙事却是一致的，显然元、白与孟启实基于共同之政治与文化背景。宋人《新唐书·杜甫传》以"时事"诠释《本事诗》"诗史"概念，偏被了元稹、白居易的诗学思想，从此，"诗史"除了保留叙事性、纪实性这一基本内涵外，还具有伦理思想甚至政治之内涵，由叙个人之事转为叙时代之史，与特定的诗歌运动和诗歌类型"新题乐府"发生关联，并偏向"三吏""三别"这类诗歌，恢复了古老的思想与诗学传统，这也奠定了此后乃至今天有关"诗史"的基本认识。
关键词：杜甫，诗史，《春秋》，文史互动，时事
DOI：10.16346/j.cnki.37-1101/c.2018.04.11

"诗史"与"集大成"、"诗圣"几乎被视作杜甫所专享的誉称，也是杜诗被视作经典的主要条件或标志，其中"诗史"说出现最早，影响最大。关于"诗史"的基本内涵，今天的理解很明确，指杜甫诗歌的叙事性、纪实性，主要是其反映、记录唐朝的军国大事，特别是安史之乱对唐王朝的影响这一内容、性质和特点，其代表作就是"三吏""三别"，冯至的解读具有代表性："杜甫的诗一向称为诗史，我们现在也常沿用这个名称标志杜诗的特点，它广泛而深刻地反映了唐代安史之乱前后的现实生活和时代面貌"①，这也就是今人所称道不已的现实主义精神。近年来，学术界对"诗史"的内涵及其演变进行了深入系统的讨论，但对"诗史"这个概念最早出现在晚唐孟启《本事诗》中的内涵、倾向及产生背景没有加以更多的关注和深究，同时，虽然目前学术界对《本事诗》的研究已很深入，却也同样几乎没有关注其中这一重要诗学概念。本文试图进一步还原其"当代语境"，包括中晚唐时期的学术思想与诗歌创作背景，讨论"诗史"的初始含义及后续转变的关键环节，清理其中思想立场和诗学观念，从而呈现杜诗经典化过程的复杂面相。

一

在现存传世文献中，"诗史"最早出现于南朝沈约《宋书·谢灵运传》，但是，作为具有特定诗学含义的概念并被用来评价诗歌，则最早出现于晚唐孟启《本事诗·高逸第三》所叙李白故事中，原文如下：

李太白初自蜀至京师，舍于逆旅，贺监知章闻其名，首访之，既奇其姿，复请所为文，出《蜀道难》以示之，读未竟，称叹者数四，号为"谪仙"，解金龟换酒，与倾尽醉，期不间日，由是称誉光赫。贺又见其《乌栖曲》，叹赏苦吟曰："此诗可以泣鬼神矣。"故杜子美赠诗及焉，曲曰："姑

作者简介：吴怀东，安徽大学文学院教授（安徽合肥230039）。
① 冯至：《诗史浅论》，《杜甫研究论文集》第三辑，北京：中华书局，1963年，第59页。

杜甫的诗作为伟大的文学经典，其标志是其"诗史"的性质与"集大成"之成就，代表作是"三吏""三别"。晚唐孟启《本事诗》是目前已知"诗史"说的最早出处，然而，学界对孟启杜诗"诗史"说及其与后代流行理解之关系缺少深入研究。该成果深入考察唐代文史关系和中唐《春秋》学为核心的史学勃兴与经学演变、诗歌叙事性增强等背景以及孟启所处政治环境、经历，梳理《本事诗》的写作思想，确认孟启所谓"诗史"特指杜甫流落于"陇蜀"道中所创作反映当地山川形胜、风土人情与表现个人生活苦难的诗歌。现行"诗史"概念的理解最早出自《新唐书》杜甫传赞，而其思想是元稹、白居易有关评论的杂凑，元、白尤其关注文学的政治作用。《新唐书》沿用孟启使用的术语却嵌入元、白的思想。这种理解是对孟子"《诗》亡而《春秋》作"及儒家诗学传统的恢复，也反映宋代理学兴起的思想运动趋势。

姓　　名	吴怀东
学　　历	博士研究生
工作单位	安徽大学
职　　称	教授
研究方向	中国古代文学

吴怀东　1966年6月出生。研究方向为中国古代文学，主要研究三曹与魏晋文学、杜甫与唐代传奇小说、清代诗文等。出版《诗史运动与作家创造——杜甫与六朝诗歌关系研究》《唐诗流派通论》《唐诗与传奇的生成》《诗国花开——唐诗美感的生成与流变》《三曹与魏晋文学研究》《中国新时期唐诗研究述评》等学术专著。现为安徽大学文学院院长，教授、博士生导师、博士后合作导师；中国杜甫研究会副会长，中国唐代文学学会理事，中国古代散文学会、全国文科学报研究会常务理事，安徽省高校学报研究会理事长，安徽省写作学会会长等。

成果名称	技术媒介与当代文学生产的“后人类”向度
发表刊物	南京社会科学
字　　数	13千字
发表时间	2018年第9期
获奖等次	三等奖

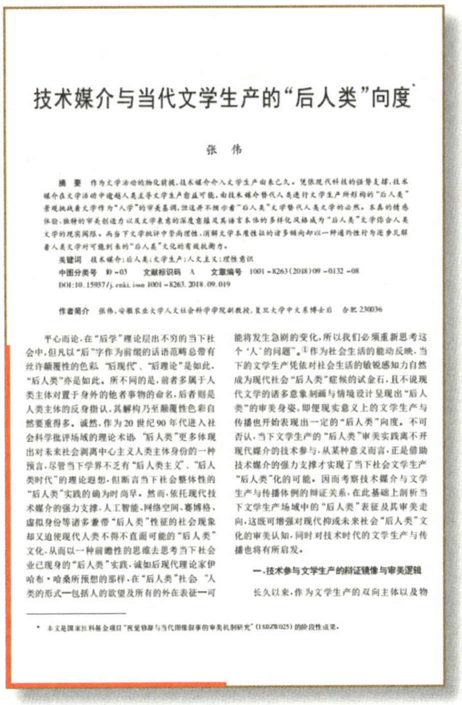

技术媒介与当代文学生产的“后人类”向度*

张　伟

摘　要　作为文学活动的物化前提，技术媒介介入文学生产由来已久。凭依现代科技的强势支撑，技术媒介在文学活动中逾越人类主导文学生产愈益可能，由技术媒介替代人类进行文学生产所形构的“后人类”景观挑战着文学作为“人学”的审美基调，但这并不预示着“后人类”文学替代人类文学的必然。本真的情感体验、独特的审美创造力以及文学表意的深度意蕴及其语言本体的多样化风格成为“后人类”文学僭越人类文学的现实阈限。而当下文学批评中崇尚理性、消解文学本质性征的诸多倾向却以一种遁约性行为逐步瓦解着人类文学对可能到来的“后人类”文化的有效抵御力。

关键词　技术媒介；后人类；文学生产；人文主义；理性意识
中图分类号　I0－03　**文献标识码**　A　**文章编号**　1001－8263（2018）09－0132－08
DOI:10.15937/j.cnki.issn 1001－8263.2018.09.019

作者简介　张伟，安徽农业大学人文社会科学学院副教授，复旦大学中文系博士后　合肥 230036

平心而论，在“后学”理论层出不穷的当下社会中，但凡以“后”字作为前缀的话语范畴总带有丝许颠覆性的色彩。“后现代”、“后理论”是如此，“后人类”亦是如此。所不同的是，前者多属于人类主体对置于身外的他者事物的命名，后者则是人类主体的反身指认，其解构乃至颠覆性色彩自然要重得多。诚然，作为20世纪90年代进入社会科学批评场域的理论术语，“后人类”更多体现出对未来社会剥离中心主义人类主体身份的一种预言，尽管当下学界不乏有“后人类主义”、“后人类时代”的理论遐想，但断言当下社会整体性的“后人类”实践的确为时尚早。然而，依托现代技术媒介的强力支撑，人工智能、网络空间、赛博格、虚拟身份等诸多兼带“后人类”性征的社会现象却又迫使现代人类不得不直面可能的“后人类”文化，从而以一种前瞻性的思维去思考当下社会业已现身的“后人类”实践，诚如后现代理论家伊哈布·哈桑所预想的那样，在“后人类”社会，“人类的形式—包括人的欲望及所有的外在表征—可能将发生急剧的变化，所以我们必须重新思考这个‘人’的问题”。①作为社会生活的能动反映，当下的文学生产凭依对社会生活的敏锐感知力自然成为现代社会“后人类”症候的试金石，且不说现代文学的诸多意象刻画与情境设计呈现出“后人类”的审美身姿，即便现实意义上的文学生产与传播也开始表现出一定的“后人类”向度。不可否认，当下文学生产的“后人类”审美实践离不开现代媒介的技术参与，从某种意义而言，正是借助技术媒介的强力支撑才实现了当下社会文学生产“后人类”化的可能。因而考察技术媒介与文学生产与传播体例的辩证关系，在此基础上剖析当下文学生产场域中的“后人类”表征及其审美走向，这既可增强对现代抑或未来社会“后人类”文化的审美认知，同时对技术时代的文学生产与传播也将有所启发。

一、技术参与文学生产的辩证镜像与审美逻辑

长久以来，作为文学生产的双向主体以及物

* 本文是国家社科基金项目“视觉修辞与当代图像叙事的审美机制研究”（18BZW025）的阶段性成果。

随着媒介技术、神经科学、生物科学以及人工智能等技术的发展，传统的人类定义得到拓展与刷新，“后人类”作为一种前沿性的技术景观开始成为人文社会科学领域的批判话语，同时也成为文艺理论的关注对象。近年来不断涌现的科幻作品、备受争议的人工智能参与文艺创作现象，均是“后人类”进驻文学艺术场域引发文艺表现手法革新的例证。该成果考察了技术媒介与文学生产的辩证关系，从本真的情感体验、独特的审美创造力、文学表意的深度意蕴以及语言本体的多样化风格四个层面，对机器文学僭越人类文学的可能性展开探讨，最后对当下文学研究中崇尚理性主义思潮、过度关注形式、消解文学本质性征的倾向进行批判分析，倡导文学作为人类精神产品的独特属性，特别是人类作为主导性机制在文学生产活动的生命体验与情感在场。

姓　　名	张　伟
学　　历	博士研究生
工作单位	安徽农业大学
职　　称	副教授
研究方向	文艺美学、现代视觉文化

张　伟　1979年4月出生。主要从事文艺美学尤其是现代视觉文化研究。主持国家社科基金项目、国家社科基金重大项目子课题、中国博士后基金面上项目、安徽省社科规划项目等10余项；在《文艺理论研究》《文艺争鸣》《南京社会科学》等刊物发表论文60余篇，被《中国社会科学文摘》、中国人民大学复印报刊资料等转载15篇次。现为安徽农业大学人文社会科学学院副教授、硕士生导师；安徽省美学学会理事，中国文艺理论学会、中华美学学会、中国文学批评研究会会员。

成果名称	魏源今文经学影响下的古文新变及其历史意义
发表刊物	文学评论
字　　数	20千字
发表时间	2018年第3期
获奖等次	三等奖

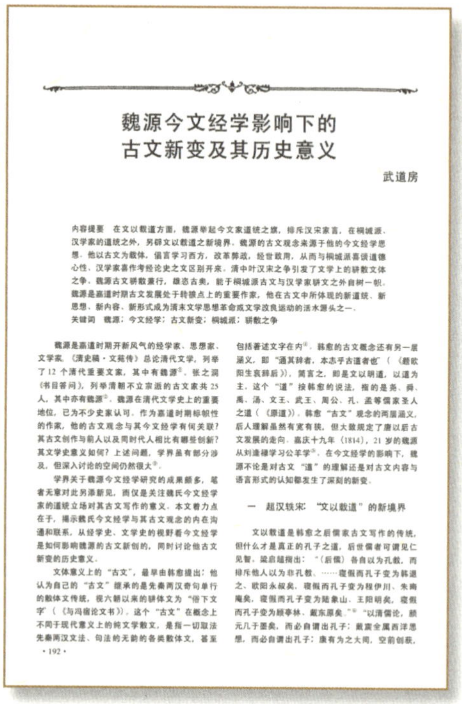

魏源今文经学影响下的
古文新变及其历史意义

武道房

内容提要　在文以载道方面，魏源举起今文家道统之旗，排斥汉宋家言，在桐城派、汉学家的道统之外，另辟文以载道之新境界。魏源的古文观念来源于他的今文经学思想。他以古文为载体，倡言学习西方，改革弊政，经世致用，从而与桐城派喜谈道德心性、汉学家喜作考经论史之文区别开来。清中叶汉宋之争引发了文学上的骈散文体之争。魏源古文骈散兼行，雄恣古奥，能于桐城派古文与汉学家骈文之外自树一帜。魏源是嘉道时期古文发展处于转捩点上的重要作家，他在古文中所体现的新道统、新思想、新内容、新形式成为清末文学思想革命或文学改良运动的活水源头之一。

关键词　魏源；今文经学；古文新变；桐城派；骈散之争

魏源是嘉道时期开新风气的经学家、思想家、文学家。《清史稿·文苑传》总论清代文学，列举了12个清代重要文家，其中有魏源[①]。张之洞《书目答问》，列举清朝不立宗派的古文家共25人，其中亦有魏源[②]。魏源在清代文学史上的重要地位，已为不少史家认可。作为嘉道时期标帜性的作家，他的古文观念与其今文经学有何关联？其古文创作与前人以及同时代人相比有哪些创新？其文学史意义如何？上述问题，学界虽有部分涉及，但深入讨论的空间仍然很大[③]。

学界关于魏源今文经学研究的成果颇多，笔者无意对此另添新见，而仅是关注魏氏今文经学家的道统立场对其古文写作的意义。本文着力点在于，揭示魏氏今文经学与其古文观念的内在沟通和联系，从经学史、文学史的视野看今文经学是如何影响魏源的古文新创的，同时讨论他古文新变的历史意义。

文体意义上的“古文”，最早由韩愈提出；他认为自己的“古文”继承的是先秦两汉奇句单行的散体文传统，视六朝以来的骈体文为“俗下文字”（《与冯宿论文书》）。这个“古文”在概念上不同于现代意义上的纯文学散文，是指一切取法先秦两汉文法、句法的无韵的各类散体文，甚至包括著述文字在内[④]。韩愈的古文概念还有另一层涵义，即“通其辞者，本志乎古道者也”（《题欧阳生哀辞后》）。简言之，即是文以明道，以道为主。这个“道”按韩愈的说法，指的是尧、舜、禹、汤、文王、武王、周公、孔、孟等儒家圣人之道（《原道》）。韩愈“古文”观念的两层涵义，后人理解虽然有宽有狭，但大致规定了唐以后古文发展的走向。嘉庆十九年（1814），21岁的魏源从刘逢禄学习公羊学[⑤]。在今文经学的影响下，魏源不论是对古文“道”的理解还是对古文内容与语言形式的认知都发生了深刻的新变。

一　超汉轶宋：“文以载道”的新境界

文以载道是韩愈之后儒家古文写作的传统，但什么才是真正的孔子之道，后世儒者可谓见仁见智。梁启超指出：“（后儒）各自以为孔教，而排斥他人以为非孔教。……寖假而孔子变为韩退之、欧阳永叔矣，寖假而孔子变为程伊川、朱晦庵矣，寖假而孔子变为陆象山、王阳明矣，寖假而孔子变为顾亭林、戴东原矣。”[⑥]“以清儒论，颜元几于墨矣，而必自谓出孔子；戴震全属西洋思想，而必自谓出孔子；康有为之大同，空前创获，

·192·

该成果结合魏源的经学思想分析其古文写作的创新与突破。在文以载道方面，魏源举起今文家道统之旗，排斥汉宋家言，在桐城派、汉学家的道统之外，另辟文以载道之新境界。魏源的古文观念来源于他的今文经学思想。他以古文为载体，倡言学习西方，改革弊政，经世致用，从而与桐城派喜谈道德心性、汉学家喜作考经论史之文区别开来。清中叶汉宋之争引发了文学上的骈散文体之争。魏源古文骈散兼行，雄恣古奥，能于桐城派古文与汉学家骈文之外自树一帜。魏源是嘉道时期古文发展处于转折点上的重要作家，他在古文中所体现的新道统、新思想、新内容、新形式成为清末文家思想革命或文学改良运动的活水源头之一。

姓　　名	武道房
学　　历	博士研究生
工作单位	安徽师范大学
职　　称	教授
研究方向	中国学术思想史研究、明清思想史、文学史交叉研究

武道房　1967年1月出生。长期从事中国古典文献学、元明清文学的研究与教学，近年致力于明清学术思想史与明清文学史跨学科交叉研究领。在《文学评论》《文学遗产》《学术月刊》《中国哲学史》《孔子研究》等期刊发表论文数十篇；出版《曾国藩学术传论》《宋文选》等著作；主持国家社科基金、教育部规划基金项目等省部级以上项目6项，目前正承担国家社科基金项目“明代王阳明学派诗学思想研究”。现为安徽师范大学文学院教授、博士生导师；安徽师范大学中国诗学研究中心兼职研究员，安徽大学桐城派研究中心兼职研究员。

成果名称	清代"古文辞禁"论
发表刊物	文学评论
字　　数	16千字
发表时间	2018年第4期
获奖等次	三等奖

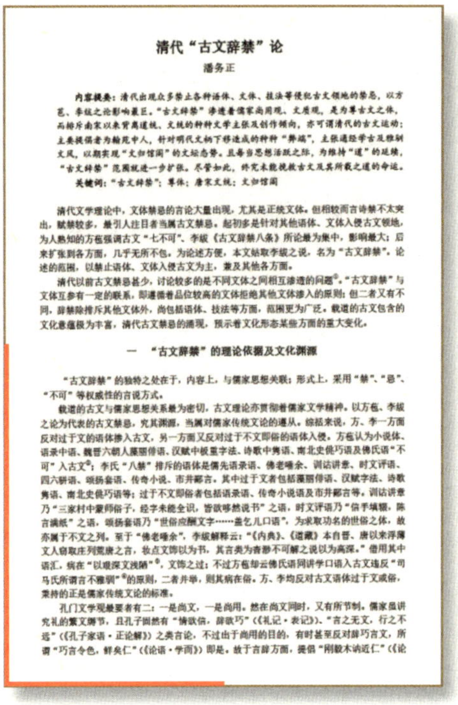
清代"古文辞禁"论

潘务正

内容提要：清代出现众多禁止各种语体、文体、技法等侵犯古文领地的禁忌，以方苞、李绂之论影响最巨。"古文辞禁"渗透着儒家尚用观、文质观，是为尊古文之体，而排斥南宋以来背离道统、文统的种种文学主张及创作倾向，亦可谓清代的古文运动；主要提倡者为翰苑中人，针对明代文柄下移造成的种种"弊端"，主张通经学古及雅驯文风，以期实现"文归馆阁"的文坛态势。且每当思想活跃之际，为维持"道"的延续，"古文辞禁"范围就进一步扩张。尽管如此，终究未能挽救古文及其所载之道的命运。

关键词："古文辞禁"；尊体；唐宋文统；文归馆阁

清代文学理论中，文体禁忌的言论大量出现，尤其是正统文体。但相较而言诗禁不太突出，赋禁较多，最引人注目者当属古文禁忌。起初多是针对其他语体、文体入侵古文领地，为人熟知的方苞强调古文"七不可"、李绂《古文辞禁八条》所论最为集中，影响最大；后来扩张到各方面，几乎无所不包。为论述方便，本文姑取李绂之说，名为"古文辞禁"。论述的范围，以禁止语体、文体入侵古文为主，兼及其他各方面。

清代以前古文禁忌甚少，讨论较多的是不同文体之间相互渗透的问题①。"古文辞禁"与文体互参有一定的联系，即遵循着品位较高的文体拒绝其他文体渗入的原则；但二者又有不同，辞禁除排斥其他文体外，尚包括语体、技法等方面，范围更为广泛。载道的古文包含的文化意蕴极为丰富，清代古文禁忌的涌现，预示着文化形态某些方面的重大变化。

一　"古文辞禁"的理论依据及文化渊源

"古文辞禁"的独特之处在于，内容上，与儒家思想关联；形式上，采用"禁"、"忌"、"不可"等权威性的言说方式。

载道的古文与儒家思想关系最为密切，古文理论亦贯彻着儒家文学精神。以方苞、李绂之论为代表的古文禁忌，究其渊源，当属对儒家传统文论的遵从。综括来说，方、李一方面反对过于文的语体掺入古文，另一方面又反对过于不文即俗的语体入侵。方苞认为小说体、语录中语、魏晋六朝人藻丽俳语、汉赋中板重字法、诗歌中隽语、南北史佻巧语及佛氏语"不可"入古文②；李氏"八禁"排斥的语体是儒先语录语、佛老唾余、训诂讲章、时文评语、四六骈语、颂扬套语、传奇小说、市井鄙言。其中过于文者包括藻丽俳语、汉赋字法、诗歌隽语、南北史佻巧语等；过于不文即俗者包括语录语、传奇小说语及市井鄙言等。训诂讲章乃"三家村中蒙师俗子，经字未能全识，皆欲哆然说书"之语，时文评语乃"信手填辍，陈言满纸"之语，颂扬套语乃"世俗应酬文字……盖乞儿口语"，为求取功名的世俗之体，故亦属于不文之列。至于"佛老唾余"，李绂解释云："《内典》、《道藏》本自晋、唐以来浮屠文人窃取庄列荒唐之言，妆点文饰以为书，其言类为杳渺不可解之说以为高深。"借用其中语汇，病在"以艰深文浅陋"③，文饰之过；不过方苞却云佛氏语同讲学口语入古文违反"司马氏所谓言不雅驯"④的原则，二者并举，则其病在俗。方、李均反对古文语体过于文或俗，秉持的正是儒家传统文论的标准。

孔门文学观最要者有二：一是尚文，一是尚用。然在尚文同时，又有所节制。儒家虽讲究礼的繁文缛节，且孔子固然有"情欲信，辞欲巧"（《礼记·表记》）、"言之无文，行之不远"（《孔子家语·正论解》）之类言论，不过出于尚用的目的，有时甚至反对辞巧言文，所谓"巧言令色，鲜矣仁"（《论语·学而》）即是。故于言辞方面，提倡"刚毅木讷近仁"（《论

清代出现众多禁止各种语体、文体、技法等侵犯古文领地的禁忌，以方苞、李绂之论影响最巨。"古文辞禁"渗透着儒家尚用观、文质观，并受到时文领域"厘正文体"的文化政策启发，是为尊古文之体，而排斥南宋以来背离道统、文统的种种文学主张及创作倾向，尤其是清理前后七子、公安派等鄙弃儒家之道而形成的种种"不良"文学习气，重振韩愈、欧阳修等八大家的文学传统，亦可谓清代的"古文运动"。清代"古文辞禁"的主要提倡者为翰苑中人，提倡通经学古、文以载道的为文之径，及由此而形成的雅驯文风，以期实现"文归馆阁"的文坛态势。每当思想活跃之际，为维持传统儒家之"道"的延续，禁忌范围就进一步扩大，至晚清民初，受禁忌的约束，古文写作已经举步维艰。尽管如此，清代不计其数的"古文辞禁"终究未能挽救古文及其所载之道的命运。

姓　　名	潘务正
学　　历	博士研究生
工作单位	安徽师范大学
职　　称	教授
研究方向	清代诗文研究、桐城派研究、辞赋

潘务正　1974年3月出生。主要从事清代诗文研究、桐城派研究、辞赋等研究。在《文学评论》《文学遗产》等刊物上发表学术论文50余篇；主持国家级、省部级社科项目近10项；出版《清代翰林院与文学研究》《沈德潜诗文集》等数部。获得2011年度全国优秀古籍图书奖一等奖等。现为安徽师范大学文学院教授、博士生导师；教育部人文社科重点研究基地安徽师范大学中国诗学研究中心副主任，安徽师范大学辞赋艺术研究中心主任，安徽大学桐城派研究中心研究员；中国辞赋学会副会长、常务理事，中国骈文学会常务理事等。

成果名称	精神幸福感：概念、测量、相关变量及干预
发表刊物	心理科学进展
字　　数	20千字
发表时间	2017年第2期
获奖等次	三等奖

该成果认为，精神幸福感是衡量人们健康状况、生活质量的重要指标，它既具有个体差异性，也具有文化差异性。精神幸福感并非只有信仰宗教才会获得，也可通过个体不断提升道德修养、自省能力达到物我两忘的境界后获得，它对于人们处理自我与他人、社会、环境的关系，实现人与社会、自然的共生共存、共同发展具有重要作用。成果系统介绍了西方学者对精神幸福感的界定、结构及其多种测量工具，详细分析了精神幸福感与年龄、性别、情绪、心理健康、生活/工作满意度、人格等多变量的关系，并探讨了提升精神幸福感的干预措施。该成果对精神幸福感进行了系统全面的研究，是当前主观幸福感、心理幸福感研究的新发展。

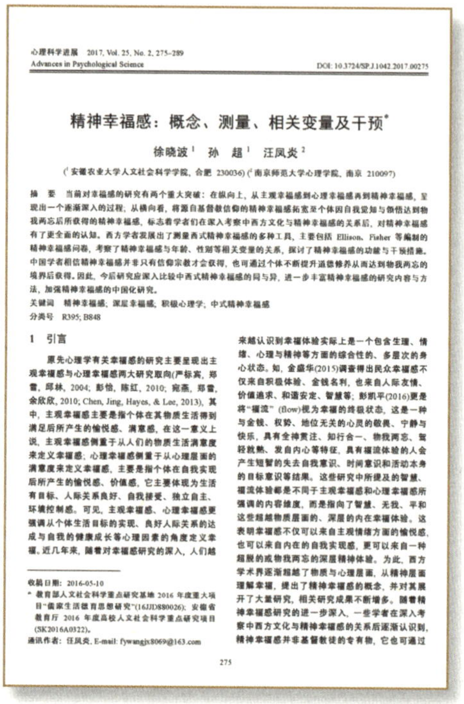
心理科学进展　2017, Vol. 25, No. 2, 275–289
Advances in Psychological Science　DOI: 10.3724/SP.J.1042.2017.00275

精神幸福感：概念、测量、相关变量及干预*

徐晓波[1]　孙　超[1]　汪凤炎[2]
([1]安徽农业大学人文社会科学学院，合肥 230036) ([2]南京师范大学心理学院，南京 210097)

摘　要　当前对幸福感的研究有两个重大突破：在纵向上，从主观幸福感到心理幸福感再到精神幸福感，呈现出一个逐渐深入的过程；从横向看，将源自基督教信仰的精神幸福感拓宽至个体因自我觉知与领悟达到物我两忘后所获得的精神幸福感，标志着学者们在深入考察中西方文化与精神幸福感的关系后，对精神幸福感有了更全面的认知。西方学者发展出了测量西式精神幸福感的多种工具，主要包括 Ellison、Fisher 等编制的精神幸福感问卷，考察了精神幸福感与年龄、性别等相关变量的关系，探讨了精神幸福感的功能与干预措施。中国学者相信精神幸福感并非只有信仰宗教才会获得，也可通过个体不断提升道德修养从而达到物我两忘的境界后获得。因此，今后研究应深入比较中西式精神幸福感的同与异，进一步丰富精神幸福感的研究内容与方法，加强精神幸福感的中国化研究。

关键词　精神幸福感；深层幸福感；积极心理学；中式精神幸福感
分类号　R395; B848

1　引言

原先心理学有关幸福感的研究主要呈现出主观幸福感与心理幸福感两大研究取向(严标宾，郑雪，邱林，2004；彭怡，陈红，2010；宛燕，郑雪，余欣欣，2010；Chen, Jing, Hayes, & Lee, 2013)，其中，主观幸福感主要是指个体在其物质生活得到满足后所产生的愉悦感、满意感，在这一意义上说，主观幸福感侧重于从人们的物质生活满意度来定义幸福感；心理幸福感侧重于从心理层面的满意度来定义幸福感，主要是指个体在自我实现后所产生的愉悦感、价值感，它主要体现为生活有目标、人际关系良好、自我接受、独立自主、环境控制感。可见，主观幸福感、心理幸福感更强调从个体生活目标的实现、良好人际关系的达成与自我的健康成长等心理因素的角度定义幸福。近几年来，随着对幸福感研究的深入，人们越来越认识到幸福体验实际上是一个包含生理、情绪、心理与精神等方面的综合性的、多层次的身心状态。如，金盛华(2015)调查得出民众幸福感不仅来自积极体验、金钱名利，也来自人际友情、价值追求、和谐安定、智慧等；彭凯平(2016)更是将“福流”(flow)视为幸福的终极状态，这是一种与金钱、权势、地位无关的心灵的敬畏、宁静与快乐，具有全神贯注、知行合一、物我两忘、驾轻就熟、发自内心等特征，具有福流体验的人会产生短暂的失去自我意识、时间意识和活动本身的目标意识等结果。这些研究中所提及的智慧、福流体验都是不同于主观幸福感和心理幸福感所强调的内容维度，而是指向了智慧、无我、平和这些超越物质层面的、深层的内在幸福体验。这表明幸福感不仅可以来自主观情绪方面的愉悦感，也可以来自内在的自我实现感，更可以来自一种超脱的或物我两忘的深层精神体验。为此，西方学术界逐渐超越了物质与心理层面，从精神层面理解幸福，提出了精神幸福感的概念，并对其展开了大量研究，相关研究成果不断增多。随着精神幸福感研究的进一步深入，一些学者在深入考察中西方文化与精神幸福感的关系后逐渐认识到，精神幸福感并非基督教徒的专有物，它也可通过

收稿日期：2016-05-10
* 教育部人文社会科学重点研究基地 2016 年度重大项目“儒家生活德育思想研究”(16JJD880026)；安徽省教育厅 2016 年度高校人文社会科学重点研究项目(SK2016A0322)。
通讯作者：汪凤炎，E-mail: fywangjx8069@163.com

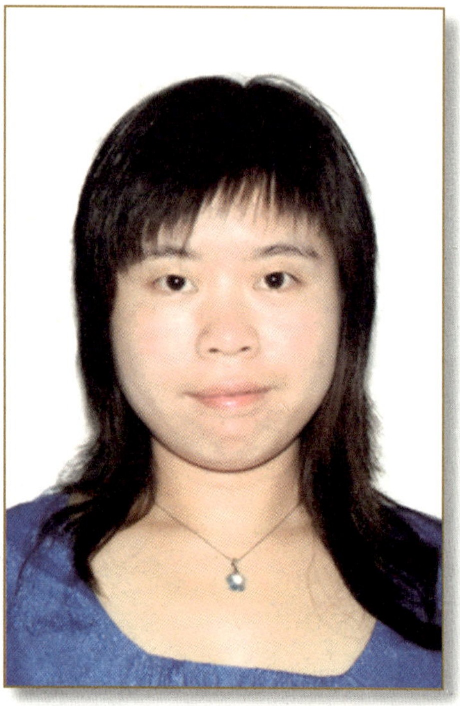

姓　　名	徐晓波
学　　历	硕士研究生
工作单位	安徽农业大学
职　　称	副教授
研究方向	人格与社会心理学

徐晓波　1980年12月出生。主要从事人格与社会心理学研究。近年来的研究重点关注幸福感、心理贫穷感、积极社会心态培育与教育，对心理咨询、心理健康教育等也有一定研究兴趣。现为安徽农业大学人文社会科学学院副教授；国家二级心理咨询师，安徽心理危机干预学会常务理事。

成果名称	医疗联合体对医疗卫生机构财务管理和会计核算的影响
采纳应用	经国家卫健委和安徽省卫健委推广，应用于有关医疗卫生机构
字　　数	140千字
完成时间	2018年11月
获奖等次	三等奖

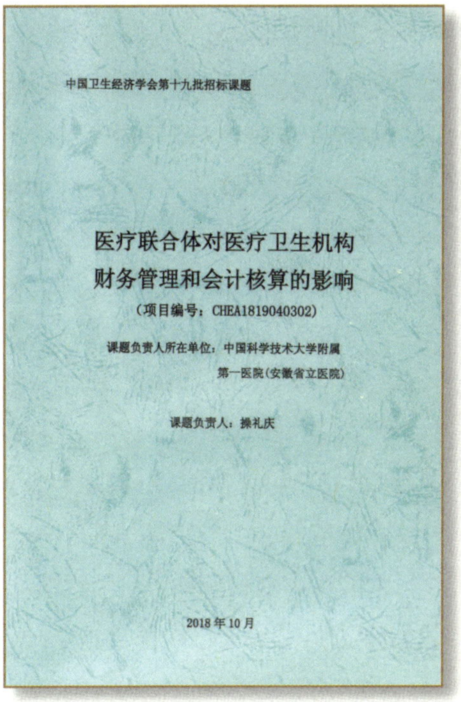
中国卫生经济学会第十九批招标课题

医疗联合体对医疗卫生机构财务管理和会计核算的影响

（项目编号：CHEA1819040302）

课题负责人所在单位：中国科学技术大学附属第一医院(安徽省立医院)

课题负责人：操礼庆

2018年10月

该成果为2018年中国卫生经济学会招标课题研究报告，通过对国内不同地区医疗联合体合作模式的梳理，分析在不同合作模式下，医疗业务的合作对主体单位及其他成员单位在会计核算及财务管理方面存在的问题及产生的影响。在调查了解目前国内医疗联合体运行现状的基础上，通过典型案例分析和比较，从规范性、科学性、共享性等维度提出医疗联合体财务管理和会计核算的框架体系的构建。课题从合作形式和合作关系二个维度，就医疗联合体管理体制对医疗联合体合作运营的影响、不同医疗联合体形式对医疗卫生机构财务管理和会计核算的影响等方面进行了开创性研究。结合新《政府会计制度》的实施，课题为医疗联合体财务会计管理规范的制定提供了借鉴，为主管部门的政策研究提供了决策参考。

姓　　名	操礼庆
学　　历	大学本科
工作单位	中国科学技术大学附属第一医院（安徽省立医院）
职　　称	正高级会计师
研究方向	医院财务管理、医院运营管理、医保管理等

操礼庆　1972年9月出生。长期从事医院财务管理、医院运营管理、医保管理等实践与研究。现任中国科学技术大学附属第一医院（安徽省立医院）党委委员、总会计师，安徽省临床检验中心主任，安徽省学术和技术带头人，全国会计领军人才，享受省政府特殊津贴。获聘上海国家会计学院全日制研究生兼职导师；中央财经大学客座导师；安徽大学等会计专业硕士生实践导师。兼任国务院医改办综合医改效果评价专家、财政部管理会计咨询专家、财政部内部控制标准委员会咨询专家、国家卫计委综合绩效评价专家、安徽省人社厅专家咨询委员会委员；兼任中国总会计师协会卫生健康分会副会长等。

成果名称	安徽省农村土地承包经营权确权登记颁证第三方评估报告
采纳应用	安徽省农业农村厅
字　　数	15千字
完成时间	2017年4月
获奖等次	三等奖

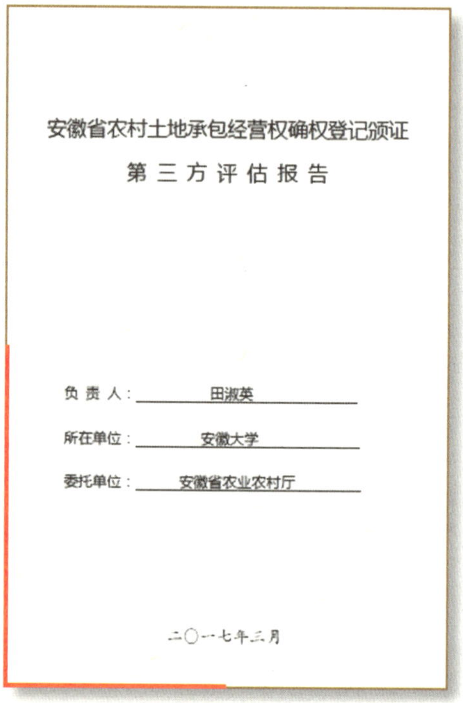
安徽省农村土地承包经营权确权登记颁证
第三方评估报告

负责人：田淑英
所在单位：安徽大学
委托单位：安徽省农业农村厅

二〇一七年三月

该成果基于对安徽全省16个市、60个样本县的118个乡（镇）、236个村、2360个农户，采取多元化方式对农村土地承包经营权确权试点工作进行实地调查评估。从组织推动、政策执行、确权质量、工作经费、矛盾纠纷调处、干部群众满意度等维度，对安徽省农村土地承包经营权确权登记颁证试点工作开展的总体情况和效果进行了评价；从操作规范、工作机制、工作方法、矛盾化解途径和成果应用等5个方面，总结了试点工作的经验及亮点；指出了进一步提升确权登记颁证质量、规范档案建设、完善县级数据库建设、确权成果应用存在掣肘等5个方面尚需解决的问题，提出了进一步做好确权登记颁证成果质量提升、尽快出台二轮土地承包到期后的衔接政策、加快农村土地承包相关法律法规修订进程、建立农村承包地常态化登记管理和成果运用机制、建立健全促进确权登记颁证成果应用制度等5点建议。

姓　　名	田淑英
学　　历	博士研究生
工作单位	安徽大学
职　　称	教授
研究方向	财税理论与政策、生态经济与政策、特色小镇发展与政策

田淑英　1967年5月出生。长期从事财税理论与政策、生态经济与政策、特色小镇发展与政策研究。近年来，结合生态经济与环境财政、第三方评估、安徽特色小镇研究与咨询工作，主持科研项目20余项，主持的报告曾获省部级领导批示。现任安徽大学经济学院副院长，教授、博士生导师；安徽省高校智库“安徽生态与经济发展研究中心”首席专家，安徽特色小镇发展研究中心主任兼首席专家；教育部全国财政学教学指导委员会委员，全国高校财政学教学研究会理事，中国环境科学学会环境经济分会常务委员，中国林业经济学会常务理事。

成果名称	关于探索建立合肥市环境空气质量生态补偿机制的研究
采纳应用	获安徽省委常委、合肥市委书记宋国权同志批示
字　　数	21千字
完成时间	2018年9月
获奖等次	三等奖

发挥市场机制在大气污染防治中的决定性作用，中国部分省市开展了空气质量生态补偿的先期探索，但由于缺乏成熟的模式可供借鉴，各地区操作方案千差万别。本研究采用扎根理论，通过网络抓取和文本挖掘，开发构建我国空气质量生态补偿的典型案例库，对比不同地区的操作模式及经验教训，探索省市两级政府生态补偿方案间的联动效应。成果讨论了市级空气质量生态补偿方案的关键技术要求，并以合肥市、蚌埠市和淮南市为例进行具体方案设计，以期指导地方政府开展大气污染防治实践。

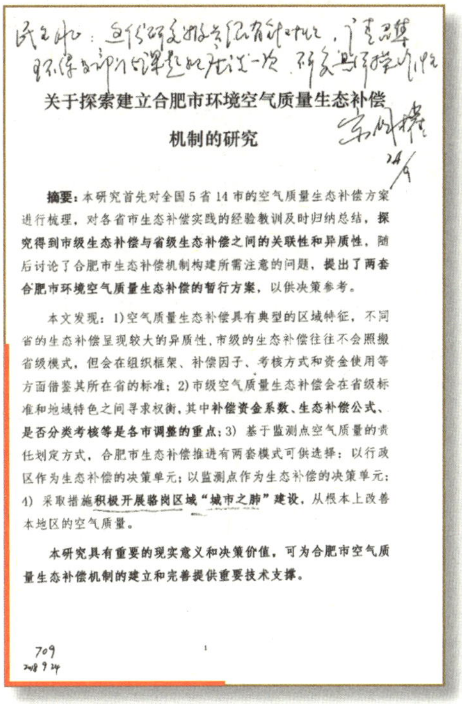

关于探索建立合肥市环境空气质量生态补偿机制的研究

摘要：本研究首先对全国5省14市的空气质量生态补偿方案进行梳理，对各省市生态补偿实践的经验教训及时归纳总结，**探究得到市级生态补偿与省级生态补偿之间的关联性和异质性**，随后讨论了合肥市生态补偿机制构建所需注意的问题，**提出了两套合肥市环境空气质量生态补偿的暂行方案**，以供决策参考。

本文发现：1)空气质量生态补偿具有典型的区域特征，不同省的生态补偿呈现较大的异质性，市级的生态补偿往往不会照搬省级模式，但会在组织框架、补偿因子、考核方式和资金使用等方面借鉴其所在省的标准；2)市级空气质量生态补偿会在省级标准和地域特色之间寻求权衡，其中**补偿资金系数、生态补偿公式、是否分类考核等是各市调整的重点**；3) 基于监测点空气质量的责任划定方式，合肥市生态补偿推进有两套模式可供选择：以行政区作为生态补偿的决策单元；以监测点作为生态补偿的决策单元；4) 采取措施**积极开展骆岗区域“城市之肺”建设**，从根本上改善本地区的空气质量。

本研究具有重要的现实意义和决策价值，可为合肥市空气质量生态补偿机制的建立和完善提供重要技术支撑。

1

709
2018 9 24

姓　　名	崔连标
学　　历	博士研究生
工作单位	安徽财经大学
职　　称	副教授
研究方向	资源环境经济学、可计算一般均衡模型

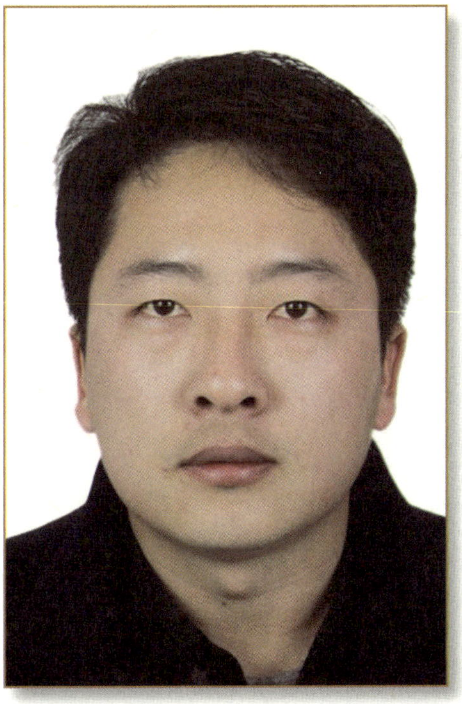

崔连标　1987年5月出生。主要从事资源环境经济学、可计算一般均衡模型研究。在国际SSCI/SCI一区期刊如*World Development*及国内期刊如《财经研究》等发表论文30余篇，其中3篇入选ESI“高被引论文”；主持国家自然科学基金面上项目等国家级课题3项。多项智库成果得到省部级以上领导批示，其中一份报告得到多位党和国家领导人的批示。现为安徽财经大学副教授；*Climate Policy*，*World Development*和*Energy Policy*等国际学术期刊和《财经研究》《管理评论》等国内期刊匿名审稿人。

成果名称	市场秩序生成中的道德缺位与重建研究
采纳应用	获安徽省委常委、合肥市委书记宋国权同志批示
字　　数	100千字
完成时间	2018年7月
获奖等次	三等奖

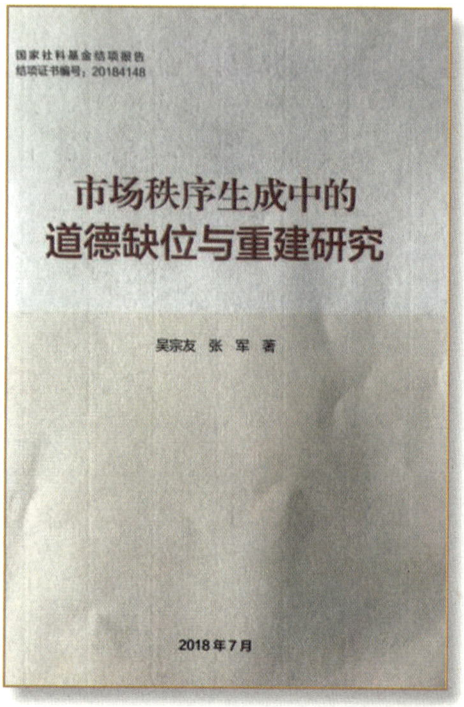

该成果系国家社科基金项目结项报告，认为市场秩序的生成深受历史、文化与社会因素的影响，既非“自发”使然，也非“理性建构”的结果，而是兼具“自发”与“建构”的双重特性。在坚实、深入的田野调查基础上，探讨了市场与社会系统之间复杂的互嵌互构关系，认为以道德为核心的市场秩序重建是一个复杂的、动态的系统工程，它需要多方力量协同共治，绝非是简单的技术性建构或天真的自发秩序就能够让市场回归应有的诚实无欺、公平交易的道德环境中，为此提出五种力量协同、五位一体的市场新秩序的构建机制。该成果为我国市场当前所呈现出来的种种失范问题提供了较具解释力的理论视角，一定程度上丰富了经济社会学和文化社会学的有关理论。在实践层面上对当前以道德和制度为核心的市场秩序之重建，具有较为直接的现实指导意义以及社会政策方面的借鉴价值。

姓　　名	吴宗友
学　　历	博士研究生
工作单位	安徽大学
职　　称	教授
研究方向	文化社会学、社会治理

吴宗友　1969年10月出生。主要从事文化社会学、社会治理等研究与教学。现为安徽大学社会与政治学院教授、博士生导师；安徽大学社会工作硕士教育中心主任，安徽大学学术委员会委员，教育部高等学校社会学类专业教学指导委员会委员；中国社区发展协会专家委员会委员，中国城市社会学会常务理事，（中国）残疾人事业研究会理事；安徽省社会工作（者）协会副会长，安徽省社会心理学会副会长，安徽省婚姻家庭研究会副会长等。曾获“安徽大学优秀共产党员”“安徽大学教书育人先进个人”“安徽大学最受学生喜爱的老师”等荣誉称号。